A PRECLUSÃO NA DINÂMICA
DO PROCESSO CIVIL

R896p   Rubin, Fernando
         A preclusão na dinâmica do processo civil / Fernando Rubin. – Porto Alegre: Livraria do Advogado Editora, 2010.
         262 p.; 23 cm. – (Coleção Álvaro de Oliveira. Estudos de Processo e Constituição; 3)
         ISBN 978-85-7348-697-1

         1. Preclusão: Processo civil. I. Título.

                                               CDU – 347.933

         Índice para catálogo sistemático:
         Preclusão: Processo civil   347.933

         (Bibliotecária responsável: Marta Roberto, CRB-10/652)

Coleção ALVARO DE OLIVEIRA
Estudos de Processo e Constituição **3**

Fernando Rubin

A PRECLUSÃO NA DINÂMICA
DO PROCESSO CIVIL

livraria
DO ADVOGADO
editora

Porto Alegre, 2010

Coleção ALVARO DE OLIVEIRA
Estudos de Processo e Constituição

Daniel Mitidiero
Coordenador

© Fernando Rubin, 2010

Projeto gráfico e diagramação
Livraria do Advogado Editora

Revisão
Rosane Marques Borba

Direitos desta edição reservados por
Livraria do Advogado Editora Ltda.
Rua Riachuelo, 1338
90010-273 Porto Alegre RS
Fone/fax: 0800-51-7522
editora@livrariadoadvogado.com.br
www.doadvogado.com.br

Impresso no Brasil / Printed in Brazil

Agradecimentos

Ao Prof. Carlos Alberto Alvaro de Oliveira, meu orientador e amigo, pelo estímulo e paciência, pela honesta e reiterada mensagem de defesa do processo e da justiça.

Ao doutos que participaram da banca examinadora de dissertação de mestrado, UFRGS – Prof. Danilo Knijnik, Prof. José Maria Tesheiner e Prof. Klaus Cohen Koplin – pela crítica leal e ponderada, auxiliando no melhoramento da obra.

Aos colegas da pós-graduação e graduação da UFRGS, pela troca de experiências jurídicas e de vida, bem como pela amizade construída em uma década de estudos.

Ao pessoal da secretaria do Programa de Pós-Graduação (PPGD), pelo auxílio constante e interessado.

Aos advogados e funcionários do Escritório de Direito Social, ambiente no qual foi, mais amplamente, forjado o amor pela advocacia e, principalmente, desenvolvido o respeito e fascínio pelo processo.

Por fim, mas seguramente não menos importante, o meu sincero agradecimento à Família, de Erechim e de Porto Alegre, pela presença afetuosa e suporte incondicional.

Prefácio

Da Academia para o Foro. Esse parece ser o mote mais adequado para a esmerada dissertação de mestrado elaborada por Fernando Rubin, defendida no Programa de Pós-Graduação da Faculdade de Direito da Universidade Federal do Rio Grande do Sul.

Realmente, o Autor não poupou esforços na pesquisa da melhor e mais atualizada doutrina a respeito do instituto da preclusão. Da mesma forma, o trabalho se espraia largamente nas mais diversas e expressivas possibilidades apresentadas pelo fenômeno preclusivo no cotidiano forense.

Começa por enquadrar o fenômeno preclusivo na moldura mais geral do fenômeno processual. Passa depois ao estudo das noções fundamentais do próprio instituto da preclusão. Procura, assim, responder a indagações fundamentais: Qual é a sua essência? Deve a preclusão ser considerada técnica ou princípio? Em que se diferencia de outros institutos jurídicos próximos – como a decadência, a prescrição, a perempção, a coisa julgada, a nulidade? Quais são suas modalidades? Em tudo isso, constata-se a mão firme do jurista, armado com as melhores fontes, a traçar de forma admirável os contornos do tema, do ponto de vista teórico.

No entanto, de forma alentadora, já no exame das modalidades da preclusão, começam a aparecer questões práticas de envergadura, fruto da sensibilidade decorrente da vida intensa do foro, vivida pelo autor na condição de advogado.

Esse saudável aspecto ainda mais se acentua no estudo dos atores processuais sujeitos à preclusão. Questões relevantes, de grande interesse prático, passam a ser apontadas corajosamente e não ficam sem resposta, o que é melhor.

Relaciono algumas, a título de exemplo. Preclusão ou não dos motivos da decisão; preclusão e lei nova; o alcance da preclusão determinada pela coisa julgada material; a justa causa capaz de elidir a preclusão; a preclusão lógica e o órgão judicial; o exame de sete situações polêmicas, concernentes à aplicação da preclusão consumativa; situações polêmicas na aplicação da preclusão consumativa no âmbito dos recursos e seus efeitos; o difícil equacionamento da preclusão consumativa para o juiz no conflito entre decisões tomadas em diferentes graus de jurisdição; a ausência de preclusão nas decisões liminares; as condições excepcionais para a reapreciação pelo juiz de decisões anteriores; nulidades absolutas e preclusão; preclusão e direito probatório; preclusão e erro material ou de cálculo; a viabilidade de reexame das questões apreciáveis de ofício nas instâncias excepcionais; preclusão e revelia.

Esse longo rol, não exaustivo, confirma a assertiva inicial. Demonstra, também, que o livro que agora vem a lume, com o expressivo título *A Preclusão na Dinâmica do Processo Civil*, está fadado a ocupar lugar de destaque na bibliografia brasileira especializada.

Professor Carlos Alberto Alvaro de Oliveira
Titular de Processo Civil dos Cursos de Graduação e Pós-graduação da Faculdade de Direito da UFRGS. Doutor em Direito pela USP

Nota do Autor

A presente obra é versão ajustada da dissertação que apresentei à Faculdade de Direito da Universidade Federal do Rio Grande do Sul, em meados de 2009, para obtenção do grau de Mestre em Direito Processual, sob o título *O instituto da preclusão na dinâmica do processo civil*.

Trata-se de trabalho desenvolvido no período de quatro anos, partindo-se da constatação – firmada já no início dos estudos na Pós-Graduação –, de que a preclusão, um dos mais densos, tormentosos e importantes institutos do direito processual civil, continuava a merecer análise aprofundada, com a necessidade de estabelecimento, de modo mais preciso, de suas íntimas e múltiplas relações com outras importantes matérias afeitas ao direito instrumental e substancial.

Assim, abordando-se os principais temas desenvolvidos pela doutrina especializada, pátria e alienígena, e comumente presentes na prática jurisprudencial, procurou-se (sem apegos desmedidos a investigações mais remotas de sua incidência), revisitar criticamente os pontos vitais e polêmicos que envolvem a preclusão – propondo-se um modelo robusto de *sedimentação dogmática*, o qual se leva agora ao conhecimento da comunidade jurídica.

Porto Alegre, abril de 2010.

Fernando Rubim
fernando.rubin@direitosocial.adv.br

"Tão necessária é para o homem a lei justa cuidadosamente aplicada, quanto é para o processo e, portanto, para a restauração das relações de direito inseguras, ameaçadas ou violadas, a preclusão" (BARBOSA, Antônio Alberto Alves. *Da preclusão processual civil*. São Paulo: RT, 1955, p. 244).

Sumário

Capítulo 1 – Delimitação do tema e linhas metodológicas
Introdução.. 17

Capítulo 2 – Abordagem propedêutica: o processo e o fenômeno preclusivo............ 23
1. O processo como instrumento de jurisdição do Estado. A prevalência da "Justiça Judicial" e as vias alternativas de resolução dos conflitos.. 23
2. O aspecto formal/externo e material/interno do processo. Evolução do pensamento moderno em Bülow, Goldschmidt e Fazzalari... 25
3. O enfoque na noção de procedimento: a conformação da teoria da ação; a relação próxima com o impulso processual; e o princípio dispositivo............................... 29
4. A disciplina dos prazos processuais: termo *a quo* e termo *ad quem*.................... 31
5. A figura da preclusão na sistemática processual.. 32
6. A aplicação do fenômeno preclusivo frente à adoção simultânea de múltiplos procedimentos pelo ordenamento processual... 33

Capítulo 3 – Noções fundamentais do instituto da preclusão........................ 35
1. A essência da preclusão processual... 35
   1.1. Origem latina do termo. Conceito-finalidade.................................... 35
   1.2. A sua sistematização como instituto de direito processual. Breve digressão histórica no direito comparado e pátrio... 37
   1.3. As discussões (D'Onofrio e Attardi) em torno do âmbito de aplicação do instituto, a partir dos avanços conceituais de Chiovenda: instituto só vinculado às partes?...... 40
   1.4. Continuação. O emprego (impreciso) da expressão "preclusão *pro judicato*". A cunhagem originária em Redenti.. 44
   1.5. Sintética conclusão parcial: relação do instituto com os atos das partes e do juiz. Ênfase à participação do instituto como o grande limitador para a atividade das partes.. 46
2. Preclusão como princípio e como técnica processual................................... 47
   2.1. O instituto como técnica processual... 47
   2.2. O instituto como princípio processual... 50
   2.3. Continuação. O instituto na Teoria Geral do Processo: fundamentos no processo civil e no processo penal.. 51
   2.4. Continuação. Reforço das tênues diferenças entre as concepções possíveis do instituto. Ponderações quanto à posição de Guarneri e Moniz de Aragão........................ 53
   2.5. Decisão rápida *versus* Decisão justa: a contemplação dos valores da efetividade processual e da segurança jurídica, e a perspectiva do "formalismo-valorativo"........ 54
3. Diferenciações importantes da preclusão para outros institutos..................... 58
   3.1. Introdução: equívoca equiparação de fenômenos diversos, de direito material e processual.. 58

3.2. Preclusão *versus* Decadência. Posição atual da doutrina italiana (Fabio Marelli) 58
3.3. Preclusão *versus* Prescrição 61
3.4. Preclusão *versus* Perempção 62
3.5. Preclusão *versus* Nulidade. Natureza jurídica sancionatória do instituto? 64
3.6. Preclusão *versus* Coisa julgada 68
    3.6.1. A nomenclatura tradicional, sedimentada em Liebman: espaço da coisa julgada material, da coisa julgada formal e da preclusão 68
    3.6.2. A inutilidade do conceito "coisa julgada formal" denunciada por Ugo Rocco e Agrícola Barbi 70
    3.6.3. Continuação. O devido espaço da coisa julgada material e da preclusão; a hipótese de "preclusão de instância". Viável amálgama dos modelos de Giovanni Pugliese e Galeno Lacerda 74
    3.6.4. Continuação. Novas perspectivas críticas quanto ao espaço da coisa julgada material e preclusão. As posições de Tesoriere, Betti e Ferri 76
    3.6.5. Semelhança na aplicação da coisa julgada material e preclusão: o objeto das questões decididas. Espaço para aplicação do art. 469, I, do CPC 79
    3.6.6. A resistência (diferenciada) da coisa julgada material e da preclusão frente à lei nova, a partir do estudo de ensaio de Chermont de Miranda 81
    3.6.7. A atuação (diferenciada) da coisa julgada material e da preclusão na fase de execução 85
    3.6.8. A eficácia preclusiva da coisa julgada material: exegese do art. 474 do CPC; a abrangência do "objeto litigioso do processo" e as concepções de "fato jurídico" e "fato simples" de Schönke para a fixação dos limites objetivos da coisa julgada 90
    3.6.9. Sintética conclusão quanto aos fenômenos da coisa julgada material e preclusão. A situação excepcional dos despachos de mero expediente (art. 504 do CPC) ... 97
4. Modalidades de preclusão 98
    4.1. Introdução: a classificação tripartida de Chiovenda. Opção pela inaplicação da modalidade "preclusão ordinatória" de Riccio 98
    4.2. A preclusão temporal 101
        4.2.1. Disciplina geral da modalidade 101
        4.2.2. Continuação: os prazos impróprios ("dilatórios" ou "não preclusivos") e a aplicação distinta sobre as figuras das partes e do juiz. A efetiva contribuição de Edoardo Balbi 103
        4.2.3. As medidas tipificadas de controle de prazo dos atos processuais sob responsabilidade do juiz 105
        4.2.4. A aplicação da justa causa: exegese do art. 183 do CPC; casos práticos 107
    4.3. A preclusão lógica 109
        4.3.1. Disciplina geral da modalidade 109
        4.3.2. A utilização da espécie na seara recursal: o teor do art. 503 do CPC 110
        4.3.3. Continuação. Hipóteses do CPC em que necessário seus préstimos 111
        4.3.4. Outras hipóteses no CPC fora do âmbito recursal 114
        4.3.5. A possível incidência da modalidade para o juiz 115
    4.4. A preclusão consumativa 117
        4.4.1. Disciplina geral da modalidade 117
        4.4.2. A concepção da preclusão lógica na esfera de abrangência da preclusão consumativa 118
        4.4.3. A incidência da espécie para o juiz e para as partes: o teor dos arts. 471 e 473 do CPC 119

4.4.4. Continuação. Sete momentos processuais polêmicos e frequentes na prática forense recursal de incidência da espécie para as partes 119
4.4.5. Síntese conclusiva quanto aos casos de incidência da modalidade para as partes. 131

Capítulo 4 – Preclusão e atores processuais: estado-juiz e partes 133
1. Preclusão de atos do juiz (questões) 133
   1.1. Introdução: Limites da investigação 133
   1.2. Regra da preclusividade das decisões judiciais, em estudo à incidência do fenômeno entre as instâncias julgadoras. Exceção referente às matérias não preclusivas, e a concepção de contraditório prévio em Vittorio Denti 133
   1.3. Continuação. Situação anômala de revogação das liminares: tutela antecipada de mérito e tutela cautelar 136
   1.4. Continuação. Criteriosa utilização do atípico pedido de reconsideração. Nosso descompasso com a doutrina majoritária 140
   1.5. As matérias não preclusivas 144
      1.5.1. Breve apresentação: matérias de "ordem pública" e matérias apreciáveis *ex officio*. Imagem matemática de Teresa Arruda Alvim Wambier 144
      1.5.2. As condições da ação e os pressupostos processuais 145
         1.5.2.1. A disciplina dos incisos IV e VI do art. 267 do CPC. O estudo da fase de saneamento e a não preclusividade de questões implícitas 145
         1.5.2.2. As espécies componentes de cada uma das preliminares de mérito 147
         1.5.2.3. A grande discussão doutrinária: as correntes diversas a respeito da não preclusividade 150
         1.5.2.4. A teoria da asserção e a relativização à regra da não preclusividade para as condições da ação 153
         1.5.2.5. Exceções à regra da não preclusividade também para os pressupostos processuais 156
         1.5.2.6. A regra geral do art. 267, § 3°, do CPC nas instâncias extraordinárias, diante da exigência do prequestionamento 157
         1.5.2.7. A regra geral do art. 267, § 3°, do CPC e os limites do efeito translativo dos recursos diante da vedação à *reformatio in peius* 159
      1.5.3. Juízo de admissibilidade recursal: exegese do art. 518 do CPC. Redação da Lei n° 8.950/94 e modificação inócua estabelecida pela Lei n° 11.276/2006 162
      1.5.4. Nulidades 166
         1.5.4.1. Regra da não preclusividade para as nulidades absolutas: o art. 245 do CPC . 166
         1.5.4.2. Aplicação das conclusões pretéritas a respeito da viabilidade do exame de questões nas instâncias excepcionais e limites ao efeito translativo 170
         1.5.4.3. Exame de quatro principais nulidades (absolutas) não preclusivas 171
      1.5.5. Direito probatório 178
         1.5.5.1. Regra da não preclusividade assentada na relativização do princípio dispositivo (em sentido processual ou impróprio) 178
         1.5.5.2. Ponderações práticas quanto à reconsideração do despacho que havia indeferido meio de prova. A interpretação (restritiva) do art. 330, I, do CPC e o caráter excepcional da limitação ao direito de provar 183
         1.5.5.3. Impossibilidade de reconsideração do despacho que havia deferido meio de prova (discussão proposta por Manoel Caetano Ferreira Filho) 186
      1.5.6. Erro material: Extensão do art. 463, I, do CPC. Construção de uma diferenciação para o erro de fato, o erro de direito e o erro de procedimento 187
      1.5.7. Prescrição: aplicação do novel art. 219, § 5°, do CPC. Críticas da doutrina à novidade estabelecida pela Lei n° 11.280/2006 192

1.5.8. Observação derradeira quanto às situações (excepcionais) não preclusivas para o magistrado 196
2. Preclusão de atos das partes (faculdades) 197
   2.1. Introdução: Distinção entre preclusão referente ao ato processual de recorrer e referente aos atos processuais necessários no desenvolvimento das fases do procedimento 197
   2.2. A preclusão de faculdades e a utilização da técnica da eventualidade 198
      2.2.1. Necessária distinção entre os institutos 198
      2.2.2. Reconhecimento de uma aproximação entre os institutos nos sistemas processuais modernos. Espaço da eventualidade (realce em Wyness Millar) e defesa da utilização da técnica também para além da fase postulatória (eventualidade em sentido lato) 199
      2.2.3. Vinculação histórica da eventualidade à preclusão de faculdades envolvendo ambas as partes. Incidência mais severa da técnica para o réu 201
   2.3. Preclusão de faculdades para o réu 203
      2.3.1. Técnica da eventualidade para a apresentação das matérias de defesa: o teor do art. 300 do CPC 203
      2.3.2. Continuação. O prazo para contestar no direito comparado e pátrio, a partir de estudo de ensaio de Mario Piu Fuiano 204
      2.3.3. Disposições gerais sobre o fenômeno da revelia 207
      2.3.4. Continuação. Revelia e preclusão de provas: exegese e (in)aplicação do art. 330, II, do CPC 208
   2.4. Preclusão de faculdades para o autor 211
      2.4.1. Técnica da eventualidade para a apresentação de matérias de ataque: o teor do art. 282 do CPC. Enfoque à rigidez do princípio dispositivo (em sentido material ou próprio), como o grande limitador para a atividade do magistrado 211
      2.4.2. Regras da eventualidade e preclusão para o autor como pressuposto da teoria da substanciação (contribuição de Cruz e Tucci). Situação excepcional de aplicação do art. 462 e do art. 517 do CPC 214
      2.4.3. Fixação e estabilização do pedido e da causa de pedir no direito processual comparado e pátrio 216
      2.4.4. Continuação. Modelo de alteração (legislativa) da rigidez da estabilização da demanda contida no art. 264 do CPC. Reflexões quanto à posição de Carlos Alberto Alvaro de Oliveira 222

Capítulo 5 – Perspectiva de aprofundamento a partir dos elementos sedimentados: possibilidade de construção de um modelo constitucional de aplicação reduzida da preclusão processual 227
1. Da importância teórica e prática da sedimentação de conceitos e diferenciações apontadas. Da compreensão do instituto na Teoria Geral do Processo a sua firme acomodação na perspectiva de um Direito Processual Constitucional 227
2. A defesa de um modelo de utilização reduzida da preclusão (como técnica) no sistema processual-constitucional, tanto pela via doutrinária/jurisprudencial quanto pela via legislativa 229
3. ntinuação. Os efeitos da preclusão são realmente tão intensos na garantia da efetividade do processo? Os reais fatores (extrajurídicos) antiefetividade e a crítica pertinente à onda reformista 237

Capítulo 6 – Conclusões 243

Referências bibliográficas 253

Capítulo 1

Delimitação do tema e linhas metodológicas

Introdução

A preclusão, um dos mais ricos institutos do direito processual, não vem tendo o tratamento de destaque que merece, sendo não raro imprecisas e precárias as explanações que a abordam direta ou indiretamente. Mesmo que a crítica por falta de precisão técnica seja na maioria das vezes dirigidas ao legislador, é a própria doutrina (responsável mor pelo estudo e interpretação da ciência processual) que, em muitas oportunidades, se encarrega de embaralhar conceitos, e acaba por gerar a inconveniente confusão de significados.[1]

Mas não é só: a extensa pesquisa realizada na doutrina pátria e estrangeira identificou a inexistência de uma obra específica de mais ampla investigação do tema – em que tenha sido intensamente trabalhado o instituto da preclusão de maneira prática, articulado com outros importantes fenômenos do processo. Daí a razão pela qual assentamos a necessidade iminente de um estudo de *rearranjo dogmático,* ou, melhor seria dizer, *de mais ampla sedimentação dogmática,* em que se deva então revisitar o instituto em suas importantes vertentes, sendo efetuada vasta análise de suas relações com os demais fundamentais temas do direito processual – a fim de se obter noções mais claras da posição da preclusão em favor não só da ciência (aspecto teórico), mas também da justiça (aspecto prático).[2]

De fato, presencia-se um momento da ciência do processo – ultrapassada a segunda fase do processualismo (monismo de direito processual),[3] onde se tratou

---

[1] O ponto foi bem desenvolvido por Daniel Amorim Assumpção Neves, que, mencionando em seu favor entendimento de Dinamarco, expõe: "Não se pode permitir que a doutrina possa ser a fonte criadora de desvios terminológicos. A linguagem a ser empregada no processo deve ser aprimorada, e 'nesse papel de aprimoramento desempenha papel de destaque a doutrina. Não se conceberia que descuidassem desse importantíssimo aspecto técnico da ciência processual justamente aquelas pessoas que assumem a tarefa de transmitir tal ciência'" (NEVES, Daniel Amorim Assumpção, *preclusões para o juiz: preclusão "pro iudicato" e preclusão judicial no processo civil.* São Paulo: Método, 2004, p. 13/14).

[2] Tomamos como base, para a formação da passagem narrada, a seguinte reflexão de Pontes de Miranda: "(...) Ora, se não se têm, rente à visão jurídica, os olhos, se não se chega a noções claras, tudo se confunde e baralha, com prejuízo para a ciência e para a justiça" (PONTES DE MIRANDA, Francisco Cavalcanti. *Tratado das ações* – Tomo I. Atualizado por Vilson Rodrigues Alves. Campinas: Bookseller, 1998, p. 129/130).

[3] É uma das conclusões de Congresso Internacional de Direito Processual de 1977, realizado em Bruxelas, exteriorizada por Habscheid: "(...) A teoria do direito processual civil deve evitar com a ajuda da construção jurídica, a que se chegue a resultados longínquos das concepções de direito material, o que colocaria em cheque os escopos colimados pela norma jurídica (...). Assim, é necessário que as duas teorias (monistas) se influenciem

de investigar todos os grandes institutos a fim de autorizar o desenvolvimento de uma autonomia do direito processual, e já bem superada a primeira fase sincretista (monismo de direito material) – de destaque efusivo ao estudo do *Processo Constitucional*, em busca da articulação de fatores sociais e políticos da jurisdição, ao lado dos fatores propriamente jurídicos;[4] em busca da decisão justa ao caso concreto, por meio de procedimento, em contraditório, que auxilie na criação do direito (substancial) declarado e realizado pelo Estado.[5]

Mesmo assim, e sem deixar de reconhecer a base constitucional do processo,[6] temos que o trabalho dirigido eminentemente à *técnica processual*, ao exame da *estrutura interna do processo*, ainda mais num país inserido no *Civil Law*,[7] é incessante e precisa ser continuado,[8] notadamente quando se veem inúmeras falhas e limitações na compreensão de institutos, como a preclusão, o que acaba desembocando em incompleta e ineficaz prestação jurisdicional – não só pela atuação defeituosa do magistrado, mas também pela falta de gabarito técnico dos demais operadores do direito que participam diretamente na demanda encaminhada ao Judiciário (advogados, representante do ministério público, procuradores estaduais, municipais, da república, da fazenda, defensores públicos, etc.).[9]

Demo-nos conta, realmente, que persistem firmes e vivas as observações lançadas por Bülow, na segunda metade do século XIX, ao reconhecer que a ciência processual civil possui, ainda, um longo caminho a percorrer para alcançar

---

mutuamente, certamente a teoria material a mais antiga, a mais venerável" (HABSCHEID, Walther J. "Oggeto del processo nel diritto processuale civile tedesco". Trad. por Angela Loaldi in *Rivista de Diritto Processuale Civile* n° 35 (1980): 454/464. Especialmente p. 130).

[4] Menção aos postulados de Dinamarco em sua obra principal, que se confirma como marco de uma visão instrumental do processo (dualismo), com base na Lei Maior, a se afastar das linhas (monistas) do "processualismo" e do "sincretismo": DINAMARCO, Cândido Rangel. *A instrumentalidade do processo*. 4ª ed. São Paulo: RT, 1994.

[5] Menção aos postulados de Alvaro de Oliveira em sua obra principal, que se projeta como um avanço na perspectiva da (terceira) corrente instrumentalista (dualismo pós-moderno), em defesa de um conceito central de "formalismo-valorativo" (em oposição a uma concepção de "formalismo excessivo" e de "efetividade perniciosa"): ALVARO DE OLIVEIRA, Carlos Alberto. *Do formalismo no processo civil*. 2ª ed. São Paulo: Saraiva, 2003.

[6] Tanto é que, dentre algumas referências expressas aos postulados constitucionais, será destacado no trabalho a necessária compreensão da preclusão – como princípio – na perspectiva do "formalismo-valorativo".

[7] Veja-se a lição de Calmon de Passos: "É fundamental o pensamento dogmático para o jurista que opera num país inserido no civil law. Deve partir, necessariamente, de algo que lhe é dado como já representando o direito e que como direito deve valer – o sistema jurídico positivo – sendo-lhe impossível repudiá-lo, desconhecê-lo ou substituí-lo, deslegitimá-lo, enfim" (CALMON DE PASSOS, J. J. *Esboço de uma teoria das nulidades aplicada às nulidades processuais*. Rio de Janeiro: Forense, 2005, p. 7).

[8] Vale aqui a transcrição de importante mensagem de Aroldo Plínio Gonçalves: "No momento em que uma ciência renuncia a continuar investigando seu objeto e as complexas relações a que pode ser submetido pela análise, terá renunciado, antes, a si própria, como competência explicativa da realidade, quando clarificar a realidade que elege como seu domínio de trabalho é, inegavelmente, a missão social comum de qualquer ciência" (GONÇALVES, Aroldo Plínio. *Técnica processual e teoria do processo*. Rio de Janeiro: AIDE, 1992, p. 14).

[9] Em conhecido ensaio sobre a *técnica processual*, Barbosa Moreira defende justamente a importância de o jurista dominá-la, para ser garantida uma melhor prestação jurisdicional, inclusive de forma a contribuir para a maximização da celeridade na tramitação do feito: BARBOSA MOREIRA, J. C. "Efetividade do processo e técnica processual" in *Ajuris* (64): 149/161.

o progresso obtido em outros campos do direito, sendo por isso conveniente a manutenção de um estímulo vigoroso à investigação dogmática livre. "Jazem ainda na penumbra", disse o precursor alemão, "as mais importantes e básicas ideias processuais, obscurecidas por uma construção conceitual inadequada e uma errônea terminologia".[10] Guardadas as devidas proporções, não podemos negar alguma significativa validade atual à máxima proferida; clamando-se, no contemporâneo estágio do processo, por um aperfeiçoamento das noções que envolvem os conceitos e as relações próximas/múltiplas entre os institutos.

Propõe-se, assim, nessa passagem, uma investigação que sistematize a preclusão como imprescindível figura do direito processual, a ocupar lugar de destaque nas diversas etapas do procedimento, amalgamando-se com outros vitais institutos, a fim de compor os devidos contornos da contemporânea ciência processual. Fixada essa premissa, bem se entende a razão pela qual, ao estudarmos a preclusão nas suas mais diversas hipóteses de incidência, fizemos questão de discorrer, com alguma atenção, a respeito de outros inúmeros e importantíssimos institutos do direito processual, presentes, mormente, na fase de cognição – na qual, de fato, se concentra a investigação da obra, em sua essência.

Para criarmos esta atmosfera de análise lata e profícua do instituto, concentrada na fase de conhecimento, procuramos articular os ensinamentos de teóricos clássicos, nacionais e estrangeiros (com destaque especial à doutrina italiana, embora tenhamos buscado lições até em juristas de *Common Law*), com algumas opiniões de processualistas mais recentes (sendo estudadas as principais contemporâneas obras lançadas a respeito do tema); como também buscamos trazer as soluções atuais prolatadas pelo Judiciário pátrio (essencialmente o Superior Tribunal de Justiça e o Tribunal de Justiça local), sem perder de vista o teor dos dispositivos do nosso Código Processual.

Aliás, sem deixarmos de expor a nossa opinião fundamentada sobre os grandes pontos tormentosos que envolvem a preclusão, em algumas oportunidades ousamos trazer a participação de abalizada doutrina e jurisprudência para o fito de delas divergir, sendo então apresentadas as conclusões pertinentes que traçam a perspectiva de um diverso pensar.

Como se percebe pela mera passagem de olhos no sumário do trabalho, procurou-se enfatizar a origem doutrinária de muitas das temáticas escolhidas para compor a presente obra, o que por um lado reforça o nosso comprometimento de, nessa sede, propor um modelo tão completo quanto possível de *sistematização dogmática*, mas por outro lado não autoriza se formar a ilação de que outros grandes mestres, brasileiros e alienígenas, não expressamente ali anunciados, sejam de importância meramente residual para o direito processual, e para a própria conformação do instituto da preclusão. A substanciosa bibliografia, anunciada ao final,

---

[10] BÜLOW, Oskar. *Teoria das exceções e dos pressupostos processuais*. 2ª ed. Trad. por Ricardo Rodrigues Gama. Campinas: LZN, 2005, p. 3.

passa a partir daí a representar uma devida e justa homenagem a tantos insignes juristas que trataram da matéria e auxiliaram na sua compreensão.

Diga-se ainda, por oportuno, que optamos por não aprofundar sobremaneira os aspectos históricos pertinentes ao instituto e aos demais temas correlatos expostos no trabalho (deixando de trazer, *v.g.*, densa análise da utilização da preclusão em períodos mais remotos, como no direito romano e na idade medieva); restando privilegiada a investigação e o debate dos temas complexos mais afeitos à contemporânea realidade processual, servindo o trabalho, assim, como fonte de reflexão e de convite, em maior escala, à tomada de posição pelo leitor, operador do direito.

Também é necessário antecipar que tratamos de conferir especial ênfase às passagens que entendemos mais importantes (destacando do texto algumas referências, inclusive), a fim de facilitar a leitura e tornar mais claras as principais concepções firmadas; bem como eventualmente repisar, em estágio mais avançado da obra, conclusões e passagens estabelecidas em tópicos anteriores, demonstrando assim a correlação e importância de temas afins – valendo-nos, para todos os efeitos, da honesta mensagem de Bedaque: "O risco da repetição é compensado pela possibilidade de tornar mais claras algumas ideias, insuficientemente desenvolvidas por deficiência do expositor".[11]

Pois bem. A obra procurará estabelecer inicialmente um fio de ligação entre o processo estatal, o procedimento e a preclusão (com menção, mesmo que breve, da evolução do pensamento científico processual em tempos mais próximos); sendo desenvolvidas, na sequência, as noções fundamentais pertinentes ao instituto (especialmente discutindo-se a sua concepção como técnica e como princípio, destacando-se as diferenciações importantes da preclusão para outros institutos, e debatendo-se os principais problemas envolvendo as modalidades de preclusão); para, então, serem tratadas palpitantes discussões concernentes às preclusões de questões para o Estado-juiz (explicitando-se a regra da preclusividade, a situação anômala de revogação das liminares, o enquadramento do pedido de reconsideração, bem como, finalmente, as matérias não preclusivas previstas no sistema processual) e às preclusões de faculdades para as partes (tratando-se notadamente da importância da peça contestacional e o fenômeno da revelia para o réu, e da importância da petição inicial e a limitação para alteração da causa de pedir e pedido pelo autor a partir de um determinado estágio do processo).

Avancemos, pois, para uma melhor e mais profunda compreensão de um dos indispensáveis instrumentos do processo, alhures utilizado na prática do foro (como é a preclusão, a atingir a atividade processual das partes e do Estado-juiz nas mais diversas ocasiões no rito) – objeto central do trabalho, exposto na introdutória Parte II, e principalmente nas Partes III e IV do desenvolvimento; para que com os devidos alicerces, cogite-se em se alterar, de alguma maneira substancial,

---

[11] BEDAQUE, José Roberto dos Santos. *Efetividade do processo e técnica processual.* 2ª ed. São Paulo: Malheiros, 2007, p. 449.

o sistema preclusivo, em busca de uma maior aproximação do processo aos privilegiados fins colimados na pós-modernidade – objeto do tópico derradeiro do trabalho (Parte V), onde, em linhas gerais, é suscitada a viabilidade de um modelo de utilização reduzida da preclusão em resguardo ao direito constitucional à prova, embora (diante das evidentes limitações da obra – fruto da dissertação de mestrado), não tenhamos, aqui, a pretensão e o espaço suficiente para desenvolver verdadeira tese.

Capítulo 2

Abordagem propedêutica: o processo e o fenômeno preclusivo

1. O processo como instrumento de jurisdição do Estado. A prevalência da "Justiça Judicial" e as vias alternativas de resolução dos conflitos

O processo foi, e continua sendo, o instrumento encontrado pelo Estado para dizer e realizar o Direito (portanto: *instrumento de jurisdição*), mas tão somente quando há necessidade para tanto – momento em que é formalmente acionado por qualquer cidadão (jurisdicionado).[12]

Desde o momento histórico em que passou a ser vedada a resolução dos conflitos pelas próprias forças dos combatentes – proibição da justiça privada (justiça de mão própria ou autotutela,[13] a ponto de convertê-la em tipo penal[14]), se não de maneira absoluta, a partir do desenvolvimento de outras formas extrajudiciais de composição,[15] o Estado impõe que qualquer lesão ou mesmo ameaça a direito seja dirimida pela via do processo, perante um agente político investido (o Juiz).[16] Na nossa Lei Maior, tal exigência está consolidada expressamente no art. 5°, XXXV.

E mesmo que haja vozes pleiteando a instauração de uma geral nova maneira de solução de conflitos e interesses dentro da sociedade, pregando então o extermínio ou, ao menos, a drástica redução da utilização do instrumento processual estatal (a "justiça judicial", assim chamada por Devis Echandía),[17] parece mais

---

[12] FAZZALARI, Elio. "Procedimento e processo (teoria generale)" in *Enciclopedia del diritto*, n° 35 (1986): 819/835. Especialmente p. 831.

[13] PONTES DE MIRANDA, Francisco Cavalcanti. *Tratado das ações* – Tomo I. Campinas: Bookseller, 1998, Atualizado por Vilson Rodrigues Alves, p. 243/247; HABSCHEID, Walther J. "As bases do direito processual civil". Trad. por Arruda Alvin in *Revista de Processo* n° 11-12 (1978): 117/145. Especialmente p. 124 e 136.

[14] O art. 345 do nosso Código Penal prevê o tipo criminal "exercício arbitrário das próprias razões" da seguinte forma: "Fazer justiça pelas próprias mãos, para satisfazer pretensão, embora legítima, salvo quando a lei o permite: Pena – detenção, de 15 (quinze) dias a 1 (um) mês, ou multa, além da pena correspondente à violência".

[15] ALCALÁ-ZAMORA Y CASTILLO, Niceto. "Proceso, autocomposición y autodefensa". México: Textos universitários UNAM, 1970, p. 223/227; FAZZALARI, Elio. "Valori permanenti del processo" in *Rivista de Diritto Processuale* n° 44 (1989): 1/11.

[16] BUZAID, Alfredo. "Inafastabilidade do controle jurisdicional" in *Estudos e pareceres de direito processual civil*. Notas de Ada Pellegrini Grinover e Flávio Luiz Yarshell. São Paulo: RT, 2002, p. 309/319; GONÇALVES, Aroldo Plínio. *Técnica processual e teoria do processo*. Rio de Janeiro: AIDE, 1992, p. 52 e 92.

[17] VESCOVI, Enrique. "Nuevas tendências del derecho procesal civil con especial referencia al proceso latino-americano" in *Revista de Processo* n° 79 (1995): 20/34.

adequado falar-se em ajustes no sistema, do que propriamente na sua completa substituição por um outro modelo extrajudicial – o que não significa deixar de se pensar em possibilidades alternativas secundárias, como já vem se sucedendo;[18] mas sempre viabilizando que o cidadão recorra ao Poder Judiciário para, mediante o devido processo legal, buscar reparação de dano eventualmente corporificado.[19] Isso, ao menos, enquanto vivermos em um Estado de Direito, em que um dos seus pilares encontra forte e legítima expressão na figura do Estado-juiz, e nos instrumentos institucionalizados pelos quais o agente político diz e realiza o Direito.[20]

Se o Estado deixasse de dispor da via principal de resolução dos litígios, estar-se-ia corporificando possivelmente, comenta Dinamarco, a renúncia à própria subsistência da organização política da sociedade, sendo inconcebível a sociedade política sem o processo e a jurisdição.[21] Ainda nesse diapasão, sugere Moniz de Aragão que a opção pelo processo estatal, nada obstante a necessidade de estímulo do emprego de fórmulas alternativas de resolver disputas, é irreversível, cabendo, pois, intensificar-se a busca por uma renovação do atual modelo "burocrático-formalista", a fim de melhor se atender os anseios de uma sociedade cada vez maior, onde brotam conflitos paulatinamente mais complexos.[22]

Sobre a questão da prevalência do sistema processual institucionalizado pelo Estado, Owen Fiss revela inicialmente para um importante aspecto negativo das soluções alternativas de controvérsias (as chamadas ADR no sistema americano – *Alternative Dispute Resolution*): é que os acordos produzidos nesses modelos extrajudiciais podem representar risco a uma maior efetivação da atuação do poder jurisdicional – ao qual caberia julgar a fundo as controvérsias, lavrando justa decisão de mérito, notadamente naqueles feitos em que o caráter prospectivo é maior, servindo o julgado como eventual paradigma para outros casos semelhantes.[23]

---

[18] Trata Mauro Cappelletti da possibilidade de desenvolvimento de uma "justiça coexistencial", destinada a pacificar convivência de sujeitos que fazem parte de um grupo social ou de uma relação complexa, de cujo meio dificilmente poderiam subtrair-se mesmo depois de deflagrado o conflito (CAPPELLETTI, Mauro. "Problemas de reforma do processo civil nas sociedades contemporâneas" in *O processo Civil Contemporâneo*, Coordenador Luiz Guilherme Marinoni. Curitiba: Juruá, 1994).

[19] SALAMANCA, Andrés Bordali. "Justicia privada: análisis crítico de las vias alternativas a la jurisdicción" palestra proferida no Salão Nobre da Faculdade de Direito da UFRGS, em 30/08/2007, no 1º Congresso Latino-americano de Direito Processual Civil.

[20] Nesse diapasão, vale transcrição às seguintes passagens de Zanzucchi: "Questo obbligo dello Stato di rendere giustizia si giustifica in quanto lo Stato ha posto ai privati il divieto di farsi giustizia da sè: divieto all'autodifesa (...). Il divieto dell'autodifesa, già sancito dal tardo diritto romano, caduto nel diritto comune, risorto nel più recente diritto moderno, dove ha assunto il valore di uno dei cardini fondamentali dell'ordinamento costituzionale dello Stato, quale Stato di diritto (...)" (ZANZUCCHI, Marco Tullio. *Diritto processuale civile*. Vol. 1. 4ª ed. Milão: Giuffrè, 1947, p. 45/46).

[21] DINAMARCO, Cândido Rangel. *A instrumentalidade do processo*. 4ª ed. São Paulo: RT, 1994, p. 170.

[22] Seguindo o seu raciocínio, sustenta o jurista paranaense que "a mais importante reforma que a legislação processual reclama é a simplificação do procedimento, para adaptá-lo, adequá-lo, quiçá aproximá-lo do anseio de celeridade e eficiência por todos manifestado" (ARAGÃO, E. D. Moniz. "Procedimento: formalismo e burocracia" in *Revista Forense* nº 358 (2001): 49/58).

[23] Tratando também do caráter prospectivo do processo contemporâneo (o que qualifica de "transcendência da decisão do juiz"), embora sob outro enfoque (discutindo a intrincada polêmica da admissibilidade dos recursos

Embora a realidade americana seja substancialmente diferente da brasileira (na *Common Law,* em média, menos de 10% dos casos chega a julgamento de mérito, terminando em acordo), adequada a ponderação seguinte de Fiss no sentido de que dadas as desigualdades e disparidades que permeiam a sociedade e a necessidade de um poder tão grande quanto o Estatal para preencher a lacuna entre os nossos ideais e as reais condições de nossa vida social, a jurisdição estatal continua sendo o melhor meio para obter-se êxito nessa aspiração.[24]

2. O aspecto formal/externo e material/interno do processo. Evolução do pensamento moderno em Bülow, Goldschmidt e Fazzalari

A palavra "processo" é de emprego relativamente moderno, sendo antes usada a de *juicio* que tem sua origem no direito romano e vem de *iudicare*, declarar o direito (sendo, em face desta sua origem latina, sinônimo de "sentença", inicialmente).[25] Mais especificamente o termo *processus* foi introduzido tão somente no século XIII, por canonistas;[26] tendo, no entanto, a passagem definitiva do significado encontrado terreno favorável na Europa central dos séculos XVII e XVIII, sobretudo na Alemanha – a partir de modificação na forma de se conceber o fenômeno: mudança de uma "ordem isonômica" em que estabelecido o *ordo iudiciarius* (baseado na lógica argumentativa, com destaque ao debate/contraditório firmado entre os contendores) para uma "ordem assimétrica" do então incipiente *processo em sentido moderno* (baseado na lógica racional e formal, com destaque à posição bem definida do Estado-juiz no comando do feito).[27]

---

excepcionais no sistema pátrio), válida a leitura da tese de doutorado de: KNIJNIK, Danilo. *O recurso especial e a revisão da questão de fato pelo Superior Tribunal de Justiça.* Rio de Janeiro: Forense, 2005, p. 63/70, especialmente.

[24] E completa o jurista norte-americano: "Ela (a jurisdição estatal) é mais apta a fazer justiça do que a convenção, a mediação, a arbitragem, o acordo, o *rent-a-judge,* os procedimentos de instrução e julgamento com trâmite reduzido, as discussões comunitárias ou outras invenções da ADR, precisamente porque investe em poderes estatais agentes que atuam como quem recebeu confiança do público, sendo altamente identificáveis e comprometidos com a razão. Atualmente, não precisamos de um novo ataque a essa forma de Poder Público, seja ele proveniente do centro ou da periferia, inspirado na religião ou na política, mas de uma apreciação renovada de todas as suas promessas. (...) Seria um erro concluir que devemos renunciar ao poder jurisdicional, como se tivéssemos outra maneira de proteger nossos valores públicos e pôr em xeque os poderes políticos do Estado intervencionalista" (FISS, Owen. *Um novo processo civil*: estudos norte-americanos sobre jurisdição, constituição e sociedade. Coordenação de trad. por Carlos Alberto de Salles. São Paulo: RT, 2004, p. 152 e 202).

[25] ALSINA, Hugo. *Tratado teórico práctico de derecho procesal civil y comercial.* Tomo I. Buenos Aires: Compañia Argentina, 1941, p. 233; ALCALÁ-ZAMORA Y CASTILLO, Niceto, p*roceso, autocomposición y autodefensa.* México: Textos universitários UNAM, 1970, p. 116/117.

[26] KEMMERICH, Clóvis Juarez. *O direito processual na idade média*, porto Alegre: Sergio Antonio Fabris, 2006, p. 128.

[27] Explica Picardi que a passagem definitiva de significado "não se resolve tão-somente em um problema terminológico. Trata-se, antes de tudo, de um indício através do qual é dado entrever uma mudança radical no

Já o grande marco, alhures citado, para a "revolução científica no estudo do processo", deu-se pelas pesquisas desenvolvidas por juristas alemães na segunda metade do século XIX, especialmente cabendo destaque a Oskar Bülow.[28] Com sua obra notável de 1868, cujo título remetia a seu interesse no estudo crítico da teoria das exceções (moldada desde o direito romano) e na decorrente fixação definitiva do devido espaço dos pressupostos processuais, tratou de distanciar as noções de procedimento e de processo, trazendo à luz a concepção da existência de uma relação jurídica processual,[29] de direito público, já que constava a figura imperativa do Estado-juiz – condutor do processo e, por isso, detentor de poderes para enfrentar oficiosamente matérias de interesse suprapartes.

Daí em diante, gradualmente, bem se consolidou que o processo é composto não só pelo caminho legal (sequência lógica/encadeada e válida de atos judiciais previstos em lei), a ser desenvolvido para se atingir sentença (ato judicial final) que dirima o conflito entre as partes litigantes – aspecto formal, externo do processo ("exterioridade"): procedimento; mas também pela relação jurídica estabelecida pelo juiz com as partes e entre essas – aspecto material, interno do processo ("essência"): relação jurídica processual.[30]

Nessa seara, merece referência expressa James Goldschmidt, por ressaltar as grandes diferenças entre a relação jurídica de direito material para a relação jurídica de direito processual (que melhor entendia ser denominada de "situação jurídica"[31]) – precipuamente a configuração no processo de relações complexas, múltiplas, nos diferentes estágios da demanda; e por introduzir na ciência processual moderna a noção de "ônus", em oposição à de "deveres" ("obrigações"), por discorrer com razão que às partes "convêm" (e não categoricamente "devem") se

---

modo mesmo de conceber o fenômeno processual" (PICARDI, Nicola. "Do juízo ao processo" in *Jurisdição e processo*. Organizador e revisor técnico da trad.: Carlos Alberto Alvaro de Oliveira. Rio de Janeiro: Forense, 2008, p. 43).

[28] BÜLOW, Oskar. *Teoria das exceções e dos pressupostos processuais*. Trad. por Ricardo Rodrigues Gama. Campinas: LZN, 2005. 2ª ed. Destaque para p. 7/8, 55/56, 148, 208/209, 223/224, 252 e 258.

[29] Desenvolve Clóvis do Couto e Silva que Bülow sustentou a necessidade do conceito de relação jurídica para o processo civil, permitindo certa unificação metodológica com base no conceito de relação jurídica extraída do direito material (civil), onde se destaca no tema o nome de Otto Karlowa (COUTO E SILVA, Clóvis V. do. "Para uma história dos conceitos no direito civil e no direito processual civil" in *Boletim da Faculdade de Direito de Coimbra*, 1983, 1/64).

[30] GRECO FILHO, Vicente. *Direito processual civil brasileiro*. 2º Vol. São Paulo: Saraiva, 1984, p. 77; DINAMARCO, Cândido Rangel. *Fundamentos do direito processual moderno*. Vol. I. São Paulo: Malheiros, 5ª ed., 2000, p. 204.

[31] Embora não acolhida amplamente sua tese sobre a natureza jurídica do processo como *situação jurídica*, juristas como Hugo Alsina e Alcalá-Zamora y Castillo pregam, com louvor, uma aproximação das teorias de Goldschmidt e Bülow, mantendo o emprego da expressão "relação jurídica processual" (ALSINA, Hugo. *Tratado teórico práctico de derecho procesal civil y comercial*. Buenos Aires: Compañía Argentina, 1941. Tomo I, p. 245 e 269; ALCALÁ-ZAMORA Y CASTILLO, Niceto, *proceso, autocomposición y autodefensa*. México: Textos universitários UNAM, 1970, p. 128/129). O próprio Goldschmidt chega a indicar para essa possibilidade ao referir que não podendo ser o processo considerado como uma série de atos isolados, não chega a ser por isso uma relação jurídica, "*a não ser que esse termo adquira uma acepção nova*" (GOLDSCHMIDT, James. *Teoria general del proceso*. Trad. por Leonardo Pietro Castro. Barcelona: Editorial Labor, 1936, p. 22/23).

manifestar no feito em busca de melhor sorte, sob pena de se seguir uma desvantagem processual, que em última instância, representaria uma sentença contrária a seus interesses.

Muitos foram os juristas que criticaram a tese de Goldschmidt, entendendo que há casos nos quais se corporificam verdadeiros deveres das partes no processo. Embora, a nosso ver, não seja a hipótese de se colocar por terra a concepção de Goldschmidt, até porque parecem restar como exceções à regra, certo que em algumas situações há de se dar razão aos críticos.

Na própria Alemanha, Adolfo Schönke, e na Itália, dentre outros, Zanzucchi e Satta, ilustravam, em linhas gerais, que a boa-fé processual não é um ônus, mas sim verdadeiro dever, o que se compactua com o capítulo em que estão inseridos os arts. 14 e ss. no nosso CPC, que leva a designação de "dos deveres das partes e dos seus procuradores"[32] – tratando o item n° 17 da Exposição de motivos do Código Processual de 1973, ao conceituar a litigância de má-fé, em falta pela parte do "dever da verdade".

Por sua vez, ressalta Dinamarco que se é certo que o agir das partes envolve ônus, e não deveres (sendo a contribuição de Goldschmidt umas das "mais lúcidas e preciosas contribuições que se aportaram à ciência processual do século XX"), para o juiz há sim deveres, o mais importante deles o de devida prestação da tutela jurisdicional, com base precípua na lei processual e na Constituição.[33] [34]

Nada obstante essas exceções à regra (notadamente a figura dos "poderes-deveres" dispostos ao Estado-juiz), temos que Goldschmidt realmente andou muito bem em diferenciar os ônus dos deveres processuais, empregando autonomia ao direito processual, isolando-o da concepção de "obrigação" própria do direito material (civil). Na seara processual, por regra, haveria então faculdades a serem dispostas às partes por determinado lapso temporal, sob pena de incidência de desvantagens em alguns casos (os tipificados em lei), os quais não poderiam mais ser convalidados.

Quando for essa a consequência (prevista em lei), trata-se do campo dos "ônus processuais" – a relacionar-se com os chamados prazos próprios (aqueles que delimitam o tempo útil para serem tomadas atitudes no processo, e que ao seu termo final geram a preclusão, caso não se tenha feito uso do expediente franquea-

---

[32] SCHÖNKE, Adolfo. *Derecho procesal civil.* 5ª ed. Trad. por L, prieto Castro. Barcelona: Bosch, 1950, p. 17/19; ZANZUCCHI, Marco Tullio. *Diritto processuale civile.* Vol. 1. 4ª ed. Milão: Giuffrè, 1947, p. 335; SATTA, Salvatore. *Diritto processuale civile.* 2ª ed, padova: CEDAM, 1950, p. 73.

[33] DINAMARCO, Cândido Rangel. *Fundamentos do direito processual moderno.* Vol. II. 5ª ed. São Paulo: Malheiros, 2000, p. 931 e 950.

[34] Também é no mesmo caminho a mensagem deixada por Barrios de Angelis, ao consignar que a "composição interna do poder-dever que denominamos jurisdição organiza necessariamente o 'poder', o 'dever', a 'sujeição', e a 'responsabilidade', não sendo a faculdade um componente necessário" (BARRIOS DE ANGELÍS, Dante. *El proceso civil – Código General del proceso.* Montevidéo: IDEA, 1989, p. 95). Da mesma forma, João Batista Lopes trata do que entende por "deveres-poderes" do magistrado: "o caráter publicístico do processo impõe ao juiz deveres (que são também poderes) necessários à consecução dos fins colimados" (LOPES, João Batista. "Os poderes do juiz e o aprimoramento da prestação jurisdicional" in *Revista de Processo* n° 35 (1984): 24/67).

do ao litigante interessado[35]). No entanto, quando, ao invés, não há consequências processuais significativas para o descumprimento de alguma faculdade estabelecida pela lei, se opta preferencialmente pela expressão "faculdades processuais",[36] a relacionar-se, por sua vez, com os prazos ditos impróprios (aqueles que, em geral, não acarretam com a não prática do ato que neste espaço de tempo deveria ser praticado, uma consequência processual).[37]

Assim, partindo-se da concepção original de Goldschmidt, podemos estabelecer que no processo civil podem conviver *deveres, ônus e faculdades (em sentido estrito)*; sendo inegável que o campo de incidência dos ônus processuais é significativamente maior do que o dos deveres processuais e o das faculdades processuais (em sentido estrito), razão pela qual a sua contribuição permanece viva e imprescindível no estudo de qualquer sistema processual.

Um outro grande pensador da ciência processual, agora na Itália, deve ser chamado para compor esta parte propedêutica. Elio Fazzalari, buscando traçar, de maneira ainda mais profunda, as noções de "procedimento" e de "processo", destaca que notadamente na esfera judicial[38] visualiza-se a indispensável figura do contraditório (especial estrutura dialética em que montado o procedimento[39]), que entende dever ser constante entre os participantes do processo ao longo de toda sua tramitação, a fim de que razoável e ponderada decisão final venha a transitar em julgado.[40]

Passa-se a consolidar, portanto, que o processo é uma espécie do gênero procedimento, cujo fenômeno mais recentemente obteve "autonomia". Não é, pois, qualquer procedimento: é um procedimento de que participam, de uma maneira

---

[35] THEODORO JR., Humberto. "A preclusão no processo civil" *in Revista Jurídica* n° 273 (2000): 5/23.

[36] GIANNICO, Maurício. "A preclusão no direito processual civil brasileiro". 2ª ed. São Paulo: Saraiva, 2007, p. 52.

[37] ALVIM, Arruda. *Manual de direito processual civil*. Vol. 1. 6ª ed. São Paulo: RT, 1997, p. 457.

[38] O nosso CPC foi de extremo rigor no uso do vocábulo "processo", que aparece em duzentas e nove oportunidades, chegando a ponto de evitá-lo quando queria designar o "processo administrativo" (DINAMARCO, Cândido Rangel. *Fundamentos do direito processual moderno*. Vol. I. 5ª ed. São Paulo: Malheiros, 2000, p. 205).

[39] FAZZALARI, Elio. "Procedimento e processo (teoria generale)" in *Enciclopedia del diritto*, n° 35 (1986): 819/835.

[40] Menciona Fazzalari, como também Picardi, e, por aqui, em várias oportunidades também Carlos Alberto Alvaro de Oliveira e Clóvis Kemmerich, sobre a época do *ordo iudiciarius*, na Idade Média, em que se adotando a retórica dialética de Aristóteles – em substituição às formas místicas (ordálios, *v.g.*) de julgamento, o contraditório no processo assumiu papel de incrível relevo, que mereceria reinserção, com os devidos temperamentos, na época moderna (FAZZALARI, Elio. "Valori permanenti del processo" in *Rivista di Diritto Processuale* n° 44 (1989): 1/11; PICARDI, Nicola. "Aldiatur et altera pars: as matrizes histórico-culturais do contraditório" in *Jurisdição e processo*. Organizador e revisor técnico da trad.: Carlos Alberto Alvaro de Oliveira. Rio de Janeiro: Forense, 2008, p. 127/143; ALVARO DE OLIVEIRA, Carlos Alberto. "Efetividade e processo de conhecimento" extraído do site http://www6.ufrgs.br/ppgd/doutrina/oliveir2.htm. Acesso em: 20 out. 2007; ALVARO DE OLIVEIRA, Carlos Alberto. "Poderes do juiz e visão cooperativa do processo" in *Ajuris* n° 90 (2003): 55/83; KEMMERICH, Clóvis Juarez. *O direito processual na idade média*. Porto Alegre: Sergio Antonio Fabris, 2006, p. 127/128).

especial (em contraditório), aqueles que são interessados no ato final, de caráter imperativo.[41]

Quanto à concepção de procedimento, destaca-se ainda a figura de Fazzalari por difundir que se conforma a partir de uma sequência lógica e válida de atos processuais direcionados a um ato final (sentença), estando previsto em normas capazes de ostentá-lo e controlá-lo. Daí ser oportuno fixar-se que "o processo é um tipo complexo de formação sucessiva do tipo procedimento".[42]

Fazzalari, mesmo que por caminho diverso daquele trilhado por Goldschmidt, também não compactuava com "o velho e inadequado clichê pandectista da relação jurídico processual". Mesmo assim, não obstante a superação do conceito tradicional (de relação processual), entendemos que permanece viável a articulação das contribuições principais dos clássicos juristas nominados, ao passo que o contraditório paritário, na sua novel versão tão forte quanto possível, há de se estabelecer justamente a partir das múltiplas relações estabelecidas entre o juiz e as partes – ou em outros termos, o processo pode ser entendido pelo viés do "procedimento realizado mediante o desenvolvimento da relação entre seus sujeitos, presente o contraditório".[43]

3. O enfoque na noção de procedimento: a conformação da teoria da ação; a relação próxima com o impulso processual; e o princípio dispositivo

Focando-nos na análise do procedimento, temos que é indispensável para a sua devida compreensão a figura do *impulso processual*. De fato, a movimentação da demanda (para a frente, como deve se suceder, a fim de se atingir ordenada decisão final justa e útil), decorre de atos judiciais, denominados impulsos processuais, realizados pelas partes e pelo juiz.

O impulso inicial (art. 2º do CPC) sempre é da parte, que provoca o Poder Judiciário a analisar uma alegada lesão ou ameaça a direito, nos exatos termos em que posto o litígio – daí decorrendo o princípio da demanda ou dispositivo próprio ou em sentido material, que não admite significativas relativizações.

Relevante registrar-se que se utilizou a palavra "suposta" lesão ou ameaça a direito, porque após inúmeras discussões sobre a teoria da ação, chegou-se a um entendimento sobre sua natureza autônoma e abstrata, a determinar que o cidadão

---

[41] GONÇALVES, Aroldo Plínio. *Técnica processual e teoria do processo*. Rio de Janeiro: AIDE, 1992, p. 68.
[42] CALMON DE PASSOS, J. J. *Esboço de uma teoria das nulidades aplicada às nulidades processuais*. Rio de Janeiro: Forense, 2005, p. 88.
[43] GRINOVER, Ada Pellegrini; CINTRA, Antônio Carlos de Araújo; DINAMARCO, Cândido Rangel. *Teoria geral do processo*. 17ª ed. São Paulo: Malheiros, 2001, p. 285.

possui um direito subjetivo público-constitucional à jurisdição[44] (*rectius*: efetiva tutela jurisdicional), apoiando-se em um direito material afirmado (pretensão processual), mesmo que saiba ter pífias ou até mesmo inexistentes chances de obter êxito na demanda.

É a teoria, ao final, acolhida por Mortara e desenvolvida na América Latina por Couture, superando as concepções anteriores concretas ou com resquícios dela, defendidas por Chiovenda, Wach, Degenkolb e Plósz. Ocorre que, esses dois últimos juristas, embora não acolham a teoria concreta (proposta pelos dois primeiros), para explicarem a possibilidade de alguém ter direito de agir contra o Estado ainda que sem direito material, recorrem às ideias de boa-fé e de consciência do direito, para com isto se livrarem da acusação de estarem criando um direito sem conteúdo e limites.[45] Superando-se esse modelo, há de se dizer, em complemento, que a hipótese salientada de que a parte poderá pleitear em juízo direito de que tem conhecimento não possuir, ao mesmo tempo que justifica a natureza abstrata da ação, sugere, como contrapeso, a necessidade de técnicas dentro do sistema processual para coibir a má-fé, operando penalidades, ao menos de ordem pecuniária, aos que incidirem na perniciosa prática – como os ônus sucumbenciais e as multas.[46]

Já o prosseguimento do feito dá-se por impulso do juiz (art. 262, reforçado pelo art. 125, II, ambos do CPC), como "diretor do processo",[47] exigindo-se das partes colaboração no desenvolvimento das etapas subsequentes, para rápida solu-

---

[44] PONTES DE MIRANDA, Francisco Cavalcanti. *Tratado das ações* – Tomo I. Atualizado por Vilson Rodrigues Alves. Campinas: Bookseller, 1998, p. 282.

[45] Sobre o tema, aconselha-se o aprofundamento em: MARINONI, Luiz Guilherme. *Teoria geral do processo*. Vol. 1. São Paulo: RT, 2006, p. 175/177; COUTURE, Eduardo J. *Fundamentos del derecho procesal civil*. Buenos Aires: Aniceto López, 1942, p. 32; CHIOVENDA, Giuseppe. *La accion em el sistema de los derechos*. Trad. por Santiago Sentís Melendo. Chile: Edeval, 1992, p. 27/30; SANTOS, Moacyr Amaral. *Primeiras linhas de direito processual civil*. Vol. 1. 19ª ed. São Paulo: RT, 1997. p. 155; ALVARO DE OLIVEIRA, Carlos Alberto. "Direito material, processo e tutela jurisdicional" in *Polêmica sobre a ação* – a tutela jurisdicional na perspectiva das relações entre direito e processo, porto Alegre: Livraria do Advogado, 2006, p. 285/319. O último jurista nominado, em recente obra publicada, trata de fazer longo histórico da conformação da teoria da ação – da concepção concreta à abstrata – chegando ao final, com base em abalizada doutrina italiana (*v.g.*, Comoglio), a justificar a desnecessidade de se recorrer à categoria da "ação": "Se a norma fundamental sobre a ação no âmbito do processo se encontra na Constituição, não há mais necessidade de recorrer à categoria da 'ação', como algo autônomo e tecnicamente diverso do poder de propor a 'demanda' quando se deseja colocar em destaque a idoneidade instrumental e o grau de 'efetividade' dos poderes de iniciativa judicial, em função do tipo de efeito jurídico (ou da forma de tutela) que, com o aforamento da demanda, pretende-se obter do juiz" (ALVARO DE OLIVEIRA, Carlos Alberto. *Teoria e prática da tutela jurisdicional*. Rio de Janeiro: Forense, 2008. Especialmente p. 73/74).

[46] E já foi salientado, nesse sentido (em matéria de coibição de má-fé processual), que o sistema pátrio se destaca frente ao modelo anterior (CPC de 1939) e ao próprio direito comparado (LACERDA, Galeno. *O novo direito processual civil e os feitos pendentes*. Rio de Janeiro: Forense, 1974, p. 59).

[47] Rui Portanova enfatiza que o princípio dispositivo, dando liberdade às partes de limitar a atuação do juiz aos fatos alegados, é o perfeito meio-termo entre o "juiz ditador" do processo inquisitivo (processo medieval) e o "juiz espectador" (processo liberal), inclinando-se assim pelo "juiz diretor" (PORTANOVA, Rui. *Princípios do processo civil*. 6ª ed. Porto Alegre: Livraria do Advogado, 2005, p. 123). Vem desse contexto a opção pela expressão "diretor do processo" que utilizaremos em inúmeras oportunidades, ao longo do trabalho, ao qualificar a figura do Estado-juiz.

ção do litígio, sob pena de aplicação dos ônus tipificados em lei[48] – daí decorrendo sensível relativização do princípio dispositivo impróprio ou em sentido processual, notadamente em matéria probatória, como mais adiante será aprofundado.

Deixa-se desde já consignado, no entanto, que o ativismo judicial, preocupado com o exaurimento breve, mas justo/adequado, do dever estatal de prestar o serviço jurisdicional,[49] bem presente no sistema pátrio desde 1939 (como também nos modernos sistemas alienígenos), não significa banir por completo as premissas do modelo dispositivo, especialmente a autonomia privada inerente ao direito substancial disponível e a sua defesa no processo.[50]

Além de a parte poder colaborar ativamente, ao longo de todo o *iter*, para obter melhor sorte no julgamento final, põe-se em relevo aqui que o jurisdicionado pode muito bem antes do desenrolar derradeiro e esperado do feito, qual seja, o julgamento de mérito pelo juiz (art. 269, I, do CPC), vir a propor o encerramento prematuro do feito pela via da desistência da ação (art. 267, VIII) ou da renúncia ao direito sob o qual se funda a ação (art. 269, IV), bem como o réu pode reconhecer o direito do autor (art. 269, II), ou até mesmo podem as partes transigir (art. 269, III).[51]

4. A disciplina dos prazos processuais: termo *a quo* e termo *ad quem*

O sistema legal (o Código Processual), buscando a organização, disciplina e a celeridade do processo – que por certo não poderia ser deixado ao livre arbítrio do julgador e das partes, determina prazos para serem tomados determinados impulsos processuais, notadamente pelos litigantes, sob pena de não poder ser realizado, e mesmo retificado, determinado ato processual em etapa ulterior.[52]

Tal ato deve ser criteriosamente produzido dentro do prazo concedido pelo ordenamento jurídico, devendo, para tanto, ser considerados os fixados termos

---

[48] Refere expressamente Leo Rosenberg que a responsabilidade pela aceleração do procedimento e a duração do processo deve ser dividida entre o juiz e as partes (ROSENBERG, Leo. *Tratado de derecho procesal civil*. Tomo I. Trad. por Ângela Romera Vera. Buenos Aires: Europa-America, p. 384/385).

[49] COUTURE, Eduardo J. *Introdução ao estudo do processo civil*. 3ª ed. Trad. por Mozart Victor Russomano. Rio de Janeiro: José Konfino, p. 68.

[50] DEVIS ECHANDÍA, Hernando. *Teoria General del proceso*. Buenos Aires: Editorial Universidad, 1984. Tomo I, p. 29 e 32; TESORIERE, Giovanni. *Contributo allo studio delle preclusioni nel processo civile*. Padova: CEDAM, 1983, p. 154/155.

[51] CALAMANDREI, Piero. *Direito processual civil*. Trad. por Luiz Abezia e Sandra Drina Fernandez Barbery. Campinas: Bookseller, 1999, Vol. 1, p. 314/319.

[52] GELSI BIDART, Adolfo. "El tiempo y el proceso" in *Revista de Processo* n° 23 (1981): 100/121. Especialmente p. 112.

a quo (prazo inicial) e *ad quem* (prazo final) – sempre se desenvolvendo os prazos, portanto, entre dois termos predeterminados.[53]

Abrindo um espaço para tratar da prática forense, esclareça-se, aproveitando a oportunidade em se falar especificamente no termo *a quo*, que os prazos "correm" da intimação, e "contam-se" a partir do primeiro dia útil subsequente à intimação, o que nem sempre significa dia subsequente ao *dies a quo*. Necessária a lembrança, registra Dinamarco,[54] porque o nosso Código de Processo usa as expressões salientadas de maneira irregular, como se dá com o art. 184, § 2°, que pretendeu estabelecer regra sobre contagem de prazo e empregou inadequadamente o verbo *correr*: na realidade, os prazos não "começam a correr a partir do primeiro dia útil após a intimação", como está na letra do dispositivo, mas eles começam a correr, repita-se, da própria intimação regularmente realizada.

Ainda em termos de repercussão na prática forense quanto ao termo *a quo*, relevante o registro de que a data oficial de publicação das decisões sofreu alteração sensível a partir da criação da figura da "publicação eletrônica", com a entrada em vigor do art. 4° da Lei n° 11.419/2006, em cujos §§ 3° e 4° se lê o seguinte: "Considera-se como data da publicação o primeiro dia útil seguinte ao da disponibilização da informação no Diário da Justiça eletrônico"; "Os prazos processuais terão início no primeiro dia útil que seguir ao considerado como data da publicação". Considera-se, pois, como a data da publicação de uma decisão judicial o primeiro dia útil que se seguir ao da apresentação (*rectius:* disponibilização) da nota de expediente (no diário da justiça eletrônica). Então se a disponibilização se deu em uma sexta-feira, a publicação é tida como ocorrida na segunda-feira (caso seja dia útil), iniciando-se (*rectius*: contando-se) o prazo tão somente a partir da terça-feira (caso seja dia útil também) – o que, na prática, confere "um dia a mais" ao advogado para se manifestar nos autos, a partir do recebimento regular da nota de expediente.

5. A figura da preclusão na sistemática processual

A partir, então, desses elementos centrais que configuram a razão de ser do processo estatal – seu procedimento em contraditório, onde se desenvolvem as relações múltiplas entre o Estado-juiz e as partes litigantes, pautados pela mecânica dos prazos (com seus termos preestabelecidos em lei) –, é que aparece a respeitável imagem da *preclusão processual*, em todas as etapas, como instituto

---

[53] MARQUES, José Frederico. *Manual de direito processual civil*. Vol. 1. 2ª ed. Campinas: Millenium, 2000, p. 574.

[54] DINAMARCO, Cândido Rangel. *Fundamentos do processo civil moderno*. Vol. I. 5ª ed. São Paulo: Malheiros, 2000, p. 198/202.

limitador da atividade processual dos sujeitos envolvidos, trazendo ordem ao feito e celeridade no seu desfecho.[55]

De maneira objetiva, J. E. Carreira Alvim conclui, amalgamando todos esses elementos, que o processo caminha, de maneira ordenada e sempre para a frente, impulsionado por ato do juiz ("*autodinâmica*") e por ato das partes ("*heterodinâmica*"), estabelecendo o Código de Processo Civil prazos dentro dos quais tais atos devem ser praticados, sob pena de preclusão.[56]

Vê-se, então, que mesmo já tendo o Estado subtraído aos cidadãos a possibilidade de se valer da justiça privada – impondo a utilização do processo judicial, é obrigado ainda a impor uma série de limitações à atividade dos litigantes no curso desse instrumento público de jurisdição, para que este ande com regularidade e rapidez, dentro dos prazos preestabelecidos;[57] subtraindo, por sua vez, a marcha do processo ao completo arbítrio do seu diretor, o Estado-juiz, representando esta uma importante e indiscutível garantia aos litigantes (jurisdicionados).[58]

Salienta-se, pois, a relevância dessas primeiras linhas, de aproximação ao nosso central estudo (de *sedimentação dogmática* do instituto da preclusão), já que, de fato, há um macrocontexto, em que devidamente inserido o instituto – partindo-se da premissa basilar da necessidade, à sociedade política, do processo como instrumento de jurisdição disponibilizado pelo Estado.

6. A aplicação do fenômeno preclusivo frente à adoção simultânea de múltiplos procedimentos pelo ordenamento processual

Por fim, relacionando ainda em linhas iniciais o procedimento com o fenômeno preclusivo, tem-se que em geral os sistemas processuais adotam a pos-

---

[55] "(...) Esta força motriz que intervém no curso do procedimento para evitar que o mesmo se estanque, indica-se pela denominação de impulso processual, o qual se alicerça nos prazos e no instituto da preclusão" (FREITAS, Elmano Cavalcanti de. "Da preclusão" in *Revista Forense* n° 240 (1972): 22/35); "Constituem-se os prazos processuais e as preclusões em dois aspectos através dos quais se exterioriza a disciplina do tempo no processo, em função da idéia o processo dever marchar em direção à sentença, irreversivelmente" (ALVIM, Arruda. *Manual de direito processual civil*. Vol. 1. 6ª ed. São Paulo: RT, 1997, p. 442); "(...) considerando o processo como um instrumento de jurisdição, justamente com os seus procedimentos, os prazos e o instituto da preclusão são fundamentais para assegurar ao processo a seqüência lógica indispensável para atingir a sua finalidade, qual seja, a composição do litígio deduzido em juízo" (FERRAZ, Cristina. *Prazos no processo de conhecimento*: preclusão, prescrição, decadência, perempção, coisa julgada material e formal. São Paulo: RT, 2001, p. 27).

[56] ALVIM, J. E. Carreira. "Conseqüências fáticas e jurídicas da revelia. Contestação intempestiva. Impossibilidade de desentranhamento". Jus Navigandi, Teresina, ano 6, n. 56, abr. 2002. Disponível em: http://jus2.uol.com.br/doutrina/texto.asp?id=2916. Acesso em: 20 out. 2007.

[57] MERCADER, Amílcar Angel. *Estúdios de derecho procesal*. La plata: Platense, 1964, p. 393/394; MARQUES, José Frederico. *Instituições de direito processual civil*. Vol. 2. Campinas: Millenium, 2000, p. 339/345.

[58] FAZZALARI, Elio. "Procedimento e processo (teoria generale)" in *Enciclopedia del diritto*, n° 35 (1986): 819/835; ALVARO DE OLIVEIRA, Carlos Alberto. "O formalismo-valorativo no confronto com o formalismo excessivo" in *Revista de Processo* n° 137 (2006):7/31.

sibilidade de alguns outros procedimentos, ao lado do chamado ordinário, ou padrão.

Reconhecendo a pluralidade de procedimentos, o jurista austríaco Hans Schima defende a possibilidade de construção de uma *Teoria Geral dos Procedimentos*, a determinar quais os problemas são comuns a eles e de que maneira então poderiam ser enfrentados; criando-se uma identidade viável de temas jurídicos empregados; e ainda um consenso em relação à via comum que todos os procedimentos deveriam percorrer.[59]

No sistema pátrio, visualiza-se, além do rito comum ordinário (art. 282 e ss. do CPC), o rito comum sumário (art. 275/281 do CPC), o rito sumaríssimo (Lei n° 9.099/95 e Lei n° 10.259/01), além de ritos especiais (regulado em legislação extravagante e também no CPC) – levando-se em consideração determinados critérios, como a matéria controvertida, as partes envolvidas e o valor da causa arbitrado inicialmente.[60]

Tal constatação é relevante porque as diferenças orgânicas dos procedimentos (em número de fases e duração de cada uma delas) determinarão, diante do caso concreto, lapso temporal maior ou menor da demanda, complexidade maior ou menor desta, desenvolvimento em maior ou menor grau da concentração e da oralidade no processo – sendo o fenômeno preclusivo sempre sensível a esses importantes aspectos, tudo a importar em uma consequente maior ou menor aplicação de seus préstimos.

---

[59] SCHIMA, Hans. "Compiti e limiti di uma teoria generale dei procedimenti". Trad. por Tito Carnacini in *Rivista trimestrale di diritto e procedura civile*, n° 7 (1953): 757/772.

[60] Dos ritos sobreditos, o sistema pensado por Alfredo Buzaid só não previa o rito dos Juizados Especiais, aqui denominado de "sumaríssimo". Para o organizador do CPC de 1973, o rito sumaríssimo seria aquele previsto nos arts. 275/281 (conforme sua exposição de motivos, Capítulo VI), o qual deveria durar em média não mais do que dois meses. Não emplacando o modelo na prática forense devido sucesso, foi necessário se pensar em rito mais célere e desburocratizado (o desenvolvido pela Lei n° 9.099/95 e pela Lei n° 10.259/01 – respectivamente para a Justiça Estadual e Justiça Federal), relegando-se para segundo plano o rito sumário, hoje quase em desuso. Maiores informações sobre o sistema pensado pelo organizador do CPC de 1973: BUZAID, Alfredo. "Linhas fundamentais do sistema do código de processo civil brasileiro" in *Estudos e pareceres de direito processual civil*. Notas de Ada Pellegrini Grinover e Flávio Luiz Yarshell. São Paulo: RT, 2002, p. 31/48.

Capítulo 3

Noções fundamentais do Instituto da Preclusão

1. A essência da preclusão processual

1.1. Origem latina do termo. Conceito-finalidade

A palavra *preclusão* é de origem latina, vindo de *praeclusio*, cuja tradução é fechar diante ou na cara de, tapar, obstruir, tolher. Já o vocábulo *processo*, compõe-se de *pro* e *cadere*, significando caminhar, ir para a frente, avançar. Assim, articulando as duas concepções latinas, tem-se que o fenômeno conhecido como preclusão deve orientar-se no sentido de garantir a irreversibilidade do processo, que tem de ir para a frente, não podendo tornar indefinidamente ao que já se passou.

Poderíamos então dizer, valendo-se das palavras de Antônio Alberto Alves Barbosa, que a preclusão é o instituto que impõe a irreversibilidade e a autorresponsabilidade no processo e que consiste na "impossibilidade da prática de atos processuais fora do momento e da forma adequados, contrariamente à lógica, ou quando já tenham sido praticados válida ou invalidamente".[61]

Na mesma linha, segundo o magistério de Rogério Lauria Tucci, o ordenamento jurídico não se adstringe à formulação das regras das atividades processuais, mas regulamenta também a sua sucessão, originando-se daí uma ordem legal entre as diversas atuações, no escopo de dar-se maior precisão ao processo, sendo atendido esse objetivo, com predominante eficácia, por meio da preclusão, "de que resulta a consequência de não se poder exercer determinadas faculdades processuais além dos limites impostos ao seu exercício".[62]

Não é outra a concepção trazida por Manoel Caetano Ferreira Filho, para quem a "preclusão é um dos institutos de que se pode servir o legislador para tornar o processo mais rápido, impondo ao procedimento uma rígida ordem entre as etapas que o compõem".[63]

---

[61] Mais à frente, na sua conhecida obra escrita na metade do século passado, Antônio Alberto Alves Barbosa informa: "neste curso de idéias, concluímos dizendo que a preclusão é o imperativo de que decorre a necessidade de todos os atos e faculdades serem exercidos no momento e pela forma adequados, de modo a imperar a ordem e a lógica processuais" (BARBOSA, Antônio Alberto Alves. *Da preclusão processual civil*. São Paulo: RT, 1955, p. 50 e 233).

[62] TUCCI, Rogério Lauria. *Do julgamento conforme o estado do processo*. São Paulo: Saraiva, 1975, p. 68/69.

[63] FERREIRA FILHO, Manoel Caetano. *A preclusão no direito processual civil*. Curitiba: Juruá, 1991, p. 14.

Na medida em que aceitas e impostas por determinada ordem processual, é o destaque de Dinamarco, "as preclusões constituem expedientes técnico-jurídicos empregados em prol da abreviação dos processos e com o fito de impedir a sua duração indeterminada; com isso, favorecem os escopos sociais de pacificação e educação".[64]

Por sua vez, Frederico Marques enfatiza no conceito de preclusão um viés objetivo e subjetivo: pelo primeiro "a preclusão é um fato impeditivo destinado a garantir o avanço progressivo da relação processual e a obstar o seu recuo para fases anteriores do procedimento"; pelo segundo, que no nosso sentir seria um antecedente lógico do anterior, "(a preclusão) é a perda de uma faculdade ou direito processual que, por se haver esgotado ou por não ter sido exercido em tempo e momento oportuno, fica praticamente extinto".[65]

De uma maneira até mais abrangente e concisa, Luis Machado Guimarães expõe que o instituto da preclusão é um expediente técnico, que se exaure no mesmo processo em que ocorreu, e "de que se vale o legislador, visando assegurar uma sequência ordenada e lógica das etapas procedimentais, e para resguardar a economia e a boa-fé processuais".[66]

Reconhecendo certo substrato ético do instituto, ao lado do fundamento eminentemente jurídico, Ada Pellegrini Grinover expõe que a preclusão está assentada no processo "não apenas a proporcionar uma mais rápida solução do litígio, mas bem ainda a tutelar à boa-fé no processo, impedindo o emprego de expedientes que configurem litigância de má-fé".[67]

Para João Martins de Oliveira, a preclusão é norma de "ordem" para o processo: "a disponibilidade do ato desaparece para o sujeito da relação processual, desde que não o praticou no momento em que serviria de elo à cadeia de sucessões dos atos, ou se realizou anteriormente atividade incompatível, ou da mesma finalidade".[68]

Por derradeiro, em termos conceituais, destaque para a lição de Hugo Alsina. Segundo o jurista argentino "a preclusão é o efeito que possui um estágio processual de clausurar o anterior", determinando desta maneira, complementa José de Moura Rocha, "a existência de uma ordem lógica no procedimento, que deve sempre seguir para a frente não podendo retornar ao que já passou". Expressamente, ao trabalhar com o conceito de preclusão, Alsina,[69] com acerto (e como já posto

---

[64] DINAMARCO, Cândido Rangel. *A instrumentalidade do processo*. 4ª ed. São Paulo: RT, 1994, p. 246.

[65] MARQUES, José Frederico. *Instituições de direito processual civil*. Vol. 2. Campinas: Millenium, 2000, p. 347.

[66] GUIMARÃES, Luiz Machado. "Preclusão, coisa julgada e efeito preclusivo" in *Estudos de direito processual civil*. Rio de Janeiro: Jurídica e universitária, 1969, p. 25.

[67] GRINOVER, Ada Pellegrini. "Interesse da União, preclusão. A preclusão e o órgão judicial" in *A Marcha do Processo*. Rio de Janeiro: Forense Universitária, 2000, p. 230/241.

[68] MARTINS DE OLIVEIRA, João. *A preclusão na dinâmica do processo penal*. Belo Horizonte, 1955, p. 59.

[69] ALSINA, Hugo. *Tratado teórico práctico de derecho procesal civil y comercial*. Tomo I, Buenos Aires: Compañia Argentina, 1941, p. 268.

na parte anterior deste trabalho), deixa claro de antemão a necessidade de, para entendermos o instituto processual em estudo, levarmos em consideração dois elementos a ele associados: o impulso processual e o transcurso do tempo – já que a preclusão, sem esses elementos, não seria suficiente por si mesma. Já José de Moura Rocha,[70] também com acuidade, desenvolve que pelo conceito de preclusão normalmente temos que esta atua *ipso iure*, ou seja, independe da vontade das partes e mesmo do juiz, bastando-lhe, por regra, a previsão na lei processual.

1.2. A sua sistematização como instituto de direito processual. Breve digressão histórica no direito comparado e pátrio

O grande sistematizador da preclusão, como verdadeiro instituto de direito processual, foi o jurista italiano Giuseppe Chiovenda, já no início do século XX; inspirado, para o seu tento, na obra de Oskar Bülow – que em 1879, fundado no princípio objetivo, estrito, de responsabilidade, que domina o processo, e no princípio da consumação do direito (processual), chamou-os princípio da preclusão (*Praklusionprinzip*).[71]

Há explicação possível para que o pleno desenvolvimento do instituto em estudo não tenha ocorrido em solo alemão em fins do século XIX, oportunizando-se uma regular sequência nos estudos iniciados por Bülow: é que o Regulamento processual civil alemão de 1877 fez uso muito escasso das preclusões, em defesa da decidida aplicação dos princípios da concentração e oralidade, o que sugere um menor interesse dos juristas germânicos da época no estudo da preclusão.[72]

Embora na Itália o então vigente Código de Processo Civil de 1865 era também inspirado no princípio oposto ao da preclusão – o denominado princípio da liberdade das partes –, o rito (sem dispositivos específicos no resguardo de interesses públicos) era, diversamente do sistema alemão, marcantemente escrito,

---

[70] ROCHA, José de Moura. *Da preclusão e da atividade processual das partes*. Recife: Mousinho, 1959, p. 174 e p. 202/203.

[71] Chiovenda relatou expressamente a importância do estudo inovador de Bülow para a sua sistematização do instituto, da seguinte forma: "minhas observações tiveram propósito e resultado de simplificação e de diferenciação, proporcionou-me o motivo e o ponto de partida um dos escritores alemães quem mais contribuíram para o progresso da ciência processual moderna com um concurso de idéias, não somente novas, senão também sadias, fecundas e propulsivas: refiro-me a Oskar Bülow e a seu trabalho fundamental de 1879. Aí se analisam, com visão realística e aguda, embora através de algumas ilusões histórico-germânicas, certos casos importantes de preclusão, na revelia, na confissão, no juramento, na competência, na coisa julgada; e o resultado simplificador desse exame consiste em substituir pela consideração singela das exigências processuais as construções artificiais que dantes assoberbavam os estudiosos do processo. Mas a maior utilidade do estudo das preclusões está em que permitiu diferenciar coisas de coisas, institutos de institutos; e todos sabem que a diferenciação figura entre os objetivos essenciais e mais profícuos de toda investigação científica" (CHIOVENDA, Giuseppe. *Instituições de direito processual civil*. Vol. III, notas de Enrico Tullio Liebman. 3ª ed. São Paulo: Saraiva, 1969, p. 156/157).

[72] GUIMARÃES, Luiz Machado. "Preclusão, coisa julgada e efeito preclusivo" in *Estudos de direito processual civil*. Rio de Janeiro: Jurídica e universitária, 1969, p. 9; DEVIS ECHANDÍA, Hernando. *Teoria General del proceso*. Buenos Aires: Editorial Universidad, 1984. Tomo I, p. 40.

longo e complexo.⁷³ Daí, ao que parece, muitos e gabaritados juristas peninsulares assumiram o desafio de modificá-lo, em busca de um processo mais célere e mais simples, que prestigiasse em maior escala a oralidade e a concentração.

E justamente foi Chiovenda o líder vanguardista desse movimento, pelas suas propostas de reforma do procedimento civil de 1918 e 1923; tendo, na sequência, sido apresentados até a final entrada em vigor do novo CPC italiano (de 1940), o projeto Mortara, de 1923; o projeto de Carnelutti, de 1926; o projeto Redenti, de 1933; e finalmente os projetos de reforma de Solmi, de 1937 e de 1939. Não foi então por coincidência que foi o Código Processual de 1940 o primeiro, na Itália, a expressamente registrar o termo *preclusão* nos seus dispositivos.

Já no Brasil, como reforça Frederico Marques,⁷⁴ tudo indica que foi Manuel Aurelino de Gusmão, em 1922, o primeiro a fazer menção expressa à preclusão processual, muito embora tenha o feito de maneira indireta, ao tentar diferenciar a coisa julgada material da coisa julgada formal.⁷⁵

Em termos legislativos, somente com o Código de 1973 passou-se a adotar expressamente o termo *preclusão*, como nos arts. 245, 473 e 601; mas, sem usar a palavra *preclusão*, o Código de 1939, como também os antigos diplomas processuais estaduais e até o Regulamento 737 (a primeira e mais importante lei processual pátria, editado em 1850 subsequentemente à promulgação do Código Comercial) já faziam aplicação do instituto, ao estabelecer uma ordem legal para a prática dos atos do feito, impondo a perda do direito a praticá-lo após ultrapassado o momento adequado.⁷⁶

Todavia, necessário deixarmos consignado que muito embora os estudos científicos do instituto se deram a partir do final do século XIX (na Alemanha) e início do século XX (na Itália), bem como tenha sido contemplada expressamente a preclusão pelos ordenamentos processuais em época ainda mais recente, certo que o tema não é absolutamente novo no processo e não seria exagero, como destaca José de Moura Rocha, afirmarmos que a preclusão se constitui como um dos

---

⁷³ "Il processo del 1865 è, come noto, un processo estremamente lungo e complesso: lo cambio iniziale di atti di parte, prima che la causa venga iscritta a ruolo, non trova praticamente alcun limite; e neppure la iscrizione a ruolo può impedire che tale scambio riprenda e si protragga indefinidamente. I poteri del giudice appaiano fortemente condizionati dai poteri delle parti. La previsione di sentenze interlocutorie, tutte immediatamente impugnabili, ramifica il processo in una serie di sub-procedimenti, che seguono ciascuno il proprio iter e che allontanano fatalmente la pronuncia della sentenza definitiva di merito" (TESORIERE, Giovanni. *Contributo allo studio delle preclusioni nel processo civile*. Padova: CEDAM, 1983, p. 98).

⁷⁴ MARQUES, José Frederico. *Instituições de direito processual civil*. Vol. 2. Campinas: Millenium, 2000, p. 347.

⁷⁵ Senão vejamos as palavras de Manoel Aurelino de Gusmão: "a coisa julgada substancial contém em si, de modo absoluto, a preclusão de quaisquer questões futuras relativamente ao que foi decidido sobre o objeto principal da ação ou demanda; pela coisa julgada formal se dá a preclusão apenas da relação ou questão processual sobre que versou o julgado e cujos efeitos se produzem unicamente no mesmo processo em que ele foi proferido" (GUSMÃO, Manoel Aurelino de. *Coisa julgada no cível, no crime e no direito internacional*. 2ª ed. São Paulo: Saraiva, 1922, p. 21/26).

⁷⁶ FERREIRA FILHO, Manoel Caetano. *A preclusão no direito processual civil*. Curitiba: Juruá, 1991, p. 58; SICA, Heitor Vitor Mendonça. *Preclusão processual civil*. São Paulo: Atlas, 2006, p. 43/51.

mais remotos temas processuais e de conhecimento tão remoto quanto o próprio processo.[77]

E tal acontecimento justifica-se, como precisamente pondera Ramiro Podetti,[78] pelo fato de a preclusão não emergir de motivos teóricos, mas sim da própria necessidade do processo em movimento; de fato, não se concebendo, expõe Heitor Vitor Mendonça Sica,[79] como um processo, mesmo em épocas mais remotas, possa existir sem que haja impulso de algum dos seus sujeitos, ou sem que se estabeleçam alguns limites à atividade das partes, ou ainda sem que exista momento para que as decisões tomadas pelo órgão julgador se tornem definitivas, a salvo de ulteriores impugnações.

Realmente, já era utilizado o instituto no processo romano e no direito germânico, com caráter delimitativo da atividade das partes no procedimento, podendo-se falar de uma *preclusão por fases do rito*. Já no direito romano-canônico essas fases adquirem forma de termos fixos e buscam a realização de diversos atos processuais, inclusive dentro de uma mesma fase procedimental.[80] É deste período, na baixa idade média (séculos XII-XV), que foram incrementadas algumas firmes medidas para uma maior limitação da liberdade do agir das partes no feito (utilizando-se do recém-elaborado princípio da eventualidade articulado com o sistema de preclusões), bem como se propôs a regulamentação da atuação ponderada do Estado-juiz, como diretor do processo na busca da solução adequada do litígio em tempo expedito – sendo comumente citada, como um dos marcos decisivos ditadores dessas primeiras linhas rumo ao processo civil moderno, a decretal do Papa Clemente V, emitida em 1306, que passou à história com o nome de *Clementina Saepe*.[81]

Assim, vê-se que o fenômeno preclusivo na realidade processual esteve presente desde há muito, utilizado em boa medida no direito romano, e sendo mais frequentemente notado a partir do aumento racionalizado da participação do Estado no controle/direção do processo, em busca de solução final ágil, tão justa quanto possível – o que passou a ser incrementado, em maior escala, a partir do período da baixa idade média.

Por tais razões históricas, alude Niceto Alcalá-Zamora y Castillo que o próprio conceito de "preclusão" tem precisamente sua origem na literatura medieval, iniciada no século XII; desenvolvendo-se especificamente na Espanha, entre os séculos XIII-XV.[82] Ainda, interessante registrar que Chiovenda, ao desenvolver

---

[77] ROCHA, José de Moura. *Da preclusão e da atividade processual das partes*. Recife: Mousinho, 1959, p. 131.
[78] PODETTI, J. Ramiro. "Preclusión y perención" in *Revista de Derecho Procesal*, ano V, 1947: 363/375.
[79] SICA, Heitor Vitor Mendonça. *Preclusão processual civil*. São Paulo: Atlas, 2006, p. 7.
[80] ROCHA, José de Moura. *Da preclusão e da atividade processual das partes*. Recife: Mousinho, 1959, p. 35/53.
[81] ALVARO DE OLIVEIRA, Carlos Alberto. *Do formalismo no processo civil*. 2ª ed. São Paulo: Saraiva, 2003, p. 34.
[82] ALCALÁ-ZAMORA Y CASTILLO, Niceto. *Proceso, autocomposición y autodefensa*. México: Textos universitários UNAM, 1970, p. 106.

cientificamente o instituto no século XX, fez expressa menção ao fato de que o nome "preclusão" adviria de *poena praeclusi*, expressão utilizada justamente no direito comum.[83]

1.3. As discussões (D'Onofrio e Attardi) em torno do âmbito de aplicação do instituto, a partir dos avanços conceituais de Chiovenda: instituto só vinculado às partes?

Feita essa rápida incursão histórica, voltemos novamente os olhos para os temas mais atuais do instituto que mereçam atentas considerações.

Chiovenda define a essência da preclusão como "a perda, extinção ou consumação da faculdade processual pelo fato de se haverem alcançado os limites assinalados por lei ao seu exercício". No entender de Celso Agrícola Barbi, o mestre italiano teria pecado na formação do conceito do instituto à medida que interpreta, o crítico, não ter sido contemplado por Chiovenda o fato de a preclusão não atingir somente as partes, mas também o julgador. Assim, para Barbi, "sua definição deve ser ampliada para abranger também a preclusão de questões e atingir não apenas faculdades das partes, mas também o poder do juiz quanto àquelas questões".[84]

No entanto, tal crítica ao posicionamento de Chiovenda é corretamente atenuada por Moniz de Aragão,[85] que, analisando as ponderações daquele, à luz também das explicações de Andriolli,[86] destaca que não só as faculdades das partes como também a preclusão da solução dada pelo juiz às questões, portanto a preclusão dos poderes do órgão julgador (de revogar uma decisão por ele mesmo já prolatada), inclui-se na visão que Chiovenda quis dar ao instituto.

D'Onofrio, reconhecido com o maior crítico de Chiovenda na Itália, justamente acenava para este suposto problema da teoria, justificando que o conceito de preclusão restringe-se aos casos de eficácia meramente negativa – ligada à preclusão de faculdades, ao representar então o instituto não mais do que a perda de uma faculdade processual pela parte.[87] Mas como o próprio Chiovenda mais tarde veio a reafirmar, a sua concepção do instituto também envolve o que se tem

---

[83] "Ho dato a codesta conseguenza il nome di 'preclusione', da un bel verbo delle fonti che si trova usato, proprio col significato che intendo, nella 'poena praeclusi', del diritto comune, salvo che nella preclusione odierna si prescinde naturalmente dall'idea della pena" (CHIOVENDA, Giuseppe. "Cosa giudicata e preclusione" in *Rivista Italiana per le scienze giuridiche* n° 11 (1933): 3/53. Especialmente p. 4).

[84] BARBI, Celso Agrícola. "Da preclusão no processo civil", in *Revista Forense*, 158 (1955): 59/66.

[85] ARAGÃO, E. D. Moniz. "Preclusão (processo civil)" in *Estudos em homenagem ao Prof. Galeno Lacerda, coordenador Carlos Alberto Alvaro de Oliveira*. Porto Alegre: Sergio Fabris, 1989, p. 156/157.

[86] ANDRIOLLI, Virgilio. "Preclusione (diritto processuale civile)" in *Novíssimo Digesto Italiano*, XIII. Napoli: Utet, 1966, p. 567/570.

[87] "La preclusione è quindi un concetto puramente negativo: essa non crea nulla; impedisce soltanto che ad una determinata situazione giuridica si tenti comunque di sostituirne un'altra. (...). Siamo sempre sul terreno dell'effetto positivo, diretto, non di quello negativo, riflesso, nel quale soltanto opera la preclusione (...) Anzi il campo piú ricco di preclusioni è proprio quello determinato non dalla pendenza di lite in sè considerata nè dalla massima funzione del giudice (iudicare) ma dalla specifica condotta processuale delle parti" (D'ONOFRIO,

por preclusão de questões, figurando-se assim nitidamente a presença da eficácia positiva da preclusão, determinando, por exemplo, a não revisão de decisões interlocutórias e sentenças pelo magistrado no mesmo processo em que proferidas – com o consequente célere e perene desenvolvimento das etapas procedimentais, num caminhar sempre para a frente.[88]

Embora, de fato, a *preclusão de questões para o juiz* não conste expressamente na sua definição do instituto, não há dúvida, analisando as obras de Chiovenda, de que a espécie é contemplada ao lado da *preclusão de faculdades para as partes*, tanto é que para diferenciar a coisa julgada material da preclusão (diferenciar, nas suas exatas palavras, "coisa julgada e questões julgadas"), discorre em miúdos sobre o que seja a preclusão de questões e sua ramificação interna, deixando transparecer que decisões interlocutórias ou finais inimpugnadas "transitam em julgado em sentido formal", não podendo mais ser modificadas pelas partes e pelo julgador.[89]

Outro crítico italiano do conceito de preclusão proposto por Chiovenda foi Attardi,[90] acompanhado de Florian, Satta e Falzea, os quais se esforçam em discutir o valor científico do isolamento do instituto, que não teria um significado técnico preciso, próprio para ser exclusivamente utilizado na seara processual; e justamente por isso serviria somente para trazer equívoco e confusão à corrente linguagem jurídica. Para esses detratores, Chiovenda nem precisou de espaço próprio para réplica. Em sua defesa lecionaram, dentre outros, Andriolli,[91] Guarneri[92] e Riccio[93] – ratificando a importância da separação do instituto da preclusão de outros afins (especialmente a coisa julgada e a decadência), não só para incrementar a busca por um distanciamento científico do outrora em voga monismo de direito material (aspecto teórico), mas também, e principalmente, para melhor aplicação

---

Paolo. "Sul concetto di preclusione" in *Studi di diritto processuale in onore di Giuseppe Chiovenda*. Padova: CEDAM, 1927, p. 427/437).

[88] CHIOVENDA, Giuseppe. "Cosa giudicata e preclusione" in *Rivista Italiana per le scienze giuridiche* n° 11 (1933): 3/53.

[89] CHIOVENDA, Giuseppe. *Instituições de direito processual civil*. Vol. I, notas de Enrico Tullio Liebman. 3ª ed. São Paulo: Saraiva, 1969, p. 377/382; CHIOVENDA, Giuseppe. Idem. Vol. III, 1969, Vol. III, p. 161.

[90] "Si accolga l'una o l'altra di tali opinioni e, di conseguenza, si ritenga che la cosa giudicata (materiale) si risolva anche, se non soltanto, nel divieto di decidere nuovamente una controversia che ha costituito oggetto di una statuizione giudiziale, sempre si riduce, pur se non si annulla, la distanza che separa la preclusione dalla cosa giudicata: poiché quel divieto dipende proprio dall fato che – decisa una controversia – si sono, rispetto ad essa, esauriti o estinti la potestà giurisdizionale da un latto, il corrispondente potere di azione dall'altro. In altre parole, sarebbe sempre il divieto di decidere la controversia che abbia già costituito oggetto di una precedente pronuncia a operare a processo ultimato, o durante il suo svolgimento e impedire che lo stesso thema decidendum diventi oggetto di una successiva decisione" (ATTARDI, Aldo. "Preclusione (principio di)" in *Enciclopédia del diritto* n° 34 (1985): 893/910).

[91] ANDRIOLLI, Virgilio. "Preclusione (diritto processuale civile)" in *Novíssimo Digesto Italiano*, XIII. Napoli: Utet, 1966, p. 567/570.

[92] GUARNERI, Giuseppe. "Preclusione (diritto processuale penale)" in *Novíssimo Digesto Italiano*, XIII. Napoli: Utet, p. 571/577.

[93] RICCIO, Stefano. "La preclusione processuale penale". Milão: Giuffrè, 1951, p. 3/4.

da técnica processual, em terreno de recorrente enfrentamento na prática forense (aspecto prático).

De qualquer modo, como Celso Barbi chega a admitir por aqui,[94] e Tesoriere parece reconhecer na Itália (mesmo discutindo a possibilidade de uma revisão crítica das várias posições doutrinárias existentes no país peninsular desde o início do século XX),[95] há de se compreender realmente com benevolência o conceito de preclusão formulado por Chiovenda, seja porque foi ele o primeiro a conseguir uma simplificação e ordenação do instituto, seja pela dificuldade específica de se definir o fenômeno – que se verifica em uma grande e diversa série de casos, seja pela circunstância de que a própria definição proferida por Chiovenda conseguiu abarcar, senão todos, um número significativo desses casos[96] – identificando corretamente a vital importância da preclusão como fenômeno autônomo e limitador da liberdade no agir das partes.

Quanto a esse último dado, necessário nos atermos um pouco mais. Como o próprio Chiovenda deixou transparecer no seu debatido conceito do instituto e asseverou em outros trechos de sua obra principal,[97] a preclusão das faculdades (das partes) ganha inicialmente dimensão de relevo, frente à preclusão de questões (do juiz), já que a preclusão representa a maior limitação para a atuação das partes no processo – consolidando, para lembrarmos Goldschmidt, uma desvantagem à parte que não cumpriu fielmente um ônus processual previsto em lei.

Carlos Alberto Alvaro de Oliveira, na sua tese de doutorado, bem atentou para esse detalhe, referindo que tanto no direito brasileiro como na maioria dos ordenamentos processuais, o maior limite formal para a atividade do órgão judicial é o constituído pelo princípio da demanda ou princípio dispositivo em sentido material ou próprio, sendo esse papel "desempenhado pela preclusão no concernente aos atos da parte"; concluindo, ao final do seu trabalho, que a preclusão "constitui limite formal do processo, dirigido principalmente às partes e fruto da consciência do caráter público do processo".[98]

---

[94] BARBI, Celso Agrícola. "Da preclusão no processo civil", in *Revista Forense*, 158 (1955): 59/66.

[95] TESORIERE, Giovanni. *Contributo allo studio delle preclusioni nel processo civile*. Padova: CEDAM, 1983, p. 48/49.

[96] O próprio Chiovenda reconhece uma relativa inexatidão do seu conceito ao confirmar que reuniu "sob esta observação e essa denominação numerosos casos (e não são todos) nos quais esse expediente se acha aplicado por lei" (CHIOVENDA, Giuseppe. *Instituições de direito processual civil*. Vol. III, notas de Enrico Tullio Liebman. 3ª ed. São Paulo: Saraiva, 1969, p. 156).

[97] "A preclusão é um instituto geral com freqüentes aplicações no processo e consistente na perda duma faculdade processual por se haverem tocado os extremos fixados pela lei para o exercício dessa faculdade no processo ou numa fase do processo. Na aplicação especial que nos interessa, a preclusão é a perda da faculdade de propor questões, da faculdade de contestar" (CHIOVENDA, Giuseppe. *Instituições de direito processual civil*. Vol. I, notas de Enrico Tullio Liebman. 3ª ed. São Paulo: Saraiva, 1969, p. 372).

[98] ALVARO DE OLIVEIRA, Carlos Alberto. *Do formalismo no processo civil*. 2ª ed. São Paulo: Saraiva, 2003, p. 207 e 222.

Nesse contexto, como deixa transparecer Guarneri[99] e também Paolo Biavati,[100] pode-se compreender e valorizar o estudo crítico de D'Onofrio, que embora tecnicamente impreciso, acaba por dar destaque ao conteúdo essencialmente negativo da preclusão, justamente vinculado à limitação de agir das partes na demanda em face de uma determinada faculdade processual prevista no ordenamento (preclusão de faculdades).

Todavia, por cautela, importante que se registre que tal limitação no agir dentro do processo não é um meio odioso utilizado contra as partes, não chegando ao ponto, *a priori*, de restringir absurdamente a possibilidade de defesa dos direitos dos litigantes[101] – cabendo a eles se prepararem melhor para se valerem de todas as armas (no âmbito da guerra ritualizada), na forma e no tempo previstos pelo sistema. Trata-se, a bem da verdade, de uma exigência técnica (de simplificação e de aceleração) do processo, a ser compatibilizada com outras exigências, como o imprescindível estabelecimento do devido contraditório, com os meios e recursos inerentes (tais como: ampla defesa, isonomia processual e duplo grau de jurisdição).

Outra relevante observação propedêutica quanto às "intenções" de Chiovenda ao estabelecer os primeiros grandes contornos do instituto da preclusão, sistematizando-o pelo viés da "perda de uma faculdade da parte", é o de frisar que a própria preclusão de questões (para o juiz) pode decorrer de uma inércia da parte interessada (perda de uma faculdade), a qual não se insurgiu adequada e tempestivamente diante de uma decisão a ela gravosa[102] – já que há recursos que preveem a possibilidade de reconsideração pelo próprio prolator, e mesmo que não fosse essa a hipótese, a interposição de impugnação pela parte prejudicada vedaria, ao menos, a preclusão da matéria para o juiz de superior instância (instância *ad quem*, a quem então competiria ratificar ou retificar a decisão gravosa originária).

---

[99] "Si può dire in conclusione che il contenuto della preclusione è essenzialmente negativo e consiste in cio che, quando la parte ha facoltà di compiere una determinata facoltà processuale, ma l'esercizio di essa è condizionato all'ordine temporale o logico del processo" (GUARNERI, Giuseppe. "Preclusione (diritto processuale penale)" in *Novíssimo Digesto Italiano*, XIII. Napoli: Utet, p. 571/577).

[100] "(...) Permette di relevare che, sotto questo profilo, le preclusioni sono un fenomeno che interessa le parti e non il giudice: o, quanto meno, più le parte che il giudice" (BIAVATI, Paolo. "Iniziativa delle parti e processo a preclusioni" in *Rivista Trimestrale di Diritto e Procedura Civile* n° 50 (1996): 477/512).

[101] TESORIERE, Giovanni. *Contributo allo studio delle preclusioni nel processo civile*. Padova: CEDAM, 1983, p. 150/151 e 160/161.

[102] Sob essa perspectiva, pode-se compreender a seguinte passagem de Pontes de Miranda: "Se houve decisão do juiz sobre algum ponto de direito ou de fato e para que se chegasse a esse ponto houve prazo, a preclusão afasta qualquer reexame e julgamento pelo juiz. O que se teve por fito no art. 473 foi evitar que, após o sim, ou o não, que o juiz proferiu, possa ela passar a dizer não, ou sim. Não importa se houve substituição do juiz, ou se já se acham em grau superior de jurisdição os autos da ação, se o recurso que os levou não abrange a matéria daquela decisão" (PONTES DE MIRANDA, Francisco Cavalcanti. *Comentários ao código de processo civil*. Tomo V. 3ª ed. Rio de Janeiro: Forense, 1997, p. 211).

1.4. Continuação. O emprego (impreciso) da expressão "preclusão pro judicato". A cunhagem originária em Redenti

Um outro essencial detalhe relacionado à (imprecisa) concepção da preclusão como fenômeno processual que se operaria exclusivamente sobre as partes, e não propriamente sobre os atos do juiz, é a utilização da expressão "preclusão *pro judicato*". De fato, a expressão originariamente empregada por Redenti para explicar acontecimento processual específico (a discutível eficácia preclusiva panprocessual do título executivo extrajudicial não embargado – como adiante se voltará a aludir) foi na Itália resgatada por Riccio,[103] que ao criticar a teoria de Redenti entendeu por bem se valer da expressão para denominar coisa absolutamente diversa, o que seja, uma espécie *sui generis* do instituto da preclusão (de larga visualização no rito de conhecimento), a exigir conceituação delimitada, no seu entender, em face da preclusão somente se operar em relação às faculdades processuais das partes.

Por aqui, no mesmo sentido de Riccio, José Frederico Marques destacou que como, do seu ponto de vista, a *"vera e propria"* preclusão não poderia alcançar os poderes do juiz, mas tão só as faculdades processuais das partes, prefere-se utilizar a expressão ora discutida – desta forma: "o juiz fica impedido de decidir novamente as questões já decididas, relativas à mesma lide (Código de Processo Civil, art. 471), em virtude da preclusão pro judicato".[104]

Realmente, no Brasil, essa corrente que entendia ser a preclusão instituto que não diz respeito ao juiz ganhou acentuada dimensão, advindo a partir daí o estudo específico de um suposto fenômeno anômalo vinculado ao diretor do processo, como também registra João Batista Lopes:

> Se de preclusão não se trata, qual o obstáculo ou barreira que se antepõe ao juiz, proibindo-o de decidir questões já decididas? Não há dúvidas que o fenômeno se assemelha bastante à preclusão, mas com ela não se confunde. Por isso mesmo, a doutrina, quando a ele se

---

[103] "Non è qui la sede per esaminare il pensiero del Redenti in rapporto ai casi da lui esaminati; certo che nella sua teoria viene a crearsi una commistione tra preclusione e giudicato. In verità la preclusione viene ad essere confusa con la cosa giudicata. Se la preclusione opera esclusivamente nello interno del processo, nel quale essa si verifica, e se la sua essenza sta nella estinzione e consunzione di un potere processuale della parte, è evidente che nelle ipotesi prospettate dal Redenti non si coglie la preclusione. A noi sembra, però, che possa utilmente porsi una nozione di preclusione, senza raggiungere l'autorità e gli effetti della cosa giudicata; così in rapporto ai provvedimenti di natura esclusivamente processuale, che pur consistendo in un giudicato, non producono di certo gli effetti della cosa giudicata" (RICCIO, Stefano. *La preclusione processuale penale*. Milão: Giuffrè, 1951, p. 100).

[104] "Sobre a imutabilidade, no processo, das questões processuais decididas no curso do procedimento, fala Stefano Riccio de preclusão pro judicato, adotando, para esse fim, conceito criado por Enrico Redenti, que, no entanto, na forma originária, extravasa dos quadros da preclusão propriamente dita, para focalizar, antes, fenômeno atinente à própria coisa julgada, pode-se falar de preclusão pro judicato em relação a decisões de conteúdo exclusivamente processual, uma vez que, em tais pronunciamentos, impossível será aludir-se à coisa julgada por ausência de resolução judicial sobre o mérito da causa. Nessa preclusão, além de exaurir-se o direito processual da parte, cria-se um impedimento ou limitação ao juiz" (MARQUES, José Frederico. *Instituições de direito processual civil*. Vol. 2. Campinas: Millenium, 2000, p. 351).

refere, costuma falar em preclusão pro judicato, para indicar uma espécie sui gereris de preclusão.[105]

Vê-se, assim, por tudo que já foi colocado quanto à viabilidade de se falar em preclusão de questões (do juiz), ao lado da de faculdades (das partes) – inclusive pelo reconhecimento de ambas por Chiovenda, que a recriação da expressão por Riccio, acompanhada por boa parte da doutrina pátria, não tinha muita razão de ser; figurando-se realmente equivocada a premissa fixada para a utilização da expressão *pro judicato*, no sentido de que a preclusão não poderia alcançar os poderes do juiz. Ademais, mesmo que tivesse alguma razão, o jurista italiano deveria ter batizado a espécie *sui generis* de preclusão com outro nome, já que pelo conceito de *preclusão pro judicato* já se entendia uma ideia totalmente diferente, bastante criticável, porém já existente na forma cunhada por Redenti.[106]

Em semelhante sentido, desaconselhando a orientação originariamente proposta por Riccio, merece transcrição a bela síntese de Moniz de Aragão:

> Em primeiro lugar a preclusão, mesmo a 'vera e propria', pode afetar também os poderes do juiz; em segundo lugar o conceito criado por Enrico Redenti não autoriza a construção feita, pois decorre precisamente de seu cuidado com os pronunciamentos que afetam a relação material no plano do processo de execução, não os problemas inerentes à relação processual no processo de conhecimento. Ademais, a preclusão visa precisamente a afetar a solução de questões, tanto faz que sejam inerentes ao processo, à ação, ou ao litígio propriamente dito (isto é: o mérito da causa), razão não havendo para falar em preclusão pro judicato (máxime em desacordo com o conceito do autor que cunhou a expressão).[107]

Mas não é só: atentando-nos, por outro lado, à compreensão latina da expressão, encontramos mais deficiências. Ocorre que preclusão *pro judicato* não significa preclusão para o juiz. Em latim, *judicato* significa julgado; juiz é *iudex* ou *iudicem*, restando que *preclusão pro judicato* significa "preclusão como se tivesse sido julgado" – assim, se houve decisão por parte do diretor do processo, e ocorreu preclusão, não há preclusão *pro judicato*, porque esta supõe ausência de decisão. *Preclusão pro judicato* significa, na verdade, julgamento implícito ou presumido, como pensado por Redenti, ao tratar dos efeitos decorrentes da extinção de uma execução de título extrajudicial não embargada pelo devedor; ou mais propriamente, se pensarmos em exemplo mais próximo presente no nosso sistema, como ocorre na hipótese do art. 474 do CPC, em que temos a configuração da chamada eficácia preclusiva da coisa julgada material – tema a ser adiante também melhor desenvolvido.

Portanto, a conclusão a que se chega, sob todas as perspectivas supraexternadas, é a da inviabilidade de ser utilizada a expressão "preclusão *pro judicato*",

---

[105] LOPES, João Batista. "Os poderes do juiz e o aprimoramento da prestação jurisdicional" in *Revista de Processo* nº 35 (1984): 24/67.
[106] NEVES, Daniel Amorim Assumpção. *Preclusões para o juiz: preclusão pro iudicato e preclusão judicial no processo civil*. São Paulo: Método, 2004, p. 24/25.
[107] ARAGÃO, E. D. Moniz. *Sentença e coisa julgada*. Rio de Janeiro: AIDE, 1992, p. 236/237.

alhures empregada no Brasil – para o rito de conhecimento (tanto no cível,[108] como no penal[109]), nos moldes propostos por Riccio, e, por aqui, defendida por José Frederico Marques. A melhor alternativa, como pondera Daniel Amorim Assumpção Neves, é denominar a preclusão de questões que incide sobre a figura do magistrado como "preclusão judicial" ou "preclusão para o juiz", sepultando a figura da *preclusão pro judicato*.[110]

Por fim, não nos furtando de exteriorizar nomenclatura alhures difundida, sustenta-se que seria mais adequado se falar em *preclusão de poderes* (do juiz), ao invés de preclusão de questões; e principalmente em *preclusão de ônus processuais* (das partes), e não em preclusão de faculdades.[111] No último caso, reforçando-se a consequência negativa, e em alguns casos irreversível ao direito material pleiteado, de um agir a destempo da parte (tendo já sido descrito neste trabalho a possibilidade de divisão das faculdades processuais em ônus processuais e faculdades processuais em sentido estrito); já no primeiro caso, delimitando-se com mais rigor a específica incidência do fenômeno preclusivo sobre a atuação ativa do diretor do processo. No entanto, sem grandes repercussões para o estudo do instituto, e fiéis nesse caso às linhas originais e profundamente consagradas por Chiovenda, temos de bom grado mantermos aqui o *status quo*.

1.5. Sintética conclusão parcial: relação do instituto com os atos das partes e do juiz. Ênfase à participação do instituto como o grande limitador para a atividade das partes

Extrai-se da essência do que se colocou nas últimas linhas, que a preclusão deve ser compreendida como um instituto que envolve a impossibilidade, por regra, de, a partir de determinado momento, serem suscitadas matérias no processo, tanto pelas partes como pelo próprio juiz, visando-se precipuamente à aceleração e à simplificação do procedimento. Integra sempre o objeto da preclusão, portanto, um ônus processual das partes ou um poder do juiz; ou seja, a preclusão é um fenômeno que se relaciona com as decisões judiciais (tanto interlocutória como final) e as faculdades conferidas às partes com prazo definido de exercício, atuando nos limites do processo em que se verificou – tópicos esses que se analisarão em maiores detalhes nas outras posteriores grandes partes do trabalho, onde serão externadas peculiaridades e questões polêmicas circunscrevendo cada uma dessas duas ocasiões (preclusão de faculdades e preclusão de questões). De qualquer

---

[108] PESSOA, Flávia Moreira Guimarães. "Pedido de reconsideração e preclusão pro judicato no processo civil" in *Revista IOB Direito Civil e Direito Processual* n° 42 (2006): 103/109.

[109] GOMES, Luiz Flávio; BIANCHINI, Alice. "Preclusão: efeitos da preclusão pro judicato no processo penal" in *Revista Síntese de direito penal e processo penal* n° 16 (2002): 17/18.

[110] NEVES, Daniel Amorim Assumpção. *Preclusões para o juiz: preclusão pro iudicato e preclusão judicial no processo civil*. São Paulo: Método, 2004, p. 17/18.

[111] GIANNICO, Maurício. *A preclusão no direito processual civil brasileiro*. 2ª ed. São Paulo: Saraiva, 2007, p. 49/51; SICA, Heitor Vitor Mendonça. *Preclusão processual civil*. São Paulo: Atlas, 2006, p. 264/277.

modo, cabe o grifo, o instituto ganha, preambularmente, brilho particular, ao se estabelecer como o grande limitador para a atividade processual das partes.

2. Preclusão como princípio e como técnica processual

2.1. O instituto como técnica processual

Aspecto inicial relevante no nosso estudo é o entendimento do instituto da preclusão, em primeiro plano, como técnica processual. Carlos Alberto Alvaro de Oliveira entende ser a preclusão uma técnica,[112] cujo fito principal consiste em emprestar maior eficiência ao processo, sem informalizá-lo, restringindo os poderes das partes.

A sua definição como técnica emerge do fato de o instituto poder ser aplicado, com maior ou menor intensidade, tornando o processo mais ou menos rápido, impondo ao procedimento uma maior ou menor rigidez na ordem entre as sucessivas atividades que o compõem, tudo dependendo dos valores a serem perseguidos prioritariamente pelo ordenamento processual de regência de uma determinada sociedade, em um dado estágio cultural.[113]

Na escolha do sistema preclusivo a ser entabulado na lei processual, entra em jogo, conforme a melhor doutrina, a política de processo que se deseja perseguir – destacando Carlos Alberto Alvaro de Oliveira, em momento histórico de encerramento do ciclo da ditadura militar no Brasil, a influência que as classes dominantes exercem no amoldamento do procedimento.[114] Por sua vez, na Itália, aponta Guarneri[115] como nos regimes totalitários (*v.g.*, o fascista), em comparação às democracias, é mais rígida e mais intensa a aplicação da *técnica da preclusão*, ligada

---

[112] Ao lado de outras técnicas processuais com igual objetivo, ainda Alvaro de Oliveira menciona a perempção, a nulidade, a ficta confessio, e a restrição aos chamados recursos extraordinários (ALVARO DE OLIVEIRA, Carlos Alberto. *Do formalismo no processo civil*. 2ª ed. São Paulo: Saraiva, 2003, p. 82).

[113] Acentuando a análise da preclusão como técnica processual, Alvaro de Oliveira destaca ainda: "pode-se também aplicar, com maior ou menor intensidade, a técnica de que a inobservância da ordem legal e do prazo assinalado às atividades processuais acarreta como conseqüência a preclusão da faculdade de cumpri-los ou continuá-los (técnica da preclusão)" (ALVARO DE OLIVEIRA, Carlos Alberto. *Do formalismo no processo civil*. 2ª ed. São Paulo: Saraiva, 2003, p. 129). Acentuando também a possibilidade de maior ou menor aplicação da técnica, embora já sugerindo a concepção da preclusão também como princípio, à medida que indica a necessidade de sua configuração ordenadora em todos os sistemas processuais, revela Robert Wyness Millar que "el principio de preclusión (*Praeklusivprinzip*) que es simplesmente la expresíon de la idea ineludible y que evidentemente existe, en mayor o menor proporción, en todos los sistemas – tanto si tienem procedimientos articulados como no articulados –, de que la parte que deje de actuar en el tiempo prescrito, que da impedida o precluída de hacerlo después" (MILLAR, Robert Wyness. *Los principios informativos del proceso civil*. trad. por Catalina Grossmann. Buenos Aires, p. 96).

[114] ALVARO DE OLIVEIRA, Carlos Alberto. "Procedimento e ideologia no direito brasileiro atual" in *Ajuris* nº 33 (1985): 79/85.

[115] GUARNERI, Giuseppe. "Preclusione (diritto processuale penale)" in *Novíssimo Digesto Italiano*, XIII. Napoli: Utet, p. 571/577.

à ânsia de rapidez que domina o procedimento, somada ainda a uma redução do direito de argumentação das partes e a uma forte carga oficiosa do processo.

É nesse cenário, aliás, que adequadamente podem ser entendidas as passagens de Eduardo Garcia Máynez e Karl Engisch, no sentido de que as regras técnicas constituem os meios obrigatoriamente empregados para se conseguir um propósito, mas não prejulgam o próprio fim – sendo, portanto, em si, avalorativas (ou "moralmente indiferentes", para usarmos a expressão destacada pelo jurista alemão).[116] Explicitando esse aspecto, Aroldo Plínio Gonçalves comenta que a noção de técnica envolve tão só o de conjunto de meios adequados para a consecução dos resultados desejados, de procedimentos para a realização de finalidades.[117]

Sob outro enfoque envolvendo a preclusão como técnica processual, Paolo Biavati bem descreve que o modelo de preclusão a ser adotado em determinado país também deve atentar para a capacidade prática daqueles operadores do direito o seguirem, sob pena de falência do sistema e procura por uma fórmula diversa.[118] Ou seja, o legislador, ao estabelecer um regime preclusivo, deve estar atento à história do processo dentro da comunidade, a fim de que, por regra, se evite uma revolução abrupta na forma de se encarar o andamento do procedimento/aplicação da técnica da preclusão (de uma fórmula mais rígida para uma mais flexível, ou vice-versa), sob pena de novas soluções *contra legem* serem desenvolvidas na realidade forense.

No Brasil, já observava Liebman, o instituto encontra acentuada aplicação, já que herdamos do processo comum medieval certa rigidez das técnicas da eventualidade e da ordem legal. O jurista italiano refere, com propriedade, que especialmente no sistema processual pátrio temos uma série de estágios que se devem suceder em ordem fixa, cada qual destinado a determinadas atividades e separados preclusivamente do que se lhe segue, de modo que as atividades que não tenham

---

[116] "Giorgio Del Vecchio, ha señalado asimismo, en una hermosa monografia, la diferencia entre los preceptos de las artes y las normas de conducta. Las reglas técnicas – escribe – indican los médios que es forzoso emplear para conseguir un propósito, mas no prejuzgan si es lícito o ilícito proponerse el fin de que se trate. La técnica nada tiene que ver con el valor de las finalidades a que sirve, ya que exclusivamente se refiere a los procedimientos que permiten realizarlas, sin preocuparse por esclarecer si son buenas o malas" (GARCIA MÁYNEZ, Eduardo. *Introduccion al estudio del derecho*. México: Porrua, 1955, p. 13); "Claro que existe uma nítida divisão do trabalho (distribuição de funções) entre 'técnica' e 'moral'. A técnica ensina-me os meios para alcançar o fim e deixa à moral a determinação do próprio fim. A técnica é moralmente indiferente, ou, para ser mais exacto, ela recebe a sua significação moral da moralidade ou imoralidade dos fins a cujo serviço se coloca" (ENGISCH, Karl. *Introdução ao pensamento jurídico*. 7ª ed. Trad. por J. Baptista Machado. Lisboa: Fundação Calouste Gulbenkian, 1996, p. 49).

[117] Em outra passagem, mais à frente no seu trabalho, complementa Aroldo Plínio Gonçalves: "Uma técnica é valorada segundo sua idoneidade para a realização de suas finalidades. Será uma boa ou má técnica, conforme seja hábil a cumprir os seus fins, ou conforme se revele ineficaz para esse objetivo. De qualquer modo, a avaliação deve ser feita pela ciência, como atividade consciente e capaz para a produção do conhecimento e a correção de seus pontos de estrangulamento" (GONÇALVES, Aroldo Plínio. *Técnica processual e teoria do processo*. Rio de Janeiro: AIDE, 1992, p. 23 e 169/170).

[118] BIAVATI, Paolo. "Iniziativa delle parti e processo a preclusioni" in *Rivista Trimestrale di Diritto e Procedura Civile* nº 50 (1996): 477/512.

sido realizadas no momento próprio, normalmente não poderão ser realizadas mais nesse processo.[119]

Diversamente, no sistema europeu-continental, observa Zanzucchi, a tradição histórica, especialmente a partir do final do século XIX e início do século XX, encaminhou-se para progressivo incremento da oralidade no processo – destacando-se, nesse sentido, países como a Áustria, a Alemanha, a França e a Itália.[120]

Repare-se, nesse contexto, que a preclusão ganha destaque quando estamos diante de um processo eminentemente escrito, como o brasileiro, já que em processos onde a oralidade tem relativa maior aplicação, como nos principais sistemas europeus, a tendência natural é que sejam realizados, com a colaboração das partes e de uma só vez, mais atos processuais (atingindo-se um máximo de identidade física e unidade/concentração), o que converge para o aumento da liberdade de atuação dos participantes e reduz, consequentemente, a participação rígida do instituto.[121]

Caminhando no sentido de reduzir a complexidade do procedimento cível, incrementando a oralidade do rito, com uma consequente diminuição da aplicação da técnica da preclusão, desenvolveu-se recentemente no Brasil a implementação do rito sumaríssimo – tanto na justiça estadual (Lei n° 9.099/95), com na justiça federal (Lei n° 10.259/01). Quanto ao rito comum ordinário (previsto no CPC, nos arts. 282 e ss.), eminentemente escrito, a perspectiva que se poderia projetar seria uma melhor utilização da audiência preliminar (art. 331), a qual vem sendo indevidamente suprimida dos feitos, mesmo os que envolvem exclusivo interesse interpartes. Mesmo assim, pelo que se nota, ainda mais frente ao direito comparado (*v.g.*, Alemanha[122] e Itália[123]), é ainda rudimentar a procura, no nosso sistema, por alternativas que viessem a efetivamente estabelecer a oralidade como importante *dogma processual* (onde possa substancialmente ser aplicado o princípio da colaboração), a ser amplamente fixado no ordenamento e, a partir daí, devidamente cumprido na prática forense.

---

[119] Para Liebman, era fundamental a oralidade do processo, representando o processo oral um avanço em relação àquele fundamentalmente escrito, menos de acordo com outros intuitos visados pelo legislador moderno, como: a concentração das atividades instrutórias na audiência, o contato imediato do juiz com os meios das provas, a direção do processo nas mãos do órgão jurisdicional e, acima de tudo, a concepção do processo como instrumento público de administração da justiça (LIEBMAN, Enrico Tullio. *Estudos sobre o processo civil brasileiro*. São Paulo: José Bushatsky, 1976, p. 99, 108/109, e 133).

[120] ZANZUCCHI, Marco Tullio. *Diritto processuale civile*. Vol. 1. 4ª ed. Milão: Giuffrè, 1947, p. 74/76.

[121] Relacionado ao tópico, J. C. Barbosa Moreira já registrava que "a nitidez na diferenciação entre as várias fases processuais naturalmente varia em sentido inverso ao do grau de concentração do procedimento; quanto mais concentrado seja este, mais se esfumam as linhas divisórias entre as fases" (BARBORA MOREIRA, J. C. *O novo processo civil brasileiro*. 24ª ed. Rio de Janeiro: Forense, 2006, p. 5).

[122] GRUNSKY, Wolfgang. "L'accelerazione e la concentrazione del procedimento dopo la novella che semplifica il processo civile in germania". Trad. por Celso E. Balbi in *Rivista di Diritto* n° 1 (1978): 366/385.

[123] GRASSO, Eduardo. "Interpretazione della preclusione e nuovo processo civile in primo grado" in *Rivista di Diritto Processuale Civile* n° 69 (1993): 639/655.

2.2. O instituto como princípio processual

De outra banda, o instituto da preclusão também pode então ser concebido como verdadeiro princípio processual, ao passo que considerado não em si mesmo, mas no seu complexo, organizado em sistema dentro da estrutura processual, decorrente de uma evolução (processual) histórica, com vista ao direito e precípuo funcionamento desta estrutura, garantindo às partes uma solução razoavelmente rápida e coerente da causa posta.[124]

Em termos mais objetivos, poderíamos resumir que o *princípio da preclusão*, pela consolidação de sua importância no desenvolvimento célere e programado do procedimento, "exprime nada mais do que uma genérica exigência inerente a qualquer processo".[125]

Contrapondo-se a esse princípio, temos o da unidade da causa, também chamado de "liberdade processual" (como opta, dentre outros, Riccio), ou "unidad de vista" (nas exatas palavras de Hugo Alsina), segundo o qual podem as partes apresentar suas alegações e provas, com ampla liberdade, até o momento da sentença – e, mais raramente, mesmo em segunda instância, podem alegar fatos novos e propor a prova dos mesmos.[126] Evidentemente, na órbita processual contemporânea, não existe mais espaço para esse sistema de notória liberdade das partes;[127] podendo-se citar, para efeitos históricos, o Código de Processo Civil francês, de 1806,[128] no qual as próprias partes determinavam a ordem do procedimento; como também o Código de Processo Civil italiano de 1865;[129] e mais recentemente, com os mesmos propósitos, a denominada contrarreforma do CPC italiano, de 1950.[130]

Carlos Alberto Alvaro de Oliveira, em interessante passagem, expõe que pela ótica do princípio da preclusão, a divisão do procedimento em fases traz consigo a exigência de serem realizadas as respectivas providências na fase processual correspondente ou dentro de determinado espaço de tempo, findo o qual o ato já não se poderá realizar; acrescentando que "não há dúvidas de que a ameaça de preclusão constitui princípio fundamental da organização do processo, sem o qual nenhum procedimento teria fim".[131]

---

[124] TESORIERE, Giovanni. *Contributo allo studio delle preclusioni nel processo civile*. Padova: CEDAM, 1983, p. 14.

[125] MARELLI, Fabio. *La trattazione della causa nel regime delle preclusioni*. Padova: CEDAM, 1996, p. 16.

[126] RICCIO, Stefano. *La preclusione processuale penale*. Milão: Giuffrè, 1951, p. 6; ALSINA, Hugo. *Tratado teórico práctico de derecho procesal civil y comercial*. Buenos Aires: Compañia Argentina, 1941. Tomo I, p. 262/263.

[127] FERREIRA FILHO, Manoel Caetano. *A preclusão no direito processual civil*. Curitiba: Juruá, 1991, p. 40.

[128] MILLAR, Robert Wyness. *Los principios informativos del proceso civil*, trad. por Catalina Grossmann. Buenos Aires, p. 98/99.

[129] ZANZUCCHI, Marco Tullio. *Diritto processuale civile*. Vol. 1. 4ª ed. Milão: Giuffrè, 1947, p. 363.

[130] TARUFFO, Michele. "Le preclusioni nella riforma del processo civile" in *Rivista di Diritto Processuale Civile* nº 68 (1992): 296/310.

[131] ALVARO DE OLIVEIRA, Carlos Alberto. *Do formalismo no processo civil*. 2ª ed. São Paulo: Saraiva, 2003, p. 170.

De acordo com esse posicionamento, adverte Couture que a preclusão está, de fato, no processo moderno, erigida à classe de um princípio básico ou fundamental do procedimento, manifestando-se em razão da necessidade de que as diversas etapas do processo se desenvolvam de maneira sucessiva, sempre para a frente, mediante fechamento definitivo de cada uma delas, impedindo-se o regresso a etapas e momentos processuais já extintos e consumados.[132]

Taruffo, da mesma forma, registra enfaticamente que a preclusão é um instrumento indispensável para a disciplina do processo, e para assegurar que o procedimento se desenvolva de modo ordenado e funcional.[133] Em semelhante linha, Andriolli deixa consignado que a preclusão é ingrediente indispensável da construção da noção de processo, representando juntamente com o procedimento, a sua "expressão formal".[134]

Por aqui, em precisa máxima, Arruda Alvim defende que a preclusão é a "espinha dorsal do processo", no que respeita ao seu andamento, pois é o instituto através do qual, no processo, se superam os estágios procedimentais, e não deixa de ser também um instituto propulsionador da dinâmica processual.[135] Ainda, Dierle José Coelho Nunes, em interessante ensaio sobre o ponto, expõe que, ao longo da história, a preclusão vem apresentando-se, nos grandes sistemas processuais, como "fator de estruturação do procedimento", para seu perfeito dimensionamento espácio-temporal.[136]

2.3. Continuação. O instituto na Teoria Geral do Processo: fundamentos no processo civil e no processo penal

Tanto é correto ter-se que o instituto da preclusão é princípio processual (a compor a *Teoria Geral do Processo*), que está presente também na seara penal.[137]

---

[132] COUTURE, Eduardo J. *Fundamentos del derecho procesal civil.* Buenos Aires: Aniceto López, 1942, p. 163/165.

[133] E complementa o jurista italiano: "(...) Ovviamente non ogni preclusione il sistema di preclusioni è di per sé pregevole ed efficiente; tuttavia un buon sistema di preclusioni è indispensabile per un processo che si voglia pur minimamente dotato di ordine e di funzionalità. Questa esigenza emerge con maggiore evidenza man mano che disordine, dilazioni, abusi ed inefficienze aggravano la crisi della giustizia civile" (TARUFFO, Michele. "Preclusioni (diritto processuale civile)" in *Encicplopedia del diritto* – Aggiornamento n° 1 (1997): 794/810).

[134] ANDRIOLLI, Virgilio. "Preclusione (diritto processuale civile)" in *Novíssimo Digesto Italiano*, XIII. Napoli: Utet, 1966, p. 567/570.

[135] ALVIM, Arruda. *Manual de direito processual civil.* Vol. 1. 6ª ed. São Paulo: RT, 1997, p. 462.

[136] NUNES, Dierle José Coelho. "Preclusão como fator de estruturação do procedimento" in *Estudos continuados de teoria do processo.* Vol. IV. Porto Alegre: Síntese, 2004, p. 181/210.

[137] "Il fatto è che lo Stato ha bisogno di gistizia, ma è anche inderogabile necessità che il processo penale si svolga il più rapidamente e il più ordinatamente possibile, onde l'adozione, in maggiore o minore misura, del principio preclusivo. (...) Sebbene il processo penale attuale, soprattutto in primo grado, sia dominato dal principio della elasticità (collegato a quelli dell'accertamento della verità materiale e del libero convincimento del giudice) onde sia consentita la maggior libertà di movimento al giudice per l'emanazione di una sentenza il più possibile conforme a gistizia, tuttavia un certo ordine vi è stabilito. E non potrebbe essere diversamente" (GUARNERI, Giuseppe. "Preclusione (diritto processuale penale)" in *Novíssimo Digesto Italiano*, XIII. Napoli: Utet, p. 571/577).

Há aqui de se reconhecer certa menor incidência dos seus préstimos (aplicação reduzida), especialmente por historicamente se perquerir mais a fundo, no procedimento penal, a "verdade material" (como inclusive consta na exposição de motivos do nosso Código de Processo Penal, n° VII);[138] bem como por tratar de direito material indisponível, não se podendo submeter o processo penal às eventuais restrições que se pode verificar no campo cível.[139]

Tratando detidamente desse último aspecto, destaca João Martins de Oliveira que no processo penal pela sua estrutura e em virtude da oficialidade, inexiste a liberdade de iniciativa, que domina no processo civil, no qual têm relevo os princípios da autorresponsabilidade ou de disposição; daí o menor campo que oferece para o instituto da preclusão. Esta oficialidade da ação penal, contudo, acrescenta o jurista mineiro já nos idos da década de 50: "(...) também requer para a atividade processual o estabelecimento de uma ordem lógica, não só para melhor possibilitar a colheita rápida de elementos fundamentais para a decisão, como para alcançar o efeito intimidativo que decorre das sentenças condenatórias".[140]

Já quanto à busca no processo civil pela "verdade material" (*rectius: verdade processual*), a tendência moderna é reconhecer uma progressiva aproximação desse objetivo aos moldes incidentes, há mais tempo, no processo penal – passando a ser mais claramente de ambas as searas a preocupação imediata com o trânsito em julgado de decisão justa.[141]

Por todos esses detalhes, adequadamente assevera Riccio que "dada a diversidade entre o processo civil e o penal, não se pode não encontrar diferenças na aplicação do princípio; mas a presença registrada do princípio não pode faltar".[142]

Estabelecida, então, a presença do fenômeno preclusivo também no direito processual criminal, há de se registrar no nosso CPP, de 1941, dentre outros, a hipótese de preclusividade do art. 581 c/c o art. 586, inviabilizando discussão de

---

[138] PESSOA FILHO, Miguel Thomaz. "Da preclusão no direito processual penal" in *Revista da Associação dos Magistrados do Paraná* n° 28 (1982): 49/66.

[139] MARCATO, Antônio Carlos. "Preclusões: limitação ao contraditório?" in *Revista de Direito Processual Cvil* n° 17 (1980): 105/114; LOPES, João Batista. "Breves considerações sobre o instituto da preclusão" in *Revista de Processo* n° 23 (1981): 45/60.

[140] MARTINS DE OLIVEIRA, João. *A preclusão na dinâmica do processo penal*. Belo Horizonte, 1955, p. 62/63.

[141] Sob essa novel perspectiva acenava João Batista Lopes, em meados da década de 80: "seja no processo civil, seja no processo penal, não é suficiente a tutela formal, resultante da simples aplicação das normas legais, mas se requer mais do juiz: dedicação, empenho, persistência na busca da Justiça. Justiça que concede ou que nega, que condena ou que absolve, que autoriza ou que proíbe, mas sempre Justiça, qualificada e não meramente formal" (LOPES, João Batista. "Os poderes do juiz e o aprimoramento da prestação jurisdicional" in *Revista de Processo* n° 35 (1984): 24/67). No mesmo período, e com não menor oportunismo, Devis Echandía também registrava que "executar justiça e obter uma sentença que acomode a verdade ao direito é questão de interesse social, qualquer que seja o ramo do direito objetivo a que corresponda a questão que constitui o objeto do processo: penal, civil, laboral, etc." (DEVIS ECHANDÍA, Hernando. *Teoria General del proceso*. Buenos Aires: Editorial Universidad, 1984. Tomo I, p. 30).

[142] RICCIO, Stefano. *La preclusione processuale penale*. Milão: Giuffrè, 1951, p. 7.

temas incidentais resolvidos, a não ser dentro do prazo recursal ali fixado; a do art. 316, ao autorizar, nesse mesmo sentido, a preclusão da decisão decretadora de prisão preventiva (cujos efeitos subsistem desde que não haja alteração fática superveniente); a do art. 96 c/c o art. 106, a estabelecer oportunidade exata para arguição de suspeição; a do art. 108, a estabelecer oportunidade própria para arguição de incompetência do juízo; e a do art. 571, contendo, ao longo dos seus oito incisos, normas expressas de preclusão, determinando a perda do direito de alegar nulidades fora dos momentos ali dispostos.

2.4. Continuação. Reforço das tênues diferenças entre as concepções possíveis do instituto. Ponderações quanto à posição de Guarneri e Moniz de Aragão

Reforce-se, por oportuno, a tênue, mas relevante, diferença entre as concepções possíveis do instituto, como técnica e como princípio. Guarneri, como posto em momento anterior desta obra, ao sustentar a forte presença de normas preclusivas nos regimes totalitários, por certo tratava da preclusão na sua dimensão como técnica – utilizada (excessivamente) no Estado de não Direito para incrementar a rápida solução do litígio, independentemente de o resultado ser justo ou não. Moniz de Aragão enfrentando o pensamento do jurista peninsular entende que a tese peca pelo excesso, já que "em verdade a adoção do princípio de preclusão visa a pôr ordem no procedimento, o que é essencial para proporcionar os resultados que dele todos esperam".[143]

No nosso sentir, é imprecisa a tópica crítica de Moniz de Aragão, justamente porque Guarneri discute o tema em nível de técnica, e não de princípio, não chegando ao ponto de menosprezar a importância do instituto para o regular andamento do procedimento; mas tão somente tratando de frisar, com acerto, a possibilidade real de utilização abusiva da preclusão em nome de fins políticos escusos. Por isso, embora a observação de Moniz de Aragão isoladamente não se mostre equivocada, tem-se que o jurista paranaense não captou com acuidade o espaço devido em que pareceu ser perfeitamente pertinente a colocação de Guarneri.

Em recapitulação breve do que foi colocado neste tópico, a bem diferenciar o campo de aplicação do instituto como técnica e como princípio, indispensável trazermos à baila novamente Riccio, em objetivo e preciso pensamento: "a preclusão, então, tem segundo os casos um campo maior ou menor de aplicação" (aqui seria o espaço da técnica, acrescentaríamos nós); "mas nenhum processo pode prescindir da preclusão, enquanto há uma lógica e uma vida. O regulamento lógico e temporal dos poderes e dos deveres é portanto uma necessidade imprescindível do processo" (aqui seria o espaço do princípio, acrescentaríamos nós).[144]

---

[143] ARAGÃO, E. D. Moniz. *Sentença e coisa julgada*. Rio de Janeiro: AIDE, 1992, p. 227.
[144] RICCIO, Stefano. *La preclusione processuale penale*. Milão: Giuffrè, 1951, p. 9.

2.5. Decisão rápida *versus* Decisão justa: a contemplação dos valores da efetividade processual e da segurança jurídica, e a perspectiva do "formalismo-valorativo"

Chega-se o momento de encerrar essa primeira maior aproximação no estudo da preclusão, discorrendo algumas linhas mais a respeito dos seus fundamentos, ou seja, das razões lógico-jurídicas que o justificam/legitimam como formalidade indispensável ao processo moderno (instituto inerente ao "formalismo-valorativo"), sistematizando-o como verdadeiro princípio processual em que se articulam valores, constitucionalmente resguardados, como o da efetividade e o da segurança jurídica.

Decorre a preclusão do fato de ser o processo uma sucessão de atos que devem ser ordenados por fases lógicas (subsequentes e articuladas), a fim de que se obtenha a prestação jurisdicional com maior precisão e efetividade, desde que respeitadas as consagradas garantias constitucionais instrumentais, consubstanciadas na cláusula do *due process of law*. Essa sucessão de atos deve iniciar por impulso da parte autora (interessada), que vem a juízo invocar um suposto direito subjetivo violado pela parte contrária identificada, seguindo-se o procedimento por impulso judicial/oficial, não se deixando, todavia, de contemplar a possibilidade, ao longo de todo o *iter*, de participação constante, mas tempestiva, das partes (princípio da colaboração[145]) na tentativa de sadia persuasão racional do julgador, no intuito último de obter final decisão favorável.

Embora estejamos cônscios de que os grandes valores eminentemente processuais, efetividade e segurança jurídica, devam ser sempre mensurados ao longo do *iter*, tem-se que sem uma ordenação compacta desses atos processuais e sem um limite de tempo para que as partes os pratiquem (participando ativamente, como falamos, na delimitação do tema e na sadia persuasão racional quanto à procedência de suas alegações), o processo se transformaria em uma rixa infindável, podendo a qualquer tempo, discussão incidental resolvida ou não apresentada pela parte interessada no momento oportuno estabelecido pela lei de regência, ser trazida à tona em momento processual posterior.

Assim, correto Antônio Vital Ramos de Vasconcelos,[146] ao definir a preclusão como instituto jurídico, de forte matiz político, que tem como substrato a segurança das relações processuais e a garantia máxima de não eternalização da *lide*. Em semelhante direção, oportuno Paulo Cerqueira Campos,[147] ao registrar que a preclusão visa, fundamentalmente, a tornar mais efetivo o processo civil a fim de atingir seu escopo-mor, o político, e obter a pacificação social (imprimindo

---

[145] ALVARO DE OLIVEIRA, Carlos Alberto. *Do formalismo no processo civil*. 2ª ed. São Paulo: Saraiva, 2003, p. 129; MITIDIERO, Daniel Francisco. *Colaboração no processo civil*. São Paulo: RT, 2009, p. 102.

[146] VASCONCELOS, Antônio Vital Ramos de. "O pedido de reconsideração e a preclusividade das decisões judiciais" in *Revista Ajuris* 40 (1987):165.

[147] CAMPOS, Paulo Cerqueira. "A preclusividade de poderes do juiz como uma das formas de se conferir efetividade ao atual processo civil brasileiro" in *Revista do curso de direito da Universidade Federal de Uberlândia* nº 25 (1996): 255/289.

ao processo uma marcha célere e continuamente progressiva, até atingir seu ponto derradeiro, que é o provimento jurisdicional); como também visa a garantir a estabilização da demanda.

Vê-se, dessa forma, que na aplicação do princípio da preclusão, articulada a uma concepção de procedimento, atuam diretamente as forças da *efetividade* e da *segurança jurídica*, no sentido de disciplina[148] e ordem (previsibilidade/inalterabilidade[149]) do rito.

No entanto, desde já, um parêntese se faz necessário: é que a expressão "segurança jurídica" apresenta-se realmente polissêmica podendo, em nível estritamente processual, também representar, além da ordem-disciplina do rito, uma certeza (maior) do direito a ser confirmado ou negado; ou previsibilidade (tanto maior quanto possível) da decisão judicial a ser tomada – vinculado neste caso à ideia central de justiça (segurança jurídica máxima). Na doutrina pátria, é de se destacar, pela sensibilidade na compreensão do problema, o magistério de Dinamarco, o qual, ao discorrer a respeito da oscilação do processo "entre a necessidade de decisão rápida e a de segurança na defesa do direito dos litigantes", registra que o termo empregado "segurança" não está por "certeza jurídica" (a nossa primeira acepção), mas para designar a firmeza dos passos processuais, com diminuição de riscos (a nossa segunda acepção de segurança jurídica).[150]

Como posto desde Chiovenda,[151] um aparente maior realce à efetividade--ordem-disciplina do rito em detrimento da justiça (ou seria melhor dizer, realce à relativização da segurança jurídica máxima, a qual viabilizaria a parte prejudicada discutir e rediscutir as matérias incidentais e final em busca de uma nova solução que entenda como efetivamente justa), embora possa causar alguns descontentamentos,[152] é plenamente justificável e necessário, cabendo registro, nesse sentido,

---

[148] TARUFFO, Michele. "Preclusioni (diritto processuale civile)" in *Encicplopedia del diritto* – Aggiornamento n° 1 (1997): 794/810; ROCHA, José de Moura. *Da preclusão e da atividade processual das partes*. Recife: Mousinho, 1959, p. 124 e 169.

[149] Tratando dos direitos fundamentais integrantes do processo alemão, Gerhard Walther, referente ao ponto, revela o seguinte: "La ZPO deve garantire la possibilità di conoscere sin dall'inizio lo svolgimento del processo; per questo si riconosce un diritto allà prevedibilità. Un'espressione di questo diritto si trova nel cosidetto diritto allá 'chiarezza dei mezzi di impugnazione'. Cioè deve essere chiaro sin dall'inizio se e quale mezzo d'impugnazione sia a dispozione contro una decisione giudiziaria" (WALTER, Gerhard. "I diritti fondamentali nel processo civile tedesco". Trad. por Remo Caponi in *Rivista di diritto processuale* n° 56 (2001): 733/747. Especialmente p. 740).

[150] DINAMARCO, Cândido Rangel. *A instrumentalidade do processo*. 4ª ed. São Paulo: RT, 1994, p. 232.

[151] "Il concetto chiovendiano di preclusione ripete dal modello germanico soprattutto il carattere pubblicistico, che lo rende idoneo a soddisfare esigenze di certezza piuttosto che esigenze di giustizia" (TESORIERE, Giovanni. *Contributo allo studio delle preclusioni nel processo civile*. Padova: CEDAM, 1983, p. 29).

[152] Nesse sentido, explicando os motivos pelos quais o instituto da preclusão, nos moldes traçados por Chiovenda, veio sendo criticado na Itália, destaca Andriolli o que segue: "*Nel principio di preclusione deve ravvisarsi la prevalenza dell'aspirazione della certezza sull'aspirazione alla giustizia e questa sua ragione giustificatrice spiega le critiche, che gli sono state in ogni tempo rivolte da chi vi ha ravvisato un attentato alla giustizia*" (ANDRIOLLI, Virgilio. "Preclusione (diritto processuale civile)" in *Novíssimo Digesto Italiano*, XIII. Napoli: Utet, 1966, p. 567/570).

a feliz manifestação de Hélio Tornaghi sobre a harmonização (tormentosa), *in casu*, desses eternos valores em conflito:

> A melhor maneira de acelerar o processo sem atropelá-lo, conciliando a rapidez com a justiça, consiste na fixação de tempo para a prática de cada ato. A marcação de prazos não é apenas o resultado da conveniência, é o efeito da necessidade de harmonizar a justiça e a economia, a segurança e a rapidez. Quer a lei que o processo seja ordenado, mas sem retardamentos e sem gastos excessivos, de modo a obter-se uma sentença justa com máximo de garantia possível e o mínimo de esforço.[153]

A propósito, quando Flávia Moreira Guimarães Pessoa registra que "na análise do instituto (da preclusão) entram em jogo os valores da segurança jurídica e justiça, com prevalência ao primeiro",[154] por certo está se referindo à primeira acepção do termo supra-aludido – o que não exclui a possibilidade de entendê-lo, em outro sentido, agora ao lado do próprio valor justiça (segunda acepção firmada), como sugere a seguinte passagem de Carnelutti:

> Quando ouvimos dizer que a justiça deve ser rápida, eis aqui uma fórmula que se deve tomar com benefício de inventário: o clichê dos chamados homens do Estado, que prometem em toda discussão do balanço da justiça que esta terá um desenvolvimento rápido e seguro, coloca um problema análogo ao da quadratura do círculo. Infelizmente, a justiça, se for segura, não será rápida, e, se for rápida, não será segura.[155]

De maneira até mais tangível, bem dispondo sobre o espaço a ser ocupado pela segurança jurídica na segunda acepção vazada neste trabalho, destaca Maurício Giannico o seguinte:

> É natural que a prestação jurisdicional final de mérito não possa ser oferecida com prontidão. A atividade cognitiva do juiz e as múltiplas oportunidades dadas às partes para participarem em contraditório de todos os atos processuais necessitam de um prazo mínimo para sua concretização. Afinal, a decisão final de mérito, apta a adquirir o *status* de imutável, deve obrigatoriamente ser concebida mediante cognição vertical ampla e irrestrita. Diante desse panorama, facilmente pode-se constatar a existência de um autêntico antagonismo entre efetividade do processo e segurança jurídica na prestação da tutela jurisdicional.[156]

Carlos Alberto Alvaro de Oliveira, em um dos seus últimos ensaios (em que prega os contornos para uma superação de um formalismo excessivo, em prol de um "formalismo-valorativo" – formalismo, com densa carga constitucional, que seria aceitável nos estritos limites em que indispensável), utiliza a expressão "segurança jurídica" nas duas acepções firmadas: ora vinculando-a diretamente ao valor efetividade e à própria idéia de processo como organização da desordem,

---

[153] TORNAGHI, Hélio. *Comentários ao código de processo civil*. V. II. São Paulo: RT, 1975, p. 57/58.

[154] PESSOA, Flávia Moreira Guimarães. "Pedido de reconsideração e preclusão pro judicato no processo civil" in *Revista IOB Direito Civil e Direito Processual* n° 42 (2006): 103/109.

[155] CARNELUTTI, Francesco. *Como se faz um processo*. Trad. por Hiltomar Martins Oliveira. 2ª ed. Belo Horizonte: Líder Cultura Jurídica, 2005, p. 18.

[156] GIANNICO, Maurício. *A preclusão no direito processual civil brasileiro*. São Paulo: Saraiva, 2007, 2ª ed, p. 11.

emprestando celeridade e previsibilidade a todo o procedimento; ora estabelecendo uma contraposição com o valor da efetividade, no sentido de que pelo processo deve-se não só se chegar a uma solução jurisdicional rápida, mas sobretudo deve-se almejar a criação de uma solução jurisdicional robusta (a exigir amplo debate entre os atores do feito), que se apresente legítima aos olhos dos cidadãos, à medida que se constitui o processo como ferramenta de natureza pública indispensável para a realização da justiça e pacificação social.[157]

A reforçar a primeira acepção a expressão *segurança jurídica*, que realmente mais nos interessa nessa exposição de *sedimentação dogmática*, Judith Martins-Costa, estudando os significados que a ideia de segurança jurídica apresenta nos acórdãos do Supremo Tribunal Federal, encontra-o como fundamento do instituto da decadência, da prescrição, da preclusão e da intangibilidade da coisa julgada – vinculada justamente a uma ideia de certeza da previsibilidade e essa certeza se traduzindo em confiança, na permanência ou imutabilidade.[158] Chegando a conclusão semelhante, Humberto Theodoro Jr. destaca que o Estado de Direito conta com os princípios da segurança jurídica e de proteção da confiança como elementos constitutivos da própria noção nuclear; podendo-se estabelecer a concepção de um "princípio geral de segurança jurídica" que compreenda a ideia de "proteção da confiança".[159]

Ainda quanto a essa concepção primeira de segurança jurídica – diretamente vinculada ao texto do diploma processual (ou melhor seria denominar "legalidade"[160]) – possível se compor um sistema em que efetividade, segurança e preclusão estejam todos colocados em uma mesma direção, onde cabível aplicação conjugada desses institutos de maneira harmônica: toda demanda judicial deve seguir um procedimento (rito previamente estabelecido em lei), pautado pelo instituto da preclusão (que determina o fechamento de uma etapa do feito e o início de uma posterior – numa marcha dinâmica, sempre para a frente), tudo a incrementar os valores da efetividade (celeridade, na prestação jurisdicional) e o da segurança jurídica (confiança no procedimento, inclusive nos seus limites, pelas partes litigantes e demais eventuais terceiros interessados).

Portanto, de todo o exposto, vê-se que o instituto em estudo – devidamente privilegiando de maneira articulada os valores, constitucionalmente resguardados,

---

[157] ALVARO DE OLIVEIRA, Carlos Alberto. "O no confronto com o formalismo excessivo" in *Revista de Processo* n° 137 (2006):7/31.

[158] "E a permanência constitui-se, com efeito, num valor a ser protegido, pois reflete a confiança das pessoas na ordem jurídica considerada como regra do jogo de antemão traçada para ser, no presente e no futuro, devidamente respeitada: sinaliza que essa ordem não permitirá modificações suscetíveis de afetar suas decisões importantes de maneira imprevisível (salvo por razões imperiosas)" (MARTINS-COSTA, Judith. "A resignificação do princípio da segurança jurídica na relação entre o Estado e os cidadãos" in *Revista CEJUR* n° 27 (2004): 110/120).

[159] THEODORO JR., Humberto. "A onda reformista do direito positivo e suas implicações com o princípio da segurança jurídica" in *Revista Magister de direito civil e processual civil* (11):5/32.

[160] Destaque para Antônio Souza Prudente, a discorrer sobre a segurança jurídica advinda da legalidade, a trazer previsibilidade e certeza do direito (PRUDENTE, Antônio Souza. "Poder judiciário e segurança jurídica" in *Revista de informação legislativa* n° 15 (1992): 571/580).

da efetividade e da segurança jurídica (na primeira acepção exposta) – é um recurso imprescindível, componente do "formalismo-valorativo" (princípio processual, portanto), largamente empregado para a razoável concentração do processo, de modo precípuo a orientar a utilização, pelas partes, do direito às intervenções (*impulsos*) a elas possibilitadas ao longo do procedimento.

3. Diferenciações importantes da preclusão para outros institutos

3.1. Introdução: equívoca equiparação de fenômenos diversos, de direito material e processual

Dando-se prosseguimento à parte geral do trabalho, onde se apresentam todas as perspectivas essenciais pertinentes ao instituto processual em estudo, há de se alinhar, em detalhes, que a preclusão, na forma como sistematizada a partir das lições de Bülow e Chiovenda, mantém características peculiares que verdadeiramente a distinguem de outros grandes institutos;[161] notando-se, ao longo da história, muitas vezes, uma equívoca equiparação do fenômeno da preclusão, especialmente com a decadência e com a coisa julgada material e formal.[162]

3.2. Preclusão *versus* Decadência. Posição atual da doutrina italiana (Fabio Marelli)

Não se confunde a preclusão, com a decadência, à medida que esta, instituto de direito material, fulmina o direito que poderia ser invocado via ação judicial, enquanto a preclusão, instituto processual, fulmina somente as atividades (atos) nas quais se manifesta a ação durante o processo – daí decorrendo que, por regra, renovada a ação, ressurge o direito de prática do ato sobre o qual se operou a preclusão.

Atento a essa central diferenciação, Riccio deixa claro que a preclusão é instituto próprio que se insere na vida do processo, apresentando-se como fato jurídico processual impeditivo; enquanto a natureza jurídica da decadência é diversa, podendo-se classificá-la como condição jurídica resolutiva do ato, real e grave sanção pela inobservância de termos peremptórios para se valer de um direito

---

[161] Obra específica sobre o tema, defendida como dissertação de mestrado na PUC paulista, pode ser consultada, embora, a nosso ver, não tenha a jurista ingressado mais profundamente nos pontos melindrosos componentes do macrotema, os quais serão revisitados por aqui: FERRAZ, Cristina. *Prazos no processo de conhecimento*: preclusão, prescrição, decadência, perempção, coisa julgada material e formal. São Paulo: RT, 2001, p. 84/95.

[162] "Apesar de existir em todos os sistemas processuais – pois sem ela seria impossível o andamento e o término dos feitos – a preclusão esteve durante largos séculos sem conceituação precisa, confundida com outros institutos, principalmente com o da coisa julgada e o da decadência" (BARBI, Celso Agricola. "Da preclusão no processo civil", in *Revista Forense*, 158 (1955): 59/66).

potestativo[163] – como se verá mais adiante, no estudo mais detido da natureza jurídica da preclusão, esta não pode realmente ser compreendida como uma sanção (processual).

Outro ponto é que a decadência abrange só a (falta de) atitude do autor, e a preclusão abrange a impossibilidade de nova atuação, na esfera do processo, do autor, do réu e até mesmo do juiz. Mais: enquanto a decadência consiste no decurso infrutuoso de um termo prefixado para o exercício da ação constitutiva de um direito (potestativo), a preclusão não se prende somente à expiração de um termo (processual) – o que se tem por preclusão temporal; mas pode derivar da prática de um ato (processual) incompatível com aquele que se deva praticar ou da impossibilidade de se completar um ato (processual) já realizado (mesmo que deficitariamente) – preclusão lógica e preclusão consumativa, respectivamente.

Assim, mesmo que se aceite, como sugere Manoel Caetano Ferreira Filho, uma "identidade ontológica" entre preclusão e decadência, pelo fato de que "na sua essência trata-se de um único fenômeno: perda de um direito por não ter sido ele exercitado dentro do prazo estabelecido",[164] não há como negar a viabilidade de isolamento do campo de aplicação de cada um deles.

Essa possível identidade ontológica, diga-se de passagem, parece ter contagiado os franceses, que a partir do século XVII, como narra Couture, tratavam de fenômeno semelhante ao da preclusão, denominando-o de *forclusion;* sinônimo de caducidade, e que corresponderia tanto a elementos de direito material como de direito processual.[165]

Mas, ao que parece, não foi só na França que se acabou estabelecendo sensível confusão entre o devido espaço destinado aos institutos; na Itália também se tratou do ponto. Dentre os maiores nomes que insistiram contemporaneamente na utilização da singular expressão "decadência processual" (em oposição à imagem da "preclusão") figura-se o de Celso Edoardo Balbi, que analisou o assunto em obra de fôlego justamente denominada "La decadenza nel processo de cognizione". No entanto, e sem claramente discorrer sobre eventuais equívocos de Chiovenda ao isolar o ("autêntico") fenômeno processual, reconhece Balbi que a decadência (de direito processual) é tratada conjuntamente com outra espécie processual que envolve a função de ordenar no tempo os atos do procedimento, restando englobada, por muitos, no conceito de preclusão.[166]

---

[163] E critica o jurista italiano posições contrárias ao seu pensar: "Il Manzini, seguito dal Saccone, ritiene che la decadenza sia una preclusione specifica, come sanzione caratteristica, posta alla inosservanza dei termini perentori; ma la decadenza non è la preclusione, anche se questa si può porre come effetto principale e diretto di quella" (RICCIO, Stefano. *La preclusione processuale penale*. Milão: Giuffrè, 1951, p. 75/76).

[164] FERREIRA FILHO, Manoel Caetano. *A preclusão no direito processual civil*. Curitiba: Juruá, 1991, p. 65.

[165] Trata-se especificamente da *Ordonnance de 1667*, que previa o que restou conhecido como *jugement par forclusion*: "Para los processualistas franceses del siglo pasado era muy familiar el vocablo 'forclusión' ('exclusio a foro') utilizado también como sinónimo de caducidad y correspondiendo alternativamente a elementos de derecho material y de derecho procesal" (COUTURE, Eduardo J. *Fundamentos del derecho procesal civil*. Buenos Aires: Aniceto López, 1942. 1ª ed, p. 95).

[166] BALBI, Celso Edoardo. *La decadenza nel processo di cognizione*. Milão: Giuffrè, 1983, p. 01/06 e 31/32.

Avançando quanto à polêmica da utilização do termo *decadência* no lugar de *preclusão*, Moniz de Aragão[167] discorda da posição de parte da doutrina italiana que, ao criticar o conceito chiovendiano de preclusão, sustenta ter o fenômeno preclusivo ultrapassado os limites do direito processual e se manifestado igualmente no plano do direito material, confundindo-se com o termo decadencial. Em contrapartida, ressalta Moniz de Aragão que como a preclusão temporal, também a preclusão lógica e a preclusão consumativa são acontecimentos de natureza estritamente processual, que afetam o exercício de poderes (incluídos os do órgão julgador) e faculdades integrados na relação jurídica processual, daí concluindo que de existirem eventuais hipóteses assemelhadas no âmbito do direito material, não é possível concluir que se trate de um só e mesmo fenômeno, comum a vários ramos do ordenamento jurídico, o que, a seguir esse raciocínio, implicaria renunciar à tentativa de construir a própria teoria do ato processual, que passaria igualmente à teoria geral do direito.

Ainda para permanecermos nas ponderações peninsulares sobre a identidade dos fenômenos da preclusão e da decadência, a confusão por lá está inclusive disseminada na própria letra da lei processual, na qual o termo decadência, observa Eduardo Grasso, não exprime coisa diversa da preclusão, correspondendo ambos àquela impossibilidade de realizar uma atividade dentro do processo de maneira intempestiva.[168] No mesmo sentido, Michele Taruffo ressalta que é deveras oportuno distinguir a preclusão da decadência, mesmo que o legislador italiano fale frequentemente de modo indiferente de um e de outro, e acima de tudo use o segundo termo em vários casos nos quais o primeiro se sabe ser mais apropriado tecnicamente.[169]

De fato, boa parte da doutrina e inclusive a legislação italiana, bem como outros importantes ordenamentos processuais estrangeiros (como o francês e o espanhol), não têm definido com clareza a distinção entre os institutos enfocados – notadamente os arts. 208, 820 e 821 do CPC italiano usam o vocábulo decadência para indicar a perda do direito a praticar determinado ato processual após o prazo fixado em lei.[170]

Mesmo assim, com acerto, a mais atual doutrina peninsular, menciona-se Fabio Marelli, reconhece a falta de zelo técnico na equiparação absoluta que se propõe entre os institutos, acrescentando, às demais razões jurídicas supraexpostas, que especialmente na Itália, as normas que regem a decadência vêm previstas

---

[167] ARAGÃO, E. D. Moniz. "Preclusão (processo civil)" in *Estudos em homenagem ao Prof. Galeno Lacerda*, coordenador Carlos Alberto Alvaro de Oliveira, Porto Alegre, Fabris, 1989, p. 146/148 e 180.

[168] GRASSO, Eduardo. "Interpretazione della preclusione e nuovo processo civile in primo grado" in *Rivista di Diritto Processuale Civile* n° 69 (1993): 639/655.

[169] TARUFFO, Michele. "Preclusioni (diritto processuale civile)" in *Enciclopedia del diritto* – Aggiornamento n° 1 (1997): 794/810.

[170] FERREIRA FILHO, Manoel Caetano. *A preclusão no direito processual civil*. Curitiba: Juruá, 1991, p. 62 e 64.

em diploma de direito material (arts. 2964 a 2969 do Código Civil), e são, a rigor, inaplicáveis ao direito processual.[171]

3.3. Preclusão *versus* Prescrição

Com outro instituto de direito material, qual seja, a prescrição, também não se deve confundir a preclusão. Esta extingue o direito de praticar certo ato ou faculdade no processo, enquanto aquela extingue a pretensão, inviabilizando o êxito de ação proposta para reconhecimento e realização do direito – embora não se dê, com a prescrição, "a perda da ação no sentido processual, pois, diante dela, haverá julgamento de mérito, de improcedência do pedido, conforme a sistemática do Código".[172]

Em outros termos, a prescrição, direta ou indiretamente, trata de inviabilizar a corporificação do próprio direito material, a pretensão que alguém pretende fazer valer em juízo;[173] a preclusão, por seu turno, significa apenas a perda do direito à prática de um determinado ato processual.[174]

Trata a prescrição, como a decadência, de verdadeira sanção oposta ao beneficiário da utilização de um direito material, não podendo realmente se falar em sanção quando da análise do instituto da preclusão processual. *A priori*, complemente-se por oportuno, a prescrição assume caráter sancionatório menos grave do que a decadência, já que esta fulmina *incontinenti* o próprio direito, e aquela não mais do que a pretensão em juízo – podendo se cogitar, assim, de satisfação extrajudicial da pretensão na hipótese, *v.g.*, de o devedor espontaneamente vir a quitar dívida com o credor (não obstante então, no caso, restar "prescrito o crédito"); o pagamento seria válido e não poderia ser repetido. Ademais, comprovando-se se tratar de sanção menos grave, tão somente a matéria sob a qual incidiu a prescrição pode ser suscitada pelo réu, em matéria contestacional (exceção substantiva indireta, art. 326 do CPC) – exigindo-se do demandado, por exemplo, eventual compensação de crédito líquido e certo (embora "prescrito"); ou seja, a perda da capacidade de exigir a pretensão em juízo não implicaria a perda da capacidade defensiva do direito dentro do processo movido por outrem,[175] o que não se dá com a decadência.

---

[171] MARELLI, Fabio. *La trattazione della causa nel regime delle preclusioni*. Padova: CEDAM, 1996, p. 11/15.

[172] THEODORO JR., Humberto. *Curso de direito processual civil*. V. I. 38ª ed. Rio de Janeiro: Forense, 2002, p. 290.

[173] PONTES DE MIRANDA, Francisco Cavalcanti. *Tratado das ações*. Tomo I. Atualizado por Vilson Rodrigues Alves. Campinas: Bookseller, 1998, p. 128.

[174] FERREIRA FILHO, Manoel Caetano. *A preclusão no direito processual civil*. Curitiba: Juruá, 1991, p. 61.

[175] Embora com alguma imprecisão técnica, aludindo a suposta situação de "prescrição da ação", Ovídio Baptista explicita a hipótese abordada: "Pode acontecer que o direito e a ação existam, mas alguma circunstância exterior faça com que a ação tenha a sua eficácia suspensa, ou até mesmo modificada ou extinta, pense-se no caso que acontece quando ocorre a prescrição da ação. O direito que teve prescrita a ação, não desaparece; continua a existir apenas destituído de acionabilidade. O credor de uma dívida prescrita continua credor, de tal modo que, se o devedor lhe paga o pagamento é válido e não pode ser repetido. Da mesma maneira, embora não sendo acionável

Voltando-nos às distinções dos institutos para com a preclusão, bem sintetiza, nessa passagem, Celso Edoardo Balbi[176] que os termos processuais diferenciam-se daqueles de prescrição e de decadência (de direito civil) especialmente do ponto de vista teleológico: enquanto a fixação de barreiras temporais ao cumprimento de atos do processo responde à exigência de aceleração do procedimento – esfera processual; os termos de prescrição e de decadência (de direito civil) adimplem a função de garantia da certeza do direito – esfera substantiva.

Assim, acentua por derradeiro Antônio Alberto Alves Barbosa,[177] ficará clara e simples a distinção se dissermos, em síntese, que sendo a prescrição e a decadência institutos de direito substantivo ou material, produzem notadamente seus efeitos neste campo de direito, ao passo que a preclusão, como instituto processual que é, produz os seus efeitos notadamente no âmbito do processo.

3.4. Preclusão *versus* Perempção

Passemos a tratar de outro importante instituto, próprio da seara processual, mas também distinto da preclusão. Fenômeno eminentemente processual, a perempção distingue-se da analisada prescrição e com a decadência não se confunde, porque esta se refere à extinção do próprio direito material, enquanto que a perempção sobrevém com a perda do direito ao exercício de um ato processual por absoluta negligência reiterada do agente constante no pólo ativo do feito.

A perempção da ação é a perda do direito ativo de demandar o réu sobre o mesmo objeto, quando o demandante ocasiona, por três vezes, a extinção precipitada do processo sem julgamento de mérito – por não promover os atos e as diligências que lhe competir, abandonando a causa por mais de trinta dias (art. 267, III, do CPC[178]). Regulado expressamente no art. 267, V, e art. 301, IV, ambos do CPC, pode ser catalogado o fenômeno da perempção como importante pressuposto processual negativo, junto com a litispendência e a coisa julgada, devendo ser alegado pela parte demandada na primeira oportunidade que se manifesta no feito,

---

o crédito, justamente por ter havido prescrição da ação, o credor poderá opô-lo como defesa para compensá-lo com o eventual crédito contrário que seu devedor tiver contra si. Essas duas manifestações da existência do direito que teve prescrita sua ação, demonstram que a prescritibilidade é algo exterior ao direito e à própria ação" (SILVA, Ovídio Baptista da. *Curso de processo civil*. Vol. 1. 6ª ed. São Paulo: RT, 2003, p. 317).

[176] BALBI, Celso Edoardo. *La decadenza nel processo di cognizione*. Milão: Giuffrè, 1983, p. 22.

[177] BARBOSA, Antônio Alberto Alves. *Da preclusão processual civil*. São Paulo: RT, 1955, p. 131.

[178] A hipótese, mais rara, regulada no inciso II do art. 267 do CPC (extinção do processo, sem julgamento de mérito, quando ficar parado durante mais de um ano por negligência das partes), embora pareça ser próxima ao do inciso III (que acarreta a configuração do fenômeno da perempção), com esta não se confunde: "a paralisação de que cuida o inciso II não decorre, necessariamente, de omissão do autor quanto à prática de ato que lhe incumba, poderá resultar também de omissão do réu, ou de terceiro interveniente, ou de perito, ou até de escrivão, ou outro serventuário, com a convivente negligência do autor, pela ausência de reação" (LACERDA, Galeno. *O novo direito processual civil e os feitos pendentes*. Rio de Janeiro: Forense, 1974, p. 29).

embora possa ser reconhecido de ofício pelo julgador a qualquer tempo (art. 301, § 4°, e art. 267, § 3°, ambos do CPC).[179]

O fato de o autor não mais poder ingressar em juízo pela circunstância de em três oportunidades ter agido de maneira formalmente indevida, permitindo a extinção do processo mediante sentença terminativa (art. 267 do CPC), não impede, conforme expressa letra do art. 268, parágrafo único, do CPC, que o titular do direito o defenda de maneira passiva (exceção substantiva indireta, art. 326 do CPC), e nisto se assemelha ainda mais esse instituto da prescrição.[180]

Ramiro Podetti entende, citando a legislação processual italiana de 1940, ser a perempção "uma forma particular de preclusão",[181] estabelecendo a partir daí uma relativa confusão entre os campos de atuação dos institutos. Por esta razão passou a ser criticado pelo seu compatriota argentino Amílcar Mercader, para quem claramente há espaço para o isolamento dos fenômenos, como vem sendo confirmado pelos novos códigos processuais: a perempção significaria a extinção da relação processual, e ao contrário, a preclusão significaria a continuação dessa relação, seu ordenamento.[182]

Também na Argentina, Isidoro Eisner, com acerto, colocou-se a favor das ponderações de Mercader, admitindo a necessidade de uma distinção entre o campo de atuação da preclusão e da perempção:

> Se bem admitimos, com Podetti, que perempção e preclusão se compõem de elementos comuns, como o transcurso do tempo e a extinção de certas faculdades processuais, não podemos deixar de advertir que ambos fenômenos têm significado contrário e conduzem a distinto fim. A perempção aniquila o processo; a preclusão cristaliza e ampara os trâmites cumpridos, e objetiva a conservação do procedimento para seguir adiante até se atingir a coisa julgada (material).[183]

Sem dúvida, dadas as proximidades apresentadas entre a perempção e a prescrição, as linhas anteriores dispostas para diferenciar este último instituto da preclusão processual certamente podem servir para estabelecer um isolamento seguro do campo de incidência da perempção (a atuar sobre o primeiro ato processual: o ingresso com a ação judicial) para o da preclusão (a atuar sobre qualquer

---

[179] BUZAID, Alfredo. "Linhas fundamentais do sistema do código de processo civil brasileiro" in *Estudos e pareceres de direito processual civil*. Notas de Ada Pellegrini Grinover e Flávio Luiz Yarshell. São Paulo: RT, 2002, p. 40/41.

[180] Joel Dias Figueira Jr. ressalta que a perempção reveste-se de natureza mista, "à medida que se funda em questões processuais com efeitos indiretos ou reflexos no plano material (exceção indireta substantiva), tendo-se em conta que a ação fundada no mesmo objeto não mais poderá ser proposta contra o réu, como se fosse uma espécie de prescrição mitigada ou quase prescrição" (FIGUEIRA JR., Joel Dias. *Comentários ao código de processo civil*. Vol., 4, tomo II, arts. 282 a 331. São Paulo: RT, 2001, p. 229).

[181] PODETTI, J. Ramiro. "Preclusión y perención" in *Revista de Derecho Procesal*, ano V, 1947: 363/375.

[182] Prossegue Mercader diferenciando que o fundamento da perempção reside na necessidade de se colocar um limite racional ao direito à jurisdição; sendo que o pressuposto da preclusão está nas exigências de solidez e de certeza da estrutura do processo (MERCADER, Amílcar Angel. *Estudios de derecho procesal*. La plata: Platense, 1964, p. 400/406).

[183] EISNER, Isidoro. "Preclusión" in *Revista Juridica Argentina La Ley* n° 118 (1965): 1106/1112.

dos atos do processo, desde que devidamente instaurado este, justamente a partir do ingresso com a ação judicial).

Ainda, como bem registra Elmano Cavalcanti de Freitas, os efeitos da preclusão não se colocam para fora do processo, sendo que os efeitos da perempção "não só ultrapassam a relação processual como também desfecham contra ela golpe mortal"[184] – nesse caso aproximando-se o fenômeno da perempção mais com a coisa julgada material, já que realmente este instituto processual acaba naturalmente por impedir a obtenção do direito material (pela via principal do acesso à jurisdição).

3.5. Preclusão *versus* Nulidade. Natureza jurídica sancionatória do instituto?

Seguindo com as diferenciações importantes dos institutos, ingressemos no melindroso trato com a nulidade, apontando para a viabilidade técnica de separação desta da preclusão – estudo específico que se justifica sobremaneira por oportunizar conhecimento mais profundo das características do fenômeno processual destacado nesta obra (em especial, *a sua natureza jurídica*).

A nulidade pode ser compreendida como uma sanção processual[185] derivada de uma violação de uma prescrição processual (vício de forma ou vício de conteúdo do ato), enquanto os efeitos da preclusão se produzem não como providência sancionadora, mas sim para impedir o retorno ao ato processual pretérito, de quem não agiu no prazo e na forma estabelecida pelo sistema.[186]

Não há muitas dúvidas de que quem, na Itália, mais desenvolveu a análise da natureza jurídica do instituto fora Riccio, o qual assinala que a preclusão, não constituindo uma sanção, não produz nem a irreparável invalidade do ato, nem a necessidade de sua renovação, mas determina um impedimento ao exercício de

---

[184] FREITAS, Elmano Cavalcanti de. "Da preclusão" in *Revista Forense* n° 240 (1972): 22/35.

[185] Mesmo a assertiva de que a nulidade é sanção processual não é aceita inconteste, como alertam José Maria Tesheiner e Daniel Mitidiero (TESHEINER, José Maria Rosa. *Pressupostos processuais e nulidades no processo civil*. São Paulo: Saraiva, 2000, p. 15/16; MITIDIERO, Daniel Francisco. "O problema da invalidade dos atos processuais no direito processual civil brasileiro contemporâneo" in *Visões críticas do processo civil brasileiro*. Coordenação de Guilherme Rizzo Amaral e Márcio Louzada Carpena. Porto Alegre: Livraria do Advogado, 2005, p. 55/74. Especialmente p. 63). Carlos Alberto Alvaro de Oliveira, discorrendo sobre estudo de Hart a respeito das nulidades, explica que o jurista inglês também afastava a possibilidade de atuação da nulidade como sanção: "a sua lesão (ou melhor, a sua inobservância) não produz nenhum ilícito e, sim, conduz a uma ação inválida, que não pode alcançar sua finalidade. A nulidade expressará, então, a inidoneidade de alguma ação para poder alcançar as conseqüências jurídicas a que se propôs como fim o agente" (ALVARO DE OLIVEIRA, Carlos Alberto. "Notas sobre o conceito e a função normativa da nulidade" in *Estudos em homenagem ao Prof. Galeno Lacerda*, coordenador Carlos Alberto Alvaro de Oliveira. Porto Alegre: Sergio Fabris, 1989, p. 131/139), por fim, Humberto Theodoro Jr. expõe, da mesma forma, sua dificuldade em compreender a nulidade como sanção: "Embora hoje prevaleça a tese de que a nulidade é uma sanção, totalmente afastada está sua equiparação a uma pena. Modernamente, o que justifica a sanção de nulidade é a garantia de certos efeitos que a lei deseja alcançar com o ato jurídico" (THEODORO JR., Humberto. "As nulidades no código de processo civil" in *Revista de Processo* n° 30 (1983): 38/60. Especialmente, p. 43/44).

[186] BARBOSA, Antônio Alberto Alves. *Da preclusão processual civil*. São Paulo: RT, 1955, p. 137; FREITAS, Elmano Cavalcanti de. "Da preclusão" in *Revista Forense* n°240 (1972): 22/35.

um direito (*fato jurídico processual impeditivo*); é, por conseguinte, um ajuste do processo. E arremata: "a preclusão não é uma sanção de invalidade, tal é a nulidade. O ato preclusivo, então, não é um ato viciado; é um ato ao qual é negado nascimento por consunção de interesse".[187]

Contudo, também a discussão quanto à natureza jurídica da preclusão não é das menores, havendo quem sustente que se trate de autêntica sanção processual, ao lado da nulidade, da perempção, da decadência e da prescrição, como João Martins de Oliveira[188] e Miguel Thomaz Pessoa Filho[189]; há quem defenda, a seu turno, como João Batista Lopes,[190] que o instituto não é penalidade ou sanção em sentido próprio, mas *sui generis*, porque não acarreta inexoravelmente a perda de um direito processual; e há finalmente, quem avalize as conclusões supraformuladas de Riccio, vendo na preclusão hipótese diversa daquelas previstas para a nulidade, para a prescrição, para a decadência e até para a perempção, onde verdadeiramente pode-se falar em sanção – esta é a posição por aqui defendida por José Frederico Marques,[191] como também a de Celso Edoardo Balbi, na Itália,[192] e a de Leo Rosenberg, na Alemanha, este último nos fazendo retornar ao conceito exposto por Goldschmidt de "ônus processual" em contraposição à ideia de "obrigação".[193]

Quem sustenta a natureza sancionatória da preclusão pode supostamente invocar o respaldo da lei processual civil pátria, já que, nos termos do art. 245 do CPC, a nulidade dos atos deve ser alegada na primeira oportunidade em que couber à parte falar nos autos, sob pena de preclusão.[194] No entanto, tecnicamente, a partir da alhures invocada teoria de Goldschmidt, deve-se acolher a distinção de que a preclusão origina-se da não realização do ato que deveria ter sido praticado – omissão que provoca uma espécie de *ônus*;[195] enquanto a nulidade, por sua vez,

---

[187] RICCIO, Stefano. *La preclusione processuale penale*. Milão: Giuffrè, 1951, p. 12, 17, 30 e 87.

[188] MARTINS DE OLIVEIRA, João. *A preclusão na dinâmica do processo penal*. Belo Horizonte, 1955, p. 57/58 e 95/99.

[189] PESSOA FILHO, Miguel Thomaz. "Da preclusão no direito processual penal" in *Revista da Associação dos Magistrados do Paraná* n° 28 (1982): 49/66.

[190] LOPES, João Batista. "Breves considerações sobre o instituto da preclusão" in *Revista de Processo* n° 23 (1981): 45/60.

[191] MARQUES, José Frederico. *Instituições de direito processual civil*. Campinas: Millenium, 2000. Vol. 2, p. 354/355.

[192] BALBI, Celso Edoardo. *La decadenza nel processo di cognizione*. Milão: Giuffrè, 1983, p. 459.

[193] Essa é a ponderação de Leo Rosenberg no tópico que trata das consequências da omissão da parte no processo:"(...) El derecho vigente (a diferencia de lo ocurría en los derechos romano y germano) no se ejerce coaccíon para obligar a la ejecución eficaz y en tiempo de los actos de parte. No existe obligación de actuar ni frente al tribunal ni frente al adversário" (ROSENBERG, Leo. *Tratado de derecho procesal civil.* . Tomo I Trad. por Ângela Romera Vera. Buenos Aires: Europa-America, p. 450/451).

[194] PORTANOVA, Rui. *Princípios do processo civil*. 6ª ed. Porto Alegre: Livraria do Advogado, 2005, p. 176.

[195] Sobre a natureza jurídica da preclusão, pelo viés do ônus processual, relevante a colocação de Schönke, ao estabelecer um paralelo entre a omissão na prática de um ato processual e o dever de colaboração ao longo das fases da demanda: "quando uma parte não realiza dentro do prazo para ela fixada, ou no término assinalado, um ato processual (inatividade), resta excluída do ato processual que deveria ser realizado; esta exclusão é uma consequência do dever de cooperação. Mas não é necessário para que se produza tal efeito preclusivo, a declaração

surge de uma desobediência ao modelo legal – *vício* do qual decorre uma espécie de sanção.[196]

Firmada que a preclusão, ao menos mais claramente do que a nulidade, não é sanção processual, apresentem-se, ademais, outras três robustas características que estruturam, em tese, as distinções entre os institutos: a preclusão processual *não é passível de sanação*; atua, em geral, *ipso iure*; além de se desenvolver estritamente no plano da eficácia (*inadmissibilidade*).

Riccio, ao fixar a natureza jurídica da preclusão, já havia referido que a sanção (frise-se) de invalidade corresponde à nulidade; mencionando ainda que as nulidades do direito positivo são em geral sanáveis.[197] Também tratando dos dois aspectos, Guarneri deixa claro que as nulidades atuam no plano da validade, enquanto o ato realizado depois de operado o fenômeno da preclusão é inadmissível e deve ser considerado ineficaz; bem como que em certos casos a nulidade pode ser sanável, o que não se dá com a preclusão, que é sempre insanável, atuando em regra *ipso iure*, independente da vontade das partes ou de manifestação do magistrado.[198]

Atento especificamente a esse último ponto, em maiores detalhes, Antônio Carlos Marcato revela o seguinte:

> Semelhança não há entre preclusão e nulidades processuais. Estas são, por sua própria índole, em regra sanáveis, sempre que não redundarem em prejuízo e o ato atingir sua finalidade, ao passo que os efeitos da preclusão, uma vez consumados, não mais podem ser eliminados porque isso implicaria quebra da harmonia procedimental e desestabilizaria as situações processuais já consolidadas.[199] [200]

Da qualificação da nulidade como absoluta, deve-se deduzir a sua decretação de ofício e sua insanabilidade, se bem que "não parece correto excluir aprioristicamente a possibilidade de configurar forma de sanatória à nulidade revelável de ofício".[201] A sanabilidade das nulidades depreende-se do princípio da instrumentalidade de formas (regulado, no nosso sistema, no art. 244), sendo viável se

---

de culpabilidade" (SCHÖNKE, Adolfo. "Derecho procesal civil". 5ª ed. Trad. por L. Prieto Castro. Barcelona: Bosch, 1950, p. 128).

[196] ALVIM, Arruda. *Manual de direito processual civil*. Vol. 1. 6ª ed. São Paulo: RT, 1997, p. 463/465.

[197] RICCIO, Stefano. *La preclusione processuale penale*. Milão: Giuffrè, 1951, p. 87.

[198] "Facile è cogliere la differentia specifica che vale a caratterizzare la nullità rispetto alla preclusione. La nullità incide nell'atto, lo corrode nella sua stessa esistenza, può, tuttavia, essere eliminata, in certi casi, mediante la sanatoria. La preclusione, invece, è sempre insanabile e si afferma come ostacolo che impedisce il compimento dell'atto; esercita un effeto di sbarramento per cui se l'atto è compiuto, dopo il suo verificarsi, esso è considerato inefficace" (GUARNERI, Giuseppe. "Preclusione (diritto processuale penale)" in *Novíssimo Digesto Italiano*, XIII. Napoli: Utet, p. 571/577).

[199] MARCATO, Antônio Carlos. "Preclusões: limitação ao contraditório?" in *Revista de Direito Processual Civil* n° 17 (1980): 105/114.

[200] Na mesma direção, Rui Portanova: "as nulidades, em regra, reclamam saneamento, principalmente quando não redundam em prejuízo. Já a preclusão incide com ou sem prejuízo para as partes" (PORTANOVA, Rui. *Princípios do processo civil*. 6ª ed. Porto Alegre: Livraria do Advogado, 2005, p. 177).

[201] MARELLI, Fabio. *La trattazione della causa nel regime delle preclusioni*. Padova: CEDAM, 1996, p. 148/149.

cogitar em relativização mesmo da nulidade absoluta, diante de vício do ato que não acarreta prejuízo e atinge sua finalidade[202] – oportunidade extrema em que verificável a utilização da máxima anunciada por Galeno Lacerda no sentido de que "o capítulo mais importante e fundamental de um Código de Processo moderno se encontra nos preceitos relativizantes das nulidades".[203]

Eis aqui o espaço próprio do que Calmon de Passos denominou de "atipicidade irrelevante",[204] a partir da qual se atingiria o conceito de ato processual irregular (em sentido lato[205]) passível de sanação: "o ato processual irregular é ato atípico, cuja imperfeição, entretanto, escapa da sanção de sua invalidade. (...) É preservado em sua validade e eficácia porque o fim que processualmente se perseguia com o ato perfeito foi alcançado". Em síntese: toda vez que se estiver diante de um ato atípico, mesmo que seja a hipótese de nulidade absoluta (cominada), deve-se verificar se aquele ato atingiu o seu objetivo; ocasião própria em que se estará diante de atipicidade irrelevante (ato irregular *lato sensu*), em que viabilizada a sanação do vício.

A partir dessas premissas, amparadas inclusive no direito comparado, já estabeleceu a doutrina pátria mais abalizada,[206] como também o Superior Tribunal de Justiça e o Tribunal gaúcho[207] que, não obstante o teor do art. 246 do CPC (a prever a nulidade absoluta do processo em que o *Parquet* não foi intimado a acompanhar o feito em que deveria intervir), não se deve declarar a nulidade em

---

[202] BEDAQUE, José Roberto dos Santos. *Efetividade do processo e técnica processual*. 2ª ed. São Paulo: Malheiros, 2007. p. 436.

[203] E complementa Galeno Lacerda: "Eles (os preceitos relativizantes das nulidades) é que asseguram ao processo cumprir sua missão sem transformar-se em fim em si mesmo, eles é que o libertam do contra-senso de desvirtuar-se em estorvo da Justiça" (LACERDA, Galeno. "O código e o formalismo processual" in *Ajuris* n° 28 (1983): 7/14).

[204] Diz mais Calmon de Passos: "A atipicidade (inadequação) não basta para a desqualificação. Ela é apenas relevante em segundo grau, primordialmente, atende-se ao resultado alcançado na prática. E ainda quando o ato se tenha consumado por forma atípica, a invalidade inexiste, não é decretável, nem reconhecível, em virtude da prevalência que a ordem jurídica empresta ao resultado (conseqüência) por ela previsto. Se foi alcançado, não pode ser descartado sob o fundamento da atipicidade do suposto, colocado aqui, num segundo plano (...). A atipicidade, por si só, não acarreta a consequência da nulidade, porque a desqualificação se opera mediante uma correlação entre a atipicidade do suposto e a função que a ordem jurídica, na hipótese, atribui à vontade do sujeito agente. Destarte, cumpre distinguir, a atipicidade relevante da atipicidade irrelevante" (CALMON DE PASSOS, J. J. *Esboço de uma teoria das nulidades aplicada às nulidades processuais*. Rio de Janeiro: Forense, 2005, p. 31/32 e 38).

[205] Para Dall'Agnol Jr., Calmon de Passos foi o jurista pátrio que mais chegou perto da conceituação de "irregularidade processsual", embora entenda que deva ser utilizado o termo no seu sentido "estrito e lídimo", chegando-se então ao seguinte cenário: "Não apenas o ato irregular (no sentido estrito do termo) logra, independentemente de seu defeito, atingir a finalidade; outros atos viciados – que não se confundem com os irregulares porque, dependendo das circunstâncias, podem ser tachados de inválidos – podem assim permanecer no processo por não desviada, em concreto, a finalidade da lei" (DALL'AGNOL JR., Antônio Janyr. "Para um conceito de irregularidade processual" in *Revista de Processo* n° 60 (1990): 15/30. Especialmente, p. 19/20).

[206] BEDAQUE, José Roberto dos Santos. "Nulidade processual e instrumentalidade do processo" in *Revista de Processo* n° 60 (1990): 31/43. Especialmente, p. 37; CALMON DE PASSOS, J. J. *Esboço de uma teoria das nulidades aplicada às nulidades processuais*. Rio de Janeiro: Forense, 2005, p. 157.

[207] REsp n° 26.898-2/SP-EDcl., 3ª Turma – STJ, Relator Min. Dias Trindade, j. 10/11/1992; Apelação Cível n° 70015764665, Quinta Câmara Cível, Tribunal de Justiça do RS, Relator: Umberto Guaspari Sudbrack, Julgado em 16/08/2006.

caso de não prejuízo à parte interessada, ainda mais se é suprida a ausência no Juízo originário com apresentação de parecer ministerial na segunda instância.

Ratifique-se, pela explanação supra, que a nulidade, passível de sanação, não se opera, *ipso iure*; fenômeno que, em geral, cobre a preclusão, e também se aplica ao ato processual inexistente – os quais prescindem da decretação judicial (de natureza constitutiva) para que se tornem ineficazes.[208]

Já no que pertine à incidência do fenômeno preclusivo sobre o plano da validade ou da eficácia, Manoel Caetano Ferreira Filho registra, em maiores detalhes, que em ambos os casos (preclusão e nulidade) o ato fica privado de eficácia, porém o vício que o inquina é de natureza diversa, numa e noutra hipótese: "o ato praticado após o momento oportuno não é nulo, sendo porém, ineficaz, isto é, produzindo qualquer efeito na relação jurídica processual, por força da preclusão".[209]

Na mesma esteira, Zanzucchi registra que a existência de uma causa preclusiva importa a ineficácia da atividade realizada.[210] Tesoriere, a seu turno, distingue os fenômenos, tratando da preclusão vinculada ao plano da eficácia, sugerindo que o ato praticado pela parte a destempo importa em inadmissibilidade.[211] E, por fim, aproveitando-se das iniciais ponderações do último mencionado jurista italiano, Heitor Vitor Mendonça Sica bem sintetiza as separações oportunas dos planos da validade e da eficácia (inadmissibilidade):

> A inadequação do ato praticado pela parte importa em inadmissibilidade (ineficácia para produzir os efeitos desejados pelo litigante, o que possibilita que o processo siga seu rumo como se o ato não tivesse existido), ao passo que a imperfeição do ato processual praticado pelo juiz ou seus auxiliares viola diretamente o princípio da legalidade que deve pautar os atos estatais, e que no processo se traduz na garantia do devido processo legal, gerando uma nulidade (e outro ato, desta vez regular, deveria ser praticado para substituir aquele inválido). Desse modo, afastamos inteiramente a idéia de nulidade da órbita da preclusão dos atos processuais, pois, quando o ato da parte é praticado depois de ter se operado a preclusão do direito respectivo, ocorre sua inadmissibilidade e não nulidade.[212]

3.6. Preclusão *versus* Coisa julgada

3.6.1. A nomenclatura tradicional, sedimentada em Liebman: espaço da coisa julgada material, da coisa julgada formal e da preclusão

Encerraremos o estudo das diferenciações entre os institutos tratando das características próprias da preclusão que muitas vezes a distingue, e, em outras

---

[208] CALMON DE PASSOS, J. J. *Esboço de uma teoria das nulidades aplicada às nulidades processuais*. Rio de Janeiro: Forense, 2005, p. 98/99; TESHEINER, José Maria Rosa. *Pressupostos processuais e nulidades no processo civil*. São Paulo: Saraiva, 2000, p. 10/11.

[209] FERREIRA FILHO, Manoel Caetano. *A preclusão no direito processual civil*. Curitiba: Juruá, 1991, p. 60.

[210] ZANZUCCHI, Marco Tullio. *Diritto processuale civile*. Vol. 1. 4ª ed. Milão: Giuffrè, 1947, p. 396.

[211] TESORIERE, Giovanni. *Contributo allo studio delle preclusioni nel processo civile*. Padova: CEDAM, 1983, p. 83/86.

[212] SICA, Heitor Vitor Mendonça. *Preclusão processual civil*. São Paulo: Atlas, 2006, p. 155/156.

situações, a aproxima da coisa julgada. Reservamos para esse ponto atenção especial, até porque a mais lembrada e seguramente a mais importante diferenciação do *instituto da preclusão* é justamente para com a *coisa julgada*.

A coisa julgada, tradicionalmente subdividida pela doutrina em material e formal, vincula-se especificamente às sentenças, não mais passíveis de exame; enquanto a preclusão se refere não só às decisões finais (sentenças), mas também às decisões proferidas no curso do processo (interlocutórias). De fato, como já diferenciava Chiovenda, a preclusão apresenta-se no processo, à medida que, no curso deste, determinadas questões são decididas e eliminadas; apresentando-se também no momento final, quando é pressuposto necessário da coisa julgada substancial.[213]

Aliás, destaca-se o fato de como na história (registro especial ao direito germânico na alta idade média – séculos V-XI), houve uma inadequada fusão dos termos (*preclusão* e *coisa julgada*, aplicando-se indiscriminadamente o último, em detrimento da primeiro), sendo usual o emprego da expressão "sentença interlocutória".[214]

Explica-nos Chiovenda que essa "uniformização de nomenclatura que dá margem a muitos erros e confusões"[215] é mesmo própria do processo germânico/bárbaro, que acabou influenciando a grande maioria dos sistemas processuais, inclusive o italiano, mas tão só a partir de época posterior à do direito romano – o qual, especialmente no último período da *extraordinaria cognitio*, mantinha uma fiel e nítida diferenciação entre a sentença que encerra o feito e adquire autoridade de coisa em julgado, das prunúncias do juiz em meio ao seu trâmite.[216] Já no direito romano-canônico ou italiano-medieval, no século XII, constatou-se a presença de resquícios das concepções traçadas pelo direito germânico anterior, sendo previsto que o recurso de apelação poderia voltar-se tanto contra decisões definitivas

---

[213] "(...) La cosa giudicata è un bene della vita riconosciuto o negato dal giudice; la preclusione di questioni è l'espediente di cui il diritto si serve per garantire al vincitore il godimento del risultato del processo (cioè il godimento del bene riconosciuto all'attore vincitore, la liberazione dalla pretesa avversaria al convenuto vincitore). Credo d'aver cosi fissato in modo molto chiaro la profonda differenza fra cosa giudicata e preclusione di questioni, di fronte all'ipotesi d'un processo ultimato. Ma se noi guardiamo i diritti moderni, e più particolarmente il nostro diritto, vediamo subito come la preclusione di questioni sia un espediente di cui il legislatore si serve anche nel corpo del processo (...)" (CHIOVENDA, Giuseppe. "Cosa giudicata e preclusione" in *Rivista Italiana per le scienze giuridiche* nº 11 (1933): 3/53. Especialmente p. 8).

[214] Adolfo Schönke, dentre outros, confirma que se desenvolveram no direito alemão, ao lado das sentenças definitivas (que podem ser de fundo ou simplesmente processuais), as sentenças interlocutórias ou incidentais para questões surgidas durante o curso do processo (SCHÖNKE, Adolfo. *Derecho procesal civil*. 5ª ed. Trad. por L. Prieto Castro. Barcelona: Bosch, 1950. p. 256/257). Também apontando para a origem alemã da expressão "sentença interlocutória" e discorrendo sobre o assunto: ALSINA, Hugo. "Tratado teórico práctico de derecho procesal civil y comercial". Buenos Aires: Compañia Argentina, 1941. Tomo I, p. 236.

[215] CHIOVENDA, Giuseppe. "Cosa giudicata e preclusione" in Rivista Italiana per le scienze giuridiche nº 11 (1933): 3/53. No mesmo sentido: ROCCO, Alfredo. *La sentencia civil*. Trad. por Mariano Ovejero. México: Stylo, p. 241/244.

[216] CHIOVENDA, Giuseppe. "Sulla cosa giudicata" in *Saggi di diritto processuale civile*. Vol. 2. Milão: Giuffrè, 1993. Reimpressão, p. 399/409. Também sobre o tema: PONTES DE MIRANDA, Francisco Cavalcanti. *Comentários ao código de processo civil*. Rio de Janeiro: Forense, 1997. 3ª ed. Tomo V, p. 181/182.

quanto contra interlocutórias (*interlocutiones*);²¹⁷ restando inapropriadamente sedimentado, neste estágio, que a então denominada *sententia interlocutoriae*, caso não impugnada, passava em julgado, criando verdadeira *res judicata* que impedia a rediscussão da matéria na hipótese de ausência de impugnação recursal.²¹⁸

E, ainda a respeito, registram Calamandrei e Zanzucchi que a tradição romana de bem diferenciar a decisão final das providências preliminares foi restabelecida, já sem resquícios, pelo Código Processual de 1940.²¹⁹ Quanto ao sistema pátrio, a aludida imprecisa tradição dos tempos mais remotos do direito comum fora rompida pelo Código Processual de 1939, sendo seguida pelo atual CPC que, no art. 162, diferencia expressamente a sentença da decisão interlocutória.²²⁰

Ainda de acordo com o atual sistema pátrio e tradicional doutrina, capitaneada por Liebman, tem-se que a coisa julgada material (art. 467 CPC) somente atua sobre as sentenças definitivas (art. 269 CPC), impedindo que a questão meritória venha a ser novamente discutida em outro processo – e pressupõe a existência da coisa julgada formal, que, por sua vez, representa a impossibilidade de a decisão final, seja qual for, ser novamente discutida nos autos em que proferida, ou seja, imutabilidade da sentença pela preclusão dos prazos para recurso. Na Itália, Liebman criticou fortemente a posição inversa de Carnelutti, o qual dá a entender que seria a coisa julgada material o pressuposto para a coisa julgada formal:²²¹ rebate Liebman, com acerto, em mais de um estudo, que, a seguir esse raciocínio, "a autoridade da coisa julgada subsistiria sem a passagem em julgado da sentença: resultado paradoxal que se resolve em contradição de termos".²²²

3.6.2. A inutilidade do conceito "coisa julgada formal" denunciada por Ugo Rocco e Agrícola Barbi

Das próprias concepções firmadas pela doutrina clássica, percebe-se então que o conceito de *coisa julgada formal* decorre da incidência, no processo, de

---

[217] KEMMERICH, Clóvis Juarez. *O direito processual na idade média*. Porto Alegre: Sergio Antonio Fabris, 2006, p. 132.

[218] NUNES, Dierle José Coelho. "Preclusão como fator de estruturação do procedimento" in *Estudos continuados de teoria do processo*. vol. IV. Porto Alegre: Síntese, 2004, p. 181/210.

[219] Calamandrei faz expressa menção à exposição de motivos do CPC italiano de 1940 (n° 34), em que o Ministro Grandi informa que uma das alterações do novo sistema é o retorno à tradição romana de "distinção entre *sentencia* e *interlocutio*" (CALAMANDREI, Piero. *Direito processual civil*. Trad. por Luiz Abezia e Sandra Drina Fernandez Barbery. Campinas: Bookseller, 1999, Vol. 1, p. 72). Zanzucchi, por sua vez, deixa transparecer que o conceito romano de sentença envolvia somente "il provvedimento finale di merito", sendo que até no sistema de 1865 havia ainda particular interesse a sentença que se qualificava de *interlocutorie*, a qual passou a não ser mais conhecida pelo modelo processual vigente a partir de 1940 (ZANZUCCHI, Marco Tullio. *Diritto processuale civile*. Vol. 1. 4ª ed. Milão: Giuffrè, 1947, p. 421).

[220] NORONHA, Carlos Silveira. *Sentença civil*: perfil histórico-dogmático. São Paulo: RT, 1995, p. 280.

[221] CARNELUTTI, Francesco. *Lezioni di diritto processuale civile*. Vol. 4. Padova: CEDAM, 1933, p. 489/493.

[222] LIEBMAN, Enrico Tullio. *Eficácia e autoridade da sentença*. 2ª ed. Trad. por Alfredo Buzaid e Benvindo Aires. Notas de Ada Pellegrini Grinover. Rio de Janeiro: Forense, 1981, p. 09/10, 48, 60/61, e 68/69; LIEBMAN, Enrico Tullio. "Effetti della sentenza e cosa giudicata" in *Rivista di diritto processuale*, n° 1, 1979: 1/10; LIEBMAN, Enrico Tullio. *Manual de direito processual civil*. Tocantins: Intelectus, 2003, Vol. 3, p. 35/36, e 171/172.

uma *preclusão de questão final*, não abrangendo, por certo, todas as preclusões possíveis de questões incidentais decididas pelo julgador (ou seja, *preclusão das decisões interlocutórias* inimpugnadas ou inimpugnáveis), que, aliás, podem se suceder mesmo após a ocorrência do trânsito em julgado da decisão de conhecimento – como qualquer decisão incidental importante em sede de execução de sentença.

Embora mantenha a nomenclatura tradicional, tal constatação justifica a razão pela qual Pontes de Miranda, no seu "Tratado das Ações", em mais de uma oportunidade, não se esquivou de equiparar o termo "preclusão" à expressão "força formal de coisa julgada".[223] Da mesma forma, nitidamente aproximando os institutos da preclusão e da coisa julgada formal, Ovídio Baptista ressalta que a última é uma forma de preclusão, que cobre a sentença de que não caiba recurso algum ("preclusão máxima"), não se tratando de verdadeira coisa julgada.[224] Em maiores detalhes Sérgio Porto destaca que a coisa julgada formal representa a estabilidade que a decisão adquire no processo em que proferida, quer tenha havido análise de mérito (art. 269 do CPC), quer não tenha ocorrido tal investigação (art. 267), eis que esta nada mais é do que a "preclusão recursal".[225]

Por isso, temos como adequado o posicionamento, na Itália, de Ugo Rocco,[226] e, por aqui, o de Celso Agrícola Barbi,[227] no sentido de que o conceito de coisa julgada formal é inútil.[228] No entanto, embora seja uma discussão menor, não nos parece adequado genericamente equiparar, como fez Barbi, toda e qualquer preclusão de questões com a coisa julgada formal, ao passo que tecnicamente (desde Chiovenda – como já aludido – e no nosso CPC, art. 503) se diferencie a preclusão de questões em incidentais (recaindo sobre decisões interlocutórias) e finais (recaindo sobre as sentenças).

---

[223] PONTES DE MIRANDA, Francisco Cavalcanti. *Tratado das ações*. Tomo I. Atualizado por Vilson Rodrigues Alves. Campinas: Bookseller, 1998, p. 177 e 194.

[224] SILVA, Ovídio Baptista da. *Teoria geral do processo civil*. São Paulo: RT, 1997, p. 317; MARQUES, José Frederico. *Instituições de direito processual civil*. Vol. 2. Campinas: Millenium, 2000, p. 350.

[225] PORTO, Sérgio Gilberto. "Classificação de ações, sentença e coisa julgada", extraído do site http://www.professorademir.com.br/arquivo_doutrina/miolodoutrinaclassificacao.htm. Acesso em: 20 out. 2007.

[226] "(...) Crediamo che tale distinzione sia priva di qualunque utilità e che, anzi, invece di charire i concetti serva a confonderli; datto in fatti, che nell'attuale sistema legislativo, la forza obbligatoria e unicamente inerente alla sentenza inoppugnabile, si potrà al massimo dire, che la inoppugnibilità della sentenza costituisce un presupposto formale (e non il solo) dell'autorità di cosa giudicata della sentenza (...)" (ROCCO, Ugo. *L'autorità della cosa giudicata e i suoi limiti soggettivi*. Roma: Athenaeum, 1917, p. 06/07).

[227] "Substituir o conceito de coisa julgada formal pelo de preclusão de questões será apenas reconhecer a superação de um conceito que se demonstrou imprestável e apto somente para gerar confusões. O conceito de preclusão (...) substitui, portanto, no estado atual de Direito, o de coisa julgada formal, o qual só permanece pela tenaz resistência das coisas velhas e difundidas no Foro" (BARBI, Celso Agrícola. "Da preclusão no processo civil", in *Revista Forense*, 158 (1955): 62/63).

[228] A favor de Barbi, alude Antônio Carlos Mercato, citando-o, que "tem ele razão, a nosso ver, já que a coisa julgada formal e a preclusão (temporal) são fenômenos que, ao término do processo, apresentam os mesmos efeitos, têm a mesma finalidade e alcance, ou seja, impedir o reexame, onde foi proferida, da sentença não mais sujeita a recursos" (MARCATO, Antônio Carlos. "Preclusões: limitação ao contraditório?" in *Revista de Direito Processual Civil* nº 17 (1980): 105/114. Especialmente p. 110).

Exato, assim, Moniz de Aragão,[229] bem acompanhado na discussão da problemática por Humberto Theodoro Jr.,[230] ao registrar que "a rigor coisa julgada formal é o fenômeno da preclusão, com a peculiaridade de estar relacionado somente ao ato que extingue o processo". Portanto, entendemos somente identificável, com a coisa julgada formal, a denominada preclusão de questão final ou preclusão recursal, sobressaindo-se, mesmo assim, sem dúvida, o esvaziamento do conteúdo daquela dita espécie anômala de coisa julgada.

Discordante desse entendimento, afirma Maurício Giannico que se a *coisa julgada formal* fosse realmente sinônima de *preclusão*, a doutrina como um todo seria inclusive obrigada a rever seu posicionamento acerca de uma série de conclusões a respeito do tema – bastando lembrar, nas palavras do autor, que:

> (...) à exaustão, asseveramos alhures que a preclusão não incide sobre a matéria de ordem pública; seria nesse sentido uma grande contradição admitir como válida essa premissa e, ao mesmo tempo, dizer que essa impossibilidade de rediscutir matéria de ordem pública (gerada após o trânsito em julgado da sentença) seria oriunda da preclusão.[231]

Lendo essas inexatas conclusões sobre o tema, tem-se a nítida convicção da importância de se diferenciar o fenômeno preclusivo relacionado à decisão final daquele que envolve decisão incidental, já que o aludido jurista, na sua dissertação de mestrado, faz, na verdade, grande confusão ao não tratar dessas subespécies, dando a transparecer que ambas as hipóteses teriam necessariamente idêntico tratamento – o que se sabe, e se fez questão de frisar acima, ser incorreto; não se podendo falar em espaço da coisa julgada formal ao se tratar de decisão incidental (independente da natureza da matéria julgada, seja de ordem pública ou não). Quando se defende a não preclusividade de matéria de ordem pública, está-se diante necessariamente de uma decisão incidental (hipótese excepcional, a ser estudada mais adiante em detalhes, em que o magistrado prolator da decisão interlocutória gravosa obrigatoriamente mantém sua jurisdição no feito, e por isso pode voltar atrás no entendimento firmado anteriormente para o tema decidido); não havendo, assim, qualquer constrangimento em se concluir que se a situação for outra, ou seja, se estivermos diante de decisão final (em que o magistrado encerra sua prestação jurisdicional ao lavrá-la) opera-se sobre ela o fenômeno preclusivo, não mais podendo ser revista a questão, mesmo a de ordem pública – incidindo consequentemente o fenômeno da coisa julgada material, em caso dessa decisão julgar o mérito da causa.

---

[229] ARAGÃO, E. D. Moniz. *Sentença e coi... !gada*. Rio de Janeiro: AIDE, 1992, p. 219.

[230] "Ora, se o que fecha o processo é a impossibilidade de recorrer (preclusão da faculdade recursal), onde ficaria a coisa julgada formal, senão no lugar do efeito imediato da própria extinção do direito de recorrer? Não há como separar as duas noções, de maneira que a coisa julgada formal não é outra coisa que a última preclusão ocorrida dentro do processo. Não há utilidade prática, nem teórica, em distinguir a coisa julgada formal da preclusão (...)"; mas "(...) naturalmente, a preclusão é um fenômeno muito mais amplo, pois abraça todas as faculdades processuais e quase todas as questões decididas antes da sentença" (THEODORO JR., Humberto. "A preclusão no processo civil" in *Revista Jurídica* n° 273 (2000): 5/23. Especialmente p. 22).

[231] GIANNICO, Maurício. *A preclusão no direito processual civil brasileiro*. 2ª ed. São Paulo: Saraiva, 2007, p. 110.

Embora haja outras respeitáveis vozes em contrário, no sentido de sustentar, com outros fundamentos, alguma importância na manutenção da nomenclatura "coisa julgada formal",[232] tem-se, como se sugeriu, que a própria história nos mostra a incongruência da expressão. Repise-se que no direito romano a sentença, sobre a qual exclusivamente incide o instituto da coisa julgada, tão somente significava "sentença definitiva", sendo desconhecida a figura da "sentença terminativa"[233] – reconhecendo-se, ademais, ao longo da história, que se o ato do juiz não encaminha a fazer cessar a incerteza sobre a norma aplicável ao caso concreto (envolvendo então a *lide*, na concepção carneluttiana[234]), teríamos uma providência que não é substancialmente uma sentença.[235]

Afigura-se, pois, impreciso que haja possibilidade de, em uma decisão final que não seja de mérito ("sentença terminativa"), restar corporificada uma espécie de "coisa julgada" (a formal); sendo melhor, tecnicamente, falar-se em aplicação, *in casu*, tão somente da figura da preclusão. Mais uma vez preciso, Moniz de Aragão expressa, no mesmo sentir, sua desconfiança:

> A denominação "coisa julgada formal" chega a ser contraditória; se a coisa – "res" – está julgada e por isso se fala em "res iudicata" (coisa julgada), é inadmissível empregar essa locução para designar fenômeno de outra natureza, correspondente a pronunciamento que não contêm o julgamento da "res".[236] [237]

Ciente da denunciada inutilidade do conceito "coisa julgada formal", e a partir dos próprios conceitos de Chiovenda, Isidoro Eisner desenvolve conclusi-

---

[232] Dentre eles, Luiz Machado Guimarães, Ada Pellegrini Grinover, Arruda Alvim, João Batista Lopes, Elmano Cavalcanti de Freitas, Manoel Caetano Ferreira Filho, e José Maria Rosa Tesheiner. O último, parecendo, de alguma forma, tentar (deficitária e inutilmente) legitimar uma separação absoluta entre a esfera de atuação, no processo, da preclusão e da coisa julgada formal, no nosso sentir, comete erro mais grave, ao passo que exclui a incidência da preclusão às questões finais do processo, conforme se lê: "a propósito de decisões interlocutórias, imodificáveis e indiscutíveis no processo em que forem proferidas, diz-se ocorrer preclusão, reservando-se a expressão 'coisa julgada formal' para as sentenças" (TESHEINER, José Maria Rosa. *Elementos para uma teoria geral do processo*. São Paulo: Saraiva, 1993, p. 177).

[233] CHIOVENDA, Giuseppe. "Sulla cosa giudicata" in *Saggi di diritto processuale civile*. Vol. 2. Reimpressão. Milão: Giuffrè, 1993, p. 399/409; CHIOVENDA, Giuseppe. "Cosa giudicata e competenza" in *Saggi di diritto processuale civile*. Vol. 2. Reimpressão. Milão: Giuffrè, 1993, p. 411/423.

[234] De fato, Carnelutti defendia que a coisa julgada deve ser utilizada tão somente quando houver apreciação e definição quanto à *lide* (o mérito), o que se dá por intermédio da sentença definitiva (CARNELUTTI, Francesco. *Lezioni di diritto processuale civile*. Vol. 4. Padova: CEDAM, 1933, p. 420/421 e p. 489); equivocando-se Elmano de Freitas quando afirma que Liebman também restringia os efeitos da coisa julgada formal às sentenças definitivas – cabendo efetivamente a Carnelutti a correção no rigor técnico, neste ponto (FREITAS, Elmano Cavalcanti de. "Da preclusão" in *Revista Forense* n°240 (1972): 22/35).

[235] ROCCO, Alfredo. *La sentencia civil*. Trad. por Mariano Ovejero. México: Stylo, p. 57; ALSINA, Hugo. *Tratado teórico práctico de derecho procesal civil y comercial*. Tomo I. Buenos Aires: Compañia Argentina, 1941, p. 264.

[236] ARAGÃO, E. D. Moniz. *Sentença e coisa julgada*. Rio de Janeiro: AIDE, 1992, p. 219.

[237] Na mesma direção, consignando "não ser técnico falar em coisa julgada formal", Devis Echandía também destaca que "quando se fala de simples coisa julgada formal, se quer dizer que não existe coisa julgada, o que encerra uma contradição" (DEVIS ECHANDÍA, Hernando. *Teoria General del proceso*. Tomo II. Buenos Aires: Editorial Universidad, 1985, p. 566).

vamente que a principal e necessária distinção a ser feita é entre a preclusão e a coisa julgada material:

> A coisa julgada, como eficácia e autoridade emanada da sentença final, vale e se impõe fora do processo enquanto deve ser acatada por todos os juízes dos juízos futuros que pretendem debater a mesma questão já resolvida; enquanto que a preclusão, durante o processo, das diversas questões suscitadas (mesmo as finais), só tem eficácia e se faz indiscutível dentro do mesmo, sem se estender e se impor a outros juízos.[238]

E é exatamente por discorrer sobre todas essas perspectivas, parece mesmo que faltou uma dose de coragem à Chiovenda, lá no início do século XX, para denunciar a inoperância e mesmo então a incongruência de se sustentar a utilização da expressão criticada – especialmente, na hipótese sobredita de sentença terminativa, em que apareceria desacompanhada da coisa julgada material, não havendo então o julgamento da *res*.

3.6.3. Continuação. O devido espaço da coisa julgada material e da preclusão; a hipótese de "preclusão de instância". Viável amálgama dos modelos de Giovanni Pugliese e Galeno Lacerda

Vejamos um próximo pertinente detalhe que envolve a discussão quanto à utilidade da expressão "coisa julgada formal".

Com uma lógica estrutura didática, ao tratar do que no seu ensaio intitulou de "il problema della distinzione tra giudicato formale e sostanziale" (onde nega a existência de um autônomo instituto processual denominado de preclusão), defende Giovanni Pugliese a existência de três níveis de autoridade da coisa julgada: 1°) antes mesmo do trânsito em julgado do feito, consistindo em impedir que o próprio juiz que proferiu a decisão a modifique, mas não uma corte superior; 2°) decorrente da coisa julgada formal, impediria a revisão da sentença pelo magistrado prolator e por qualquer superior órgão recursal; e 3°) restaria para a coisa julgada material, que impediria que a matéria decidida pelo juiz, transitada em julgado, pudesse ser revisitada em ulterior demanda.[239]

Invocando as razões sobreditas, no sentido de ser reconhecida a autonomia do fenômeno preclusivo, bem se vê que os dois primeiros níveis de Pugliese, embora realmente diversos, são na verdade ocupados pela preclusão – voltando a se confirmar a inoperância da nomenclatura "coisa julgada formal".

Mesmo assim, útil a estrutura do jurista peninsular para que falemos algumas linhas sobre a *preclusão de instância*, fenômeno menor dentro do mesmo instituto, embora expressamente descrito por Chiovenda nas suas peculiaridades[240]

---

[238] EISNER, Isidoro. "Preclusión" in *Revista Juridica Argentina La Ley* n° 118 (1965): 1106/1112.

[239] PUGLIESE, Giovanni. "Giudicato civile (diritto vigente)" in *Enciclopedia del diritto*, n° 18 (1969): 785/893.

[240] "Mi preme piuttosto osservare che può aversi preclusione limitata a un grado di giudizio, nel qual caso la preclusione si contrappone no solo alla cosa giudicata, ma alla preclusione definitiva che sulla questione potrà aversi

(representado no primeiro nível exposto por Pugliese). Foi dito que seria fenômeno menor, porque não poderia ser tratado como se verdadeiramente representasse a preclusão em todos os seus aspectos; já que o fenômeno preclusivo de maior realce justamente relaciona-se àqueles casos em que a matéria processual objeto de ponderação pelo diretor do processo não pode mais ser revisitada, no feito, pelas partes e pela própria esfera judiciária como um todo – instância *a quo* e *ad quem* (situação essa que já corresponderia ao segundo nível no modelo proposto por Pugliese).

A preclusão de instância se dá quando, *v.g.*, é proferida sentença gravosa, e com a apresentação de recurso de apelação, somente o Tribunal *ad quem* estaria apto a modificar o julgado, e não mais o Juízo *a quo*, e obviamente não resume o fenômeno preclusivo sobre questões; daí, portanto, também por esse fundamento, tem-se que não há de se macular a sustentada identidade estabelecida entre a preclusão de questão final e a coisa julgada formal.

Com semelhante estrutura didática tripartida, Galeno Lacerda,[241] citando conhecida e festejada colaboração de Liebman, defende a distinção do que chama de "três eficácias do julgado": 1ª) imperatividade, que justifica a execução provisória, caracterizada por tornar-se possível na pendência de recurso; 2ª) inimpugnabilidade, ou coisa julgada formal, ou preclusão, surgida quando esgotados ou ausentes os recursos; 3ª) definitividade, quando, à última eficácia, se acrescenta o fato de se tratar da decisão de mérito, que encerra a *lide*.

Embora nesse quadro, de maneira mais clara, se permita a distinção, efetivamente existente, entre eficácia da sentença (*imperatividade*, ainda que não transitada em julgado a decisão) e autoridade da coisa julgada (*imutabilidade*, em referência à decisão de que não caiba mais recurso),[242] peca, a nosso ver, o jurista gaúcho em não reconhecer no primeiro estágio aquela espécie menor de preclusão (preclusão de instância); além de manter a nomenclatura de coisa julgada formal no segundo estágio, embora ao menos aqui se tratou de equipará-la expressamente à preclusão.

Amalgamando, então, os modelos propostos por Pugliese e Lacerda, com as ressalvas sobreditas (de inclusão da expressão "preclusão de instância", e exclusão do termo "coisa julgada formal"), poderíamos dizer que mais compatível quadro dos níveis de autoridade de coisa julgada (nas palavras do primeiro), ou de níveis de eficácia do julgado (no entender do segundo), poderia ser composto da

---

nel seguito del processo. Questo avviene per questioni decise dal giudice di primo grado con sentenza tuttora appellabile o dal giudice di secondo grado con sentenza tuttora soggetta a ricorso in cassazione; le questioni sono precluse rispetto al giudice che le ha decise, ma non rispetto al giudice superiore" (CHIOVENDA, Giuseppe. "Cosa giudicata e preclusione" in *Rivista Italiana per le scienze giuridiche* n° 11 (1933): 3/53. Especialmente p. 44; CHIOVENDA, Giuseppe. *Instituições de direito processual civil*. Vol. III, notas de Enrico Tullio Liebman. 3ª ed. São Paulo: Saraiva, 1969, p. 162).

[241] LACERDA, Galeno. *O novo direito processual civil e os feitos pendentes*. Rio de Janeiro: Forense, 1974, p. 86/87.

[242] LIEBMAN, Enrico Tullio. *Eficácia e autoridade da sentença*. Trad. por Alfredo Buzaid e Benvindo Aires. Notas de Ada Pellegrini Grinover. 2ª ed. Rio de Janeiro: Forense, 1981, p. 59/63.

seguinte forma: 1°) preclusão de instância – imperatividade, que pode justificar a execução provisória (na hipótese de decisão judicial final), mesmo com pendência de recurso, recebido esse só no efeito devolutivo; 2°) preclusão em sentido próprio – a cobrir a decisão judicial não mais passível de qualquer recurso (mesmo a decisão interlocutória); 3°) coisa julgada material – definitividade, que justifica a execução definitiva, quando, à preclusão em sentido próprio, se acrescenta o fato de se tratar da decisão judicial final e de mérito (sentença definitiva).

Em sumárias linhas, demonstrada a inutilidade da expressão "coisa julgada formal", suficiente ter-se presente que sobre a sentença de mérito, de que não caiba mais recurso, atua a preclusão (*endoprocessualmente*) e a coisa julgada material (*panprocessualmente*), sendo que nos demais casos de que não caiba mais recurso (sentença terminativa e decisão interlocutória) tão somente atua o primeiro instituto – podendo ainda se falar em fenômeno preclusivo, sem a presença da inimpugnabilidade de uma decisão final ou incidental gravosa, na restrita hipótese de preclusão de instância.

3.6.4. Continuação. Novas perspectivas críticas quanto ao espaço da coisa julgada material e preclusão. As posições de Tesoriere, Betti e Ferri

Mais recentemente no seu próprio país, a teoria de Chiovenda, fulcrada nas diferenciações principais entre a coisa julgada material e o instituto da preclusão processual, voltou a sofrer críticas, mas de novel ordem. Analisando o tema sob peculiar viés, e já sem desprestigiar o conceito de preclusão processual, sustenta Tesoriere que o fenômeno deveria, na verdade, ser compreendido de maneira unitária, sendo considerado para todos os casos o mesmo efeito descrito para a coisa julgada material – o que denominou de "teoria monostica del giudicato". Leva em conta, para tanto, especialmente o fato de que a observação que somente a coisa julgada material atribui ao sujeito um bem da vida não se compatibiliza com a constatação de que uma pronúncia preparatória, anunciada em meio ao feito, pode ser idônea a atribuir a uma das partes uma concreta e importante utilidade.[243]

Esse sensível suposto reflexo, para fora dos limites do feito, que poderia apresentar uma pronúncia incidental, foi objeto de ponderação afirmativa de outros juristas italianos, como Betti[244] e principalmente Ferri,[245] os quais tratam de

---

[243] "Occorre innanzi tutto tener conto dei casi di preclusione assoluta o definitiva, rispetto ai quali la proposizione o riproposizione dell'atto precluso risulta abbastanza difficile se no addirittura impossibile. Negli altri casi, l'effetto endoprocessuale può dirsi prevalente, ma non esclusivo, perché, stante l'intima compenetrazione tra rapporto sostanziale e rapporto processuale, alla quale si è già accennato, non può ritenersi che una situazione processuale, come quella che si viene a determinare in base alla preclusione, sia del tutto indifferente sul piano sostanziale" (TESORIERE, Giovanni. *Contributo allo studio delle preclusioni nel processo civile*. Padova: CEDAM, 1983, p. 67/72 e 89/90).

[244] BETTI, Emilio. "Se il passaggio in giudicato di una sentenza interlocutoria precluda al contumace l'eccezione d'incompetenza territoriale" in *Rivista di Diritto Processuale Civile* n° 4 (1927): 13/28.

[245] FERRI, Corrado. "Sentenze a contenuto processuale e cosa giudicata" in *Rivista de Diritto Processuale* n° 21 (1966): 419/441.

apontar para uma possível incidência dos efeitos da coisa julgada material para além dos casos tradicionalmente consagrados, desde Chiovenda, envolvendo sempre e tão somente a sentença de mérito. Do mesmo modo que Tesoriere trazem à tona, assim, os aludidos juristas peninsulares, situações não pensadas, ou ao menos não diretamente enfrentadas pela doutrina clássica,[246] de verificáveis *anômalos efeitos panprocessuais das decisões interlocutórias*, sobre as quais se operou a preclusão.

Tal discussão doutrinária, na Itália, necessário ainda se acrescentar, em boa parte, é alimentada pelo próprio texto do atual código processual (arts. 310 e 382) que mesmo diante de decisão incidental pertinente a questão de rito (a qual em regra teria mesmo efeitos tão somente endoprocessuais), estabelece expressamente, para as hipóteses de julgamento sobre competência e jurisdição, os efeitos de coisa julgada material – que subsiste em caso de o feito ser posteriormente julgado extinto sem análise de mérito por quaisquer outros fundamentos processuais.

No entanto, esses casos de eficácia panprocessual de decisões interlocutórias, especialmente sobre matéria processual (como tipificado pelo código italiano) não foram contemplados pelo nosso sistema; que só admite, situação bem diversa, qual seja, a eficácia preclusiva da coisa julgada material, nos termos do art. 474 do CPC;[247] sendo exato firmar-se que, diversamente desta, a vinculação extraprocessual adotada pelo modelo peninsular não recai sobre o bem da vida objeto do mérito do litígio.[248]

Mas, voltando aos termos restritivos autorizados pelo diploma processual brasileiro (em comparação com o sistema italiano), mesmo que decidida incidentalmente qualquer questão pertinente à competência ou jurisdição, se o feito vier a ser posteriormente julgado extinto por qualquer uma das hipóteses do art. 267 do CPC (desistência do autor, por exemplo), toda e qualquer matéria debatida e

---

[246] A doutrina clássica continua sendo bem defendida, dentre outros, por Montesano: "Studi recenti hanno contestato la dominate opinione che considera prive di efficacia panprocessuale le sentenze pronunciate dai giudici di merito su questioni attinenti al processo. Io credo, invece, che un non lungo discorso possa convincere del contrario ogni interprete obbediente al diritto positivo (...). È chiaro ora che: a) il legislatore, quando ha negato alle sentenze in esame efficacia esterna al singolo processo, ha ricevuto, non solo a parole, ma nel diritto positivo la dottrina del Chiovenda, secondo cui la risoluzione e la preclusione di questioni processuali, in quanto strumentali alla pronuncia di merito, sono radicalmente estranee alla cosa giudicata; b) tale ricezione in tanto può avere giustificazione sistematica, in quanto sia divenuta regola positiva la idea-cardine del sistema chiovendiano, la quale identifica l'oggetto della regiudicata civile con il bene di diritto sostanziale che è assicurato dal definitivo accoglimento o rigetto della domanda (...). La regola ora enunciata comporta, a maggior ragione, che le sentenze endoprocessuali descritte nelle pagine precenti – pur non vincolando con irremovibili giudicati o preclusioni il successivo giudice – ben possono essere da lui discrezionalmente valutate, e perciò, anche, ove del caso, integralmente recepite, come risolutive di questioni della stessa causa riproposta in un nuovo processo" (MONTESANO, Luigi. "Sentenze endoprocessuali nei giudizi civili di merito" in *Rivista di Diritto Processuale* n° 26 (1971): 17/35).

[247] SICA, Heitor Vitor Mendonça. *Preclusão processual civil*. São Paulo: Atlas, 2006, p. 58 e 201.

[248] Interessante ainda ter-se presente que Pugliese e Allorio discorreram, na Itália, sobre a expressão "cosa giudicata implicita", a justamente servir para representar ambos os fenômenos lá presentes: a eficácia panprocessual de decisão interlocutória e a eficácia preclusiva da coisa julgada material: PUGLIESE, Giovanni. "Giudicato civile (diritto vigente)" in *Enciclopedia del diritto*, n° 18 (1969): 785/893; ALLORIO, Enrico. "Critica della teoria del giudicato implicito" in *Rivista di diritto processuale civile*, Vol. XV, Parte II, 1938: 245/256.

decidida anteriormente (como na hipótese: uma decisão interlocutória sobre competência ou jurisdição) pode voltar a ser suscitada em ulterior feito – tendo o magistrado dessa segunda demanda ampla liberdade para julgar o incidente inclusive em sentido contrário àquele defendido pelo juiz da pretérita demanda.

Presente o debate, há de se reconhecer que o espaço devido a ser ocupado pela coisa julgada substancial é tema de recorrente discussão, na Itália e alhures – aparecendo como tema conexo, os limites endoprocessuais do instituto da preclusão. Nesse sentir, por aqui, mais atualmente se observa a possibilidade excepcionalíssima de uma decisão interlocutória ser abrangida pela *res iudicata* (*v.g.*, tutela antecipada concedida quando um dos pedidos é incontroverso – o que se denomina por *resolução parcial do mérito*); bem como, por outro lado, a existência de algumas exceções à regra de que todas as sentenças de mérito fazem coisa julgada material (*v.g.*, sentença em demandas coletivas *secundum eventum probationis*).[249]

Mesmo assim, não obstante a realidade italiana um pouco diversa da nossa, e as próprias novas discussões pátrias a respeito do devido espaço a ser ocupado pela coisa julgada material e pela preclusão, exsurge ainda perfeitamente válido, como regra geral, a real e importante distinção entre os mencionados institutos; definindo-se o primeiro, *a priori*, como instituto próprio do direito processual, enquanto que o segundo pertence (desenvolve-se) no campo processual,[250] mas irradia firmes e indiscutíveis repercussões na seara do direito material[251] (havendo inclusive sua previsão constitucional – determinada no art. 5º, XXXVI).

Foi a partir dessas diferenciações básicas (entre a preclusão e a coisa julgada material) que Chiovenda, a partir das bases fornecidas pelo direito romano clássico, conseguiu emprestar real autonomia e clareza ao instituto central desta obra, apontando, em primeiro plano, como regra geral, para a impossibilidade de se referir em coisa julgada (material) a fim de se tratar de efeitos que têm as decisões sobre meras questões processuais, proferidas no transcorrer do *iter*.[252]

---

[249] A propósito, respectivamente: DIDIER JÚNIOR, Fredie Souza. "Cognição, construção de procedimentos e coisa julgada: os regimes de formação da coisa julgada no direito processual civil brasileiro". *Jus Navigandi*, Teresina, ano 6, n. 58, ago. 2002. Disponível em: http://jus2.uol.com.br/doutrina/texto.asp?id=3202. Acesso em: 20 out. 2007; DIDIER JÚNIOR, Fredie Souza. "Inovações na antecipação dos efeitos da tutela e a resolução parcial de mérito" in *Gênesis – Revista de Direito Processual Civil* nº 26 (2002): 711/734.

[250] Por isso, Leo Rosenberg chegou a classificar a coisa julgada como instituto processual (ROSENBERG, Leo. *Tratado de derecho procesal civil*. Trad. por Ângela Romera Vera. Tomo II. Buenos Aires: Europa-America. p. 448/460). Mas, como confirma Alexandre Fernandes Gastal, mais razoável é a posição eclética, que tem a coisa julgada como instituto que opera no plano processual, ao passo que vincula o juiz futuro e lhe proibe um novo juízo sobre o mesmo objeto – sendo matéria preliminar a ser ventilada pelo réu; mas, ao mesmo tempo, atua também sobre a situação substancial, uma vez que ela jamais poderá vir a ser rediscutida, valendo como lei entre as partes (GASTAL, Alexandre Fernandes. "A coisa julgada: sua natureza e suas funções" in Eficácia e coisa julgada. Organizador: Carlos Alberto Alvaro de Oliveira. Rio de Janeiro: Forense, 2006, p. 187/204). A respeito da "natureza jurídica mista" do instituto da coisa julgada, pode-se ainda consultar: DEVIS ECHANDÍA, Hernando. "Teoria General del proceso". Buenos Aires: Editorial Universidad, 1985. Tomo II, p. 560/562.

[251] BARBOSA, Antônio Alberto Alves. *Da preclusão processual civil*. São Paulo: RT, 1955, p. 185.

[252] CHIOVENDA, Giuseppe. "Cosa giudicata e competenza" in *Saggi di diritto processuale civile*. Vol. 2. Reimpressão. Milão: Giuffrè, 1993, p. 411/423; CHIOVENDA, Giuseppe. *Instituições de direito processual civil*. Vol. III, notas de Enrico Tullio Liebman. 3ª ed. São Paulo: Saraiva, 1969, p. 160.

3.6.5. Semelhança na aplicação da coisa julgada material e preclusão: o objeto das questões decididas. Espaço para aplicação do art. 469, I, do CPC

Avancemos ainda, dada a importância da matéria e a sua discussão na doutrina, para outros pontos mais específicos, e notadamente mais polêmicos.

Se Chiovenda se esforçou ao longo dos seus estudos para diferenciar o campo de incidência da preclusão, afastando-a do âmbito de atuação da coisa julgada material, certo, por outro lado, que acabou reconhecendo algumas semelhanças entre os institutos.[253] A nosso ver, a mais relevante dessas identidades situa-se em compreender que o objeto das questões decididas não mais poderá ser enfrentado (imutabilidade do tema decidido, a constar na parte dispositiva da decisão proferida), o que não significa dizer que os fundamentos legais e/ou fáticos para se chegar a tal solução da questão resolvida em meio ao feito se tornem, da mesma forma, imutáveis.[254]

O que preclui, portanto, é o tema decidido pelo julgador (*a parte dispositiva da decisão*), que não mais pode ser modificado no feito, e não propriamente os fundamentos legais – alegados pelas partes ou mesmo desenvolvidos independentemente pelo diretor do processo (*iura novit curia*) – que serviram de parâmetro para se chegar à solução da matéria incidental. A mesma concepção valeria para os fundamentos de fato, que não são abrangidos pela imutabilidade, existindo regra expressa nesse sentido para o instituto da coisa julgada material (art. 469, I, do CPC) que perfeitamente deve ser aplicada para a preclusão processual.[255]

A regra, repita-se, é a de que os fundamentos legais e de fato não sejam cobertos pela imutabilidade seja diante de matéria sujeita, no caso, aos efeitos da coisa julgada material, seja sujeita aos efeitos da preclusão processual. Ou melhor, seria dizer que se a máxima supra-aludida vale para a coisa julgada material (de repercussão maior para o direito substantivo) deve valer, inclusive em face das similitudes do instituto quanto à imutabilidade das *quaestios* enfrentadas

---

[253] CHIOVENDA, Giuseppe. "Cosa giudicata e preclusione" in *Rivista Italiana per le scienze giuridiche* n° 11 (1933): 3/53.

[254] Carnelutti também chega a comentar que as decisões interlocutórias (que denomina de "sentenças interlocutórias") possuem um objeto litigioso/questão central a ser enfrentada e decidida pelo julgador do processo, e sobre a qual não mais cabe nova discussão e decisão (CARNELUTTI, Francesco. *Lezioni di diritto processuale civile*. Vol. 4. Padova: CEDAM, 1933, p. 433).

[255] Nesse contexto bem cita Theotonio Negrão *decisum* do Superior Tribunal de Justiça (REsp n° 61.100-8/SP, Rel. Min. Eduardo Ribeiro, 3ª Turma, j. em 13/11/1995, RSTJ 81/248), em que se registra, na ementa, que "a preclusão não abrange os motivos invocados pela decisão", sendo no corpo do aresto fixado que "se assim é (a motivação não estar abrangida pela imutabilidade), por norma expressa, quando se cuida da coisa julgada material (art. 469), com maior razão o será tratando-se apenas da preclusão" (NEGRÃO, Theotonio. *Código de Processo Civil e legislação processual em vigor*. 36ª ed. São Paulo: Saraiva, 2004, p. 519). Já no anterior REsp n° 19015/SP, o mesmo Ministro relator, deixou bem assentado que "a decisão que provê sobre o andamento do processo não faz preclusos os fundamentos para isso deduzidos, não ficando por ela predeterminado o conteúdo da sentença" (STJ, Rel. Min. Eduardo Ribeiro, 3ª Turma, j. em 09/02/1993). Mais recentemente, já outro Ministro do STJ, da 2ª Turma (Franciulli Netto), no REsp n° 200208/MA, j. em 28/10/2003, voltou a enfrentar o tema, a partir da exegese dos arts. 469 e 471, ambos do CPC, constando em parte da ementa que "a versão dada pelo juiz, em decisão interlocutória, não o vincula ao proferir sentença".

no processo, para a preclusão (de repercussão menor para o direito substantivo). Humberto Theodoro Jr. com acuidade esteve atento a esse detalhe, discorrendo que embora não se submetam as decisões interlocutórias ao fenômeno da coisa julgada material, ocorre frente a elas a preclusão, de que defluem consequências semelhantes.[256]

De fato, embora o instituto da preclusão possa ser aplicado às decisões interlocutórias e às decisões finais, meritórias ou não, o ponto ora debatido revela especial interesse pelo primeiro grupo – enfatizando a real delimitação da matéria a se tornar imutável pelo julgado da questão incidental (em momento procedimental, portanto, onde ainda é desconhecido o teor do julgamento final, de mérito, que será coberto pela *res judicata*).

Um detalhe a mais. Se a decisão incidental é concedida quando da análise de pedido de tutela de urgência (tutela antecipada ou cautelar), sequer o objeto central da discussão (a parte dispositiva da decisão interlocutória) seria imutável, já que essa decisão liminar, dada a sua excepcional natureza precária (*cognição sumária*) pode ser modificada em ulterior exame final quando se dará análise mais profunda/completa do tema (*cognição exauriente*). Nessa hipótese se nem o objeto central da decisão incidental pode adquirir conotação de absoluta imutabilidade, por certo ao mesmo regime se submetem os fundamentos fáticos e legais utilizados para se chegar à decisão precária.

Por isso, vemos com muitas reservas posicionamento não alinhado ao raciocínio aqui deduzido, exposto por Rogério Lauria Tucci em parecer transformado em artigo doutrinário, em que se defende a impossibilidade de enfrentamento posterior/definitivo, em cognição exauriente (no caso, em apelação), de uma matéria sob determinado prisma legal, se anteriormente, em cognição sumária (no caso, em sede de agravo de instrumento – interposto contra decisão liminar) foi utilizado fundamento legal contrário para se chegar à decisão precária que veio a se tornar imutável com a preclusão.

Em outros termos, acaba por defender Rogério Lauria Tucci, embora assim não reconheça com todas as letras, que houve preclusão (para o juiz) de motivos referente à decisão precária, necessariamente daí não podendo ser contrariados, os motivos expostos, quando do ulterior pronunciamento definitivo pelo mesmo órgão julgador.[257] Pensamos que o que se operou, neste cenário, foi a preclusão da questão decidida naquele momento específico (inaugural) do feito, em que proferida a decisão incidental em sede de agravo (que tratava de conceder a liminar), mas não propriamente a preclusão dos fundamentos legais (os motivos) pelos quais se concedeu a liminar, os quais poderiam ser sim revistos em julgamento posterior

---

[256] THEODORO JR., Humberto. *Curso de direito processual civil*. 38ª ed. V. I. Rio de Janeiro: Forense, 2002, p. 526/535.
[257] TUCCI, Rogério Lauria. "Juiz natural. Competência recursal, preclusão pro iudicato. Violação de literal disposição de lei e ação rescisória" in *Revista dos Tribunais* nº 838 (2005): 133/148.

de mérito (em apelação), mesmo que tal movimento implicasse a revisão ampla da decisão precária, com a consequente determinação da revogação da liminar.

A conclusão que se quis demonstrar com a explanação contida neste tópico, é que, à luz da lógica aplicada para a coisa julgada, diante das similitudes dos institutos quanto à imutabilidade das *quaestios* enfrentadas no processo (reconhecida desde Chiovenda), descabe se falar em *preclusão de motivos*; sendo coisa diversa, e aí sim viabilizada pelo ordenamento jurídico (com exceção de *decisum* de natureza precária, em tutela de urgência), a imutabilidade da parte dispositiva das decisões interlocutórias quando da incidência sobre elas do fenômeno preclusivo.

3.6.6. A resistência (diferenciada) da coisa julgada material e da preclusão frente à lei nova, a partir de estudo de ensaio de Chermont de Miranda

Partindo para o encerramento da análise do instituto da preclusão frente à coisa julgada material, voltemos a focar nossa atenção para outras importantes, mas não muito comentadas diferenças entre os institutos. Tratemos, por ora, da resistência diferenciada da preclusão e da coisa julgada material à vigência de lei nova (mesmo a interpretativa).

Em instigante ensaio, ainda na década de 40, Vicente Chermont de Miranda analisa caso processual em que juízo de primeira instância lavrou interlocutória gravosa com base em determinado dispositivo da lei processual, sendo tal decisão ratificada pelo Tribunal de Justiça quando da apreciação do recurso de agravo de instrumento manejado pela parte prejudicada (*in casu*, o réu). Ocorre que após ter precluído a decisão, houve alteração legislativa brusca referente ao dispositivo processual utilizado para resolver o incidente, e o juízo de primeiro grau, mantendo jurisdição no feito, veio a proferir de ofício nova decisão interlocutória, diametralmente oposta à primeira, passando a favorecer agora a parte outrora prejudicada. Para tanto, alegou que em face da entrada em vigor de lei nova, o acórdão da Câmara do Tribunal de Justiça ficaria sem efeito.

Comenta Chermont de Miranda que "esse despacho fez escândalo forense", tendo em conta que muitos operadores de direito sustentaram que o juízo *a quo* andou muito mal em contrariar posição imutável do juízo *ad quem*, maculando o espaço do que se entende como *preclusão hierárquica*. Discorda, no entanto, o jurista citado desta posição, entendendo, à luz dos estudos de Chiovenda, que há diversidade de consequências produzidas pela lei nova sobre a decisão, conforme se trate de coisa julgada ou preclusão: "a coisa julgada, via de regra, resiste à lei nova e, até mesmo, à lei interpretativa, ao passo que a preclusão é sensível à ação do novo texto legal".[258]

---

[258] CHERMONT DE MIRANDA, Vicente. "Preclusão e coisa julgada" in *Revista Forense* n° 85 (1941): 419/420.

Compulsando o ensaio principal de Chiovenda sobre o ponto ("Cosa giudicata e preclusione"), tem-se realmente que o jurista peninsular (criticando posição contrária sustentada por Cammeo) entende que em caso de ser publicada nova lei (mesmo que interpretativa), poderia o juiz proferir de ofício nova decisão, contrária àquela primeira, ainda que ratificada esta pelo órgão judicial hierarquicamente superior.[259] Justifica Chiovenda que a importância fundamental da preclusão não é corporificar "certeza jurídica" à decisão incidental firmada, mas sim impulsionar o processo para a frente, devido à necessidade de ele ter célere tramitação (efetividade processual). Estar-se-ia então, pela explanação de Chiovenda, diante de verdadeira e abrangente hipótese relativizadora de preclusão hierárquica, mesmo que o processualista faça questão de frisar que a situação está longe de ser corriqueira.

No nosso sentir, embora pertinente a posição de Chiovenda em enfrentar o desafio de distinguir a resistência diversa dos institutos frente à lei nova,[260] deve-se acolhê-la com alguma ressalva, admitindo-se que nem toda decisão (preclusa) possa vir a ser novamente analisada em caso de superveniência de nova lei processual, ainda mais se de mero cunho interpretativo. É que, como expõe D'Onofrio, a lei interpretativa é uma manifestação do legislador não tanto a declarar errada a interpretação anterior que vinha sendo feita, mas vetar que esta se faça;[261] ou seja, parece que aqui é feita uma clara opção pelo legislador, a ser seguida do momento em que tornada pública em diante (efeitos *ex nunc*).

Por trás da ressalva apontada, encontra-se a concepção difundida, entre importantes juristas (tais como Ada Pellegrini Grinover[262] e Humberto Theodoro Jr.[263]), da existência de um "direito adquirido processual", de acordo com o teor do art. 5°, XXXVI, da CF/88 – a estabelecer a preservação do direito adquirido

---

[259] "(...) Pertanto (lo abbiamo visto) come la finalità della preclusione si esaurisce colla chiusura del processo, così gli effeti della preclusione non eccedono i confini di questo. Mentre la cosa giudicata, che ha per fine la intangibilità della situazione delle parti in relazione al bene della vita che fu oggetto della domanda e della pronuncia, spinge i suoi effetti indefinitamente nel futuro. Ma la differenza si manifesta ancora in un aspetto di somma importanza, sebbene d'infrequente applicazione, ed è quello della diversa resistenza che la preclusione e la cosa giudicata oppongono al sopravvenire d'una legge nuova avente effetto retroattivo, come ad es. una legge interpretativa (...) Più coerente dal punto di vista logico, ma più sostanzialmente errata mi sembra l'opinione di Federico Cammeo. Il Cammeo argomenta dall'analogia fra la cosa giudicata e la preclusione; dal fatto che anche la preclusione 'dà certezza alle facoltà giuridiche delle parti' e che 'essa sarebbe inoppugnabile sotto l'impero della legge interpretata' anche se la questione fosse stata malamente decisa" (CHIOVENDA, Giuseppe. "Cosa giudicata e preclusione" in *Rivista Italiana per le scienze giuridiche* n° 11 (1933): 3/53. Especialmente p. 46).

[260] Daí o acolhimento de suas ideias por boa parte da doutrina italiana, cite-se: ANDRIOLLI, Virgilio. "Preclusione (diritto processuale civile)" in *Novíssimo Digesto Italiano*, XIII. Napoli: Utet, p. 567/570.

[261] D'ONOFRIO, Paolo. "Legge interpretativa e preclusione" in *Rivista di Diritto Processuale Civile* n° 10 (1933): 233/239.

[262] GRINOVER, Ada Pellegrini; CINTRA, Antônio Carlos de Araújo; DINAMARCO, Cândido Rangel. *Teoria geral do processo*. 17ª ed. São Paulo: Malheiros, 2001, p. 97/99.

[263] THEODORO JR., Humberto. *Curso de direito processual civil*. 38ª ed. V. I. Rio de Janeiro: Forense, 2002, p. 18/19.

e da coisa julgada. Assim, admitindo-se a presença de um *direito adquirido processual* o que já fora antes (da publicação da nova lei) decidido, não mais poderia ser revisto.

Vejamos também, nesse diapasão, a posição sempre abalizada de Galeno Lacerda:

> Podemos e devemos considerar a existência de direitos adquiridos processuais, oriundos dos próprios atos ou fatos jurídicos processuais, que emergem, em cada processo, do dinamismo desse relacionamento jurídico complexo. Aliás, o novo código é expresso, no art. 158, no reconhecimento desses direitos (...). Acontece que os direitos subjetivos processuais se configuram no âmbito do direito público e, por isto, sofrem o condicionamento resultante do grau de indisponibilidade dos valores sobre os quais incidem (matéria de interesse público). Em regra, porém, cumpre afirmar que a lei nova não pode atingir situações processuais já constituídas ou extintas sob o império da lei antiga, isto é, não pode ferir os respectivos direitos processuais adquiridos. O princípio constitucional de amparo a esses direitos possui, aqui, também, plena e integral vigência.[264]

Por outro lado, o art. 1211 do CPC, regulando o direito transitório, estipula que a nova lei processual entrará imediatamente em vigor, sendo aplicado aos processos pendentes.[265] Por isso, temos que há necessidade de harmonização dos regentes preceitos legais e constitucionais, à luz da natureza e finalidade do instituto. Se a preclusão presta-se a dar efetividade/celeridade ao processo, não podemos olvidar que carrega consigo a exigência de firmar certa carga de certeza do direito declarado incidentalmente (é a segurança jurídica, na primeira acepção vazada ao longo deste trabalho).

Daí que, a nosso ver, peca Chiovenda – concedendo dimensão lata à falta de resistência da preclusão à lei nova – ao tentar reduzir significativamente a importância do aspecto da segurança jurídica, em detrimento da efetividade; sendo nesta linha, da mesma forma, a crítica oposta por D'Onofrio na Itália.[266] Ademais, indo mais longe, poder-se-ia discutir a congruência do raciocínio de Chiovenda, no que tange à valorização que quis empregar à efetividade processual, ao passo que uma nova decisão (decorrente de aplicação de lei nova) poderia vir a tumultuar o orde-

---

[264] LACERDA, Galeno. *O novo direito processual civil e os feitos pendentes*. Rio de Janeiro: Forense, 1974, p. 13.

[265] Explica-nos Galeno Lacerda que o CPC de 1973 mostra-se muito conciso em matéria de direito transitório: "limita-se a reproduzir, no art. 1211, o velho preceito, cuja origem remonta à Ordenança Francesa de 1363, de que a lei nova se aplica desde logo aos processos pendentes" (LACERDA, Galeno. *O novo direito processual civil e os feitos pendentes*. Rio de Janeiro: Forense, 1974, p. 11).

[266] Esse também é o entendimento de Tesoriere quando da análise da crítica de D'Onofrio ao posicionamento de Chiovenda em face da resistência da preclusão à lei nova (interpretativa), *in verbis*: "Per quanto concerne i rapporti tra preclusione e legge interpretativa sopravvenuta, D'Onofrio, condividendo l' indirizzo espresso da Cass. 23 febbraio 1932, prende posizione contro la tesi sostenuta da Chiovenda: la legge interpretativa sopravvenuta non può incidere sulla preclusione formatasi nel corso del processo, perché anche questa rappresenta una certezza giuridica di pari natura di quella contenuta nel giudicato" (TESORIERE, Giovanni. *Contributo allo studio delle preclusioni nel processo civile*. Padova: CEDAM, 1983, p. 43).

nado andamento do feito, vindo a justamente prejudicar a tão almejada celeridade do processo em nome da qual a preclusão processual se projeta.[267]

Por todos esses detalhes, articulando os valores da efetividade e da segurança jurídica atuantes sobre o instituto, e ainda de acordo com a devida área de atuação dos arts. 1.211 do CPC e 5°, XXXV, da CF/88, não vemos como razoável admitir a falta de resistência da preclusão à lei nova em todas as ocasiões, a não ser quando estivermos diante de verdadeiras matérias de ordem pública. Esta parece ser a inclinação de Galeno Lacerda, a partir da devida articulação de fragmentos da sua obra "O novo direito processual civil e os feitos pendentes" – estudo que, no nosso sentir, mesmo que indiretamente, mais chegou perto de resolver o imbróglio, ao menos na doutrina pátria.

Portanto, em matéria de ordem pública, pela sua gravidade/repercussão supra-partes (e por isso reconhecida de ofício pelo diretor do processo a qualquer tempo e grau de jurisdição), poder-se-ia admitir a viabilidade de o magistrado proferir nova decisão interlocutória, diferente da primeira (já preclusa), em face da posterior modificação do texto da lei processual. Nesse cenário reconhece-se a pertinência da interessante diferenciação traçada por Chiovenda entre os institutos da preclusão e da coisa julgada material frente à lei nova (inclusive interpretativa).

Pensemos no seguinte exemplo: questão de competência absoluta mantida pelo juiz estadual, ratificada pelo Tribunal de Justiça em sede de agravo de instrumento: passando a vigorar nova lei que altera a competência para a justiça do trabalho (como se deu pela via da Emenda Constitucional n° 45/2004), poderia o juiz estadual agora nessa matéria de ordem pública (pressuposto processual) vir a proferir nova decisão de ofício, remetendo os autos para o juízo trabalhista competente. Nesse caso, repare-se, a eventual existência de preclusão hierárquica (decorrente da imutabilidade da decisão originária mantida pelo Tribunal de Justiça) estaria vinculada exclusivamente à situação normativa anterior, totalmente diversa da que se apresenta agora (após inovação legislativa), mantendo, por sua vez, o Juízo *a quo* jurisdição sobre o feito.

Outro exemplo de matéria de ordem pública que nos ocorre: se o magistrado no despacho saneador declara pela não prescrição da pretensão, não havendo recurso, torna-se preclusa a decisão interlocutória proferida. Mas, se publicada depois nova ordenação (alteração do art. 219 do CPC, com acréscimo do § 5° – como se deu pela publicação da Lei n° 11.280/2006), que autoriza expressamente a declaração de ofício da prescrição, não poderia, em tese, agora o julgador (convicto de que ela deva ser declarada) vir a extinguir o feito com base no art. 269, IV, do CPC (sentença definitiva) – utilizando-se o mesmo critério de que ainda no feito que mantém jurisdição a matéria passou a ser de ordem pública?

---

[267] É o que parece expor Mauricio Giannico, também criticando a tese de Chiovenda, alegando que "admitir o retorno a fases processuais anteriores ou a rediscussão de matéria já preclusa seria negar não só a natureza jurídica do instituto como seus próprios contornos" (GIANNICO, Maurício. *A preclusão no direito processual civil brasileiro*. 2ª ed. São Paulo: Saraiva, 2007, p. 106).

Entendemos que sim, embora aqui não possamos falar, diversamente do primeiro caso, de relativização de preclusão hierárquica, já que se da primeira decisão interlocutória gravosa (não reconhecendo a prescrição) o réu interpõe recurso e no mesmo é mantida a decisão pelo juízo *ad quem*, o primeiro grau não mais poderá revisar sua posição.

Explicação: não houve alteração legal na matéria propriamente pertinente à prescrição, mas tão somente sua passagem de matéria comum para matéria de ordem pública. No caso da competência absoluta, complemente-se a argumentação, a matéria sempre fora de ordem pública, mas o texto veio a ser alterado por disposição de lei, o que autorizaria novo posicionamento (como se julgamento pela superior instância não houvesse), com a consequente relativização da preclusão hierárquica.

Assim, a partir dos exemplos práticos citados, tem-se que a tese de Chiovenda, exposta no ensaio de Chermont de Miranda, aplicar-se-ia integralmente para a nova lei processual em matéria de competência. Aliás, com a lucidez habitual, embora não trate especificamente da polêmica que vem sendo abordada nessa passagem, Galeno Lacerda leciona que:

> (...) em direito transitório vige o princípio de que não existe direito adquirido em matéria de competência absoluta e organização judiciária. Tratando-se de normas impostas tão-somente pelo interesse público na boa administração da Justiça, é evidente que toda e qualquer alteração da lei, neste campo, incide sobre os processos em curso, em virtude da total indisponibilidade das partes sobre essa matéria.[268]

Na mesma esteira, Salvatore Satta discorre que, no modelo processual italiano, são reguladas pela lei nova as condições gerais de procedibilidade da ação, como a modificação da competência, que age imediatamente mesmo sobre os processos em curso, os quais devem ser remetidos ao juízo competente segundo a disposição da lei nova.[269]

3.6.7. A atuação (diferenciada) da coisa julgada material e da preclusão na fase de execução

Ingressemos em mais um ponto. Merece atenta reflexão a atuação dos institutos da preclusão e da coisa julgada material na fase de execução.

Certo é que se não se pode dizer que a coisa julgada não atua em absoluto no feito executivo, ao menos se tem convicção de que o fenômeno é presenciado com uma intensidade muito menor que aquela verificada para a preclusão.

---

[268] LACERDA, Galeno. *O novo direito processual civil e os feitos pendentes*. Rio de Janeiro: Forense, 1974, p. 17/18.
[269] SATTA, Salvatore. *Diritto processuale civile*. 2ª ed. Padova: CEDAM, 1950. p. 164.

Em linhas gerais, abalizada doutrina (citem-se Moniz de Aragão,[270] Alfredo Buzaid,[271] Cândido Dinamarco,[272] e Humberto Theodoro Jr.[273]), embora se admita que há posicionamento contrário (como de Liebman e de João de Castro Mendes), entende que reputada como o atributo da sentença definitiva (resolvendo o *meritum causae*), a coisa julgada não se faz presente no processo de execução, no qual o feito não é composto pelo "julgamento" (acertamento) e sim pela "satisfação" da pretensão do credor (satisfação prática do direito firmado na fase de conhecimento).

Giuseppe Tarzia, em ensaio específico no qual defende a presença do contraditório no feito executivo (de forma capaz a qualificá-lo como espécie de processo, e não como mero procedimento), revela, no entanto, que se encontra limitado à cognição inferior atribuída ao juiz da execução, ao qual deve estar direcionado "à emanação da providência executiva e não à formação da certeza jurídica"[274] – passagem esta que deixa transparecer, sem dúvida, consistir, a hodierna participação do magistrado nesse estágio mais avançado do feito, na lavratura de despachos e decisões interlocutórias de impulsionamento à execução, no máximo sujeitas ao instituto da preclusão.

No mesmo sentido, destaque, ainda na Itália, para detalhado estudo de Giovanni Tomei a respeito da "cosa giudicata o preclusione nei processi sommari ed esecutivi", em que conclui a favor, em sede executiva, tão só da presença de efeitos meramente preclusivos.[275] Por sua vez, na Alemanha, Goldschmidt já muito antes apontava, como regra geral, para a mesma direção.[276]

Diversamente então da coisa julgada material, a preclusão (seja a de faculdades para as partes, seja a de questões para o juiz) atua em inúmeras e diversas oportunidades, seja em execução de título judicial, seja de título extrajudicial[277] – auxiliando sobremaneira na tão célere quanto possível satisfação do crédito, atuando em todas as fases do procedimento executório, desde a oportunidade inaugural de adimplemento espontâneo, passando pela execução forçada com a nomeação de bens, penhora, avaliação e arrematação.

[270] ARAGÃO, E. D. Moniz. *Sentença e coisa julgada*. Rio de Janeiro: AIDE, 1992, p. 234.

[271] BUZAID, Alfredo. *Do agravo de petição no sistema do código de processo civil*. 2ª ed. São Paulo: Saraiva, 1956, p. 108/109.

[272] DINAMARCO, Cândido Rangel. *A instrumentalidade do processo*. 4ª ed. São Paulo: RT, 1994, p. 68, 93 e 255.

[273] THEODORO JR., Humberto. "Da inexistência de coisa julgada ou preclusão pro iudicato no processo de execução" in *Revista da Faculdade de Direito Milton Campos* n° 1 (1994): 95/108.

[274] TARZIA, Giuseppe. "O contraditório no processo executivo". Trad. por Tereza Arruda Alvim Wambier in *Revista de Processo* n° 28 (1982): 55/95.

[275] TOMEI, Giovanni. "Cosa giudicata o preclusione nei processi sommari ed esecutivi" in *Rivista Trimestrale di diritto e procedura civile* n° 34 (1994): 827/861.

[276] GOLDSCHMIDT, James. *Teoria general del proceso*. Trad. Leonardo Prieto Castro. Barcelona: Editorial Labor, 1936, p. 35.

[277] ARAGÃO, E. D. Moniz. *Sentença e coisa julgada*. Rio de Janeiro: AIDE, 1992, p. 237/238.

Não há dúvida, todavia, de que o mais importante momento da atuação do fenômeno preclusivo em sede executória se figura perante a oportunidade, com prazo peremptório para ser exercida, concedida à parte devedora de impugnar a execução – o que outrora era denominado de incidente de embargos à execução, e tinha por regra efeito suspensivo.[278] Mesmo assim, antes do prazo delimitado para impugnar a execução por meio dos embargos, pode o devedor, em tese, se valer da exceção de pré-executividade,[279] a qual se julgada improcedente vedaria uma posterior nova insurgência no processo contra a execução pelo mesmo fundamento (preclusão para oposição dos embargos).[280]

Pois bem, é justamente quando do estudo dos embargos à execução (hoje denominado de impugnação) que mais se discute sobre a possibilidade de se falar em coisa julgada material em sede de execução. Conforme alude Alfredo Buzaid "é aí que surge para o executado o momento relevante para atacar, quer a nulidade do processo de cognição e por conseqüência a autoridade da coisa julgada, quer a eficácia do título executivo", razão pela qual entende o autor do Código Processual de 1973 pela possibilidade excepcional, na hipótese, de se falar em presença da coisa julgada em meio à execução, ao passo que através dos embargos do executado surgiria uma nova *lide*, que o juiz decidiria proferindo verdadeira sentença definitiva.[281]

Esse também é o entendimento de Daniel Amorim Assumpção Neves, para quem os embargos à execução são uma ação incidental de cognição, e sua propositura possibilita que o mérito do processo executivo seja decidido, mediante sentença definitiva que será coberta pelos efeitos da irrecorribilidade e imutabilidade. Tanto assim o é, acrescenta o jurista com perspicácia, que é cabível a propositura de ação rescisória para desconstituir aquela sentença e consequentemente alguma injustiça que ela contivesse – sempre lembrando que, a teor do art. 485 do CPC, a ação rescisória só é permitida em face de sentença de mérito, não havendo espaço

---

[278] Esse é o destaque oportuno apontado por Carnelutti, ao fazer genéricas observações sobre as linhas do processo: "o direito de impugnar está limitado no tempo; a parte vencida, se quiser impugnar, deve ser rápida em fazê-lo; a lei estabelece a seu encargo, no penal e no cível, prazos rigorosos, transcorridos os quais perde-se o direito. Uma decisão, pois, não pode ser impugnada não apenas quando a parte vencida tiver manifestado implícito ou explicitamente sua vontade em aceitá-la, como também quando deixou transcorrer o prazo sem declarar a sua vontade de impugná-la" (CARNELUTTI, Francesco. *Como se faz um processo*. Trad. por Hiltomar Martins Oliveira. 2ª ed. Belo Horizonte: Líder Cultura Jurídica, 2005, p. 112).

[279] A aludida exceção de pré-executividade, de criação jurisprudencial, é cabível quando supostamente for patente a inviabilidade de ser exigido o título executivo – no caso de se acusar a falta de condições da ação de execução, ou a ausência de algum pressuposto processual, ou ainda de alguma questão de mérito auferível claramente pela prova documental (THEODORO JR., Humberto. *Curso de direito processual civil*. V. II. 33ª ed. Rio de Janeiro: Forense, 2002, p. 266/267).

[280] Dentre tantos arestos nesse sentido, colaciona-se o mais recente pesquisado do Tribunal Gaúcho: "(...) Se a questão relativa à existência ou não do título executivo já foi alvo de decisão judicial na exceção de pré-executividade, e essa decisão não foi atacada pelo recurso próprio e no momento oportuno, descabe repristinar tal questão em sede de embargos do devedor, pois já se encontra coberta pelo manto de preclusão. Recurso desprovido" (Apelação Cível nº 70021490677, Sétima Câmara Cível, Tribunal de Justiça do RS, Relator: Sérgio Fernando de Vasconcellos Chaves, Julgado em 20/02/2008).

[281] BUZAID, Alfredo. *Do agravo de petição no sistema do código de processo civil*. 2ª ed. São Paulo: Saraiva, 1956, p. 110/111.

para seu manejo diante de sentença terminativa ou julgamento incidental sem enfrentamento do *meritum causae*.[282]

Destacam Araken de Assis e Humberto Theodoro Jr., em semelhante direção, para a presença da coisa julgada material quando a sentença dos embargos reconhecer a existência de causas impeditivas, modificativas ou extintivas da obrigação retratada em sentença[283] – que podem ser invocadas no incidente de execução desde que tenham se verificado posteriormente ao julgamento do processo de cognição, já que se anteriores à formação do título executivo, estaria preclusa a possibilidade de invocá-las por incompatibilidade com a sentença do feito de cognição que as exclui.[284]

E se o título executivo for extrajudicial, poder-se-ia da mesma maneira cogitar de configuração, em algum caso, da coisa julgada material? Vejamos, em separado, as situações em que há oposição dos embargos e naquela em que não se verifica o incidente levado a efeito pelo devedor. Em havendo a apresentação da impugnação ao título extrajudicial, presente estaria a cognição plenária (art. 745 do CPC) – em que o devedor poderia alegar as matérias prescritas no art. 741 do CPC (constantes para o título executivo judicial), bem como qualquer outra que lhe seria lícito deduzir como defesa no processo de conhecimento; sendo neste caso perfeitamente admissível se falar na presença da coisa julgada material.[285]

Já em caso de título extrajudicial não embargado – ou mesmo quando os embargos sejam extintos sem julgamento de mérito, realmente o mais sensato parece se concluir pela inexistência de coisa julgada material, não obstante encerrar-se a execução pela satisfação da obrigação pelo devedor (art. 794, I, do CPC), sendo consequentemente extinta a execução por meio de sentença (art. 795 do CPC). Em realidade, o provimento extintivo da demanda executória, em face da satisfação da obrigação pelo devedor, menciona Araken de Assis, não exibe carga declaratória suficiente para redundar na indiscutibilidade do art. 467. No curso da execução, na hipótese, o título se torna indiscutível, mas essa indiscutibilidade interna, resultante de preclusão, não se projeta adiante, sendo, pois, lícito ao executado questionar em demanda própria e ulterior a regularidade do procedimento executório[286] – o que se daria por meio de uma ação de repetição de indébito, com arrimo no art. 964 do diploma civil.

---

[282] NEVES, Daniel Amorim Assumpção. *Preclusões para o juiz: preclusão pro iudicato e preclusão judicial no processo civil*. São Paulo: Método, 2004, p. 92.

[283] ASSIS, Araken de. *Manual do processo de execução*. 3ª ed. São Paulo: RT, 1996. p. 943/945; THEODORO JR., Humberto. *Curso de direito processual civil*. 33ª ed. V. II. Rio de Janeiro: Forense, 2002, p. 261.

[284] Ou em outros termos: "Quer isso dizer que não é lícito ao devedor opor-se à execução com base em supostos fatos extintivos ou modificativos do crédito do exeqüente, salvo no caso de superveniência" (BARBOSA MOREIRA, J. C. "A eficácia preclusiva da coisa julgada material no sistema do processo civil brasileiro" in *Temas de direito processual*. São Paulo: Saraiva, 1997, p. 108/109).

[285] ASSIS, Araken de. *Manual do processo de execução*. 3ª ed. São Paulo: RT, 1996, p. 1016; THEODORO JR., Humberto. *Curso de direito processual civil*. V. II. 33ª ed. Rio de Janeiro: Forense, 2002, p. 264/265.

[286] ASSIS, Araken de. *Manual do processo de execução*. 3ª ed. São Paulo: RT, 1996, p. 233/235.

Tal negação dos efeitos da coisa julgada material sobre o título extrajudicial não embargado (ou mesmo embargado, mas extinto sem julgamento de mérito) não era aceito por Redenti,[287] que ao estudar o procedimento monitório (*procedimento d'ingiuzione,* previsto nos arts. 633 a 656 do CPC italiano) optou por teoria oposta, cunhando a expressão (já impugnada neste trabalho) "preclusão *pro judicato*" para explicar o fenômeno envolvendo *giudicato implicito* na execução. No entanto, mesmo na Itália, não foi acolhida a concepção de Redenti com suficiente êxito, tendo sido por lá criticado seriamente, dentre outros, por Garbagnati.[288]

Por aqui, Eduardo Talamini[289] e Humberto Theodoro Jr.,[290] para citarmos dois, teceram críticas duras à teoria de Redenti, externando este último estudo onde se constata que no Brasil a tese que veda os efeitos da coisa julgada material em título executivo extrajudicial não embargado foi acolhido pelo art. 38 da Lei de Execução Fiscal – o qual, ao cuidar de uma das modalidades da espécie, é expresso na previsão de que a discussão da obrigação fiscal é viável tanto nos embargos, como em mandado de segurança, ação de repetição de indébito ou ação anulatória do ato declarativo da dívida.

O elemento central legitimador da tese encampada pela legislação pátria seria justamente a impossibilidade de empregar força de coisa julgada à preclusão em execução de título extrajudicial, à medida que, na espécie, inexistisse sentença de mérito sobre o tema – o que, aliás, não ocorre na hipótese do art. 474, próprio da fase de conhecimento, onde daí sim se poderia cogitar de eficácia preclusiva panprocessual. Da mesma forma, em face da semelhança com a execução de título executivo extrajudicial, diante de ação monitória não embargada pelo réu, mesmo depois de convertido o mandado monitório em título executivo (art. 1102c do CPC), poder-se-ia falar em direito do demandado de ingressar com ação autônoma para discutir o direito material alegado pelo autor do processo monitório – é que em ambas as situações, compara Daniel Amorim Assumpção Neves, citando comentários de Eduardo Talamini, "não houve qualquer apreciação judicial do

---

[287] REDENTI, Enrico. *Diritto Processuale Civile.* Vol. 2, Tomo 1. Milão: Giuffrè, 1949, p. 188/190.

[288] GARBAGNATI, Edoardo. "Preclusione 'pro iudicato' e titolo ingiuntivo" in *Studi in onore di Enrico Redenti.* Milão: Giuffrè, 1951, p. 467/483.

[289] Eduardo Talamini critica especialmente a opção pela nomenclatura do jurista italiano, fazendo-a nos seguintes moldes: "conforme Redenti, não haveria coisa julgada no decreto d'ingiunzione não embargado porque, quando o objeto desse provimento fosse, por exemplo, uma parcela entre várias de crédito, a indiscutibilidade não abrangeria o todo. Mas isso em nada diferiria da coisa julgada, que, em tal caso, também não abrangeria a totalidade do crédito" (TALAMINI, Eduardo. *Tutela monitória.* 2ª ed. São Paulo: RT, 2001, p. 106).

[290] Humberto Theodoro Jr. fixa a seguinte conclusão sobre a questão debatida por Redenti, em sentido contrário ao admitido pelo jurista italiano: "sendo inaplicável a coisa julgada ao processo de execução, como é de geral entendimento, e inexistindo dispositivo legal aplicável à execução forçada similar ao que institui a res iudicata, nada leva à conclusão de que, finda uma execução desenvolvida à revelia do devedor, que mais tarde vem a descobrir prova de inexistência material da dívida executada, esteja ele privado da ação de repetição do indébito, por uma preclusão derivada da simples inércia na fase própria dos embargos" (THEODORO JR., Humberto. "Da inexistência de coisa julgada ou preclusão pro iudicato no processo de execução" in *Revista da Faculdade de Direito Milton Campos* n° 1 (1994): 95/108).

crédito executado ou que fundamenta o direito material, o que permite que ele possa ser objeto de discussão posterior".[291]

Agora, se o mérito fosse enfrentado pelos embargos, tanto na execução de título extrajudicial como diante da apresentação de um título monitório, e fosse o incidente do devedor julgado definitivamente improcedente, não mais haveria espaço nem oportunidade para este discutir o direito do credor novamente, seja naquela relação processual, seja em ação autônoma – aqui, não estaríamos tratando da ocorrência de *preclusão pro judicato* (na concepção de Redenti), mas de coisa julgada material verificada no julgamento de mérito dos embargos.[292]

Portanto, do exposto quanto ao espaço, no feito executivo, dos institutos em comparação, conclui-se, à luz da melhor doutrina, que a preclusão (de faculdades para as partes e de questões para o juiz) atua intensamente seja diante de título executivo judicial, seja diante de título executivo extrajudicial – sempre visando, a partir da fixação de prazos peremptórios para a realização dos atos processuais, ao rápido encaminhamento da satisfação do crédito do exequente, o que ao fim e ao cabo se dá mediante a sentença de extinção da execução.

Por outro lado, quanto à coisa julgada material, comprovou-se que possui espaço de atuação significativamente menor do que o da preclusão, podendo se cogitar dos seus préstimos (não obstante as polêmicas doutrinárias ainda em aberto) tão somente quando do enfrentamento do mérito da execução pelo Estado-Juiz, o que se dá necessariamente pela oposição encaminhada pelo devedor de embargos à execução (atualmente denominada de impugnação), a redundar em cognição plenária na execução de título extrajudicial (caso previsto expressamente no art. 745 do CPC), e cognição sumária na execução de título judicial (notadamente na hipótese regulada pelo art. 741, V, do CPC) – sendo, assim, inaplicável, ao menos no sistema pátrio (conforme se comprovou pelo teor do art. 38 da Lei de Execução Fiscal), a tese originária de Redenti, no sentido da ocorrência de uma suposta *preclusão pro judicato* no processo de execução envolvendo título extrajudicial.

3.6.8. A eficácia preclusiva da coisa julgada material: exegese do art. 474 do CPC; a abrangência do "objeto litigioso do processo" e as concepções de "fato jurídico" e "fato simples" de Schönke para a fixação dos limites objetivos da coisa julgada

Por fim, focando-nos nas disposições vigentes do sistema processual pátrio, não poderíamos encerrar esta parte do trabalho sem o estudo da hipótese (reitera-

---

[291] No entanto, distingue o autor as peculiaridades da hipótese envolvendo título executivo extrajudicial da ação monitória (NEVES, Daniel Amorim Assumpção. *Preclusões para o juiz: preclusão pro iudicato e preclusão judicial no processo civil*. São Paulo: Método, 2004, p. 144). Maiores informações quanto à natureza e a devida exegese dos dispositivos pátrios de regência referentes à monitória – inclusive em face das peculiaridades do direito comparado (notadamente o *procedimento d'ingiunzione* italiano), consultar a obra específica sobre a matéria mencionada neste trabalho: TALAMINI, Eduardo. *Tutela monitória*. 2ª ed. São Paulo: RT, 2001. Especialmente p. 101/105.

[292] NEVES, Daniel Amorim Assumpção. *Preclusões para o juiz*: preclusão pro iudicato e preclusão judicial no processo civil. São Paulo: Método, 2004, p. 73.

damente citada) prevista no art. 474 do CPC, que verdadeiramente aproxima de maneira menos estanque os institutos diferenciados, à medida que corporifica a hipótese da eficácia preclusiva da coisa julgada material (também denominada "coisa julgada implícita" ou simplesmente "julgamento implícito") – em que a eficácia do fenômeno preclusivo transcende os limites do processo em que foi proferida a sentença coberta pela coisa julgada (*eficácia preclusiva externa, panprocessual ou secundária*).[293]

Ocorre que, embora o art. 468 do Código Buzaid limite a força da *res judicata* aos limites da *lide* e as questões decididas, o CPC, aparentemente sem querer contrariar essa premissa, determina no art. 474 que "passada em julgado a sentença de mérito, reputar-se-ão deduzidas e repelidas todas as alegações e defesas, que a parte poderia opor assim ao acolhimento como à rejeição do pedido".

Assim, com o trânsito em julgado da sentença de mérito, as alegações, nos termos em que posta a demanda, que poderiam ter sido apresentadas, visando ao acolhimento do pedido, pelo autor, ou rejeição dele, pelo réu, é como se o tivessem sido, impedindo reexame em outro processo dessa matéria deduzível não trazida para o processo.

Daí figura-se que a eficácia preclusiva da coisa julgada alcança não só as questões de fato e de direito efetivamente alegadas pelas partes, mas também as questões de fato e de direito que poderiam ter sido alegadas pelas partes, mas não o foram – o que por certo não abrange a matéria fática e jurídica superveniente à decisão, e ainda as questões de fato e de direito que, mesmo não alegadas pelas partes por inércia indevida, poderiam ter sido examinadas de ofício pelo juiz, mas também não o foram.

Está-se, portanto, diante de situação especial que projeta os efeitos da preclusão, ocorrida na apresentação do tema litigioso (especialmente na fase postulatória, em face da aplicação da técnica da eventualidade), para fora do processo, vetando, em muitos casos, a propositura de nova demanda. Louvável, por isso, o seu estudo pontual, bem como a utilização da específica expressão "eficácia preclusiva da coisa julgada material".[294]

---

[293] A cunhagem da expressão "eficácia preclusiva" passou a ganhar real destaque após trabalho de Luiz Machado Guimarães – oportuno ensaio para aprofundamento: GUIMARÃES, Luiz Machado. "Preclusão, coisa julgada e efeito preclusivo" in *Estudos de direito processual civil*. Rio de Janeiro: Jurídica e Universitária, 1969, p. 9/32. Na Itália, onde o assunto continua bastante debatido, importante a leitura dos ensaios de Pugliese, mais nos pontos de que trata sobre "L'oggetto del giudicato"; e principalmente de Allorio, analisando julgamento da Corte di Cassazione da sessão de 15 de abril de 1936: PUGLIESE, Giovanni. "Giudicato civile (diritto vigente)" in *Enciclopedia del diritto*, n° 18 (1969): 785/893; ALLORIO, Enrico. "Critica della teoria del giudicato implicito" in *Rivista di diritto processuale civile*, Vol. XV, Parte II, 1938: 245/256.

[294] Parecendo-nos, por isso, despropositada a crítica de Edson Ribas Malachini aos doutrinadores que cultivam a peculiar expressão, para quem "não há razão para dar nome diferente ao mesmo fenômeno: afinal, eficácia preclusiva ou efeito preclusivo não pode ser outra coisa que não a própria preclusão" (MALACHINI, Edson Ribas. "Inexatidão material e 'erro de cálculo' – conceito, características e relação com a coisa julgada e a preclusão" in *Revista de Processo* n° 113 (2004): 208/245).

Tem-se, no tópico, que o grande problema a ser solucionado cinge-se ao limite da eficácia preclusiva da coisa julgada. A análise isolada do dispositivo parece nos levar a compreender um limite extensivo da eficácia preclusiva, defendido dentre outros por Araken de Assis[295] e com algumas ressalvas por Ovídio Baptista,[296] determinando, em termos práticos, que tendo a esposa, com o objetivo de extinguir sua relação matrimonial, proposto ação de separação contenciosa com base exclusivamente na embriaguez habitual do marido, e tendo sido julgada improcedente esta ação, não poderia ela ingressar novamente em juízo, com o mesmo pedido (separação), mas diversa causa de pedir (*v.g.*, o adultério).

No entanto, analisando a matéria dentro do contexto do Código (interpretação sistemática do art. 474 com os arts. 2°, 128, 264, 300, 301, 468 e 469), bem como tendo presente a opção pátria pela teoria da substanciação (estabelecida no art. 282, III, do CPC, a considera os fatos como relevantes para a definição do conteúdo da causa de pedir e, por conseguinte, da matéria dispositiva da sentença), temos, como mais adequada a posição adotada, dentre outros por Barbosa Moreira,[297] que confere limite restritivo à eficácia preclusiva da coisa julgada material.

Para essa corrente, a variação de qualquer dos elementos identificadores da ação importa, *de per si*, na variação da própria demanda, deixando, pois, de haver identidade entre ambas, visto que modificado um dos seus elementos individualizadores. Ademais, invoca-se, o art. 5°, XXXV, da CF/88, informando que, pelo art. 474 CPC, a decisão de mérito reputa deduzidas todas as matérias passíveis de invocação, sem suprimir de apreciação do Poder Judiciário lesão ou ameaça de direito advindas de causas outras aptas a dar suporte à pretensão, não apresentadas naquela determinada contenda. Portanto, a eficácia preclusiva da coisa julgada de-

---

[295] "O resultado não deve escandalizar ninguém. Não se convive tranqüilamente com a prescrição e com a decadência, que, em última análise, provocam conseqüências nefastas aos direitos nefastos? Não se tolera, também, a própria coisa julgada como instituto vocacionado antes à segurança jurídica do que à justiça? Entre nós, o art. 474 deriva da imprópria noção de processo ou de lide parcial; e outros dispositivos, espalhados pelo Código, revelam o compreensível propósito do legislador de aproveitar o processo para resolver a lide em sua integralidade (...). Bem conseqüência, então, que o art. 474, projetando o futuro, aproveite o processo para extinguir totalmente a lide entre as partes" (ASSIS, Araken de. "Reflexões sobre a eficácia preclusiva da coisa julgada" in *Ajuris* n° 44 (1988): 25/44).

[296] Sobre a complexidade da matéria e a relação dela com as teorias da substanciação, de maior voga no Brasil, e da individuação, aplicada na Itália e Alemanha, aconselhável a leitura de Ovídio Baptista, o qual repetidamente aponta para a dificuldade prática de se delimitar a eficácia preclusiva da coisa julgada (SILVA, Ovídio Baptista da. *Curso de processo civil*. 6ª ed. Vol. 1. São Paulo: RT, 2003, p. 511/516), parece inicialmente se inclinar a favor dessa última ou da aceitação de uma "teoria da substanciação moderada" (SILVA, Ovídio Baptista da. *Teoria geral do processo civil*. São Paulo: RT, 1997, p. 234/240); no entanto, já em outra obra, mais específica sobre o tema, o pré-citado jurista admite e até passa a sustentar interpretação mais restrita do art. 474 do CPC (SILVA, Ovídio Baptista da. "Limites objetivos da coisa julgada no atual direito brasileiro" in *Sentença e coisa julgada*. Rio de Janeiro: Forense, 2003. 4ª ed, p. 231 e ss.).

[297] "(...) A preclusão das questões logicamente subordinantes apenas prevalece em feitos onde a lide seja a mesma já decidida, ou tenha solução dependente da que se deu à lide já decidida. Fora dessas raias, ficam abertas à livre discussão e apreciação as mencionadas questões, independente da circunstância de havê-las de fato examinado, ou não, o primeiro juiz, ao assentar as premissas de sua conclusão" (BARBOSA MOREIRA, J. C. "A eficácia preclusiva da coisa julgada material no sistema do processo civil brasileiro" in *Temas de direito processual*. São Paulo: Saraiva, 1997, p. 102).

veria tão somente consumir todas as alegações e defesas que a parte poderia opor assim ao acolhimento como à rejeição do pedido, nos parâmetros da lide deduzida, ou seja, sem que altere ou extrapole qualquer dos limites individualizadores das demandas, modificando a *causa petendi*.

De acordo com esta última corrente de interpretação restritiva do art. 474, Liebman,[298] ainda comentando o anterior Código de Processo Civil, à luz do conceito de *lide* empregado por Carnelutti, refere que as questões que constituem premissa necessária da conclusão, isto é, da decisão sobre o pedido das partes, entendem-se definitivamente decididas "nos limites da lide"; "quer dizer que a mesma lide não poderá ser suscitada com fundamento nessas questões, quer o juiz as tenha realmente decidido, quer não. A contrario sensu, as mesmas questões não se entenderão decididas, se a lide for outra". A mesma interpretação restritiva a partir do texto do então vigente art. 287 do CPC de 1939 é sustentada por Alfredo Buzaid,[299] o autor do posterior Código Processual – o que abaliza ainda mais a posição dessa vertente.

Também na mesma trilha anda Sérgio Gilberto Porto, que ao comentar o art. 474 do CPC, fez uma sintética e coerente análise de todo o problema, concluindo, a partir de exemplo prático (já lançado em página precedente), o seguinte:

> Consideram-se deduzidas e repelidas todas as alegações e defesas pertinentes, e por pertinentes à demanda entendam-se aquelas que contribuem para a fixação da lide (...) nos limites da causa. Assim, na ação de separação judicial proposta e na insuportabilidade da vida em comum, em face da embriaguez habitual de um dos cônjuges, tudo em torno do conteúdo fático da causa é considerado deduzido, mesmo que não o tenha sido. Todavia, em caso de improcedência da demanda, nada obsta que seja proposta nova ação, agora com base no adultério, ainda que este já tivesse sido consumado à época do ajuizamento da primeira demanda, eis que – por se tratar de ação diversa, em razão da mudança da causa – não há que se falar em coisa julgada e, muito menos, em eficácia preclusiva desta.[300]

Não é outra a posição adotada em paradigmáticos julgados do STJ e STF, que ao fazerem menção expressa aos arts. 474 e 469, I, do CPC, acenam para a possibilidade de propositura de nova demanda, se as alegações e defesas escapem do objeto do processo.[301]

---

[298] LIEBMAN, Enrico Tullio. *Estudos sobre o processo civil brasileiro*. São Paulo: José Bushatsky, 1976, p. 162/164.

[299] BUZAID, Alfredo. *Do agravo de petição no sistema do código de processo civil*. 2ª ed. São Paulo: Saraiva, 1956, p. 111/114.

[300] PORTO, Sérgio Gilberto. *Comentários ao código de processo civil*. Vol. 6 (arts. 444 a 495). São Paulo: RT, 2000, p. 222/236.

[301] Do STJ, transcreva-se a seguinte paradigmática decisão: "A imutabilidade própria de coisa julgada alcança o pedido com a respectiva causa de pedir. Não está esta última isoladamente, pena de violação do disposto no art. 469, I do CPC. A norma do art. 474 do CPC faz com que se considerem repelidas também as alegações que poderiam ser deduzidas e não o foram, o que não significa haja impedimento a seu reexame em outro processo, diversa a lide" (REsp 11315-0/RJ, 3ª Turma, DJU 28/09/1992, Rel. Min. Eduardo Ribeiro), por sua vez, do STF, colhe-se o seguinte: "a norma inscrita no art. 474 do CPC impossibilita a instauração de nova demanda para rediscutir a controvérsia, mesmo que com fundamento em novas alegações (...). A autoridade da coisa julgada em sentido material entende-se, por isso mesmo, tanto ao que foi efetivamente arguido pelas partes quanto ao que

Certo, pelo que se nota da posição jurisprudencial ventilada, que o entendimento majoritário de interpretação restritiva do conteúdo apresentado pelo art. 474 do CPC, a estabelecer os devidos limites objetivos da coisa julgada, envolve adequada ponderação do que realmente deva ser abrangido pelo que se tem como o "objeto litigioso do processo".[302] Aprofundemos a investigação.

Tratando-se, *grosso modo*, da pretensão deduzida em juízo pela parte autora (direito material afirmado),[303] temos que o objeto litigioso do processo, no nosso sistema, abrange não só o pedido, mas também a causa de pedir que o serve de fundamento.

Na Alemanha, onde de fato o tema foi extensamente debatido, Schwab registra que o pedido é o verdadeiro objeto do litígio (*Antrag*), sendo bem sedimentado por Rosenberg e depois por Habscheid que a causa de pedir (ou o "estado das coisas": *Lebenssachverhalt*) também o integram.[304] Liebman, seguido por Frederico Marques, manteve a posição de que somente o pedido do autor é objeto do processo,[305] no que fora adequadamente superado, a nosso ver, dentre outros, pelo raciocínio deduzido por Sydney Sanches, ao expor que em face das características do ordenamento jurídico-processual brasileiro (assumindo a teoria da substanciação) "parece-nos que a causa de pedir se ajunta ao pedido para com este formar, em nosso sistema, o chamado objeto litigioso do processo".[306] No mesmo sentido Botelho de Mesquita, em maiores linhas, destaca:

> Causa petendi e petitum, intimamente ligados, qual verso e reverso da mesma medalha, ou alicerces e paredes do mesmo edifício, são por excelência os elementos identificadores do objeto do processo, pois o petitum é condição da existência da causa petendi e esta, por sua vez, não se limita a qualificá-lo ou restringi-lo, mas o individua plenamente.[307]

---

poderia ter sido alegado, mas não o foi, desde que tais alegações e defesas se contenham no objeto do processo" (RE 251666-AgRg/RJ, 2ª Turma, DJU 22/02/2002, Rel. Min. Celso de Mello).

[302] É de se esclarecer, de antemão, que na presente obra perfilhamo-nos ao entendimento dos juristas que diferenciam "objeto litigioso do processo" de "objeto do processo": o primeiro seria firmado pela pretensão da parte demandante, além de eventual reconvenção e declaratória incidental atravessada pela parte demandada; já o segundo, de dimensão maior, abrangeria todas as questões do feito, inclusive as questões preliminares e prejudiciais defendidas pela parte demandada ou reconhecíveis de ofício pelo julgador, a serem enfrentadas pelo magistrado antes de ingressar no mérito propriamente dito. Nesse sentido: SANCHES, Sydney. "Objeto do processo e objeto litigioso" in *Ajuris* n° 16 (1979): 146/156; SANTOS, Moacyr Amaral. *Primeiras linhas de direito processual civil*. Vol. 1, 19ª ed. São Paulo: Saraiva, 1997, p. 272; NORONHA, Carlos Silveira. *Sentença civil: perfil histórico-dogmático*. São Paulo: RT, 1995, p. 102 e 106.

[303] CRUZ E TUCCI, José Rogério. *A causa petendi no processo civil*. São Paulo: RT, 1993, p. 107/108; MANDRIOLI, Crisanto. "Riflessini in tema di 'petitum' e di 'causa petendi' in *Rivista di Diritto Processuale* n° 39 (1984): 465/480.

[304] HABSCHEID, Walther J. "L'oggeto del processo nel diritto processuale civile tedesco" in *Rivista di Diritto Processuale* n° 35 (1980): 454/464. Trad. por Ângela Loaldi.

[305] LIEBMAN, Enrico Tullio. *Estudos sobre o processo civil brasileiro*. São Paulo: José Bushatsky, 1976, p. 118.

[306] SANCHES, Sydney. "Objeto do processo e objeto litigioso" in *Ajuris* n° 16 (1979): 146/156.

[307] BOTELHO DE MESQUITA, José Inácio. "A 'causa petendi' nas ações reivindicatórias" in *Ajuris* n° 20 (1980): 166/180.

E a causa de pedir, a seu turno, resta corporificada pela presença do fato jurídico (*causa petendi* remota), sob os quais gravitam os fatos simples, como bem diferenciou Adolf Schönke;[308] [309] sendo ainda imprescindível, no sistema pátrio, a presença da *causa petendi* próxima, representada pelos fundamentos jurídicos do pedido (ou seja, as consequências jurídicas que o autor pretende extrair com a exposição dos fatos[310]); o que não se confunde com os prescindíveis fundamentos legais do pedido (ou seja, a mera referência aos dispositivos de lei que a parte entende que servirão para obter resultado favorável na demanda).[311]

De qualquer forma, podendo o magistrado eventualmente desprezar os fundamentos legais invocados, e até os fundamentos jurídicos aportados (*causa petendi* próxima),[312] valendo-se para tanto do adágio *iura novit curia* (presumindo-se que o juiz conhece o direito, pela incidência do correlato brocardo *narra mihi factum, dabo tibi ius*),[313] correto se pensar que para o estudo da abrangência do objeto litigioso do processo, notadamente no que toca às ações pessoais,[314] deve-se especialmente focar a atenção, além do pedido propriamente dito, aos fatos jurídicos elencados na exordial (*causa petendi* remota).

Avancemos, pois: quando alguém pede a procedência da demanda de separação judicial com base, para permanecermos no exemplo ilustrado, na embria-

---

[308] SCHÖNKE, Adolfo. *Derecho procesal civil*. Trad. por L. Pietro Castro. 5ª ed. Barcelona: Bosch, 1950, p. 167, 201/202 e 269.

[309] REspectivamente, "fatos essenciais" e "fatos circunstanciais", na nomenclatura adotada por Devis Echandía (DEVIS ECHANDÍA, Hernando. *Teoria General del proceso*. Tomo II. Buenos Aires: Editorial Universidad, 1985, p. 572/573).

[310] THEODORO JR., Humberto. *Curso de direito processual civil*. 38ª ed. V. I. Rio de Janeiro: Forense, p. 320.

[311] ALSINA, Hugo. *Tratado teórico práctico de derecho procesal civil y comercial*. Tomo I. Buenos Aires: Compañia Argentina, 1941, p. 255.

[312] BARROS TEIXEIRA, Guilherme Freire de. *O princípio da eventualidade no processo civil*. São Paulo: RT, 2005, p. 174.

[313] Na sua origem, o adágio *iura novit curia* significava que as normas jurídicas não precisavam de prova, dado que o juiz deve conhecê-las (nos moldes do que se chega pela exegese, ao contrário do art. 337 do CPC); mas, desde logo, foi o adágio interpretado como significativo de que a aplicação do direito é, exclusivamente, assunto atinente ao juiz, no sentido de que as partes não estão obrigadas a subsumir os fatos, por elas invocados, às normas jurídicas, mais ou menos, no sentido do brocardo: *narra mihi factum, narro tibi ius*. Maiores considerações sobre a devida aplicação do adágio, consultar em: BAUR, Fritz. "Da importância da dicção 'iura novit curia'" in *Revista de Processo* nº 3 (1976): 169/177.Trad. por Arruda Alvim.

[314] Um parêntese quanto à suposta diferença, na matéria, das ações pessoais para as reais merece trânsito. José Frederico Marques, a seu turno, entende que dúvidas não existem de que o elemento causal da ação deva constar da causa próxima e da causa remota, desde que se trate de ações pessoais; sendo que, nas ações reais, grande cópia de autores confirma a *causa petendi* nos limites da causa própria ou relação jurídica em que se funda o pedido (MARQUES, José Frederico. *Manual de direito processual civil*. Vol. 1. 2ª ed. Campinas: Millenium, 2000, p. 298). Já, Moacyr Amaral Santos entende que mesmo no tocante às ações reais a causa de pedir compreende não só a causa próxima (os fundamentos jurídicos – a natureza do direito controvertido), o domínio do autor, como também a causa remota (o fato gerador do direito), o modo de aquisição do domínio, qual o seu título de aquisição, e os fatos que violam dito domínio (SANTOS, Moacyr Amaral. *Primeiras linhas de direito processual civil*. Vol. 1. 19ª ed. São Paulo: Saraiva, 1997, p. 164/165). Esse entendimento também é acolhido por Botelho de Mesquita o qual, mesmo entendendo que o CPC adota teoria mista – entre substanciação e individuação, reconhece a eventual importância dos fatos em processo envolvendo direito real (BOTELHO DE MESQUITA, José Inácio. "A 'causa petendi' nas ações reivindicatórias" in *Ajuris* nº 20 (1980): 166/180).

guez habitual do companheiro, o fato jurídico é a embriaguez; e os fatos simples são aqueles que levam à conclusão de que efetivamente ocorreu o fato jurídico (a embriaguez). Assim, sempre relembrando a diferenciação de Schönke, o julgador só poderá julgar a demanda nos limites absolutos aportados pela parte autora, em termos de pedido(s) e de fato(s) jurídico(s) – como, aliás, registra expressamente o art. 128 c/c art. 460 do CPC,[315] a redundar que alterado o fato jurídico (passando a ser, *v.g.*, o adultério), há diversa *causa petendi*, e por consequência, nova demanda poderá ser proposta (mesmo que mantida a identidade de partes e até de pedido).

Por isso que quando o art. 131 do CPC, ao aludir que na apreciação livre da prova, pode o julgador levar em consideração as circunstâncias e os fatos constantes nos autos ainda que não alegados pelas partes, temos, em respeito ao princípio dispositivo em sentido material ou próprio, que está autorizando a utilização, *ex officio* pelo julgador, tão somente de algum fato simples relacionado ao fato jurídico apontado expressamente na exordial, e não propriamente de fatos jurídicos autônomos não apresentados pela parte demandante.[316] Tal ponderação, fica agora mais fácil de constatar, é possível em sistema processual que adota a teoria da substanciação, preocupado, com o material fático aportado pelas partes, e não própria e exclusivamente com a relação jurídica concreta havida entre elas; resultando daí que os fatos (jurídicos) não aportados pelas partes não podem ser tomados em consideração pelo juiz naquela demanda, tão somente em outra – se assim demonstrar interesse a parte autora, com o ajuizamento de nova ação judicial.[317]

A discussão, nos limites sobreditos, aponta com maior visibilidade para a matéria que realmente deva ser abrangida pela coisa julgada material (seus limites objetivos),[318] já que os fatos simples, relacionados ao fato jurídico discutido no feito (embriaguez habitual), que poderiam ser alegados pela parte e até mesmo reconhecidos pelo juiz com base nas provas aportadas ao feito, mas ali não foram, não poderão ser em outra demanda (*eficácia preclusiva da coisa julgada material*),[319] o que não importará, como visto, na impossibilidade de serem alegados,

---

[315] DINAMARCO, Cândido Rangel. *Fundamentos do direito processual moderno*. Tomo II. 5ª ed. São Paulo: Malheiros, 2000, p. 930 e 934.

[316] ALVIM, Arruda. *Manual de direito processual civil*. Vol. 1. 6ª ed. São Paulo: RT, 1997, p. 390/393 e 409/419; WAMBIER, Teresa Arruda Alvim. *Omissão judicial e embargos de declaração*. São Paulo: RT, 2005, p. 173/177.

[317] SCHÖNKE, Adolfo. *Derecho procesal civil*. 5ª ed. Trad. por L. Pietro Castro. Barcelona: Bosch, 1950, p. 81 e 166.

[318] Em outras palavras, Sydney Sanches com acerto dizia que em torno do objeto litigioso do processo é que se analisará a formação da litispendência e os limites objetivos da coisa julgada (SANCHES, Sydney. "Objeto do processo e objeto litigioso" in *Ajuris* n° 16 (1979): 146/156).

[319] "La qualificazione giuridica operata dal giudice, cioè quella conclusione-sintesi che è la sua sentenza, comprende lo stato di fatto invocato. Su uno stato di fatto identico non può essere fondata nessun'altra pretesa uguale. E in forza dell'autorità della cosa giudicata (o di uma istituzione supplementare), è preclusa anche la riproposizione dei fatti no invocati specificamente ma appartenenti allo stato di fatto oggetto del giudizio" (HABSCHEID, Walther J. "L'oggeto del processo nel diritto processuale civile tedesco" in *Rivista di Diritto Processuale* n° 35 (1980): 454/464. Trad. por Ângela Loaldi).

em ulterior demanda, fatos simples relacionados a outro fato jurídico não desenvolvido na demanda originária (*v.g.*, adultério).

Cabe por isso, conclui-se, atenta exegese articulada do art. 469, I, do CPC com o que dispõe o art. 474 do CPC, já que mesmo se sustentando que isoladamente os motivos da sentença, pertinentes ao plano fático, não fazem coisa julgada, vindo a integrar indiretamente o dispositivo sentencial (quando constituem o seu "precedente lógico necessário", nas palavras de Carnelutti,[320] e especialmente identificam o real alcance do tema travado entre os litigantes[321]), podem ser decisivos para a fixação *dos limites objetivos da coisa julgada material*, ao menos no nosso sistema processual (que adota a teoria da substanciação, e que por isso os tem, por regra, como verdadeiro cerne da *causa petendi*).

3.6.9. Sintética conclusão quanto aos fenômenos da coisa julgada material e preclusão. A situação excepcional dos despachos de mero expediente (art. 504 do CPC)

Em apertadíssima síntese do que ficou registrado nessas últimas linhas, confirma-se que a preclusão é fenômeno próprio do processo em que verificada, produzindo, por regra, efeitos dentro do mesmo processo (eficácia interna, endoprocessual ou primária), não sendo ademais restrita sua aplicação diante de decisão interlocutória não ou ineficazmente impugnada – embora nesse cenário seja mais lembrada. Engloba, o instituto, o que se tem por coisa julgada formal (conceito jurídico inútil) e é pressuposto para a caracterização da coisa julgada material, diante de sentenças definitivas – esta sim verdadeira coisa julgada que projeta seus plenos efeitos para fora do processo; podendo ainda se falar, em limites restritivos, de uma eficácia preclusiva da coisa julgada material (eficácia externa, panprocessual ou secundária).

Diga-se, por derradeiro, sobre o tema, que nem a coisa julgada, nem a preclusão atuam sobre os despachos de mero expediente (art. 162, § 3°, do CPC), já que tais atos, em princípio, não ferem direitos ou interesses das partes (razão pela qual inclusive contra eles não são cabíveis recursos, nos termos do art. 504 do

---

[320] Interessante que ao tratar da "máxima" de que os motivos não fazem coisa julgada, o processualista italiano deixa bem claro, lá nos idos da década de 30, que "questa è pero una massima da prendere con grande cautela" (CARNELUTTI, Francesco. *Lezioni di Diritto Processuale Civile*. Vol. IV. Padova: CEDAM, 1933, p. 432/433). Na mesma direção, o jurista colombiano Devis Echandía explicita que "generalmente se dice que la cosa juzgada está contenida en la parte resolutiva y dispositiva de la sentencia, pero esta afirmación tiene un valor relativo" (DEVIS ECHANDÍA, Hernando. Tomo II. *Teoria General del proceso*. Buenos Aires: Editorial Universidad, 1985. p. 595), por aqui, apontando para a possibilidade de melhor compreensão da máxima, Pontes de Miranda: "seria um erro crer-se que a coisa julgada só se induz das conclusões; as conclusões são o cerne, porém os fundamentos, os motivos, podem ajudar a compreendê-la" (PONTES DE MIRANDA, Francisco Cavalcanti. *Código de Processo Civil comentado*. Tomo V. Rio de Janeiro: Forense, 1974, p. 153).

[321] Nesses termos é o posicionamento de Edson Ribas Malachini, que cita, dentre outros, acórdão do TRF-4ª Região, j. em 26/07/2000 em que expressamente se utiliza a expressão "dispositivo indireto" (da sentença) para fazer alusão à fundamentação contida no *decisum* importante para determinar o alcance da sua parte dispositiva (MALACHINI, Edson Ribas. "Inexatidão material e 'erro de cálculo' – conceito, características e relação com a coisa julgada e a preclusão" in *Revista de Processo* n° 113 (2004): 208/245).

CPC)[322] – de modo que podem, em tese, ser revistos/revogados, a qualquer tempo, pelo juiz.

4. Modalidades de preclusão

4.1. Introdução: a classificação tripartida de Chiovenda. Opção pela inaplicação da modalidade "preclusão ordinatória" de Riccio

Encerrando a parte inicial necessariamente extensa, em que se examinam, dentro do modelo proposto de *sedimentação dogmática*, as noções fundamentais do instituto da preclusão, deve-se a partir daqui, de maneira individualizada, expor a classificação das preclusões – a incidir sobre a figura das partes, mas também sobre a imagem do Estado-juiz.

Ao desenvolver, em maiores detalhes, a definição do instituto, Chiovenda, com clareza, já identificava as três genéricas espécies possíveis de preclusão, quais sejam, a temporal, a lógica e a consumativa. São suas palavras:

> Entendo por preclusão a perda, ou extinção, em consumação de uma faculdade processual que se sofre pelo fato: a) de não haver observado a ordem assinalada por lei para seu exercício, como os termos peremptórios ou a sucessão legal das atividades e das exceções; b) ou de haver realizado uma atividade incompatível com o exercício da faculdade, como a apresentação de uma exceção incompatível com outra ou a prática de um ato incompatível com a intenção de impugnar uma sentença; c) ou de haver já exercitado validamente uma vez a faculdade (consumação propriamente dita).[323]

Seguindo-se essas linhas no Brasil, adotou-se, em geral, tanto no cível (*v.g.* José Frederico Marques e Arruda Alvim) quanto no crime (*v.g.*, Tourinho Filho e Luiz Flávio Gomes), a classificação tripartida. No entanto, fugindo à regra, Celso Agrícola Barbi, discutindo os critérios anunciados por Chiovenda, entende que "parece acertado tomar como base três tipos fundamentais: 1) as derivas da perda de uma faculdade, por não ser exercida no tempo devido; 2) as derivadas da extinção de uma faculdade, por já ter sido utilizada uma vez (consumação); 3) as derivadas de ato do juiz (decisão sobre questões)".[324]

---

[322] "(Os despachos de mero expediente) são atos de puro e simples impulso processual, como os que o órgão judicial pratica quando assina prazo a qualquer das partes para falar nos autos, ordena a remessa destes ao contador, manda proceder à anotação de reconvenção ou de intervenção de terceiro pelo distribuidor, designa dia, hora e lugar para ouvir a parte ou a testemunha impossibilitada de comparecer à audiência. Todos esses atos são irrecorríveis, ex vi do art. 504. A classe, aliás, sofreu sensível esvaziamento em conseqüência do acréscimo de um § 4° ao art. 162 (Lei n° 8.952/94), a cuja luz 'os atos meramente ordinatórios, como a juntada e a vista obrigatória, independem de despacho, devendo ser praticados de ofício pelo servidor e revistos pelo juiz quando necessário'" (BARBOSA MOREIRA, J. C. *Comentários ao código de processo civil*. Vol., 5, arts. 476 a 565. 12ª ed. Rio de Janeiro: Forense, 2005, p. 246 e 350/352).

[323] CHIOVENDA, Giuseppe. *Instituições de direito processual civil*. Vol. III, notas de Enrico Tullio Liebman. 3ª ed. São Paulo: Saraiva, 1969, p. 156.

[324] BARBI, Celso Agricola. "Da preclusão no processo civil", in *Revista Forense*, 158 (1955): 63/64.

Com a devida vênia, temos que se fosse para oferecer essa classificação como solução, seria oportuno Barbi manter o modelo de Chiovenda, já que na exposta formulação do crítico encontramos dois prováveis problemas: não há qualquer referência à preclusão lógica, sendo tão somente contempladas as hipóteses de preclusão temporal (ponto n° 1) e consumativa (ponto n° 2);[325] e, principalmente, é incompleta a concepção de preclusão consumativa, trazida à tona no seu ponto de n° 2, já que aquela modalidade de preclusão engloba não somente atos das partes, mas também do juiz – podendo, assim, perfeitamente o seu ponto de n° 3 ser inserido no de n° 2.

Por outro lado, há de se saudar na classificação a não limitação, no trato da preclusão consumativa, dos casos de sua incidência somente no exercício válido de uma faculdade processual. De fato, pelo modelo de Barbi, diversamente de Chiovenda, opera-se a preclusão consumativa pelo fato de a parte já ter se utilizado de uma faculdade processual, exercida válida ou invalidamente.[326]

Por sua vez, Riccio, mantendo certa fidelidade ao modelo de Chiovenda, para não macular o espaço atribuído pelo mestre peninsular à preclusão consumativa, resolveu desenvolver uma quarta modalidade, a cobrir as situações não previstas por Chiovenda em que o ato processual é efetivado, mas de modo viciado. Denominou Riccio, o fenômeno, de "preclusão ordinatória" – a justamente "nascer do irregular exercício de uma faculdade processual", configurando-se esta espécie de preclusão a "expressão típica do princípio da auto-responsabilidade da parte e responde a exigência de um ordenado desenvolvimento do processo".[327]

Na verdade, entendemos que a assim denominada *preclusão ordinatória* dilui-se na conceituação de preclusão consumativa, representando essa não só o exercício válido/preciso do ato processual (na sua forma e modo de realização), mas também as maneiras inválidas/imprecisas que podem revestir o ato. Riccio não compreende ou não aceita esse contexto negativo da preclusão consumativa, falando tão somente, para essa modalidade, de uma "consumação própria do interesse" na prática de uma faculdade validamente exercida.[328]

---

[325] Discussão específica a respeito dessa assertiva será colocada mais adiante, ao tratarmos do ponto "a concepção da preclusão lógica na esfera de abrangência da preclusão consumativa".

[326] Ainda na doutrina pátria interessante recordar, na mesma direção, o conceito de preclusão formulado por Antônio Alberto Alves Barbosa, já transcrito neste trabalho.

[327] RICCIO, Stefano. *La preclusione processuale penale*. Milão: Giuffrè, 1951, p. 14.

[328] Com semelhante compreensão, Mauricio Giannico: "Chiovenda deixou de prever as situações em que o ato é perfeitamente praticado (consumado), mas de modo viciado. Riccio enxergou essa lacuna e tratou de englobá-la em sua classificação. Todavia – e aqui reside nossa crítica –, as modalidades consumativa e ordinatória, trazidas por Riccio, exsurgem de um mesmíssimo contexto (consumação do ônus processual), não havendo razão, data maxima venia, para uma distinção, ao menos em primeiro plano (...)"; "(...) Exercitado determinado ônus processual, mesmo que de modo inválido, ainda assim está-se diante da perda da possibilidade de novamente exercê-lo" (GIANNICO, Maurício. *A preclusão no direito processual civil brasileiro*. 2ª ed. São Paulo: Saraiva, 2007, p. 126 e 52).

Embora não esteja encerrada a discussão,[329] inclinamo-nos a manter a divisão tradicional de Chiovenda, acatando visão mais ampla da preclusão consumativa, como posto por Barbi – a abarcar as situações em que o ato processual é praticado (consumado) mesmo de maneira inválida; deixando assim de ver na preclusão cunhada de "ordinatória", na forma exposta por Riccio, uma real e autêntica (quarta) espécie – ao lado da temporal, lógica e consumativa.

Ainda quanto à utilização da expressão "preclusão ordinatória", há de se registrar, criticamente, a posição peculiar de Celeste Leite dos Santos Pereira Gomes. Entende a advogada paulista – mesmo sem critério claro e eventual referência de doutrina mais abalizada no tópico – que se deveria denominar a *preclusão pro judicato* de *preclusão ordinatória*. Eis a passagem pertinente ao tema constante em seu ensaio:

> Tradicionalmente, três são as espécies de preclusão apontadas na doutrina: temporal, consumativa e lógica, podendo as mesmas atingir as partes e o juiz (preclusão pro judicato). No tocante a última assertiva, mais correto seria admitir-se a existência de uma preclusão ordinatória, dado que a própria expressão 'preclusão pro judicato' traduz uma *contradictio in terminis*.[330]

Se, de fato, como visto já nesta obra, a preclusão *pro judicato* traduz uma *contradictio in terminis* (daí cabendo, no nosso sentir, falar-se em preclusão judicial ou preclusão para o juiz), não há razão convincente para se denominar o fenômeno que impede o julgador de revisitar a qualquer tempo uma decisão por ele proferida no transcorrer do *iter* de "preclusão ordinatória". No sentido empregado por Celeste Leite estabelece-se uma confusão de nomenclatura desnecessária e imprecisa; deixando a expressão de guardar nexo direto com a perspectiva pensada por Riccio, que *a priori* tratou inicialmente da colocação da preclusão ordinatória como uma espécie do instituto, e que estaria inclusive especificamente relacionada às faculdades das partes, e não às questões do juiz – sendo muito oportuno lembrar-se que, para Riccio, no conceito de preclusão só teria espaço para o fenômeno que atinge as faculdades das partes (daí por que, como estudado, tratava o fenômeno da preclusão para o juiz como algo *sui generis*, passando a denominá-lo de *pro judicato*).

O quadro das espécies do instituto está razoavelmente compreendido na divisão tripartida, descabendo se falar em *preclusão ordinatória* seja para isolá-la mais propriamente da preclusão consumativa (criando-se, a partir daí, uma quarta modalidade), seja para utilizá-la na posição da *preclusão pro judicato* (a atuar sobre as preclusões de questões atinentes ao juiz). Ao que tudo indica, estamos aqui novamente, da mesma forma que a *coisa julgada formal*, diante de expressão

---

[329] Heitor Vitor Mendonça Sica é um dos que entende pela impossibilidade da preclusão consumativa em face de ato inválido (SICA, Heitor Vitor Mendonça. *Preclusão processual civil*. São Paulo: Atlas, 2006, p. 122/127 e 153).

[330] GOMES, Celeste Leite dos Santos Pereira. "Princípio da oficiosidade e preclusão" in *Justitia* nº 61 (1999): 228/244.

processual que mais se presta para confundir a esclarecer, trazendo ainda mais celeuma no estudo do complexo instituto e dificultando a necessária compreensão da preclusão para utilização na prática forense.

Feita essa breve introdução, vejamos, então, em pormenor, as peculiaridades de cada uma das espécies de preclusão contempladas por Chiovenda e mantidas, em linhas gerais, no período contemporâneo.

4.2. A preclusão temporal

4.2.1. Disciplina geral da modalidade

A mais usual das modalidades, a preclusão temporal, consiste na perda do direito de praticar determinado ato processual pelo decurso do prazo fixado para o seu exercício. Esse aludido "direito de praticar um ato processual" representa uma faculdade conferida às partes de se manifestarem ao longo do processo, desde o ingresso com a petição inicial (com a sua *causa petendi* próxima e remota, e o pedido), passando pela contestação (com a apresentação necessária de toda possível matéria preliminar, prejudicial e de mérito), ingressando na ativa produção probatória, e inclusive chegando à previsão do manejo de recursos, sempre na busca da defesa dos seus interesses, sob pena dos ônus decorrentes da sua inércia, em todos esses casos. Igualmente, na seara executória, até a sentença de extinção da execução, opera-se com robustez o fenômeno, sendo inúmeros os prazos preclusivos que movem avante o feito para satisfação do crédito.

A regra, esculpida no art. 183 do CPC, é de que decorrido o prazo, extingue-se o direito de praticar o ato, independentemente de manifestação judicial; assim, a natureza da decisão judicial que declarar a perda de uma faculdade processual certamente não é constitutiva[331] – daí reconhecer-se, como já exposto neste trabalho, que a preclusão normalmente se opera *ipso iure*.[332]

Além disso, é defeso às partes, nos termos do art. 182, ainda que todas estejam de acordo, reduzir ou prorrogar os prazos peremptórios; tão só admitindo a lei, de acordo com o art. 181, a alteração dos prazos dilatórios, e desde que ambos os litigantes estejam de acordo – o que está em sintonia com a letra do art. 265, II, que prevê a suspensão do processo em face da convenção de ambas as partes. Seriam peremptórios, dentre outros, o prazo para resposta do réu (arts. 241 e 297), para excepcionar (arts. 304 e 305), e para recorrer (art. 508); sendo dilatório o

---

[331] Uma consequência prática dessa assertiva é a de que pode a preclusão, sem dúvida, ser declarada de ofício, pois, nas palavras de Manoel Caetano Ferreira Filho, "esta hipótese é o menos, em relação à desnecessidade de declaração, que é o mais" (FERREIRA FILHO, Manoel Caetano. *A preclusão no direito processual civil*. Curitiba: Juruá, 1991, p. 81).

[332] Vale ainda, para fins de reforço do entendimento, a transcrição da posição de Barrios de Angelis: "De ahí que los impulsores del proceso sean las partes, el tribunal y la ley; que haya un impulso de parte, del oficio y ex lege. Este último se efectúa mediante el decurso automático de los plazos, y la determinación de las correspondientes preclusiones" (BARRIOS DE ANGELÍS, Dante. *El proceso civil – Código General del proceso*. Montevidéo: IDEA, 1989, p. 224).

prazo, *v.g.*, para falar nos autos, mesmo fixando a lei prazo para a manifestação da parte contrária, como nos arts. 398 e 327.[333]

Tratando dos *prazos peremptórios* (art. 182 do CPC) sobre os quais realmente não se deve discutir quanto à relativização da preclusão posta, Humberto Theodoro Jr. apresenta sucinta e adequada concepção ao compará-los aos *prazos dilatórios* (art. 181 do CPC), embora deixe claro a dificuldade prática de distingui-los – o que ainda hoje é objeto de discussão e dúvidas, mesmo entre os juristas de escol:[334]

> Não determinou o código um critério especial para identificar, dentro dos prazos legais, quais são os peremptórios e quais os dilatórios. Caberá pois à jurisprudência a seleção casuística dos prazos de uma e outra espécie. Há alguns prazos, todavia, que têm sua natureza já assentada dentro de um consenso mais ou menos uniforme da doutrina processualística. Com efeito, os prazos para contestar, para oferecer exceções e reconvenção, bem como o de recorrer, são tidos como peremptórios.[335]

Vê-se que os comandos contidos nos arts. 181 e 182 do CPC (cópias, respectivamente, dos arts. 153 e 154 do CPC italiano), como expressamente consta, são dirigidos estritamente às partes, não se dirigindo ao magistrado. Realmente, o juiz não incorre em preclusão temporal, por exceder os prazos que lhe sejam prefixados – daí dizer-se que recaem sobre o diretor do processo os prazos impróprios (que são normalmente tidos como "dilatórios" ou "não peremptórios" ou ainda "não preclusivos"). Realmente, quanto à nomenclatura utilizada, assevera Dinamarco, que "peremptório, na linguagem do Código (ar. 182) significa preclusivo (prazo próprio), e dilatório (art. 181) está por não preclusivo (prazo impróprio)".[336]

---

[333] ALVIM, Arruda. *Manual de direito processual civil*. Vol. 1. 6ª ed. São Paulo: RT, 1997, p. 454/457.

[334] É a posição compartilhada por Barbosa Moreira: "Apesar de propenso à formulação de definições, houve por bem o Código, justamente aqui, silenciar quanto aos conceitos de 'prazo dilatório' e 'prazo peremptório'. Isso tem dificultado a sistematização da matéria e gerado perplexidades entre os intérpretes e aplicadores da lei" (BARBOSA MOREIRA, J. C. "Sobre prazos peremptórios e dilatórios" in *Temas de direito processual*, Segunda série. 2ª ed. São Paulo: Saraiva, 1989, p. 49/60). Sobre o ponto ainda interessante a manifestação de Alcides Mendonça de Lima, que exemplifica alguns dos mais importantes prazos peremptórios: "Como o código não classificou os prazos dilatórios e os peremptórios em dispositivos especiais, não podem os mesmos ser agrupados arbitrariamente, pela influência que decorre da aplicação dos arts. 181 e 182, pela índole do prazo de recurso, o mesmo é peremptório, como a da contestação, dos embargos do devedor, etc." (LIMA, Alcides de Mendonça. *Introdução aos recursos cíveis*. 2ª ed. São Paulo: RT, 1976, p. 283).

[335] THEODORO Jr., Humberto. *Curso de direito processual*. Vol. 1. 38ª ed. Rio de Janeiro: Forense, 2002, p. 220.

[336] E diz mais: "Voltemos agora aos arts. 153 e 154 do Código italiano e veremos que o nosso contém, nos arts. 181 e 182, dispositivos substancialmente idênticos àqueles: são suscetíveis de alteração entre nós os prazos (não-preclusivos) a que a lei chama dilatórios (lá, ordinatori) e são insuscetíveis os peremptórios (na Itália, perentori)" (DINAMARCO, Cândido Rangel. *Fundamentos do processo civil moderno*. Vol. I. 5ª ed. São Paulo: Malheiros, 2000, p. 196). Na Itália bem tratou das distinções Salvatore Satta e, mais contemporaneamente, Celso Edoardo Balbi, os quais fazem interessantes observações não constantes na tradicional doutrina brasileira: os termos dilatórios (*ordinatori*), nos moldes do art. 154 do CPC, podem ser abreviados ou prorrogados, mesmo de ofício, pela vontade do juiz, e não pelo comum acordo das partes, como rege o nosso art. 181; e na sistemática italiana se fazem presentes também os *termini dilatori* (ao lado dos *perentori* e dos *ordinatori*), os quais nada têm a haver com os nossos prazos dilatórios – são, na verdade, os nominados "prazos de espera", prazos que devem transcorrer antes que a parte possa realizar um ato do processo, como os termos de suspensão, regulados no art. 298

4.2.2. Continuação: os prazos impróprios ("dilatórios" ou "não preclusivos") e a aplicação distinta sobre as figuras das partes e do juiz. A efetiva contribuição de Edoardo Balbi

Mas uma fundamental observação quanto à aplicação dos prazos impróprios (denominados também de "dilatórios" ou "não preclusivos") sobre a figura das partes e do juiz merece imediato trânsito. Se o diretor do processo realmente não possui prazo para se manifestar nos autos (não gerando o seu descumprimento qualquer consequência processual), o mesmo, no entanto, pode não se dar com os litigantes, os quais mesmo diante de prazos impróprios precisam se manifestar se não exatamente dentro do termo processual fixado, em momento razoavelmente próximo, sob pena, ocasionalmente, de o julgador decretar a preclusão e dar seguimento à marcha procedimental.

É o que se dá, por exemplo, quando o juiz fixa prazo de cinco dias para uma das partes se posicionar quanto aos documentos juntados pela outra (art. 398 do CPC), e dá-se normal andamento ao feito se após longo transcurso de tempo da intimação (*v.g.*, um mês), a parte ainda não tenha se manifestado. Por outro lado, mesmo sendo o ideal para o célere impulsionamento do feito que a parte se manifeste dentro do prazo de cinco dias fixado, certo que se trazer aos autos peça de análise dos documentos dentro de lapso temporal não excessivo (em quinze dias, *v.g.*), o julgador muito provavelmente não irá decretar a preclusão, e por consequência não irá determinar o desentranhamento da petição.

Repare-se, então, que os prazos dilatórios fixados no art. 181 do CPC não podem literalmente ser denominados de "não preclusivos", ao menos quando estivermos falando da aplicação do fenômeno sobre os atos dirigidos às partes. Nesse caso, por certo, a preclusão não se dá *ipso iure*, mas sim pode decorrer de decretação judicial (de natureza constitutiva), razão pela qual não está absolutamente correta a assertiva de que a preclusão processual atinge somente os prazos peremptórios ou próprios (art. 182 do CPC) – e por consequência comprova-se que o fenômeno nem sempre produz efeitos independente da vontade das partes e mesmo do juiz (bastando-lhe a previsão na lei processual).

Essa foi, a nosso ver, a importante contribuição de Celso Edoardo Balbi no estudo do instituto da preclusão processual – explicando-nos a situação em comento da seguinte forma:

> A circunstância de que para alguns termos a lei preveja a decadência (preclusão) significa em tal caso que o simples decurso do tempo sem que o ato seja realizado é idôneo a produzir o efeito preclusivo; a presença desta norma não exclui que no caso dos termos, a inobservância dos quais a lei não agrega expressamente efeito da decadência (termos dilatórios), se produza a perda dos poderes de realizar o ato: nessas hipóteses o efeito (perda do poder) se verifica somente quando o juiz, constatada a inobservância do termo, julgue no âmbito de sua valoração discricional, de declarar que a parte incorreu em uma situação de carência

---

(SATTA, Salvatore. *Diritto processuale civile.* 2ª ed. Padova: CEDAM, 1950, p. 153; BALBI, Celso Edoardo. *La decadenza nel processo di cognizione.* Milão: Giuffrè, 1983, p. 34/35 e 64).

de poder (...). Nos casos de termos dilatórios a decadência (prescrição) é conseqüência de um pronunciamento judicial, o qual de ofício constata a falta de observância do prazo, e tal acertamento possui eficácia retroativa, comportando a ineficácia dos atos eventualmente realizados depois do encerramento do prazo (...). O ato realizado depois do encerramento do prazo dilatório somente é admissível se o juiz não reconhece a carência de poder com a pronúncia da decadência (preclusão).[337]

Em suma, para as partes pode operar-se o fenômeno preclusivo tanto em se tratando de prazos próprios, como impróprios, sendo que nestes últimos só após manifestação judicial expressa a respeito; e para o juiz se diz que se aplicam tão só os prazos impróprios, mas na sua mais pura acepção – ou seja, não há exigência para o magistrado no sentido de cumprimento de ato dentro do termo exato fixado na lei, ou mesmo em ulterior lapso temporal razoável.[338]

Schönke bem conceitua e define o devido espaço de aplicação dos prazos próprios e impróprios, já tratando dos últimos justamente sem abranger o universo das partes:

Prazos são lapsos temporais que são fixados para a atividade processual das partes ou de um terceiro. A estes se chamam prazos em sentido estrito ou próprios, e somente a eles são aplicáveis os preceitos do Código Processual sobre prazos. A estes prazos em sentido estrito se opõe os chamados impróprios, aos que sobre tudo pertencem os lapsos de tempo dentro dos quais o juiz e os serventuários levam a cabo atos de seu cargo.[339]

Manoel Caetano Ferreira Filho leciona que os prazos assinalados para o órgão jurisdicional são realmente sempre impróprios, isto é, "o seu descumprimento não gera qualquer conseqüência processual".[340] Moniz de Aragão, a seu turno, relata que a infringência aos prazos pode ser de todo irrelevante para o juiz quanto a sua atividade no processo; "ainda que se omita não ficará impedido de agir posteriormente".[341] Dinamarco, concordando com ambos, acrescenta:

São impróprios todos os prazos fixados para o juiz, muitos dos concedidos ao Ministério Público no processo civil e quase todos os de que dispõem os auxiliares de Justiça, justamente

---

[337] Ou se preferirmos uma ideia sintética da concepção: "(...) dobbiamo ritenere che i principi valgono per ogni termine il cui mancato rispetto produce decadenza sia 'ipso iure' (termini perentori) sia a seguito di provvedimenti del giudice (termini ordinatori)" (BALBI, Celso Edoardo. *La decadenza nel processo di cognizione*. Milão: Giuffrè, 1983, p. 41, 45/46, 89 e 473).

[338] É a oportuna conclusão de Balbi, tratando agora especificamente dos prazos impróprios para o juiz: "La perdita della facoltà di compiere un atto a seguito della inosservanza di un termine processuale non può essere riferita agli atti dell'ufficio giudiziario, che deve compiere il suo dovere immediatamente, comunque il più presto possibile. Se eccezionalmente la legge pone un termine per il compimento dell'atto dell'ufficio, la sua inosservanza non produce alcun effetto sul processo e tanto meno l'impossibilità di compiere l'atto (...). Come in modo assai pertinente faceva rilevare già a suo tempo la migliore dottrina sul processo comune, per il giudice non esistono limitazioni: l'emanare provvedimenti è rimesso unicamente alla sua volontà" (BALBI, Celso Edoardo. *La decadenza nel processo di cognizione*. Milão: Giuffrè, 1983, p. 83/85).

[339] SCHÖNKE, Adolfo. *Derecho procesal civil*. Trad. por L, prieto Castro. Barcelona: Bosch, 1950. 5ª ed, p. 126.

[340] FERREIRA FILHO, Manoel Caetano. *A preclusão no direito processual civil*. Curitiba: Juruá, 1991, p. 81.

[341] ARAGÃO, E. D. Moniz. "Preclusão (processo civil)" in *Estudos em homenagem ao Prof. Galeno Lacerda*, coordenador Carlos Alberto Alvaro de Oliveira. Porto Alegre: Sergio Fabris, 1989, p. 177/178.

porque tais pessoas desempenham funções públicas no processo, onde têm deveres e não faculdades.[342]

Na mesma direção, Mauricio Giannico acrescenta que o art. 187 do CPC explicitamente autoriza os magistrados a ultrapassarem os prazos legais para a prática de atos processuais: "em qualquer grau de jurisdição, havendo motivo justificado, pode o juiz exceder, por igual tempo, os prazos que este Código lhe assina".[343] Mesmo que o jurista ainda contemporize, sustentando que isso não significa que o sistema processual seja complacente com eventuais e injustificáveis demoras na condução do processo, certo que o próprio sistema abre aqui uma porta, com forte carga subjetiva, de que possa se valer o magistrado, em inúmeras ocasiões, para justificar a demora na prestação jurisdicional.

Exemplo preciso quanto a prazo impróprio concedido ao magistrado, e em que geralmente há demora (excessiva) na prestação jurisdicional, consubstancia-se no art. 456 do CPC, o qual determina que encerrado o debate ou oferecidos os memoriais, o juiz proferirá a sentença desde logo ou no prazo de dez dias – o que, se sabe, ordinariamente inocorre.

4.2.3. As medidas tipificadas de controle de prazo dos atos processuais sob responsabilidade do juiz

No entanto, ao menos a lei prevê meios para as partes interessadas/prejudicadas tentarem coibir os excessos do julgador no que toca à demora para proferir decisão ou mero impulsionamento do feito: as denúncias à Corregedoria do Tribunal de Justiça (a partir do permissivo contido no art. 198 do CPC[344]) e principalmente, em período mais recente, a atuação do Conselho Nacional de Justiça (estabelecida pela EC n° 45/2004) devem, em tese, ajudar de alguma forma a agilização da tramitação dos processos – contribuindo para uma fiscalização mais próxima das autoridades competentes em relação ao ritmo das atividades do magistrado. Até porque, pelo que se sabe, não é adequadamente cumprido o disposto no art. 39 da Lei Orgânica da Magistratura (LOMAN – LC n° 35/1979), que determina aos juízes o dever de remeter, até o dia dez de cada mês, ao órgão corregedor compe-

---

[342] DINAMARCO, Cândido Rangel. *Fundamentos do processo civil moderno*. Vol. I. 5ª ed. São Paulo: Malheiros, 2000, p. 197.

[343] GIANNICO, Maurício. *A preclusão no direito processual civil brasileiro*. 2ª ed. São Paulo: Saraiva, 2007, p. 116.

[344] O art. 198 do CPC é o dispositivo do nosso diploma processual que autoriza qualquer das partes ou o órgão do Ministério Público poder para representar ao presidente do Tribunal de Justiça contra o juiz que excedeu os prazos previstos em lei. Diz mais o dispositivo infraconstitucional: "Distribuída a representação ao órgão competente, instaurar-se-á procedimento para apuração da responsabilidade. O relator, conforme as circunstâncias, poderá avocar os autos em que ocorreu excesso de prazo, designando outro juiz para decidir a causa". Especificamente em face de demora na prestação de serviços pelos serventuários, os dispositivos de regência são o art. 193 c/c o art. 194, ambos do CPC: "Compete ao juiz verificar se o serventuário excedeu, sem motivo legítimo, os prazos que este Código estabelece. Apurada a falta, o juiz mandará instaurar procedimento administrativo, na forma da Lei de Organização Judiciária".

tente, informação a respeito dos feitos em seu poder, cujos prazos para despacho ou decisão hajam sido excedidos.

Ademais, com esse mesmo objetivo, e em favor de uma determinada classe de pessoas, a da "terceira idade", a Lei nº 10.741/2003 (estatuto do idoso) visa a garantir andamento processual célere às partes que possuam mais de 60 anos – conferindo, este texto legal, grau maior de concretude ao comando constitucional, contido no art. 5º, LXXXVIII, o qual assegura, de maneira genérica, a todos os litigantes, no âmbito judicial e administrativo, a razoável duração do processo e os meios que garantam a celeridade de sua tramitação. Sobre a preferência ao idoso, o art. 1211-A do CPC (acrescido ao Código Buzaid pela Lei nº 10.173/2001) fazia anterior referência à idade de 65 anos, razão pela qual parece realmente ter restado revogado pela novel orientação, mais benéfica ao jurisdicionado que atinge a condição de sexagenário.[345]

Ainda se fazendo referência a dispositivos legais que possam vir a (tentar) coibir a demora do processo em razão de atitude omissiva do julgador, importante se frisar o disposto no inciso II do art. 133 do CPC, que, na linha do que regula o art. 55, parágrafo único, do CPC italiano, admite a responsabilização civil do juiz por perdas e danos quando "se recusar, omitir ou retardar sem justo motivo, providência que deva ordenar de ofício ou a requerimento da parte", sendo tais hipóteses verificadas (revela o parágrafo único do mencionado dispositivo), somente depois que a parte prejudicada, por intermédio do escrivão, requerer ao juiz que determine a providência e este não lhe atender ao pedido dentro de dez dias.[346]

Sobre o instigante tema da demora da prestação jurisdicional e direta participação omissa do julgador nesse fenômeno, José Rogério Cruz e Tucci destaca:

> É certo que o grande volume de trabalho que pesa sobre determinados órgãos do Poder Judiciário pode servir para escusar os juízes e tribunais de toda a responsabilidade pessoal decorrente do atraso no provimento das decisões, mas não suprime a responsabilidade objetiva do Estado pelo anormal funcionamento do serviço judiciário; não inibindo igualmente o direito de reação dos cidadãos contra tais delongas e tampouco permite considerá-las com 'não indevidas'; sendo incontestável que a escandalosa demora na prestação jurisdicional potencializa, além de eventual perda material, a angústia e a insatisfação do jurisdicionado que simplesmente exerceu, a tempo e hora, o seu direito de cidadania – assim é que a Corte Européia dos Direitos do Homem vem impondo, aos países membros, condenação por

---

[345] Observa-se que foi acolhido o mais atual texto legislativo, fixador da idade de 60 anos, pela Resolução nº 277, de 11/12/2003, do Presidente do STF, e pela Resolução nº 11, de 09/12/2003, do Presidente do STJ.

[346] Não vendo com muito bons olhos a disciplina legal, especialmente em face de uma modéstia eficiência prática, explica Mauro Cappelletti: "(...) Não pode o juiz ser responsabilizado por tal denegação de justiça, se a parte não tiver protocolado na secretaria pedido ao próprio juiz para obter a providência ou a não devido e não terem decorrido, sem êxito, dez dias desse protocolo (art. 55, parágrafo único do CPC). Obviamente, com essa limitação, sempre foi extremamente rara, se é que se verificou, a hipótese de que alguma parte, e mais ainda algum advogado, tivesse ousado formular dito pedido" (CAPPELLETTI, Mauro. *Juízes irresponsáveis*. Trad. por Carlos Alberto Alvaro de Oliveira. Porto Alegre: Sergio Antonio Fabris, 1989, p. 66).

desobediência do dever de assegurar aos seus respectivos jurisdicionados o desfecho do processo dentro de um prazo razoável.[347]

Focando na responsabilidade estatal pela demora na prestação jurisdicional, Cristina Ferraz, mencionando justamente o raciocínio de José Rogério Cruz e Tucci, destaca, no mesmo sentido, que a quantidade de processos a serem julgados pode servir de escusa aos juízes e tribunais pela responsabilidade pessoal proveniente do atraso nos julgamentos, mas não exclui, ao menos, a responsabilidade objetiva do Estado, prevista na CF, art. 37, § 6°, pelo anormal funcionamento do serviço judiciário.[348]

Portanto, do que foi exposto neste particular item, vê-se que mesmo não estando o Estado-juiz subordinado à preclusão temporal (*prazo impróprio ou não preclusivo na sua mais pura acepção*), a lei pátria oferece (pouco utilizados) remédios para a parte prejudicada, pela demora demasiada e injustificável do processo judicial, buscar uma indenização perante o responsável – que pode ser pessoalmente o juiz ou o Estado, via responsabilização objetiva do ente público.

Ainda a respeito, em oportuno estudo sobre o incipiente tema da responsabilização do magistrado por danos decorrentes da demorada prestação jurisdicional, Mauro Cappelletti destaca que tanto na *Common Law* como na *Civil Law* a responsabilidade civil ostenta papel bastante marginal, e por isso nas famílias jurídicas vai aparecendo sensível tendência evolutiva com a finalidade de "produzir melhor equilíbrio entre os dois valores em conflito, a independência dos juízes e o princípio democrático da responsabilidade de prestar contas por parte de todos os funcionários e subordinados do Estado". A partir daí, constrói o jurista peninsular um modelo ideal de responsabilização do magistrado, que denomina "da responsabilização social" – sistema misto no qual o julgador, pelo atraso injustificado no impulsionamento do feito, responderia na esfera civil, especialmente perante as partes litigantes envolvidas, e também na esfera disciplinar (administrativa e, em alguns casos, até penal), perante a sociedade.[349]

4.2.4. A aplicação da justa causa: exegese do art. 183 do CPC; casos práticos

Voltando-se ao enunciado no art. 183, *caput*, do CPC (regra central referente à preclusão temporal), tem-se, ao confrontá-lo com os seus §§ 1° e 2°, que a disposição não é absoluta, já que se a parte provar justa causa, o juiz deverá permitir a prática do ato no prazo que lhe assinalar (relativização da preclusão temporal). Duas grandes questões da prática forense, dentre outras, podem ser tratadas sobre

---

[347] CRUZ e TUCCI, José Rogério. *Tempo e processo*. São Paulo: RT, 1997, p. 138/142.
[348] FERRAZ, Cristina. *Prazos no processo de conhecimento*: preclusão, prescrição, decadência, peremção, coisa julgada material e formal. São Paulo: RT, 2001, p. 32.
[349] CAPPELLETTI, Mauro. *Juízes irresponsáveis*. Trad. por Carlos Alberto Alvaro de Oliveira. Porto Alegre: Sergio Antonio Fabris, 1989, p. 84, 75/76, 69, 62, 58/59 e 31.

esse viés ("justa causa"), impedindo que o formalismo exacerbado/estático prejudique o normal desenvolvimento do feito e a devida/justa solução jurisdicional:

A moléstia do advogado pode determinar a reabertura de prazo para prática do ato processual – desde que imprevisível e incapaz de efetivamente impedir a prática de determinado ato processual (inclusive recurso), defendendo a mais abalizada jurisprudência (RSTJ 42/145, 99/85; RT 613/128, 811/457, 738/324; Bol. AASP 1989/45) que exigir do causídico, vítima de mal súbito e transitório, que substabeleça a qualquer um o seu mandato, para que se elabore às pressas e precariamente (por um profissional tecnicamente menos capacitado) um ato processual, é forçá-lo a não só trair a confiança de seu constituinte (interesse privado), mas também a contribuir para a deslegitimação da decisão final (interesse público).[350]

A informação equivocada/imprecisa prestada pela rede de computadores operada pelo Poder Judiciário também deve determinar a reabertura de prazo – já que, a nosso ver, tais informações do processo, obtidas virtualmente, são oficiais e merecem por isso confiança (em nome do princípio geral de segurança), como também por induzirem as partes e seus procuradores, de boa-fé, a buscarem o acompanhamento do processo pela via virtual (evitando o acesso aos, geralmente, caóticos cartórios do foro para essa finalidade). Quanto ao ponto, a jurisprudência ainda não está pacificada, merecendo realce, a favor da tese escolhida, aresto da 1ª Turma do STJ (REsp n° 390561/PR, j. em 18/06/2002, Rel. Min. Humberto Gomes de Barros), e acórdão da 6ª Câmara Cível do TJ/RS (AI n° 70005354196, j. em 27/08/2003, Rel. Des. Carlos Alberto Alvaro de Oliveira);[351] sendo notado mais recentemente posicionamentos do Superior Tribunal de Justiça, mesmo que não unânimes, a favor de uma necessidade de mudança de paradigmas em face do fenômeno irreversível que é a *internet*.[352]

De qualquer forma, há de se ter presente a dificuldade prática de ser relativizado o fenômeno da preclusão temporal, estendendo-se um prazo processual no feito em virtude de "justa causa" – que até poder-se-ia dizer que se aproxima da expressão "motivo legítimo" de que trata o art. 181 do CPC. De fato, especialmente pela jurisprudência (a quem realmente compete o labor de limitar o âmbito de atuação do dispositivo legal), sempre fora visto com muitas reservas tais expressões consagradas no diploma processual, a não contemplar propriamente uma di-

---

[350] É antiga a orientação do Tribunal Gaúcho nessa mesma direção: "Devolução de prazo, procurador da parte hospitalizado em decorrência de moléstia súbita. Força maior comprovada. Circunstância envolvendo o outro patrono não impugnada pelo recorrido. Agravo tempestivo, provimento" (Agravo de Instrumento n° 585019656, Primeira Câmara Cível, Tribunal de Justiça do RS, Relator: José Vellinho de Lacerda, Julgado em 04/06/1985).

[351] Como não há ainda uniformização da jurisprudência sobre o assunto, destacamos a defesa da tese oposta com um julgado da 3ª Turma do STJ: "as informações trazidas pela internet têm natureza meramente informativa e não vinculativa, não podendo, pois, substituir a forma prevista em lei para contagem dos prazos processuais" (REsp n° 514412/DF, j. em 02/10/2003, Rel. Min. Antônio de Pádua Ribeiro). Em sentido contrário, também na esfera do TJ/RS, menciona-se julgado mais recente da 1ª Câmara Especial Cível: "(...) Informação processual constante do site do Tribunal na internet indicando data diversa. Irrelevância, prevalência do ato cartorário" (AC N° 70022910087, j. em 25/06/2008, Rel. Des. Miguel Ângelo da Silva).

[352] Referência especial ao EDcl nos EDcl no AgRG no Agravo n° 856148/MG, Rel, para acórdão Min. Luiz Fux, DJ 22/10/2008 – extraído da Revista Dialética de Direito Processual n° 70 (2009): 198/199.

ficuldade nem tão excepcional da parte a eventualmente ser superada.[353] Como se não bastasse, a jurisprudência da mais alta corte infraconstitucional é remansosa no sentido de dificultar a comprovação da justa causa (Precedente: REsp 623178/MA, 3ª Turma, Rel. Min. Castro Filho, DJ 03/10/2005), já que a parte prejudicada deve requerê-la e comprová-la no prazo legal para a prática do ato ou em lapso temporal razoável, assim entendido até cinco dias após cessado o impedimento, sob pena de preclusão, consoante previsão do art. 185, do CPC.[354]

4.3. A preclusão lógica

4.3.1. Disciplina geral da modalidade

A preclusão lógica é a que extingue a possibilidade de praticar-se determinado ato processual, pela realização de outro ato com ele incompatível.[355] Esta modalidade de preclusão decorre, portanto, da incompatibilidade da prática de um ato processual com outro já praticado.[356]

Há quem sustente, como Heitor Vitor Mendonça Sica, que tanto na inicial como na contestação, a preclusão lógica não se aplica, em face do ônus que, respectivamente, autor e réu têm em concentrar ataque e defesa, informados pelo princípio da eventualidade:

> A natural conseqüência da aplicação desta regra é que a demanda e a defesa possam apresentar argumentos (e requerimentos) contraditórios entre si. Mas todos eles são coordenados sob uma linha de subsidiariedade, de modo que não se nega o princípio da preclusão lógica. O mesmo se aplicará aos recursos.[357]

---

[353] Interessante entender-se esse fenômeno diretamente com a questão cultural-jurídica do nosso meio, já que na Itália, cujo CPC prevê expressamente a justa causa (*la rimessione in termini*) no art. 294, pondera-se a necessidade de mais atenta discussão sobre o tema, cogitando-se até de uma maior limitação na aplicação da justa causa, dando-se voz ao rigor e à efetividade das preclusões processuais estipuladas no texto da lei. Tais referências, embora não contem com adesão absoluta da melhor doutrina (em sentido contrário, *v.g.*: BALBI, Celso Edoardo. *La decadenza nel processo di cognizione*. Milão: Giuffrè, 1983, p. 99/101), são sensíveis em Paolo Biavati, Fabio Marelli, e em Michelle Taruffo – explicitando principalmente este último, que a *rimessione in termini* deva ser concedida com parcimônia, e tão somente quando comprovada a absoluta inimputabilidade da parte, ou de seus procuradores, da preclusão que esta requer seja atenuada (BIAVATI, Paolo. "Iniziativa delle parti e processo a preclusioni" in *Rivista Trimestrale di Diritto e Procedura Civile* n° 50 (1996): 477/512; MARELLI, Fabio. *La trattazione della causa nel regime delle preclusioni*. Padova: CEDAM, 1996, p. 138/139 e 160; TARUFFO, Michele. "Preclusioni (diritto processuale civile)" in *Enciclopedia del diritto* – Aggiornamento n° 1 (1997): 794/810).

[354] Na mesma linha do precedente aludido: AgRg no Ag 225320/SP, 6ª Turma, Rel. Min. Fernando Gonçalves, DJ 07/06/1999; AgRg no RMS 10598/MG, 5ª Turma, Rel. Min. José Arnaldo da Fonseca, DJ 04/10/1999; AgRg no Ag 227282/SP, 6ª Turma, Rel. Min. Fernando Gonçalves, DJ 07/06/1999.

[355] "El ejercicio de una facultad incompatibile con otra lógicamente anterior, supone el no ejercicio de ésta, provocando se la preclusión a su respecto" (COUTURE, Eduardo J. *Fundamentos del derecho procesal civil*. Buenos Aires: Aniceto López, 1942, p. 97).

[356] MARQUES, José Frederico. *Instituições de direito processual civil*. . Vol. 2. Campinas: Millenium, 2000, p. 347/348.

[357] SICA, Heitor Vitor Mendonça. *Preclusão processual civil*. São Paulo: Atlas, 2006, p. 150.

Entendemos, todavia, que não há de ser feita relação direta entre a preclusão lógica e o princípio da eventualidade – a ser utilizado na apresentação de matérias concentradas, e até incompatíveis, pelo autor e réu na fase inicial do feito, ou mesmo em recurso. Ocorre que, a partir do conceito firmado no parágrafo inaugural, a preclusão lógica envolve tão somente atos processuais incompatíveis realizados um na sequência do outro, e não simultaneamente na mesma peça (inicial ou contestação, ou ainda razões recursais). Por isso que, nesses casos envolvendo a regra da eventualidade, pensamos que não há espaço para aplicação da preclusão lógica, podendo, na verdade, cogitar-se da incidência da preclusão consumativa – a exigir que as partes tragam em uma determinada oportunidade todas as matérias, mesmo que incompatíveis, sob pena de não mais poderem ser apresentadas em momento processual posterior.

4.3.2. A utilização da espécie na seara recursal: o teor do art. 503 do CPC

A preclusão lógica propriamente dita, no nosso sistema processual, vem contemplada no (sempre lembrado) art. 503, o qual refere que a parte que aceitar, expressa ou tacitamente a sentença ou a decisão, não poderá recorrer.

Analisando os requisitos (negativos) de admissibilidade de um recurso, Nelson Nery,[358] alinhando-se à posição de Barbosa Moreira,[359] reconhece que os fatos extintivos do poder de recorrer são a renúncia ao recurso e a aquiescência à decisão; sendo os fatos impeditivos do mesmo poder, a desistência do recurso ou da ação, o reconhecimento jurídico do pedido e a renúncia ao direito sobre o qual se funda a ação – razão pela qual ocorrendo qualquer deles o recurso posteriormente aviado não deveria ser conhecido. Araken de Assis explica que dentre os requisitos intrínsecos do recurso compreendem-se o cabimento, a legitimidade, o interesse para recorrer e a inexistência de fato impeditivo e extintivo – encontrando-se, neste último, a renúncia, a desistência, e a aquiescência, a qual "temporalmente poderá ocorrer antes ou depois da interposição do recurso, mas sempre depois do aparecimento do ato decisório".[360]

Seriam exemplos de aquiescência (anterior), provocando a preclusão lógica para ingresso com posterior peça irresignatória, o pagamento pelo réu da quantia a que fora condenado pela sentença, e a entrega das chaves pelo locatário, na ação de despejo julgada procedente. Ademais, ato processual posterior ao ingresso com o recurso da mesma forma pode levar a preclusão lógica, acarretando o não conhecimento da irresignação – aquiescência posterior: ocorre, *v.g.*, quando

---

[358] NERY JR., Nelson. *Teoria geral dos recursos*. 6ª ed. São Paulo: RT, 2004, p. 395.

[359] BARBOSA MOREIRA, J. C. *Comentários ao código de processo civil*. Vol., 5, arts. 476 a 565. 12ª ed. Rio de Janeiro: Forense, 2005, p. 263.

[360] ASSIS, Araken de. "Condições de admissibilidade dos recursos cíveis" in *Aspectos polêmicos e atuais dos recursos cíveis de acordo com a Lei n° 9.756/98*. Coordenação de Teresa Arruda Alvim Wambier e Nelson Nery Jr. São Paulo: RT, 1999, p. 32/33.

após a interposição do recurso, a parte vencida propõe acordo, em que se sujeita a cumprir a sentença com todos os seus consectários.

O estudo da aquiescência no processo civil foi bem desenvolvido, na Itália, por Eugenio Minoli, a partir de rigorosa exegese dos dispositivos de regência no CPC de 1865 (art. 465) e no CPC de 1940 (art. 329). Explicita o jurista peninsular que a aquiescência demonstra "comportamento incompatível" do litigante ao propósito de impugnar a decisão – daí se entendendo que com sua presença restaria "extinta" ou "preclusa" a possibilidade de se irresignar com o *decisum*; podendo ser classificada a aquiescência em total ou parcial, e, mais interessante, em própria (decorrente de declaração/manifestação expressa de vontade) ou imprópria (decorrente de omissão na impugnação qualificada da decisão ou simples inércia diante do decurso de termo processual).[361]

Assim, a partir dos casos analisados e da comentada doutrina, conclui-se que o não conhecimento de um recurso (*v.g.*, apelação), interposto posterior ou anteriormente a um outro ato processual incompatível (notadamente a aquiescência – total e própria), é decorrência natural da sedimentação de uma presunção, pelo juízo, de que não há interesse recursal – quando então se diz verificar-se a preclusão lógica.

4.3.3. Continuação. Hipóteses do CPC em que necessário seus préstimos

Nesse cenário, se a Fazenda Pública passasse a cumprir imediatamente a decisão judicial de primeiro grau prejudicial aos seus interesses, haveria de se declarar a preclusão lógica, impedindo o conhecimento do recurso voluntário manejado antes ou depois da medida satisfativa da obrigação (aquiescência anterior ou posterior).

Mas, levando-se em conta a mesma situação, deveria também não ser conhecida a remessa oficial encaminhada ao segundo grau pelo juízo originário?

Para responder a pergunta deve-se ter presente a natureza jurídica da remessa oficial: se não a tratarmos como recurso, a resposta é negativa; já se admitirmos a sua natureza recursal, poder-se-ia cogitar a resposta positiva. No nosso entender, acompanhado pelo mais escorreito posicionamento jurisprudencial e doutrinário, a remessa oficial (embora também denominada de *recurso ex officio*) não é propriamente recurso, mas sim revisão de julgamento instituída pelo sistema processual (em matéria de fato e de direito), a ser realizada pela segunda instância jurisdicional independentemente da vontade das partes.[362]

---

[361] MINOLI, Eugenio. *L'acquiescenza nel processo civile*. Milão: Francesco Vallardi, 1942. Destaque para o estudo desenvolvido no Capítulo VI ("Efetti dell'acquiescenza"), p. 366/408.

[362] Extrai-se da ementa da Ação Rescisória n° 51/RJ, 1ª Sessão do STJ, Rel. Min. Geraldo Sobral, j. em 12/09/1989, a seguinte passagem: "(a) remessa *Ex Officio* indubitavelmente não é recurso e, sim, obrigatoriedade imposta ao magistrado de submeter ao duplo grau de jurisdição o decisum proferido". Galeano Lacerda, a seu turno, leciona: "O chamado recurso necessário, ou de ofício, não constitui, na verdade, uma impugnação à sentença, e sim, tão só, a modalidade que a lei impõe ao juiz para assegurar em determinados casos de interesse

E tal (ampla) revisão tem como objetivo atingir a segurança de que a sentença pronunciada contra a Fazenda Pública haja sido escorreitamente proferida, razão pela qual, concordamos com o magistério de Nelson Nery Jr.,[363] pode a remessa oficial importar inclusive reforma do julgado contra os interesses do ente público – inexistindo, na espécie, a figura da *reformatio in peius,* não obstante o teor da Súmula nº 45 do STJ, assim redigida: "no reexame necessário, é defeso, ao Tribunal, agravar a condenação imposta à Fazenda Pública".[364] [365]

Alfredo Buzaid, pioneiro no trato do tema, ainda em meados do século XX, registra que a remessa oficial (instituto sem a devida correspondência no direito comparado) não pode ser compreendida como recurso, tratando-se, na verdade, de uma "ordem legal de devolução da causa à instância superior". Daí seguir-se que a declaração judicial não pode produzir efeitos imediatamente, enquanto está sujeita a nova formulação da vontade da lei por ato jurisdicional hierarquicamente superior.[366] Aliás, a Súmula nº 423 do STF aponta justamente para essa direção, reforçando que o trânsito em julgado dá-se somente após o julgamento da remessa oficial, ao aludir que: "não transita em julgado a sentença por haver omitido o recurso 'ex-oficio', que se considera interposto 'ex-lege'".

Outro importante estudo do tema, que merece individual referência, é o ensaio de Maria Lúcia L. C. Medeiros, no qual se critica posição jurisprudencial adotada pelo STF, no RE nº 100.034/PE.[367] A aludida jurista, com acerto, registra

---

público, o duplo exame da causa, independentemente da vontade das partes, de forma a impedir, assim, o trânsito em julgado da primeira decisão. Daí o acerto do novo código em eliminar a providência do elenco dos recursos, para inclui-la, sim, no capítulo da coisa julgada" (LACERDA, Galeno. *O novo direito processual civil e os feitos pendentes.* Rio de Janeiro: Forense, 1974, p. 73).

[363] A mais destacada passagem de Nelson Nery Jr. sobre o tema é a que segue: "(...) O escopo final da remessa obrigatória é atingir a segurança de que a sentença desfavorável à fazenda pública haja sido escorreitamente proferida. Não se trata, portanto, de atribuir-se ao judiciário uma espécie de tutela à fazenda pública, a todos os títulos impertinente e intolerável. 'Conferir-se à remessa necessária efeito translativo 'pleno', porém, *secundum eventum,* afigura-se-nos contraditório e inscontitucional. Contraditório porque, se há translação 'ampla', não pode ser restringida à reforma em favor da Fazenda; inconstitucional porque, se *secundum eventum,* fere a isonomia das partes no processo" (NERY JR., Nelson. *Teoria geral dos recursos.* 6ª ed. São Paulo: RT, 2004, p. 190/191).

[364] No mesmo sentido, ainda: WAMBIER, Teresa Arruda Alvim. *Omissão judicial e embargos de declaração.* São Paulo: RT, 2005, p. 186). Em sentido contrário: ARAGÃO, E. D. Moniz de. "Revisão 'ex officio' de sentenças contrárias à fazenda pública" in *Ajuris* nº 10 (1977): 147/156.

[365] Mesmo sendo voto vencido no recente julgamento da Apelação Cível nº 70021160585 realizado pela 9ª Câmara Cível do TJ/RS, o Desembargador Odone Sanguiné aponta com correção, que "o cerne da questão não está na verificação de reformatio in peius, mas quanto à translatividade do reexame necessário. Tratando-se de remessa necessária, a devolutividade é plena, não podendo a reforma restringir-se ao benefício da Fazenda Nacional, o que seria inconstitucional por ferir a isonomia das partes" (Na sessão de 21/11/2007, em sentido contrário, pela aplicação da Súmula nº 45 do STJ, votaram o Desembargador Tasso Caubi Soares Delabary e a Desembargadora Relatora Marilene Bonzanini Bernardi).

[366] BUZAID, Alfredo. *Da apelação "ex officio" no sistema do código do processo civil.* São Paulo: Saraiva, 1951, p. 7, 36, 45 e 56, especialmente.

[367] Na ementa do julgado do STF lê-se o seguinte: "O recurso de ofício das sentenças contrárias à Fazenda Pública somente a esta aproveita, sem devolver a parte da decisão que lhe favorece, em relação à qual ocorre preclusão se a parte adversa não recorre, sob pena de *reformatio in pejus*" (1ª Turma, Rel. Min. Rafael Mayer, j. em 06/12/1983).

que o princípio da proibição da *reformatio in peius* não se aplica à remessa de ofício, a qual "permite ao Tribunal o conhecimento pleno de todas as questões versadas em primeira instância e, bem por isso, não há que se proibir o eventual agravamento da situação jurídica da Fazenda Pública". Isto porque, não se deixa de anotar, a remessa de ofício não tem natureza recursal, "é uma condição de eficácia da sentença, condição esta imposta pela lei que ordena o reexame necessário da decisão para que, somente após, esta produza seus efeitos".[368]

Em suma, quanto à análise da remessa oficial, no estudo da preclusão lógica, tem-se que mesmo que a parte demandada venha a cumprir a decisão favorável ao demandante ainda não transitada em julgado, tal situação obsta tão somente à apreciação da superior instância do recurso voluntário eventualmente manejado pela parte, mas não veda o conhecimento da remessa oficial, que, desvinculada de natureza recursal, é uma exigência imposta pelo sistema processual para que o Juízo *ad quem* revisite integralmente o teor da decisão originária – inclusive, se for o caso, para agravar a condenação imposta à Fazenda Pública.

Passemos ao enfrentamento de outra hipótese de preclusão lógica na seara recursal. Ao tratarmos da aquiescência, com a qual nos preocupamos mais intensamente até aqui, vimos que, ao lado dela, a desistência do recurso também é fator que impõe o não conhecimento da irresignação – pela falta do requisito intrínseco negativo denominado "inexistência de fato impeditivo e extintivo". Tal item revela-se da mesma forma interessante no estudo da preclusão lógica, especialmente a situação envolvendo a desistência do recurso principal e a posterior apresentação de recurso adesivo à irresignação autônoma da parte contrária.

Nelson Nery Jr. e Rosa Maria de Andrade Nery entendem que a desistência do recurso principal não se comunica ao poder de recorrer adesivamente; assim, "a parte que desistiu do recurso principal pode, à vista do recurso da parte contrária, interpor recurso adesivo".[369] Da mesma forma, posiciona-se Barbosa Moreira, para o qual "(...) o efeito preclusivo cede diante da regra especial do art. 500, caput, 2ª parte, que, sem restrição de espécie alguma, reabre ao litigante parcialmente vencido a possibilidade de impugnar por sua vez a decisão, em verificando que dela recorrera o adversário".[370]

Não nos parece, contudo, seja essa a solução mais acertada, já que se houve desistência do recurso principal pela parte, revela ela desinteresse na apreciação de qualquer dos temas, objetos da irresignação, pela superior instância – não podendo a parte voltar atrás na sua decisão, trazendo via recurso adesivo as mesmas matérias que compunham o recurso autônomo de que já desistiu. Eis aqui o espaço

---

[368] MEDEIROS, Maria Lúcia L. C. "Recurso 'ex officio' – 'reformatio in pejus'" in *Revista de Processo* n° 61 (1991): 302/313.
[369] NERY JR., Nelson; NERY, Rosa Maria de Andrade. *Código de processo civil comentado e legislação extravagante*. 9ª ed. São Paulo: RT, 2006, p. 720.
[370] BARBOSA MOREIRA, J. C. *Comentários ao código de processo civil*. Vol. 5, arts. 476 a 565. 12ª ed. Rio de Janeiro: Forense, 2005, p. 336.

próprio de atuação da preclusão lógica, impondo o não conhecimento do adesivo. Nesse diapasão, Paulo Cezar Aragão, em monografia específica sobre o recurso adesivo, expõe justamente que não se pode oferecer um segundo recurso de espectro e formas iguais ao do desistido, reavivando-se, em ulterior irresignação, os capítulos da decisão objeto da desistência.[371]

Ainda, no trato da matéria recursal e os efeitos da aquiescência, desistência ou até renúncia ao recurso, cabe breve referência aos casos de litisconsórcio unitário e ao Ministério Público.

Quanto ao litisconsórcio unitário, diga-se que embora ocorra a preclusão lógica para um dos litisconsortes, é ela ineficaz, caso dessa atitude discordem os demais, já que para eles a sorte no plano do direito material deve ser a mesma – assim, se um dos litisconsortes unitários renuncia/desiste ou demonstra aquiescência com o julgado, o recurso manejado pelo outro pode ser conhecido, e se provido, este resultado aproveitará o renunciante.[372]

No que toca ao Ministério Público e a indisponibilidade da ação civil pública, tem-se que é vedado ao *Parquet* renunciar ao direito material discutido em juízo, mas não a faculdades processuais que não se confundem com a própria discussão meritória, já que não está obrigado, por lei, a recorrer da decisão que não tenha acolhido seu inicial pedido – podendo então o Ministério Público, ao menos, renunciar ao poder de recorrer, prévia ou posteriormente à prolação da decisão, assim como também lhe é lícito desistir do recurso por ele já interposto.[373]

4.3.4. Outras hipóteses no CPC fora do âmbito recursal

Outro exemplo de preclusão lógica para as partes, constante no CPC, embora menos lembrado, vem esculpido no art. 117, *in verbis:* "não pode suscitar conflito a parte que, no processo, ofereceu exceção de incompetência". Ou seja, decorre a preclusão, *in casu*, de uma, presumida falta de interesse da parte ré em suscitar o conflito, à medida que teve a oportunidade processual de se manifestar sobre a matéria da competência e optou por opor a exceção declinatória de foro, via arguição da incompetência relativa do juízo a que foi dirigida a petição inicial. A parte, pois, deve optar por um dos dois caminhos processuais para atingir o seu

---

[371] ARAGÃO, Paulo Cezar. *Recurso adesivo*. São Paulo: Saraiva, 1974, p. 56/60.

[372] Na espécie, vale a lição de Liebman para efeitos exegéticos restritivos referentes ao fenômeno da aquiescência: "o efeito da aquiescência é meramente processual e consiste na preclusão da impugnação que seria possível propor se a aquiescência não tivesse sido dada. Naturalmente, ela ocorre apenas em relação à parte que prestou aquiescência, e tem por objeto apenas a impugnação a que renunciou, quando seja possível propor mais de uma e a aquiescência tenha tido um objeto específico" (LIEBMAN, Enrico Tullio. *Manual de direito processual civil*. Tocantins: Intelectus, 2003, Vol. 3, p. 33).

[373] Para a hipótese, aplicam-se as palavras de Nelson Nery Jr.: "a indisponibilidade da ação civil pública termina com a prolação da sentença. O Ministério Público não é obrigado a recorrer, quando a sentença não acolha o seu alvitre naquele pronunciamento, pode, portanto, desistir do recurso já interposto, bem como renunciar ao poder de recorrer prévia, ou posteriormente, à sentença. O mesmo se pode dizer das ações onde o Ministério Público intervém como fiscal de lei ou curador especial" (NERY JR., Nelson. *Teoria geral dos recursos*. 6ª ed. São Paulo: RT, 2004, p. 412).

desiderato (conflito de competência ou exceção de incompetência) – visando a regra a impedir que uma das partes venha a provocar reiteradas suspensões do feito, de modo a retardar o seu normal andamento.[374]

Ainda em matéria de competência envolvendo a preclusão lógica, a devida exegese do art. 304 do CPC indica que o autor não pode opor exceção de incompetência na fase postulatória, já que foi ele quem escolheu o foro jurisdicional ao tempo de ingresso com a ação. Este foi o posicionamento adotado pela Câmara Especial do Tribunal de Justiça de São Paulo, ao enfrentar o Conflito de Competência n° 30857-0 (Rel. Des. Dirceu de Mello, j. em 04/07/1996), em que restou sedimentado ser incabível ao autor pretender deslocar o foro para Comarca outra, afastando aquele onde o próprio demandante propôs a causa, pois equivaleria a demandar consigo mesmo.[375]

Em relação à figura específica do réu, João Batista Lopes, ao tratar da "casuística da preclusão", bem revela para mais uma hipótese de ocorrência da preclusão lógica: trata-se do demandado que ao apresentar defesa não pode, posteriormente, nomear a autoria, porque entre os atos existe flagrante conflito.[376] É que, nos termos do art. 62 e ss. do CPC, aquele que detiver a coisa em nome alheio, sendo-lhe demandado em nome próprio, deverá nomear a autoria o proprietário ou o possuir, deixando de contestar o feito – até porque o art. 67 é expresso ao garantir que quando o autor recusar o nomeado, ou quando este negar a qualidade que lhe é atribuída, assinar-se-á ao nomeante (réu originário) novo prazo para contestar. Por isso, se o réu não se vale do seu direito inicial de, deixando de contestar a demanda, nomear a autoria outrem, não pode mais assim agir depois – tendo atuado como verdadeiro proprietário ou possuidor da coisa, apresentando imediatas razões contestacionais.

4.3.5. A possível incidência da modalidade para o juiz

Embora a maioria da doutrina faça referência à preclusão lógica e a sua exclusiva importância para os atos processuais desenvolvidos pelas partes – chegando a se sustentar que "pela posição que ocupa no processo (o magistrado), é inimaginável alguma situação de preclusão lógica",[377] temos que é sim viável se pensar na hipótese, sob a perspectiva de que é vedado ao magistrado desrespeitar as disposições processuais vigentes, tumultuando o procedimento com decisões incompatíveis de impulsionamento.

---

[374] STJ, 2ª Seção, Conflito de competência n° 17.588/GO, Rel. Min. Sálvio de Figueiredo, j. em 09/04/1997 (RSTJ 98/191).

[375] Íntegra do acórdão pode ser extraída da *Revista Oficial do Tribunal de Justiça do Estado de São Paulo* n° 182 (1996): 267/268.

[376] LOPES, João Batista. "Breves considerações sobre o instituto da preclusão" in *Revista de Processo* n° 23 (1981): 45/60.

[377] BUTTENBENDER, Carlos Francisco. *Direito probatório, preclusão e efetividade processual*. Curitiba: Juruá, 2004, p. 131.

Aliás, ressalta Moniz de Aragão[378] justamente a necessidade da sujeição do juiz em respeitar a "sequência legal", pois a noção de procedimento assenta numa marcha para a frente, que afasta a possibilidade de retrocessos, causadores da inversão tumultuária dos atos e fórmulas da ordem legal dos processos. Da mesma forma, Luiz Rodrigues Wambier considera ser a preclusão que atinge o juiz geralmente a consumativa, mas admite que excepcionalmente pode-se suceder a preclusão lógica. E exemplifica: "se o juiz, em vez de exercer juízo de retratação no agravo, dá cumprimento à decisão agravada, fica-lhe preclusa a possibilidade de se retratar depois".[379]

Esse também é o exato raciocínio externado por Daniel Amorim Assumpção Neves, que para confirmar a possibilidade de configuração da preclusão lógica para o juiz desenvolve hipótese abrangendo o art. 46, parágrafo único, do CPC. Por este dispositivo infraconstitucional o julgador está autorizado a limitar o litisconsórcio facultativo, quanto ao número de litigantes, sempre que perceber que o grande número de sujeitos num dos polos da demanda possa comprometer a adequada e célere solução do litígio. Tal limitação, no entanto, deve ser fixada na fase inaugural do litígio, não sendo lógico e crível que o diretor do processo venha em meio à fase instrutória pretender limitar o número de litigantes, desmembrando a demanda em várias outras. Nesse caso, registra o jurista nominado:

> (...) estaríamos diante de uma preclusão lógica por fase do processo, já que os atos praticados anteriormente pelo juiz criaram um desenvolvimento tal do procedimento que, naquele momento processual, é logicamente incompatível com todos esses atos o reconhecimento de número excessivo de litigantes com o consequente desmembramento.[380]

Pensando, com base na fundamentação supra, em mais um exemplo prático que contemple a situação de preclusão lógica para o juiz, veja-se a hipótese em que o autor em réplica, além de impugnar a matéria contestacional e os documentos acostados pelo réu, requereu justificadamente, repisando expressamente os termos da exordial, prova oral, inclusive já juntando o rol de testemunhas a serem ouvidas; tendo o juiz apreciado o pedido e deferida a produção de prova oral (tácita ou expressamente admitindo os fundamentos apontados pela parte requerente da prova), ficaria precluso (logicamente) para o julgador, sem novas circunstâncias justificadoras, intimar posteriormente o demandante, para melhor explicar as razões pelas quais seria necessária a audiência de instrução e julgamento, sob pena de assim não fazendo, vir a ser suspensa a oitiva das testemunhas. Repara-se que a hipótese desenvolvida não é nada estapafúrdia, especialmente pelo fato de não raro assumir provisoriamente a direção do processo, em meio a seu andamento,

---

[378] ARAGÃO, E. D. Moniz. "Preclusão (processo civil)" in *Estudos em homenagem ao Prof. Galeno Lacerda*, coordenador Carlos Alberto Alvaro de Oliveira. Porto Alegre: Sergio Antonio Fabris, 1989, p. 178.

[379] WAMBIER, Luiz Rodrigues. *Curso avançado de direito processual civil*. 8ª ed. São Paulo: RT, 2006, p. 195.

[380] NEVES, Daniel Amorim Assumpção. *Preclusões para o juiz:* preclusão pro iudicato e preclusão judicial no processo civil. São Paulo: Método, 2004, p. 42/43.

um juiz substituto – o qual teria o compromisso de atentar para os óbices impostos pela preclusão lógica ao tempo de iniciar a despachar no feito.[381]

Para essas hipóteses de celeuma processual decorrente de ato judicial que estaria fulminado pela preclusão lógica, temos que além da possibilidade da interposição de agravo para combater decisão interlocutória gravosa, cristaliza-se a importância de uma medida (não catalogada no rol dos recursos do *Codex*) capaz de ser invocada para evitar justamente o tumulto no processo causado, entre outras hipóteses, pela produção de atos contraditórios levados a efeito pelo julgador em meros despachos de expediente. Tal medida seria a correição parcial ou reclamação, prescrita inicialmente no CPC do antigo Distrito Federal, hoje presente nos Regimentos Internos das Cortes, e que visa a impedir, ou a corrigir, a inversão tumultuária da ordem legal dos processos – decorrentes de um *error in procedendo*. A finalidade da correição parcial é, portanto, fazer com que o Tribunal corrija o ato que subverteu a ordem procedimental, de modo a colocar o processo novamente nos trilhos.[382] Se a correição parcial, inclusive pela sua falta de tipificação legal, pode ser considerada um mal, pior, porém, é a manutenção de uma situação ilegal irreparável, geradora de iniquidades e revoltas.[383]

Por fim, poder-se-ia até cogitar, de a parte prejudicada tentar se valer dos aclaratórios (a partir de uma exegese extensiva do teor do art. 535 CPC), utilizando medida judicial tipificada para evitar lesão que possa causar uma conduta contraditória (manifestamente equivocada/ilógica) do julgador. Nesse sentir, dentre os arestos do STJ que vêm admitindo a utilização dos embargos para correção de erro/equívoco (evidente) de procedimento, encontra-se o REsp nº 48981/GO (4ª Turma, Rel. Min. Barros Monteiro, j. em 16/08/1994), em que ao tratar do *error in procedendo* (questão tipicamente processual) provocado pelo julgador que não abriu vista a uma das partes de documentação juntada aos autos, reconhece que se tem admitido o uso de embargos declaratórios com efeito modificativo do julgado em caráter excepcional, quando manifesto o equívoco havido.[384]

4.4. A preclusão consumativa

4.4.1. Disciplina geral da modalidade

Encerrando a classificação das modalidades do fenômeno, apresentamos a partir deste momento a preclusão consumativa, a qual se origina do fato de já ter sido praticado um ato processual, não importando se com total êxito ou não, des-

---

[381] O TJ/RS deparou-se com situação até mais grave, ao acabar anulando sentença, por cerceamento de defesa em face de julgamento antecipado da *lide*, ao passo que o juiz substituto, em meio à fase instrutória, impediu produção de prova oral antes considerada indispensável pelo juiz titular, ao tempo da lavra do saneador (Apelação Cível nº 70023927841, Nona Câmara Cível, Relator: Tasso Caubi Soares Delabary, Julgado em 10/09/2008).

[382] NERY JR., Nelson. *Teoria geral dos recursos*. 6ª ed. São Paulo: RT, 2004, p. 85.

[383] LIMA, Alcides de Mendonça. *Introdução aos recursos cíveis*. 2ª ed. São Paulo: RT, 1976, p. 238.

[384] Em semelhante sentido: EDcl nos EDcl nos EDcl no REsp 287754/SC, 5ª Turma do STJ, Rel. Min. Laurita Vaz, j. em 16/02/2006.

cabendo a possibilidade de, em momento ulterior, tornar a realizá-lo, emendá-lo ou reduzi-lo. Como tivemos a oportunidade de externar ao tratar da inutilidade da espécie "preclusão ordinatória", essa é uma concepção mais alargada da modalidade, se comparada com o modelo proposto por Chiovenda (e acolhido por Riccio), que previa a consumação relacionada tão somente à prática já realizada de um ato processual válido.

4.4.2. A concepção da preclusão lógica na esfera de abrangência da preclusão consumativa

Há quem sustente, com razoável fundamentação, que a preclusão lógica sob certo prisma seria também consumativa, embora produza efeitos que transcendam o ato. Teresa Arruda Alvim Wambier esclarece: "há preclusão para pretensa nova prática do mesmo ato e também de outro incompatível com o que foi praticado".[385] Na mesma direção, pondera Arruda Alvim:

> A preclusão lógica, rigorosamente, é também consumativa. Vale dizer, a circunstância de a prática de um ato processual se ter verificado envolve consumação. Tal consumação (no contexto da preclusão lógica) quer dizer que o mesmo ato não pode ser repetido e que, ainda, outro ato ou outros atos que pudessem ter sido praticados, no lugar daqueles, não mais poderão ser praticados.[386]

Partindo, pois, dessa perspectiva, possível ser compreendida a exposição de Barbi, já apontado nesta obra, quando registra ao lado da preclusão temporal, tão somente aquela derivada da perda de uma faculdade por ter sido utilizada uma vez (*consumação*). Também se pode inferir, da definição de Chiovenda a respeito das espécies possíveis de preclusão, que foi identificado pelo mestre peninsular a possibilidade de compreensão da preclusão lógica na esfera de abrangência da preclusão consumativa, já que expressamente utiliza Chiovenda a expressão "consumação propriamente dita" ao tratar da última, como se admitisse então a aproximação das espécies (lógica e consumativa) sob a mais ampla nomenclatura "consumação" (gênero).

Na Itália o assunto foi em período mais recente tratado por Guarneri, que cogitou da aproximação das modalidades, embora, a nosso ver com imprecisão, entenda que se opera o fenômeno inverso, qual seja, o de a preclusão consumativa ser abrangida pela concepção de preclusão lógica.[387] Semelhante imprecisão, no

---

[385] WAMBIER, Teresa Arruda Alvim. *O novo regime do agravo*. 2ª ed. São Paulo: RT, 1996, p. 304.

[386] ALVIM, Arruda. Manual de direito processual civil. Vol. 1. 6ª ed. São Paulo: RT, 1997, p. 466.

[387] "In altre parole, la preclusione rappresenta un'ampia categoria e racchiude in sostanza vari fenomeni che si possono riportare a loro causa: o all'incidenza del tempo sulle facoltà processuali (il caso tipico è quello del termine perentorio) oppure all'incompatibilità logica e giuridica con un altro atto precedente. Rientra ovviamente in quest'ultima situazione l'aver già un volta validamente esercitato la facoltà" (GUARNERI, Giuseppe. "Preclusione (diritto processuale penale)" in *Novíssimo Digesto Italiano*, XIII. Napoli: Utet, p. 571/577).

nosso entendimento, foi cometida pelo jurista uruguaio Barrios de Angelis, o qual tratou tão somente das modalidades temporal e lógica.[388]

4.4.3. A incidência da espécie para o juiz e para as partes: o teor dos arts. 471 e 473 do CPC

Esta espécie de preclusão vincula, sem dúvida, e de maneira frequente no processo, tanto as partes como o julgador, sendo unânime a posição de que é aqui que o termo preclusão *pro judicato* (*rectius*: preclusão para o juiz ou preclusão judicial) alcança seu mais amplo espaço.

No que toca à preclusão consumativa para o magistrado, resta deduzido que tendo emitido pronunciamento através do qual julgou alguma questão, está exaurido, por regra, seu poder de voltar ao assunto – impedindo a preclusão consumativa que reconsidere, o juiz, o ato de ofício ou através de provocação da parte prejudicada. Esse é o teor do art. 471, *caput*, do CPC, a determinar, como regra, que "nenhum juiz decidirá novamente as questões já decididas relativas à mesma lide".

Para a parte também se faz presente o fenômeno consumativo, mormente em matéria recursal, já que uma vez apresentada a peça irresignatória, esta não poderia mais ser modificada em qualquer medida, mesmo que ainda haja prazo legal viabilizador de uma emenda – por exemplo, se a parte apelou no terceiro dia do prazo, já exerceu a faculdade, de modo que não poderá mais recorrer ou completar seu recurso, mesmo que ainda não se tenha esgotado o prazo legal de quinze dias. Ademais, em face do teor do art. 473 do CPC, já tendo sido definitivamente julgada a matéria, resta vedado à parte discutir a questão controvertida, propondo nova peça irresignatória.

Ao longo do normal transcurso do *iter* processual, da mesma forma, pode-se fazer presente a preclusão consumativa para a parte – por exemplo, na fase postulatória, se o réu contestou no décimo dia do prazo, não pode reconvir ainda que dentro do prazo legal de resposta (de quinze dias), já que a reconvenção, no nosso sistema, deve ser apresentada simultaneamente com a contestação.

4.4.4. Continuação. Sete momentos processuais polêmicos e frequentes na prática forense recursal de incidência da espécie para as partes

Focando a nossa atenção na preclusão consumativa, em matéria recursal, e seus efeitos perante as partes, importante realizar nesse momento algumas objetivas observações em relação a temas polêmicos e frequentes na prática forense, tais como: o preparo do recurso, a apresentação de razões recursais, a assinatura

---

[388] "(...) Preclusión es la extinción de una situación activa procesal, por ejercicio, incompatibilidad o vencimiento del prazo destinado a su realización" (BARRIOS DE ANGELÍS, Dante. *El proceso civil – Código General del proceso*. Montevidéo: IDEA, 1989, p. 163).

da peça pelo procurador e a apresentação do instrumento de mandato, a utilização do recurso adesivo, as peças componentes do recurso de agravo de instrumento, o encaminhamento do recurso via fax, e a emenda da peça de embargos à execução – atual impugnação à execução.

a) Quanto ao preparo recursal, perfilhamo-nos à corrente que entende pela ocorrência de preclusão consumativa no caso de interposição de recurso e posterior preparo mesmo que dentro do prazo (deserção, art. 511, *caput*, CPC), salvo comprovação de justo impedimento (art. 519 c/c art. 183, § 1°, do CPC), já que a guia de pagamento é compreendida como documento essencial à interposição da irresignação à superior instância, e, por conseguinte, interpor um recurso sem as formalidades imprescindíveis seria igual a não interpô-lo.[389]

Esse é o entendimento de Rosa Maria Andrade Nery, de Nelson Nery Jr., de Araken de Assis, de Lauro Laertes de Oliveira, e de Athos Gusmão Carneiro.[390] Em sentido contrário, entendendo pela possibilidade de realização do preparo em momento posterior ao da interposição do recurso, e desde que dentro do prazo legal do mesmo, encontram-se as respeitáveis opiniões de Humberto Theodoro Jr. e Barbosa Moreira.[391]

Mesmo entendendo que, "(de lege ferenda) a melhor solução fosse admitir que o recurso pudesse ser preparado mesmo depois da interposição, desde que ainda dentro do respectivo prazo",[392] na hipótese a relativização da aplicação da preclusão consumativa só poderia mesmo, como sugere Ferreira Filho, ser projetada em face de futura alteração legislativa que viesse a dispor de maneira diversa quanto ao teor do art. 511 do CPC.

Até que não ocorra a aludida reforma, destaca João Batista Lopes, "importa ressaltar que a norma em exame tem caráter cogente e, por isso, não pode ser modificada por vontade das partes, nem por provimentos ou outros atos administrativos".[393] Entendemos, portanto, que aqui há limite intransponível para a rela-

---

[389] Situação diversa é a regulada no § 2° do mesmo art. 511, que prevê a possibilidade de complementação do preparo, em caso da insuficiência no valor do preparo realizado ao tempo do ingresso com a medida recursal. Nessa hipótese, a parte recorrente será intimada para, no prazo preclusivo de cinco dias, realizar a complementação, sob pena de deserção.

[390] NERY, Rosa Maria Andrade. "Preparo e preclusão consumativa", in *Reforma do Código de Processo Civil*, coordenador Min. Sálvio Figueiredo Teixeira. São Paulo: Saraiva, 1996, p. 637/641; NERY JR., Nelson. *Teoria geral dos recursos*. 6ª ed. São Paulo: RT, 2004, p. 425/428; ASSIS, Araken de. "Condições de admissibilidade dos recursos cíveis" in *Aspectos polêmicos e atuais dos recursos cíveis de acordo com a Lei n° 9.756/98*. Coordenação de Teresa Arruda Alvim Wambier e Nelson Nery Jr. São Paulo: RT, 1999 p. 45; OLIVEIRA, Lauro Laertes de. "Da preclusão consumativa do preparo das custas recursais" in *Ajuris* n° 66 (1996): 258/260; CARNEIRO, Athos Gusmão. *O novo recurso de agravo e outros estudos*. Rio de Janeiro: Forense, 1996, p. 50/51.

[391] THEODORO JR., Humberto. "A preclusão no processo civil" in *Revista Jurídica* n° 273 (2000): 5/23. Especialmente p. 10/11; BARBOSA MOREIRA, J. C. *Comentários ao código de processo civil*. Vol. 5, arts. 476 a 565. 12ª ed. Rio de Janeiro: Forense, 2005, p. 391/394.

[392] FERREIRA FILHO, Manoel Caetano. *Comentários ao código de processo civil*. Vol. 7, arts. 496 a 565. São Paulo: RT, 2001, p. 76.

[393] LOPES, João Batista. "Preparo do recurso e preclusão consumativa" in *Repertório IOB de Jurisprudência* n° 11 (1996): 193/194.

tivização do formalismo da lei processual, em face da transparência e do caráter cogente do dispositivo.

Valendo-se de semelhante raciocínio, figura-se o posicionamento da jurisprudência majoritária, a considerar como ato único o de ingressar com o recurso e de realizar o devido preparo – TJ/RS, Apelação Cível n° 70020959656, j. em 08/11/2007; TJ/RS, Agravo de Instrumento n° 70022596431, j. em 17/12/2007;[394] STJ, REsp n° 659045/ES, j. em 07/03/2006; e STJ, AgRg no Agravo de Instrumento n° 471502/RJ, j. em 26/10/2006.[395] Mais recentemente, o Min. César Asfor Rocha, em decisão monocrática (DJ 21/10/2008, Embargos de Divergência em Agravo n° 881.907/MG[396]), ratificou a tese ora acolhida, com menção expressa ao dispositivo supra-invocado, como também à resolução n° 01/2008-STJ.[397]

Mesmo assim, atento para a dificuldade do tema, chamou-nos a atenção a abordagem realizada por Athos Gusmão Carneiro: preocupado com a possibilidade de um melhor direito restar preterido em homenagem a um descumprimento de formalidades estabelecidas (que levariam a deserção), defende a opinião de que os recursos não deveriam ser preparados, justamente para evitar problemas dessa ordem, devendo ser cobradas do vencido, ao final, as custas acarretadas por eles.[398] Além disso, no que pertine especificamente ao recurso de agravo de instrumento sustenta o jurista que a dispensa do preparo deveria abrangê-lo, máxime em se considerando que passou a ser processado diretamente no Tribunal.[399]

---

[394] "O preparo do apelo deve ser comprovado na sua interposição, pena de deserção – preclusão consumativa. Apelação não-conhecida. Unânime". (Apelação Cível n° 70020959656, Décima Câmara Cível, Tribunal de Justiça do RS, Relator: Jorge Alberto Schreiner Pestana); "Não tendo vindo devidamente preparado o recurso e nem postulado o recorrente o benefício da justiça gratuita, deu-se à preclusão para o ato processual do preparo. Negado seguimento" (Agravo de Instrumento n° 70022596431, Décima Nona Câmara Cível, Tribunal de Justiça do RS, Relator: Guinther Spode).

[395] "I. O princípio da preclusão consumativa impede que o preparo seja efetuado no dia subseqüente ao da interposição da apelação, ainda que ambas as datas estivessem a correr durante as férias forenses. (...) III, precedentes do STJ" (REsp n° 659045/ES, 4ª Turma do STJ, Rel. Min. Aldir Passarinho Jr.); "O recorrente deve comprovar o preparo no momento do ingresso do recurso, ainda que remanesça prazo para sua interposição, sob pena de deserção. Orientação da Corte Especial" (AgRg no AI n° 471502/RJ, 3ª Turma do STJ, Rel. Min. Humberto Gomes de Barros).

[396] Decisão extraída da Revista Dialética de Direito Processual n° 70 (2009): 179.

[397] Resolução n° 1, DJU 18/01/2008, a qual "Dispõe sobre o pagamento de custas judiciais e porte de remessa e retorno de autos no âmbito do Superior Tribunal de Justiça". No art. 1°, § 2°, há regulamentação de que o comprovante do recolhimento das custas deverá ser encaminhado juntamente com a petição endereçada ao Tribunal.

[398] Ao que parece, a posição adotada por Athos Gusmão Carneiro teve o devido desenvolvimento na legislação processual portuguesa, conforme teor do art. 14 do Decreto-lei n° 329-A/95, com as alterações da Lei n° 6/96 e do Decreto-lei n° 180/96: "1.Consideram-se revogadas as disposições relativas a custas que estabeleçam cominações ou preclusões de natureza processual como consequência do não pagamento nos termos do Código das Custas Judiciais de quaisquer preparos ou custas, com ressalva dos efeitos da não efectivação do preparo para despesas e do disposto no n. 3. 2. Sem prejuízo do pagamento das quantias em dívida, as cominações e preclusões processuais revogadas por esta disposição são substituídas por uma multa fixada pelo juiz, consoante as circunstâncias, entre o triplo e o decúplo das quantias em dívida, não podendo, todavia, exceder 20 UC. 3. No caso de falta de pagamento de preparo inicial pelo autor, requerente do procedimento cautelar ou exequente, o processo não terá andamento enquanto não forem pagos o preparo em falta e a multa a que se refere o número anterior, podendo ainda ser requerido o cancelamento do registro da acção que entretanto tenha sido efectuado".

[399] Curioso, no tópico, que o Tribunal de Justiça do Rio Grande do Sul exige o competente preparo do agravo de instrumento, mas o Tribunal Regional da 4ª Região, com sede na mesma Capital do Estado da federação, o dispensa.

Também Alcides Mendonça de Lima comunga com o pensamento de que é preciso criar normas ou estabelecer uma solução de modo que o direito da parte não fique prejudicado por motivos de ordem econômica, mormente no instante crucial de recorrer, que se torna a última esperança para obter a reparação de uma injustiça. Entende o jurista que, enquanto não atingirmos a perfeição de uma justiça gratuita, seria de bom alvitre determinar o pagamento de todas as custas no primeiro grau, servindo elas para todo o trâmite da causa até as instâncias superiores.[400]

b) Da apresentação de razões recursais avulsas: o mesmo pensamento a respeito da aplicação da preclusão consumativa em face de peça recursal apresentada com graves imperfeições, como a falta integral de preparo, vale para o tópico. Ou seja, mantém-se o posicionamento no sentido de que ao interpor o recurso, a parte pratica ato processual pelo qual consuma o seu direito de recorrer e antecipa o *dies ad quem* do prazo recursal; não podendo, posteriormente, complementar o recurso, aditá-lo ou corrigi-lo, pois já se operou a preclusão consumativa[401] – a não ser, acrescentaríamos, que haja alguma previsão legal excepcional nesse sentido, o que não é o caso da hipótese ora em comento.

Aliás, tal previsão legal excepcional encontra-se, na seara do processo penal, no art. 600, § 4°, do CPP, que permite ao recorrente criminal ingressar com apelação perante o Juízo *a quo*, e requerer, nesta peça, que sejam apresentadas as razões recursais em momento posterior, quando os autos já se encontrem em poder do Tribunal *ad quem*.[402]

Por estas razões, mantendo a lógica do raciocínio, pensamos que não deve ser conhecido recurso cível sem as razões recursais, elemento imprescindível para compreensão da peça de irresignação – como dispõe, *v.g.*, o art. 514, II, do CPC (a tratar da apelação) e o art. 524, II, também do CPC (a tratar do agravo de instrumento).

Fechamos o ponto com as palavras de Nelson Nery Jr., criticando posicionamento adotado pelo Tribunal de Justiça Paulista:

> Esta nos parece ser a regra geral em matéria de recursos; uma vez já exercido o direito de recorrer, consumou-se a oportunidade de fazê-lo, de sorte a impedir que o recorrente torne

---

[400] LIMA, Alcides de Mendonça. *Introdução aos recursos cíveis*. 2ª ed. São Paulo: RT, 1976, p. 371.

[401] Assim: Apelação Cível n° 70019180975, Primeira Câmara Especial Cível, Tribunal de Justiça do RS, Relator: Walda Maria Melo Pierro, Julgado em 17/07/2007. No mesmo sentido: Apelação Cível n° 70008651713, Décima Câmara Cível, Tribunal de Justiça do RS, Relator: Luiz Ary Vessini de Lima, Julgado em 16/09/2004.

[402] Tourinho Filho explica-nos, em melhores linhas, o procedimento excepcional previsto no crime: "Nos termos do § 4° do art. 600 do CPP, poderá o apelante, quando da interposição do apelo (somente do apelo), protestar pela apresentação das suas razões na superior instância. Neste caso, chegando os autos ao Tribunal, dever-se-á providenciar a intimação do apelante para oferecer as razões. A falta de intimação induz nulidade (cf. RTJ, 53/150, 66/690 e 67/800). Após, será aberta vista ao apelado, para oferecer contra-razões. Em seguida, devem os autos ser encaminhados à Procuradoria-Geral de Justiça, que, por sua vez, diligenciará sua remessa à Vara Criminal de origem para a colheita das contra-razões. É assim no Rio de Janeiro, no Rio Grande do Sul e em São Paulo" (TOURINHO FILHO, Fernando da Costa. *Manual de processo penal*. 4ª ed. São Paulo: Saraiva, 2002, p. 696/697).

a impugnar o pronunciamento judicial já impugnado. Daí por que se nos afigura incorreto e inconstitucional o RITJSP, art. 790 par. único, que permite a juntada das razões dentro do prazo do recurso, mas depois de interposto. Inconstitucional porque fere a CF art. 22, I, já que o tribunal não tem competência legislativa para dispor, por norma administrativa (regimental), sobre direito processual civil em sentido estrito.[403]

c) Da assinatura da peça pelo procurador e a apresentação do instrumento de mandato: quando da interposição do recurso, imprescindível que antes de adentrar no mérito propriamente dito da matéria ventilada na irresignação, analise a instância julgadora a presença de alguns requisitos necessários ao seu conhecimento. Dentre esses elementos, integrando a espécie "regularidade formal",[404] encontram-se a assinatura do procurador da parte insurgente, bem como o instrumento de mandato que confere poderes ao causídico para agir em juízo – sem os quais se diz que há própria inexistência jurídica do ato processual,[405] ou ao menos reconhece-se a ineficácia do ato.

Fixada essa premissa, interessante, primeiramente, saber se a falta de instrumento de mandato conferido ao procurador da parte recorrente determina de plano o não conhecimento do recurso – como ato ineficaz, não passível de sanação, dada a operação da preclusão consumativa do ato de recorrer; ou se, a teor do art. 515, § 4°, do CPC (introduzido pela Lei n° 11.276/2006, aplicável à apelação e, em extensão, aos demais recursos previstos em lei[406]), trata-se aqui de nulidade sanável, podendo ser determinado prazo para regularização da representação processual, afastando-se daí a utilização dos préstimos da preclusão consumativa.[407]

A divergência entre a primeira solução (de natureza exclusivamente técnica) e a segunda (de cunho eminentemente prático) é realmente tormentosa, tratando-se de situação corriqueira e sendo defensáveis os argumentos de ambas as correntes.[408]

Como vínhamos sustentando, o primeiro passo para se discutir quanto à possibilidade de aplicação da preclusão consumativa, em matéria recursal, deve ser feito a partir da leitura dos dispositivos de regência da hipótese em estudo. *In casu*, temos os arts. 13 e 37, ambos do CPC, a apontarem respectivamente o seguinte:

---

[403] NERY JR., Nelson. *Teoria geral dos recursos*. 6ª ed. São Paulo: RT, 2004, p. 192.
[404] NERY JR., Nelson. *Teoria geral dos recursos*. 6ª ed. São Paulo: RT, 2004, p. 372/394.
[405] GRINOVER, Ada Pellegrini; CINTRA, Antônio Carlos de Araújo; DINAMARCO, Cândido Rangel. *Teoria geral do processo*. 17ª ed. São Paulo: Malheiros, 2001, p. 345.
[406] DONOSO, Denis. "Nulidades processuais no âmbito recursal. Breves comentários sobre o novo § 4° do art. 515 do CPC". Jus Navigandi, Teresina, ano 11, n. 1233, 16 nov. 2006. Disponível em: http://jus2.uol.com.br/doutrina/texto.asp?id=9168. Acesso em: 20 out. 2007.
[407] Ao que parece, a novel orientação constante no § 4° do art. 515 do CPC vem em benefício da economia processual, evitando, quando possível, que haja a morosa conversão do julgamento em diligência, ordenando a remessa dos autos ao primeiro grau a fim de ser sanado o vício. Deve-se assim privilegiar a utilização do comentado dispositivo em detrimento do art. 560, parágrafo único, o que já era feito pela mais abalizada jurisprudência mesmo muito antes da entrada em vigor da Lei n° 11.276/2006, *in verbis*: "sendo a irregularidade processual sanável, poderá o relator, ao tomar conhecimento do fato, ouvir a parte para supri-la, em benefício da economia processual" (STJ, 3ª Turma, REsp n° 2.032/CE, Rel. Min. Gueiros Leite, DJU 11/06/1990).
[408] SICA, Heitor Vitor Mendonça. *Preclusão processual civil*. São Paulo: Atlas, 2006, p. 119.

"certificando a incapacidade processual ou a irregularidade da representação das partes, o juiz, suspendendo o processo, marcará prazo razoável para ser sanado o defeito"; "sem instrumento de mandato, o advogado não será admitido a procurar em juízo. Poderá, todavia, em nome da parte, intentar ação, a fim de evitar decadência ou prescrição, bem como intervir, no processo, para praticar atos reputados urgentes. Nestes casos, o advogado se obrigará, independentemente de caução, a exibir o instrumento de mandato no prazo de 15 (quinze) dias, prorrogável até outros 15 (quinze), por despacho do juiz".

Pois bem, uma primeira interpretação literal e conjugada dos dispositivos processuais vigentes, arts. 13 e 37 do CPC, inclina-nos a reconhecer, inclusive em consonância com o entendimento firmado nos casos já apresentados, como coerente a decisão judicial que de plano venha a não conhecer de recurso aviado por advogado que não esteja cadastrado formalmente nos autos, excepcionada unicamente a hipótese de no prazo automático de quinze dias da interposição do recurso vir o causídico a juntar sua procuração ou substabelecimento, como alude o art. 37 – sendo, nessa hipótese excepcional, correto que no momento da interposição do recurso, o procurador, até então sem poderes concedidos pela parte, pugne pela juntada da procuração no aludido prazo de quinze dias.[409] É que a hipótese aqui levantada não seria propriamente de "irregularidade na representação da parte" de que trata o art. 13 (*v.g.*, advogado excluído dos quadros da OAB ou advogado impedido de advogar contra a parte adversa),[410] hipóteses restritivas essas em que o juiz deveria marcar "prazo razoável para ser sanado o defeito".

No entanto, boa parte da jurisprudência, diante da intrincada falta de correlação entre o art. 13 e o art. 37, e preocupada, com certa dose de razão, mais com o conteúdo do que com a forma, desenvolveu uma exegese extensiva dos dispositivos de regência, notadamente então do art. 13 do CPC, fixando que a falta da devida representação impõe que seja o procurador devidamente intimado para sanar o vício, em prazo fixado pelo magistrado, sob pena de não ser conhecido o recurso tão somente quando permanecer a nulidade depois de expirado o prazo razoável para sanação do defeito.[411]

---

[409] "O advogado que assina as razões de apelo não possui procuração outorgando-lhe poderes para representar a autora, ora apelante. Art.37 do CPC. Sem mandato, o advogado não pode ser admitido em juízo. Situação que não se confunde com a hipótese do art. 13 do CPC. Admite-se a juntada do instrumento em 15 dias apenas em casos excepcionais. Caso de não conhecimento do recurso, precedentes do STF e STJ. Apelo não conhecido" (Apelação Cível nº 70006548689, Décima Segunda Câmara Cível, Tribunal de Justiça do RS, Relator: Orlando Heemann Júnior, Julgado em 01/04/2004).

[410] NEGRÃO, Theotonio. *Código de Processo Civil e legislação processual em vigor*. 36ª ed. São Paulo: Saraiva, 2004, p. 116.

[411] "Tendo havido a intimação do apelante para regularizar sua representação processual, decorrendo o prazo sem manifestação da parte, impõe-se o não conhecimento da apelação interposta, tendo em vista a ausência de pressuposto processual subjetivo, qual seja, a capacidade postulatória. Inteligência do art. 37 do CPC. Não estando devidamente habilitado nos autos o advogado que assina a petição do recurso de apelação, inviável o conhecimento do recurso, precedente do TJRGS e STJ. Apelação não conhecida". (Apelação Cível nº 70020943692, Vigésima Segunda Câmara Cível, Tribunal de Justiça do RS, Relator: Carlos Eduardo Zietlow Duro, Julgado em 15/10/2007); "I – O artigo 13, primeira parte, do Código de Processo Civil, estabelece que, havendo defeito na representação das partes, deve o magistrado marcar prazo para que a irregularidade seja sanada, sob pena de

Na mesma linha, é a inclinação atual da jurisprudência brasileira no que tange à inexistência de assinatura do recurso pelo causídico, tendo maior campo o entendimento de que se deve intimar o procurador para sanar o vício de representação,[412] sob pena de não fazendo vir a não ser conhecido o recurso.[413] Nessa seara, há julgados que temerariamente vão mais longe,[414] sequer entendendo necessária a intimação do procurador para ratificar os termos do recurso, tendo-se em conta se tratar de irregularidade formal não essencial, fruto de lapso do subscritor da peça, perfeitamente suprível, tendo em conta os inúmeros elementos identificadores do autor da peça recursal já constante nos autos.

Atento ao princípio da instrumentalidade processual e aos fins últimos a serem perseguidos por meio do processo, e principalmente enquanto mais clara solução não seja determinada por alteração legislativa, plausível se acompanhar o ousado movimento jurisprudencial que estabelece para ambos os casos (falta de assinatura e falta de instrumento de mandato) a possibilidade de intimação formal do causídico para regularização processual, ainda mais no caso de mera inexistência de assinatura do recurso (estando o procurador devidamente cadastrado no processo).

De fato, temos que aqui uma solução mais moderada pode ser buscada, em termos de não aplicarmos com rigor o princípio da preclusão consumativa, especialmente pela real dificuldade em se utilizar os dispositivos de regência (no caso mais delicado de falta de procuração), permitindo certa construção da jurisprudência na sua útil compreensão – o que não acontece na aplicação do art. 511 do CPC, *v.g.*, a peremptoriamente vedar, como visto, o preparo em momento posterior ao da interposição da peça recursal. Assim, analisando conjuntamente as hipóteses em comento, Araken de Assis bem sintetiza a linha de raciocínio da contemporânea orientação pretoriana:

> Em princípio, se mostra obrigatória a assinatura do advogado conforme julgado da 4ª Turma do STJ. Mas o vício comporta suprimento a qualquer tempo. Não existindo procuração outorgada ao advogado, nas instâncias ordinárias se impõe abrir prazo para suprir a irregularidade, conforme a Corte Especial do STJ.[415]

---

extinção do feito. II – Esta colenda Corte já firmou entendimento no sentido de que,nas instâncias ordinárias, a falta de instrumento de mandato constitui defeito sanável, aplicando-se, para o fim de regularização postulatória, o disposto no artigo 13 do CPC, precedentes: REsp nº 499.863/RJ, Rel. Min. José Delgado, DJ de 08/09/2003; REsp nº 402.198/PR, Rel. Min. Carlos Alberto Menezes Direito, DJ de 24/02/2003 e AGA nº 438.299/RS, Rel. Min. Luiz Fux, DJ de 04/11/2002. II – Agravo regimental improvido" (AgRg no REsp 659117 / ES, Rel. Min. Francisco Falcão, 1ª Turma, DJ 06/12/2004).

[412] REsp nº 873.979/RS, Rel. Min. Humberto Martins, 2ª Turma, DJ 07/11/2006; AgRg no Agravo de Instrumento nº 856.548/SP, Rel. Min. José Delgado, 1ª Turma, j. em 22/05/2007.

[413] Contra: Embargos de Declaração nº 70021308481, Nona Câmara Cível, Tribunal de Justiça do RS, Relator: Tasso Caubi Soares Delabary, Julgado em 24/10/2007.

[414] Embargos de Declaração nº 70020572921, Décima Câmara Cível, Tribunal de Justiça do RS, Relator: Luiz Ary Vessini de Lima, Julgado em 27/09/2007.

[415] ASSIS, Araken de. "Condições de admissibilidade dos recursos cíveis" in *Aspectos polêmicos e atuais dos recursos cíveis de acordo com a Lei nº 9.756/98*. Coordenação de Teresa Arruda Alvim Wambier e Nelson Nery Jr. São Paulo: RT, 1999 p. 44.

No entanto, no nosso sentir, o recurso, em hipótese alguma, deve ser conhecido em caso de manutenção do vício depois de expirado o prazo razoável para sanação.[416] Ademais, em se tratando de recurso de agravo de instrumento, em face de disposição de lei (art. 525, I, do CPC), tem-se que a procuração ou substabelecimento conferido pelo agravante ao procurador signatário do recurso constitui peça obrigatória, sem a qual o recurso não deve ser conhecido, vedada, *in casu*, pela consagrada aplicação do princípio da consumação, a fixação de prazo para ser suprida a omissão.[417] Por fim, a iterativa jurisprudência do Superior Tribunal de Justiça limita a viabilidade de sanação do vício às instâncias ordinárias (notadamente então para o recurso de apelação), vedando-a em sede de recurso especial, nos termos da Súmula n° 115, *in verbis:* "na instância especial, é inexistente recurso interposto por advogado sem procuração nos autos".

d) Sobre o agravo de instrumento e a preclusão consumativa, tem-se que o fenômeno, muito recorrente na prática forense, se opera na vedação de que peças necessárias faltantes sejam juntadas após a interposição da irresignação, mesmo dentro do prazo legal de dez dias da intimação da decisão interlocutória gravosa.

Também nesse ponto a melhor tendência jurisprudencial (*v.g.*, REsp 489453/SP e REsp 476446/RJ[418]) aponta para se tentar o máximo possível relativizar exigências formais demasiadas a fim de que se possa apreciar o mérito do recurso, ainda mais se o Tribunal consegue compreender a controvérsia com os (incompletos) documentos juntados; determinando, se não fosse esse o caso, a juntada posterior das peças faltantes, pelo menos no que toca às peças úteis, que a própria lei processual indica serem facultativas (inciso II, art. 525).

Assim, entendemos deveras rigoroso o teor da Súmula 288 do STF que determina, de plano, o não conhecimento do agravo para subida de recurso extraordinário, quando "faltar no translado o despacho agravado, a decisão recorrida, a petição de recurso extraordinário ou qualquer peça essencial à compreensão da controvérsia". Deve-se, então, aplicar de maneira restritiva o referido verbete do Pretório Excelso, porque o atual sistema processual só autoriza o imediato não conhecimento do recurso quando a peça faltante é obrigatória – fazendo menção o art. 525, I, do CPC tão somente a cópia da decisão agravada, a certidão da respectiva intimação, e as procurações outorgadas aos advogados. Pensamos, assim, que se a peça é facultativa/útil ou até necessária, não compondo em todos os casos o

---

[416] "Inviável o conhecimento de recurso sem assinatura do advogado. Caso em que foi propiciada a oportunidade para sanar o vício. -Recurso não conhecido". (Agravo de Instrumento n° 70020989232, Terceira Câmara Especial Cível, Tribunal de Justiça do RS, Relator: Leila Vani Pandolfo Machado, Julgado em 21/09/2007).

[417] "Cumpre ao agravante instruir o recurso com as peças obrigatórias descritas no artigo 525, inciso I, do Código de Processo Civil, sob pena de, como no caso, faltante a procuração da agravante e a decisão agravada ser impossível o conhecimento do recurso" (Agravo de Instrumento n° 70021854732, Décima Sétima Câmara Cível, Tribunal de Justiça do RS, Relator: Alzir Felippe Schmitz, Julgado em 22/10/2007).

[418] A respeito de outras peças, diferentes das previstas no art. 525, I, mas que, segundo o entendimento do órgão julgador, sejam necessárias ao exame da controvérsia, "deve ele diligenciar para que ela seja juntada, ou determinar que o agravante complemente a instrução; incabível, pois, o não conhecimento de plano do agravo por ausência de documentos não obrigatórios" (STJ, 4ª Turma, REsp 489453/SP, j. em 01/04/2003, Rel. Min. Aldir Passarinho). No mesmo sentido, STJ, 2ª Turma, REsp 476446/RJ, j. em 15/05/2003, Rel. Min. Eliana Calmon.

rol estabelecido no art. 525, I, do CPC, deve o Tribunal autorizar a complementação do recurso, abrindo-se prazo para a juntada da cópia do documento faltante.

Ressalta-se, mesmo assim, que as peças obrigatórias, como o estudado instrumento de mandato conferido ao causídico para agir no feito, são realmente do cerne do recurso levado ao Tribunal *ad quem* (art. 525, I, articulado com art. 524, III, ambos do CPC),[419] razão pela qual a possibilidade de ser dado posterior prazo para a complementação da peça irresignatória é vedada pela aplicação da preclusão consumativa, não se cogitando na espécie de utilização do § 4º do art. 515 do CPC (prazo posterior concedido pelo Tribunal para sanação do vício).[420]

e) Vedando a utilização abusiva do recurso adesivo, também se pode cogitar da aplicação da preclusão consumativa. Trata-se especificamente da hipótese de existindo julgamento de parcial procedência da demanda, ambas as partes recorrem da decisão (sucumbência recíproca), e mesmo assim buscarem aproveitamento do prazo de resposta da apelação da parte contrária (momento de apresentação das contrarrazões recursais) para ingressar com recurso adesivo naqueles tópicos que deixaram de ser enfrentados quando do manejo da irresignação autônoma.

De antemão, há de se deixar registrado, por oportuno, que em caso de o feito ser julgado totalmente improcedente, mesmo que não tenham sido contempladas em sentença algumas das alegações defensivas aportadas pelo réu, não se está aqui diante de hipótese em que se possa falar em sucumbência recíproca – a autorizar, como não excepcionalmente verificado na prática forense, que venha o demandado a se valer do recurso adesivo para apresentar esses argumentos não acolhidos pelo Juízo *a quo*. Tais matérias (inclusive para fins de prequestionamento, prevendo-se a eventual necessidade de recurso à instância extraordinária) devem ser exclusivamente encaminhadas em contrarrazões de apelação, devendo não ser conhecido o adesivo que os venha a contemplar, em face de evidente falta de interesse recursal.[421]

O recurso adesivo, estipulado no art. 500 do CPC, é previsto como alternativa à parte que deixou de apresentar apelação, no momento processual oportuno,

---

[419] CARNEIRO, Athos Gusmão. *O novo recurso de agravo e outros estudos*. Rio de Janeiro: Forense, 1996, p. 47/48.

[420] Theotonio Negrão, na mesma linha, fornecendo adequado histórico do pensamento jurisprudencial, expõe que antigamente quando o translado do agravo era organizado pelo cartório, justificava-se o disposto na Súmula 235 do TFR, que autorizava a complementação inclusive das peças obrigatórias, convertendo o agravo de instrumento em diligência. Agora, após alteração da legislação em meados da década de 90, essa responsabilidade é do agravante, de sorte que deve ser considerada superada essa súmula, nos termos da 1ª conclusão do CETARS: "É ônus do Agravante a formação do instrumento. Estando este incompleto, por ausência de alguma das peças obrigatórias, deverá o relator negar-lhe seguimento (art. 557 do CPC), descabida diligência para anexação de alguma de tais peças" (NEGRÃO, Theotonio. *Código de Processo Civil e legislação processual em vigor*. 36ª ed. São Paulo: Saraiva, 2004, p. 615).

[421] A respeito do tema, vale a citação de trecho de paradigma do Superior Tribunal de Justiça: "(...) A parte vencedora não tem interesse recursal para atacar a sentença, quer por via de apelação, quer por recurso adesivo, com insistência no fundamento da defesa que não tenha sido acolhido, ou sobre o qual não se tenha manifestado a decisão definitiva (...)" (REsp nº 214250/MG, 4ª Turma do STJ, Rel. Min. Sálvio de Figueiredo Teixeira, j. em 22/02/2000).

por terem sido contemplados seus pleitos em boa medida, e inclusive por não ter a convicção de que a parte adversa iria apresentar seu recurso (a lei também o prevê como admissível nos embargos infringentes, no recurso extraordinário e no recurso especial). Além disso, raciocinando a partir da perspectiva do autor, tendo sido publicada sentença de parcial procedência, não raro ocorre de evitar ingressar com recurso que venha a discutir questões acessórias e de menor monta, inclusive financeiramente, para buscar abreviar o tempo da demanda, aumentando as chances de mais rápido ingresso na fase de execução – sempre contando com a hipótese de o adversário não vir a tempestivamente se irresignar pela forma processual pertinente.[422]

Nesse cenário, a legislação permite à parte que, frustrada sua expectativa do breve trânsito em julgado, no momento de se defender quando do recurso efetivamente manejado pelo *ex adverso*, venha a adesivamente apresentar a sua insurgência parcial – que estará na dependência do conhecimento do recurso principal, a fim de serem conjuntamente analisados pelo Tribunal.

Por isso que, se a parte parcialmente prejudicada com a decisão final de primeira instância apresenta recurso autônomo de apelação, deve contemplar nas razões de irresignação todos os pontos que mereceriam melhor tratamento judicial pelo Juízo *ad quem*, sob pena de se operar o fenômeno da preclusão consumativa[423] – restando vetado, assim, a utilização (abusiva) do recurso adesivo para vir a buscar a complementação de insurgência que teve espaço próprio para manejo (recurso autônomo de apelação), e fora utilizado de maneira incompleta por atuação desidiosa/imperfeita da própria parte.

Pensemos no exemplo de uma sentença que condene uma empresa a indenizar o empregado por danos materiais, não contemplando pedido em danos morais e compensando os honorários advocatícios. Não poderia o procurador da parte demandante apresentar recurso de apelação pleiteando a contemplação do pedido de dano moral e até a majoração dos ônus sucumbenciais, e, posteriormente, no prazo para a confecção das contrarrazões de apelação da parte adversa (a certamente buscar, a seu turno, o julgamento de improcedência total da demanda, ou ao menos uma minoração na condenação dos valores sedimentados em sentença), vir a interpor recurso adesivo pleiteando especificamente a majoração dos danos materiais fixados. [424]

---

[422] FERREIRA FILHO, Manoel Caetano. *Comentários ao código de processo civil*. Vol. 7, arts. 496 a 565. São Paulo: RT, 2001, p. 47/48; BARBOSA MOREIRA, J. C. *Comentários ao código de processo civil*. Vol., 5, arts. 476 a 565. 12ª ed. Rio de Janeiro: Forense, 2005, p. 308/309.

[423] NERY JR., Nelson; NERY, Rosa Maria de Andrade. *Código de processo civil comentado e legislação extravagante*. 9ª ed. São Paulo: RT, 2006, p. 719/721, para maior aprofundamento do tema: ARAGÃO, Paulo Cezar. *Recurso adesivo*. São Paulo: Saraiva, 1974. Especialmente p. 01/18.

[424] O tema está bem sistematizado na doutrina pátria, cabendo, por outro lado, em termos jurisprudenciais, menção ao teor do julgado na Apelação nº 70019419332 e no REsp nº 739632, onde se expôs ser o recurso adesivo inadmissível pela parte que já interpusera apelo autônomo, ainda que não conhecido, ante a ocorrência de preclusão consumativa (Apelação Cível nº 70019419332, Terceira Câmara Especial Cível, Tribunal de Justiça do RS, Relator: Leila Vani Pandolfo Machado, Julgado em 18/12/2007; REsp nº 739632/RS, 1ª Turma STJ, Rel. Min. Luiz Fux j. em 15/05/2007).

f) A polêmica quanto ao recurso encaminhado via fax circunscreve a devida exegese do art. 2° da Lei n° 9.800/99, que reza: "A utilização de sistema de transmissão de dados e imagens não prejudica o cumprimento dos prazos, devendo os originais ser entregues em juízo, necessariamente, até cinco dias da data de seu término. Parágrafo único. Nos atos não sujeitos a prazo, os originais deverão ser entregues, necessariamente, até cinco dias da data da recepção do material".

Como facilmente se constata do teor do transcrito dispositivo infraconstitucional, se a hipótese for de apresentação de recurso, via fax, não se poderia cogitar de aplicação do parágrafo único, e sim do *caput*, já que a espécie recursal obviamente é sujeita a prazo peremptório. De tal constatação decorre que o prazo para ser juntado o original do recurso seria o de cinco dias da data do término do prazo para a interposição do recurso, e não de cinco dias propriamente da data da interposição anterior da peça irresignatória.[425]

Por isso, temos como correta a crítica de Carlos Alberto Alvaro de Oliveira, ao expor que parte da jurisprudência do Superior Tribunal de Justiça invocando o princípio da consumação, inverteu totalmente o sentido da lei e praticamente revogou o mencionado art. 2°, para entender que, em todas as hipóteses, o prazo para entrega dos originais deverá ser de até cinco dias da data da recepção do material.[426]

De fato, no caso presente, a própria lei cuidou de resguardar o efeito consumativo permitindo a entrega da peça original cinco dias após o término do prazo do recurso. Ademais, a antecipação do *dies ad quem*, em aplicação impensada da preclusão consumativa, não se justifica porque ao apresentar o fac-símile o procurador está ciente de que deve complementar o ato processual no prazo previsto, juntando o original, sob pena de ser reconhecida a intempestividade; ou seja, o interesse, nessa excepcional hipótese, "continua existindo porque não basta o envio da cópia, sendo imprescindível a remessa do original, para que a finalidade do ato seja praticada".[427]

Por tais razões, em atenta análise do que dispõe o texto da lei regulamentadora da disciplina, não há como compactuarmos com entendimento jurisprudencial outro, a merecer reforma independentemente de alteração legislativa – até porque, *in casu*, o teor do art. 2° da Lei n° 9.800/99 oferece amplas e ideais condições para melhor enfrentamento do problema quando da sensível análise da tempestivida-

---

[425] A diferença de situações somente não seria sentida se a parte recorrente apresentasse a peça irresignatória no último dia do prazo peremptório estabelecido por lei.

[426] Do Tribunal de Justiça do Rio Grande do Sul extraem-se, da mesma forma, vários julgados no mesmo sentido, seguindo a orientação, aqui criticada, do Superior Tribunal de Justiça – nos termos do seguinte paradigma: "(...) Consoante orientação prevalente no Egrégio STJ, os originais das petições oferecidas via 'fax' devem ser juntadas em até cinco dias após a entrega do fac-símile, sendo consideradas intempestivas aquelas não remetidas no qüinqüídio legal" (Apelação Cível n° 70011332103, Décima Sétima Câmara Cível, Tribunal de Justiça do RS, Relator: Jorge Luís Dall'Agnol, Julgado em 21/07/2005).

[427] ALVARO DE OLIVEIRA, Carlos Alberto. "O formalismo-valorativo no confronto com o formalismo excessivo" in *Revista de Processo* n° 137 (2006):7/31.

de do recurso, não viabilizando aplicação desmedida dos préstimos da preclusão consumativa.

Mas, felizmente, ao que tudo indica, o STJ iniciou recentemente movimento de alteração de seus paradigmas no tópico, valendo-se da exegese acolhida neste trabalho. A partir de julgado da lavra do Min. Teori Zavascki (AgRg nos EREsp 640803/RS, DJ 05/06/2008),[428] passou-se a ser melhor sedimentado que, em se tratando de recurso, o prazo de cinco dias para entrega dos originais tem início no dia seguinte ao do termo final do prazo previsto em lei, ainda que o fax tenha sido remetido e recebido no curso desse prazo.

g) Por derradeiro, o problema da emenda dos embargos (atual impugnação) à execução situa-se em reconhecer sua natureza jurídica, existindo, por parte do Tribunal Regional Federal – 4ª Região, decisões em ambos os sentidos.[429]

Se admitirmos que os embargos são uma espécie de meio de defesa do executado, tem-se que a preclusão consumativa inviabilizaria que após sua interposição, a parte venha a emendá-lo, ainda mais fora do prazo legal de dez dias previsto no art. 738 CPC – mormente na hipótese de excesso de execução (art. 741, V, do CPC), em que a parte poderia desejar emendar o recurso, apresentando posterior planilha de cálculos demonstrativo dos valores excessivos.

Agora, se o tratarmos como petição inicial, devendo ser cumpridos os requisitos dos arts. 282 e 283 do CPC, poderíamos admitir que o juiz da execução, verificando que os embargos não preenchem os requisitos legais ou apresente defeitos ou irregularidades capazes de dificultar o julgamento de mérito, determine que o embargante o emende, ou complete, no prazo de dez dias, conforme autoriza o art. 284 do CPC, aplicável aqui supletivamente.

A nova Lei n° 11.232/2005 parece que veio para pôr um ponto final na discussão, à medida que se optando pela celeridade/efetividade processual determina pela impossibilidade de emenda dos embargos, na hipótese de ser alegado, pelo embargante, excesso de execução sem a declaração imediata do valor que entende correto (hipótese de rejeição liminar dos embargos, que passam a ser denomina-

---

[428] Segue a ementa do julgado: "PROCESSUAL CIVIL. AGRAVO REGIMENTAL. INTERPOSIÇÃO POR FAC-SÍMILE, pRAZO PARA APRESENTAÇÃO DOS ORIGINAIS. TERMO INICIAL. DISTINÇÃO ENTRE A SITUAÇÃO PREVISTA NO CAPUT E A PREVISTA NO PARÁGRAFO ÚNICO DO ART. ART. 2°, DA LEI N° 9.800/99. 1. Ao disciplinar o termo inicial do prazo para a entrega dos originais, quando o ato processual é praticado por fac-símile, o texto normativo distinguiu duas situações, dando a cada uma delas tratamento distinto: (a) dos atos cuja prática está sujeita a prazo predeterminado em lei e (b) a dos atos sem prazo predeterminado. Quanto à primeira, prevista no caput do art. 2° da Lei 9.800/99, o prazo de cinco dias para entrega dos originais tem início no dia seguinte ao do termo final do prazo previsto em lei, ainda que o fac-símile tenha sido remetido e recebido no curso desse prazo; e quanto à segunda, disciplinada no parágrafo único do mesmo artigo, o prazo para entrega dos originais tem início no dia seguinte ao da recepção do fac-símile pelo órgão judiciário competente" (STJ, Corte Especial, j. em 19/12/2007).

[429] A questão na Justiça Federal foi bastante discutida em face dos embargos e emendas que a CEF propõe nas milhares de ações do FGTS – expurgos dos planos econômicos Verão/1989 e Collor I/1990 – movidas pela classe obreira. Com posições antagônicas quanto à possibilidade de utilização do art. 284, *in casu*, vê-se os seguintes arestos: TRF-4ª R. AC 2004.71.00.037713-0 e AC 2004.71.00.031966-0 (contra) Vs. TRF-4ª R. AC 2005.71.14.001229-3 e AG 2005.04.01.011333-0 (a favor).

dos impugnação incidental – novel art. 475-L, V e § 2°, do CPC). Nesse sentir, o TRF-4ª Região deixou consignado que, nas ações de expurgos de FGTS, a simples falta dos extratos, sem apresentar a embargante efetivo excesso de execução ou prejuízo da defesa, não invalida a execução.[430]

4.4.5. Síntese conclusiva quanto aos casos de incidência da modalidade para as partes

Do que foi colocado na análise dos casos, conclui-se que normalmente a preclusão consumativa para as partes ocorre quando se trata de ato complexo, isto é, de mais de um ato processual que deva ser praticado simultaneamente, na mesma oportunidade, sob pena de, em se tratando de recurso, vir ele a não ser conhecido, inviabilizando assim a sua análise meritória propriamente dita; a não ser que haja alguma tópica exceção legal, e/ou quando da própria dificuldade em se concatenar os dispositivos de regência permita-se a jurisprudência uma maior liberdade no desenvolvimento de uma interpretação que resolva o imbróglio formado – compatível, essa engenhosa exegese, com as atuais exigências, amparadas constitucionalmente, de diminuição do rigor formal e efetiva busca da solução meritória.

---

[430] Segue a ementa do julgado: "EXECUÇÃO. EMBARGOS. EXCESSO. INEXIGIBILIDADE DO TÍTULO. FGTS. EXTRATOS. O título executivo não encerra excesso de execução no tocante aos expurgos inflacionários nele inseridos. Inexigibilidade afastada. Inaplicabilidade do art. 741, parágrafo único, do CPC. A simples falta dos extratos, sem apresentar a embargante efetivo excesso de execução ou prejuízo da defesa, não invalida a execução" (4ª Turma do TRF-4ª R., AC n° 2004.72.01.002206-5 Rel. Des. Edgar Antônio Lippmann Jr., j. em 26/11/2007).

Capítulo 4

Preclusão e atores processuais: estado-juiz e partes

1. Preclusão de atos do juiz (questões)

1.1. Introdução: limites da investigação

Chega-se a oportunidade, após apresentarmos as perspectivas que entendíamos mais importantes para compreensão desse complexo e utilizadíssimo instituto do direito processual, de analisarmos a matéria da preclusão de questões ou de poderes – a qual representa precipuamente a impossibilidade de o juiz reverter posteriormente uma decisão por ele já tomada no processo – sob a ótica da regra da preclusividade, da situação anômala da revogação de liminares, do denominado "pedido de reconsideração" e das principais hipóteses excepcionais imperativas de "ordem pública" que a relativizam.

Iniciemos, pois, esta segunda grande parte do desenvolvimento.

1.2. Regra da preclusividade das decisões judiciais, em estudo à incidência do fenômeno entre as instâncias julgadoras. Exceção referente às matérias não preclusivas, e a concepção de contraditório prévio em Vittorio Denti

O ato judicial incidental, mesmo não podendo fazer coisa julgada material, não fica sujeito a ser, livremente, desfeito ou ignorado pelo seu prolator ou por outros juízes, não se podendo decidir novamente questões já decididas relativas a mesma *lide*, conforme comando contido no art. 471 do Código Buzaid.

Como já pinçado, diversamente da preclusão temporal, dirigida unicamente às partes, a preclusão consumativa pode vincular o magistrado, que nos termos do dispositivo infraconstitucional supramencionado, está impedido, por regra, e fora das vias recursais, quando estritamente admitidas (*v.g.*, reconsideração de decisão pelo próprio prolator no agravo, na apelação de petição inepta e, a partir da Lei n° 11.277/2006, na apelação em face de sentença que julga de plano improcedente a demanda estritamente de direito sem citação do réu) de voltar ao reexame e rejulgamento das mesmas questões já decididas, em novos pronunciamentos no processo.

Mas, se a parte interpuser recurso, e a modalidade irresignatória não admitir a reconsideração do prolator, teríamos preclusão da questão para este, mas não para o Poder Judiciário, que reapreciará a discussão via juízo hierarquicamente superior (instância *ad quem*). Há, de fato, situações, que configuram a regra, nas quais o recurso à superior instância não permite que, concomitantemente, o juízo *a quo* se retrate; nesse caso, teríamos, na hipótese de manejo do recurso, uma *preclusão de instância* (do primeiro grau), mas não da matéria (para o segundo grau) – hipótese já cogitada nesta obra ao se tratar da inutilidade do conceito de coisa julgada formal (mais especificamente dos níveis de autoridade da coisa julgada defendida por Giovanni Pugliese). É o que ocorre com o juízo originário, diante de recurso de apelação interposto contra a sentença por ele prolatada, na forma determinada pelo art. 463 do Código Processual.[431]

Se, por expressa disposição de lei, a oposição de recurso à superior instância normalmente veda a reconsideração pelo juízo *a quo*, também o resultado definitivo apontado pelo Tribunal *ad quem* imporá que o tema não volte a ser enfrentado no primeiro grau em ulteriores oportunidades do procedimento ainda sob seu comando, já que aqui estar-se-ia configurada, conforme o art. 512 do CPC, uma preclusão em razão da hierarquia judiciária (*preclusão hierárquica*)[432] – aludida ao se discorrer sobre a excepcional (falta de) resistência da preclusão à lei processual nova. Caso típico em que há prolação de acórdão, em face de agravo de instrumento manejado contra decisão interlocutória gravosa, que passa a substituir o teor desta e impede o magistrado de posteriormente reabrir o tema na instância inferior – mas, como não poderia deixar de ser, tal vedação se estabelece nos estritos limites da matéria objeto de recurso, não se cogitando de alteração da situação fática e/ou probatória (como no caso das liminares).

Por sua vez, a instância superior está obviamente impedida de modificar a decisão *a quo* de que não cabe mais recursos. Caso típico de *preclusão de questões atingindo o juízo superior*, que pode conhecer, em apelação, da matéria de fato e de direito impugnada em face dos termos da sentença (efeito devolutivo, art. 515 CPC), mas não pode conhecer das questões decididas pelo juízo de primeiro grau, *v.g.*, no despacho saneador, que acabaram restando inimpugnadas pela parte interessada/prejudicada (art. 331, § 2°, c/c art. 516, ambos do CPC).[433] No entanto, merece ser feito o parêntese, não há, como já referido neste trabalho, espaço para o fenômeno de preclusão de motivos referentes à decisão incidental tomada; tão somente devendo ser cogitado da imutabilidade da própria questão (parte dispositiva da decisão interlocutória sobre a qual se operou o fenômeno da preclusão).

---

[431] BARBORA MOREIRA, J. C. *O novo processo civil brasileiro*. 24ª ed. Rio de Janeiro: Forense, 2006, p. 123.

[432] BARBI, Celso Agrícola. "Da preclusão no processo civil", in *Revista Forense*, 158 (1955): 59/66; FONTES, Renata Barbosa. "Preclusão pro judicato" in *Revista da Procuradoria Geral do INSS*, 1997: 24/28; SARTI, Amir José Finocchiaro. "Apelação: efeito devolutivo e preclusão das questões processuais" in *Ajuris* n° 70 (1997): 240/249.

[433] Por isso, entendemos equivocada a manifestação de Antônio Alberto Alves Barbosa ao registrar que o recurso de apelação *ex officio* devolveria ao Tribunal o exame de toda a matéria do primeiro grau, "inclusive a matéria que tenha sido oportunamente decidida no saneador, independentemente da existência de recurso" (BARBOSA, Antônio Alberto Alves. *Da preclusão processual civil*. São Paulo: RT, 1955, p. 228).

Todas essas situações, em que se permite inclusive falar nas locuções como "preclusão de instância" (relação juiz e própria decisão), "preclusão hierárquica" (relação juiz e decisão autoridade superior), e "preclusão de questões atingindo o juízo superior" (relação juiz e decisão autoridade inferior), decorrem, como se percebe, dos efeitos da preclusão em relação ao magistrado – captada, em escorreita síntese, por Tereza Cristina Marinoni, ao externar expressamente os três aspectos destacados de "preclusão judicial".[434]

Voltando-se à regra anunciada quanto à preclusividade das questões decididas no saneador, Celso Agrícola Barbi, ao comentar o teor do art. 289 do CPC/1939 e suas inovações à legislação processual da época (dispositivo de conteúdo semelhante ao atual art. 471), já anunciava a mais abalizada exegese do dispositivo no sentido de que:

(...) sendo função do despacho saneador limpar o processo de questões impedientes da decisão sobre o mérito, encerra ele uma fase preliminar a qual não se pode voltar senão em caso de recurso provido, ou de nulidade insanável que contamine toda a relação processual (...). Não nos parece acertada a retratação de despachos recorríveis quando não tenha havido recurso, já que via de regra a lei admite o recurso em questões de maior interesse para o processo e, nesses casos, deve a parte omissa sofrer as conseqüência de sua omissão.[435]

Na mesma linha, Moniz de Aragão, interpretando o teor do art. 516 do CPC refere que, fora as imperfeições do dispositivo, ressai do texto a regra geral de ficarem subtraídas ao conhecimento do tribunal as questões preclusas em decorrência de a parte não lhes ter dado competente combate através de recurso contra a decisão (interlocutória) que as solucionou: "nenhum juiz, pois, poderá revê-las, nem mesmo o tribunal".[436] De fato, conforme comentam Amir José F. Sarti[437] e Teresa Arruda Alvim Wambier,[438] o efeito translativo do recurso de apelação de que trata o aludido dispositivo processual não envolve toda e qualquer matéria desenvolvida antes da sentença, mas tão somente as (excepcionais) de ordem pública.

A ressalva quanto à possibilidade de reexame da decisão no que diz respeito às matérias de ordem pública (como o art. 267, § 3°, CPC e outras, a serem mais à frente encaradas), seja pelo mesmo julgador (quando mantém jurisdição), seja pela instância superior (em caso de recurso, com efeito devolutivo), reside na impossibilidade de, nesses casos, se operar a preclusão, tendo-se em conta que as referidas matérias imperativas, por serem notadamente de interesse supra-partes (para usarmos a concepção consagrada por Galeno Lacerda), podem ser reavalia-

---

[434] MARINONI, Tereza Cristina. "Sobre o pedido de reconsideração (sucedâneo de recurso?)" in *Revista de Processo* n° 62 (1991): 299/306.

[435] BARBI, Celso Agricola. "Da preclusão no processo civil", in *Revista Forense*, 158 (1955): 65.

[436] ARAGÃO, E. D. Moniz. "Preclusão (processo civil)" *in Estudos em homenagem ao Prof. Galeno Lacerda*, coordenador Carlos Alberto Alvaro de Oliveira. Porto Alegre: Sergio Antonio Fabris, 1989, p. 177.

[437] SARTI, Amir José Finocchiaro. "Apelação: efeito devolutivo e preclusão das questões processuais" in *Ajuris* n° 70 (1997): 240/249.

[438] WAMBIER, Teresa Arruda Alvim. *Omissão judicial e embargos de declaração*. São Paulo: RT, 2005, p. 189.

das ulteriormente. Mas, mesmo nessas situações excepcionais, a melhor doutrina, encabeçada por Vittorio Denti em seu ensaio específico a respeito das "questioni rilevabili d'ufficio e contradittorio",[439] indica a necessidade do estabelecimento de um *contraditório prévio entre as partes*, sob pena de nulidade da decisão (tomada de ofício) – tudo a resguardar o direito constitucional de defesa e a exigência, mais atual do processo, de colaboração.[440]

Excluída então a hipótese excepcional pertinente às matérias de ordem pública, o "princípio da preclusividade das resoluções judiciais"[441] impõe ser indevido, nos casos em que o juiz mantém a jurisdição, a reconsideração de ofício ou motivada por um pedido da parte (art. 471 do CPC), ao passo que permitiria o reexame pelo mesmo julgador de uma decisão por si proferida sem que haja permissão legal, afrontando assim a efetividade do processo e até a segurança jurídica (na primeira acepção utilizada nesta obra) – nesse ponto nada colidentes.

1.3. Continuação. Situação anômala de revogação das liminares: tutela antecipada de mérito e tutela cautelar

A regra da preclusividade das decisões judiciais vale para a hipótese de revogação da tutela antecipada, com algumas peculiaridades (*situação anômala das liminares*).

Uma vez concedida a medida liminar, em face de pedido fundamentado da parte suplicante, e não existindo interposição de recurso tempestivo, certo que o magistrado está impedido de revisitar o tema, sem que haja alteração fática e/ou probatória nos autos – mesmo que passe a entender nesse momento de maneira diversa do anterior entendimento firmado sobre a presença dos requisitos autorizadores da tutela de urgência.[442]

Agora, avançando um pouco mais na problemática, poder-se-ia perquirir se nos casos de efetiva alteração fática e/ou probatória nos autos, após melhor instrução do feito, poderia o magistrado vir a, de ofício, revisitar o tema, passando a imediatamente revogar ordem liminar antes concedida; ou se seria necessário o pedido da parte prejudicada para que nova decisão fosse tomada.[443]

---

[439] DENTI, Vittorio. "Questioni rilevabili d'ufficio e contradittorio" in *Rivista de Diritto Processuale* n° 23 (1968): 217/231.

[440] Na doutrina pátria, importante o destaque aos seguintes estudos iniciais: GONÇALVES, Aroldo Plínio. "Técnica processual e teoria do processo". Rio de Janeiro: AIDE, 1992, p. 123; ALVARO DE OLIVEIRA, Carlos Alberto. "O juiz e o princípio do contraditório" in *Revista de Processo* n° 71 (1993): 31/38. Mais recentemente, dentre outros, consultar: BEDAQUE, José Roberto dos Santos. "Os elementos objetivos da demanda examinados à luz do contraditório" in *Causa de pedir e pedido no processo civil*. Coordenadores José Rogério Cruz e Tucci e José Rogério dos Santos Bedaque. São Paulo: RT, 2002, p. 38/42.

[441] PONTES DE MIRANDA, Francisco Cavalcanti. *Tratado das ações*. Tomo I. Atualizado por Vilson Rodrigues Alves. Campinas: Bookseller, 1998, p. 318.

[442] SICA, Heitor Vitor Mendonça. *Preclusão processual civil*. São Paulo: Atlas, 2006, p. 244/248.

[443] Nessa hipótese de alteração fática e/ou probatória nos autos, não há dúvida de que possa haver novo enfrentamento do tema, já que ainda que se pudesse falar em preclusão da anterior decisão, "é certo que a eficácia desse instituto está subordinada à cláusula 'rebus sic stantibus', e, portanto, não prevalece quando ocorre modificação

Temos que merece maior consideração a segunda corrente, embora haja ressalvas mais contundentes no que toca especialmente à liminar cautelar.

A teoria encampada pela primeira corrente de que pode haver revogação *ex officio* da antecipação de tutela em benefício do réu, diante de modificação de situação fática/probatória, foi assumida, por maioria, pelo STJ, no REsp n° 193.298/MS.[444] A favor da tese capitaneada pelo Min. Teori Zavascki,[445] colocaram-se os Min. Ari Pargendler, Menezes Direito e Nancy Andrighi; restando como votos vencidos, que mantinham o entendimento da origem, os dos Min. Waldemar Zveiter e Pádua Ribeiro.

Interessante que o relator vencido Min. Waldemar Zveiter, no corpo do voto, indica o que seria a correta exegese do art. 273, § 4°, do CPC, mas sugere que para o caso de cautelares a solução seria outra, podendo o julgador, daí sim, revogar a liminar de ofício. No nosso sentir, equivoca-se o relator nesse item: o art. 805 do CPC permite a substituição da liminar de ofício por medida menos gravosa, mas não há referência expressa no art. 807 do CPC sobre o poder de, independente de postulado pela parte interessada, vir o magistrado a revogar ou modificar a liminar, razão pela qual nos parece que o mesmo raciocínio desenvolvido para a tutela antecipada aqui deve prevalecer, no sentido da vedação da revogação *ex officio*. Em consonância com a tese aqui encampada, Humberto Theodoro Jr. explica que surgidas as medidas liminares, gera situação jurídica definida e estável para as partes, de modo que "podem ser revogadas ou modificadas, não ex officio, mas com obediência ao procedimento cautelar comum, cabendo a quem sofreu a medida alegar e provas que as coisas e as circunstâncias mudaram".[446]

Estabelece-se assim uma identidade entre o que dispõem os arts. 273, § 4° (tutela antecipada), e o 807 (tutela cautelar), ambos do CPC, tendo os mesmos, inclusive, semelhante redação. Esse também é o posicionamento adotado por Teresa Arruda Alvim Wambier, a qual sustenta que somente no excepcional caso de mandado de segurança, poder-se-ia cogitar de revogação de ofício da liminar concedida[447] – hipótese essa, devemos observar, que muito dificilmente iria realmente se suceder, especialmente em razão da brevidade do rito no mandado de segurança (em que não há espaço para a instrução processual), razão pela qual entendemos que a liminar concedida inicialmente na segurança deveria novamente ser analisada tão somente no momento da prolação da sentença,

---

das circunstâncias primitivas, existentes à época em que a decisão foi prolatada" (ZAVASCKI. Teori Albino. *Antecipação de tutela*. São Paulo: Saraiva, 1997, p. 115).

[444] Segue a ementa do julgado paradigmático da 3ª Turma do STJ, j. em 13/03/2001: "PROCESSO CIVIL. ANTECIPAÇÃO DA TUTELA. REVOGAÇÃO EX OFFICIO, POSSIBILIDADE. O juiz pode revogar a antecipação da tutela, até de ofício, sempre que, ampliada a cognição, se convencer da inverossimilhança do pedido. Recurso especial conhecido e provido".

[445] ZAVASCKI. Teori Albino. *Antecipação de tutela*. São Paulo: Saraiva, 1997, p. 38/39, 114 e 208.

[446] THEODORO JR., Humberto. Curso de direito processual civil. 33ª ed. Vol. II. Rio de Janeiro: Forense, 2002, p. 336.

[447] WAMBIER, Teresa Arruda Alvim. *O novo regime do agravo*. 2ª ed. São Paulo: RT, 1996, p. 324/330.

quando em sede de cognição exauriente a medida *inaudita altera pars* poderia ser ratificada ou retificada.

Temos que reconhecer, de qualquer forma, que a polêmica quanto à possibilidade de revogação de ofício da liminar é mais intensa ao se debater o tema em sede cautelar, especialmente tendo em conta o condensado poder geral de cautela, referido no art. 797 do CPC, a autorizar, segundo alguns juristas (como Galeno Lacerda e João Batista Lopes[448]), que pudesse o julgador excepcionalmente conceder a tutela de urgência mesmo sem requerimento expresso da parte demandante. Levando em consideração essa premissa, se poderia o juiz conceder de ofício a liminar cautelar, bem poderia revogá-la da mesma forma, sem requerimento expresso da parte demandada. Ademais, é corrente o raciocínio de que a partir do momento em que a cautela se mostra indevida, não se poderia tolerar que a mesma, diante de sua natural temporariedade e instabilidade, possa continuar produzindo os efeitos e assumindo feição de antitutela, ainda que se trate de interesses disponíveis.[449]

Daí concluir Daniel Amorim Assumpção Neves, ao tratar da revogação (de ofício) da tutela de urgência em sede cautelar, que o juiz tem "maior liberdade no que tange a essa espécie peculiar de tutela, principalmente quando é concedida em sede liminar"; no entanto, em relação à sorte da tutela antecipada prevista no art. 273, § 4°, bem como no art. 461, § 3°, reconhece o autor que:

> (...) uma nova situação fática abre na verdade possibilidade para uma nova decisão, que somente poderia ocorrer por provocação da parte interessada e não seria propriamente uma revogação da anterior (liminar), mas se tiver conteúdo em sentido contrário, por certo faria com que a mesma perdesse seu objeto.[450]

Menos dúvidas há, portanto, quanto à impossibilidade de revogação *ex officio* determinada pelo juiz em sede de tutela antecipada (art. 273, § 4°, e art. 461, § 3°, ambos do CPC), onde inclusive não haveria espaço para a concessão de liminar de ofício, em face da aplicação inconteste do princípio dispositivo em sentido material ou próprio – a impedir que o julgador, em manifesta quebra de sua imparcialidade, antecipe o mérito sem pedido do autor e sem participação ativa do réu, ainda não angularizada a relação jurídica processual.[451]

---

[448] João Batista Lopes, citando passagens de Galeno Lacerda, registra que é polêmica a possibilidade de o juiz decretar liminares, de ofício, quando, por inexperiência ou ignorância do advogado, não forem elas requeridas. Embora admita os óbices do princípio dispositivo, entende que no processo cautelar parece aconselhável o alargamento da atividade jurisdicional para evitar que as partes sejam prejudicadas pelas falhas de seus procuradores: "É claro que esse poder deve ser exercido com moderação, porque sempre haverá o risco de quebra da imparcialidade do juiz. Em muitos casos, porém, evidencia-se a necessidade dessa atuação oficiosa do juiz" (LOPES, João Batista. "Os poderes do juiz e o aprimoramento da prestação jurisdicional" in *Revista de Processo* n° 35 (1984): 24/67).

[449] CUNHA, Alcides Munhoz da. *Comentários ao código de processo civil – Do processo cautelar*. Vol. 11. São Paulo: RT, 2001, p. 736/737.

[450] NEVES, Daniel Amorim Assumpção. *Preclusões para o juiz*: preclusão pro iudicato e preclusão judicial no processo civil. São Paulo: Método, 2004, p. 296 e 178.

[451] Em semelhante sentido, pela vedação da revogação da liminar de ofício, ao menos no que tange à tutela antecipada, posiciona-se: CARNEIRO, Athos Gusmão. *Da antecipação de tutela no processo civil*. Rio de Janeiro: Forense, 1998, p. 77/79.

Sob outro aspecto, ainda há de se privilegiar a tese mais conservadora, ora acolhida (inclusive, persistimos entendendo, para a revogação de liminar em sede cautelar): é que, como bem explica Marinoni, trazendo à baila lição de Ovídio Baptista, a antecipação de tutela, pode, em casos excepcionais, ser mantida ainda que o juiz se incline mais favoravelmente à tese da inexistência do direito afirmado, quando a revogação prematura do provimento liminar, ou mesmo da medida cautelar, representa prejuízo irremediável à parte que vem sendo favorecida e que merece consideração no caso concreto.[452]

Pensemos em um exemplo, em que se cogite de utilização do art. 273, § 4°, do CPC: tutela de urgência concedida a segurado para que permaneça em benefício (de caráter alimentar) junto ao órgão previdenciário, em face do conjunto documental-médico que autoriza se concluir pela sua incapacidade laborativa; mesmo vindo laudo oficial que coloque em dúvidas (ou até mesmo negue) a incapacidade, pode o julgador, atentando-se para as peculiaridades do caso concreto, ainda mais em não havendo pedido de revogação da liminar pela parte ré (INSS), vir a manter a ordem liminar até o encerramento da instrução, voltando a enfrentar o tema, de maneira daí exauriente, em sentença (até porque pode ao final, e não raro acontece, vir a ser relativizado o teor do laudo oficial, diante dos demais elementos de prova coligidos aos autos, antes e depois da realização da perícia oficial, conforme autoriza o art. 436 do CPC).

De qualquer maneira, relembrando a teoria de Denti a respeito do contraditório prévio indispensável (mesmo em matérias reconhecíveis de ofício), tem-se que uma adequada e precavida tomada de posição pelo diretor do processo, no sentido de intimar as partes antes de qualquer decisão para que se manifestem sobre a sorte da liminar em face do novo quadro (fático e/ou probatório) que supostamente estaria formado, evitaria maiores problemas – sobressaindo-se daí mais um fundamento para se repudiar a revogação açodada, de ofício, de uma ordem liminar.

Vê-se, aliás, que mesmo quem defende a posição de ser possível a revogação de ofício da ordem liminar, como Alcides Munhoz da Cunha, deixa expressamente consignado que "o progredir do contraditório pode ensejar uma avaliação mais madura sobre o *fumus* e o *periculum*".[453] Nesse sentido, entendemos que após a intimação sugerida supra, não tendo a parte ré desenvolvido suas alegações no sentido de ser cassada imediatamente a liminar, notadamente sustentando tal pleito nos termos do debatido art. 273, § 4°, ou do art. 461, § 3°, ambos do CPC, deve o magistrado manter a medida provisória de urgência até ulterior momento de proferir sentença.

---

[452] MARINONI, Luiz Guilherme. *A antecipação da tutela na reforma do processo civil.* 2ª ed. São Paulo: Malheiros, 1996, p. 73 e 114.
[453] CUNHA, Alcides Munhoz da. *Comentários ao código de processo civil – Do processo cautelar.* Vol. 11. São Paulo: RT, 2001, p. 737/738.

1.4. Continuação. Criteriosa utilização do atípico pedido de reconsideração. Nosso descompasso com a doutrina majoritária

Limitando-nos a debater a problemática da reconsideração de uma decisão judicial impulsionada por um pedido da parte (dita prejudicada), pensamos que milita a favor da inviabilidade deste "pedido de reconsideração" o princípio da taxatividade recursal (que não admite a criação de qualquer espécie de recurso se a mesma não foi desenvolvida por força de lei federal), e a vedação da utilização de sucedâneos recursais (pregador da exclusiva utilização do recurso próprio, previsto em lei, para atacar o ato judicial).[454]

Há de se ter presente que o recurso típico previsto para desafiar uma decisão interlocutória (o agravo de instrumento, quando não seja o caso de agravo retido) prevê a possibilidade de retratação do julgador (art. 529 do CPC), daí por que é necessário comunicar a origem do manejo da irresignação à instância superior (art. 526 do CPC) – sendo certo que se inexistisse essa oportunidade de retratação prevista em lei, não se discutiria sobre a viabilidade de interposição de mero pedido de reconsideração, ao passo que o juiz estaria impedido de alterar a sua decisão, mesmo que mantivesse a função jurisdicional em direção à prolação de decisão final.[455]

Ainda falando em oportunidades tipificadas pelo ordenamento processual para a hipótese de decisão interlocutória gravosa, há possibilidade de a parte, em tese, poder optar pelos embargos de declaração, com efeitos infringentes, desde que atendidos os requisitos legais contemplados no art. 535 do CPC – os quais, de acordo com a posição firme do Superior Tribunal de Justiça, têm a importância prática de, além de viabilizar a reconsideração pelo julgador, vir a interromper o prazo para a interposição de outros recursos, por qualquer das partes, conforme determina o art. 538 CPC.[456]

Nessa seara, a importância dos embargos ganha dimensão especial também porque caberia o recurso em comento contra toda decisão gravosa, inclusive a interlocutória, monocrática ou proferida por um Colegiado.[457] Além disso, conforme melhor orientação pretoriana, seria possível a apresentação dos aclaratórios não só diante das hipóteses restritivas constantes no art. 535 do CPC (obscuridade, contradição ou omissão), mas também em situação de equívoco evidente do jul-

---

[454] FERREIRA, Gecivaldo Vasconcelos. O pedido de reconsideração no processo civil. *Jus Navigandi*, Teresina, ano 9, n. 745, 19 jul. 2005. Disponível em: http://jus2.uol.com.br/doutrina/texto.asp?id=7022. Acesso em: 20 out. 2007. Em termos jurisprudenciais, cite-se REsp 443386/MT, 4ª Turma, j. em 19/11/2002, Rel. Min. Cesar Asfor Rocha.

[455] WAMBIER, Teresa Arruda Alvim. *O novo regime do agravo*. 2ª ed. São Paulo: RT, 1996, p. 308.

[456] Ementa de julgado: "Os embargos declaratórios são compatíveis contra qualquer decisão judicial e, uma vez interpostos, interrompem o prazo recursal. A interpretação meramente literal do art. 535 do CPC atrita com a sistemática que deriva do próprio ordenamento processual, notadamente após ter sido erigido a nível constitucional o princípio da motivação das decisões judiciais" (STJ, Corte Especial, Embargos de Divergência no REsp nº 159317-DF, Rel. Min. Sálvio de Figueiredo Teixeira, j. em 07/10/1999).

[457] WAMBIER, Teresa Arruda Alvim. *Omissão judicial e embargos de declaração*. São Paulo: RT, 2005, p. 56/61.

gador (onde estaria abarcado o erro material[458]) e até em casos de erro de fato[459] (questão material) ou erro de procedimento[460] (questão processual) facilmente verificáveis.

No entanto, fazendo o causídico opção pelo "pedido de reconsideração", e não pelo agravo de instrumento ou retido ou até pelos embargos de declaração (repise-se: recursos previstos na legislação processual para desafiar decisão incidental gravosa à parte), pensamos que poderia ser apreciada pelo julgador a irresignação desde que apresentado o pedido dentro do limite do prazo do recurso tipificado em lei e desde que pudesse aquele fazer as vias deste – mantendo o prolator da decisão gravosa a função jurisdicional, e não estando excluída pelo ordenamento a possibilidade de reexame por ele.

Se "é fato corriqueiro no meio forense, a utilização do instituto da reconsideração de maneira indiscriminada, apesar de inexistir previsão no nosso código de ritos sobre o assunto",[461] na nossa concepção, como posto em destaque acima, não seria, pois, em qualquer ocasião, admitido o pedido de reconsideração.

Visando a parte autora a ver rapidamente suprido um mau encaminhamento pelo julgador em sede de decisão interlocutória, é comum na prática forense a apresentação de pedido de reconsideração, e não de recurso típico devido – em geral o agravo de instrumento, com todas as suas formalidades (inclusive preparo) a ser julgado por órgão jurisdicional diverso. Daí, entendemos, possa criteriosamente se dar vazão a esse espontâneo encaminhamento processual, figurando-se a questão temporal de substancial relevo, já que pedido fora do âmbito temporal dos recursos não poderia ser acolhido sob qualquer circunstância, em face do fenômeno preclusivo.

Nesse sentir, não se optando pelos recursos previstos no sistema processual, aconselhável então a apresentação do pedido de reconsideração dentro do prazo legal do recurso típico mais exíguo, qual seja, os embargos de declaração, a fim de

---

[458] "EMBARGOS DE DECLARAÇÃO. APELAÇÃO CÍVEL. RECURSO ADESIVO. FORNECIMENTO DE ENERGIA ELÉTRICA. CRITÉRIO DE CÁLCULO DE RECUPERAÇÃO DE CONSUMO. CORTE NO FORNECIMENTO. Omissão, obscuridade, contradição ou erro material inexistentes. Reexame da matéria recorrida" (Embargos de Declaração Nº 70019740406, Terceira Câmara Cível, Tribunal de Justiça do RS, Relator: Pedro Luiz Pozza, Julgado em 21/06/2007).

[459] "EMBARGOS DECLARATÓRIOS. CONTRADIÇÃO. ERRO DE FATO. Contradição, para fins de embargos declaratórios, é a constatação de assertivas inconciliáveis na motivação apresentada ou fundamento em choque com a conclusão, o que não ocorre na espécie. Há possibilidade de correção de erro de fato em aclaratórios" (Embargos de Declaração nº 70020953717, Vigésima Segunda Câmara Cível, Tribunal de Justiça do RS, Relator: Rejane Maria Dias de Castro Bins, Julgado em 20/08/2007).

[460] "I – DOUTRINA E JURISPRUDÊNCIA TÊM ADMITIDO O USO DE EMBARGOS DECLARATÓRIOS COM EFEITO MODIFICATIVO DO JULGADO EM CARÁTER EXCEPCIONAL, QUANDO MANIFESTO O EQUÍVOCO HAVIDO. II – É NULA A DECISÃO PROFERIDA SEM AUDIÊNCIA DA PARTE CONTRÁRIA SOBRE DOCUMENTAÇÃO JUNTADA AOS AUTOS, SE DELA RESULTAR EFETIVO PREJUÍZO. RECURSO ESPECIAL CONHECIDO, EM PARTE, E PROVIDO" (STJ, 4ª Turma, Rel. Min. Barros Monteiro, REsp nº 48981-GO, j. em 16/08/1994).

[461] BENEVIDES, Fernando Pinheiro de Sá e. "O objeto do pedido de reconsideração". *Jus Navigandi*, Teresina, ano 8, n. 316, 19 maio 2004. Disponível em: http://jus2.uol.com.br/doutrina/texto.asp?id=5206. Acesso em: 20 out. 2007.

que, sem maiores discussões, seja suprida a exigência formal e consequentemente possa ser reapreciada a matéria pelo magistrado – o qual, mesmo admitindo a teoria da fungibilidade recursal, poderia supostamente, ao analisar o pedido de reconsideração, alegar que o caso seria de interposição de declaratórios com efeitos infringentes (prazo de cinco dias), e não de agravo de instrumento (prazo de dez dias), cogitando-se da intempestividade do pedido apresentado em prazo superior a cinco dias da publicação oficial da decisão interlocutória gravosa.

A partir de tais ponderações, temos como exagerado o posicionamento de que o pedido de reconsideração, independentemente do momento temporal em que apresentado, não deveria ser apreciado pelo juiz, como sustentam, dentre outros, Antônio Vital Ramos de Vasconcelos[462] e João Batista Lopes.[463] Ora, desse modo estar-se-ia privilegiando o tão combatido formalismo exacerbado indiferente às finalidades a que se propõe o atípico pedido, embora importante ser ressaltado que essa medida não suspende e nem interrompe o prazo para interposição de outros recursos típicos.[464]

Mesmo assim, devemos ressalvar, não é de todo incoerente a posição doutrinária contrária ao nosso pensar, já que são inúmeros os recursos típicos previstos no ordenamento processual e o acolhimento de mais esse instrumento estaria, a princípio, na contramão da contemporânea exigência de um procedimento mais claro, simplificado, célere e eficiente.[465] Por outro lado, em nossa defesa, poder-se-ia muito bem ser alegado que o pedido de reconsideração seria utilizado para viabilizar ao julgador justamente uma resposta mais rápida e definitiva sobre o caso, já que não mais teria a parte o direito de buscar outra via recursal para modificação da matéria incidental resolvida, e por isso seria utilizado por ela nos casos

---

[462] Esse jurista prega que diante da manifesta "impossibilidade jurídico-processual" do pedido de reconsideração, não pode "sequer ser admitido o acolhimento do pedido como recurso, não só ante a inexistência de pedido indiferente, quanto, também, porque tal tipo de postulação não atende, via de regra, aos requisitos mínimos de um instrumento recursal, a fim de que possam ser auferidos seus pressupostos objetivos e subjetivos" (VASCONCELOS, Antônio Vital Ramos de. "O pedido de reconsideração e a preclusividade das decisões judiciais" in *Revista Ajuris* 40 (1987):164).

[463] João Batista Lopes também revela seu pensamento no sentido de que o pedido de reconsideração não tem forma nem figura de juízo e, por isso, não pode substituir a figura recursal cabível contra as decisões interlocutórias. E acrescenta: "se se cuidar de despacho com conteúdo decisório (rectius, de decisão interlocutória) não pode o juiz admitir pedidos de reconsideração, pois a parte deverá interpor, regularmente, o recurso previsto no sistema, isto é, o agravo de instrumento" (LOPES, João Batista. "Os poderes do juiz e o aprimoramento da prestação jurisdicional" in *Revista de Processo* n° 35 (1984): 24/67).

[464] O que pode, sem dúvida, caracterizar um risco desnecessário à parte, inclusive possibilitando uma posterior e própria ação de responsabilização civil do causídico que venha a fazer essa opção, e acabe tendo a decisão gravosa mantida pelo prolator – não possuindo mais condições temporais de interpor o competente agravo de instrumento, cujo prazo começaria a contar não dessa nova decisão (ratificadora), mas sim da originária.

[465] Essa natural "contradição de sentimentos" resta bem evidenciada em artigo de Daniel Ustarróz: por um lado o advogado expõe poder ser deselegante a atitude do magistrado em não conhecer o pedido de reconsideração, embora "de modo algum pode ser validamente censurada à luz do Direito, que conserva às partes outros caminhos para a rediscussão do julgado"; mas por outro lado deixa consignado que "os advogados sabem muito bem que o pedido de reconsideração em algumas oportunidades é valioso e resolve o problema do cliente", daí alertar que os riscos do seu uso devem ser cirurgicamente calculados, sob pena de preclusão temporal e insatisfação do jurisdicionado (USTÁRROZ, Daniel. "Notas sobre os embargos de declaração no código de processo civil brasileiro" in *Revista Jurídica* n° 344 (2006): 55/66. Especialmente p. 60).

em que entende ser flagrante a viabilidade de o mesmo magistrado retificar seu anterior posicionamento.

Ou seja: se já está abrindo mão o causídico de utilização dos meios recursais típicos para continuar a discussão quanto ao incidente nas superiores instâncias, por qual razão então o magistrado simplesmente deveria se negar a avaliar o pedido de reconsideração, suficientemente fundamentado, e sumariamente desenvolver as razões jurídicas pelas quais ratifica ou retifica a decisão gravosa? Embora tenhamos reconhecido estar em aberto a discussão (com argumentos defensáveis em ambas as direções), realmente ainda não nos convence plenamente, no ponto, uma visão exageradamente formalista, limitadora de uma mais completa/satisfatória tutela jurisdicional, que impeça a utilização comedida do instrumento anômalo – se bem que por segurança deva realmente ser evitado pelos operadores do direito e do processo até que melhor solução legislativa (que o contemple) seja anunciada.

E há, de fato, razões para se acreditar que haja maiores alterações nesse cenário. Recentemente, com a publicação da Lei nº 11.187/2005, alterando o teor do art. 527 do CPC, passou-se a admitir expressamente a figura do "pedido de reconsideração", ao menos em duas oportunidades: quando, em decisão monocrática do Desembargador Relator, o agravo de instrumento é convertido em agravo retido (inciso II), e quando é a ele negado efeito suspensivo (inciso III) – hipóteses em que não mais se cabe utilizar o agravo interno (art. 527, parágrafo único).[466]

Mas, levando em conta os fundamentos contrários à utilização do pedido de reconsideração, acreditamos que na hipótese de ser manejado totalmente fora do prazo previsto para o recurso típico, e ainda tivesse caráter manifestamente protelatório, poderia sim, como sustenta José Rogério Cruz e Tucci, representar "comportamento dilatório" inapropriado, com a viabilidade de o julgador, mantendo a decisão atacada, vir ainda a condenar a parte irresignada com a penalidade de litigância de má-fé.[467]

Já em se tratando de matérias de ordem pública enfrentadas em decisão judicial, não há qualquer discussão quanto à viabilidade do pedido de reconsideração. É que nesse caso se sabe que para as partes pode ocorrer a preclusão do direito de recorrer (levando a sua irresignação para a instância recursal prevista na legislação de regência), mas não a preclusão de um direito de requerer, mesmo em tempo posterior ao prazo para interposição do recurso típico, a reconsideração da posição do magistrado que proferiu a decisão gravosa e que ainda conserva a função jurisdicional, pois é claro que ato determinável de ofício pode também ser determinado a requerimento da parte.[468]

---

[466] NERY JR., Nelson; NERY, Rosa Maria de Andrade. *Código de processo civil comentado e legislação extravagante*. São Paulo: RT, 2006, 9ª ed, p. 772/774.

[467] CRUZ e TUCCI, José Rogério. *Tempo e processo*. São Paulo: RT, 1997, p. 123/125.

[468] "(...) Nada impede que as partes representem ao magistrado sobre a conveniência de ele próprio rever, valendo-se do poder de fazê-lo de ofício, as decisões a cujo respeito tenha-se formado preclusão para os litigantes mas não para ele" (ARAGÃO, E. D. Moniz. "Preclusão (processo civil)" in *Estudos em homenagem ao Prof. Galeno Lacerda*, coordenador Carlos Alberto Alvaro de Oliveira, Porto Alegre: Sergio Antonio Fabris, 1989, p. 182/183.

De qualquer forma, retomando o ponto controvertido, entendemos que não é exato, como defendem Flávia Moreira Guimarães Pessoa,[469] Rogério Donnini,[470] e Maurício Giannico,[471] concluir-se que só se deve falar em pedido de reconsideração diante de hipóteses não preclusivas ao juiz, envolvendo matéria de ordem pública. É que, como trabalhado com esmero, mantemos a convicção de que, mesmo em hipóteses de decisão interlocutória que não trate de matéria de ordem pública, poderia a parte se valer do instrumento atípico, obedecendo-se aos óbices previstos pelo fenômeno preclusivo e assumindo a parte insurgente o risco de se valer de medida atípica.

Por fim, importante o registro de que sendo levado em consideração pelo julgador o pedido de reconsideração (seja em matéria de ordem pública, seja em matéria de natureza ordinária), conveniente, em nome do recorrentemente prestigiado direito ao contraditório, que se ouça a parte contrária a respeito de ato do Estado-juiz que possa vir a ser retificado, e que, em consequência, possa trazer prejuízo ou colocar a parte adversa em novel situação desfavorável no processo.[472]

1.5. As matérias não preclusivas

1.5.1. Breve apresentação: matérias de "ordem pública" e matérias apreciáveis ex officio. Imagem matemática de Teresa Arruda Alvim Wambier

Especialmente a questão do pedido de reconsideração abre as portas para a discussão importante sobre os limites da preclusão para o juiz, a fim de se estabelecer uma orientação em relação às hipóteses em que caberia ao magistrado, mesmo de ofício e a qualquer tempo, reapreciar antes da decisão final, decisões interlocutórias já tomadas.

A discussão cinge-se, notadamente, ao que se tem como *matérias de ordem pública*, que estariam, logicamente, em grau de importância, acima das *matérias de ordem particular ou privada*, de mero interesse inter partes[473] – sendo difundido neste trabalho, para facilitar a explanação, o uso das expressões "matérias de ordem pública" e "matérias reconhecíveis de ofício" como se sinônimas fossem.

---

[469] PESSOA, Flávia Moreira Guimarães. "Pedido de reconsideração e preclusão *pro judicato* no processo civil" in *Revista IOB Direito Civil e Direito Processual* n° 42 (2006): 103/109.

[470] DONNINI, Rogério. "Pedido de reconsideração" in *Revista de Processo* n° 80 (1995): 236/244.

[471] GIANNICO, Maurício. *A preclusão no direito processual civil brasileiro*. 2ª ed. São Paulo: Saraiva, 2007, p. 194.

[472] MARINONI, Tereza Cristina. "Sobre o pedido de reconsideração (sucedâneo de recurso?)" in *Revista de Processo* n° 62 (1991): 299/306.

[473] Grinover exterioriza a ressalva pertinente de que não se pode identificar, em toda e qualquer hipótese, o interesse da Fazenda Pública com o interesse público, isto é, não se pode dizer que o interesse jurídico da União Federal seja sempre uma questão de ordem pública, sobre a qual não recairia a preclusão e que poderia ser revista a qualquer momento: "o interesse da Fazenda Pública não é sinônimo de interesse público ou, menos ainda, de matéria de ordem pública" (GRINOVER, Ada Pellegrini. "Interesse da União, preclusão. A preclusão e o órgão judicial" in *A Marcha do Processo*. Rio de Janeiro: Forense Universitária, 2000, p. 237).

No entanto, necessária a ressalva inicial, nem todas as matérias apreciáveis *ex officio* são necessariamente matérias de ordem pública, já que a lei processual, excepcionalmente, pode estabelecer que determinadas matérias de ordem privada sejam apreciadas de ofício. Eis a passagem de Teresa Arruda Alvim Wambier que bem complementa a explicação:

> Numa imagem matemática, dir-se-ia que o conjunto de matérias examináveis de ofício é maior do que o das matérias de ordem pública. Portanto toda matéria de ordem pública é examinável de ofício, mas nem tudo o que pode ser examinado de ofício consiste em matéria de ordem pública.[474]

1.5.2. As condições da ação e os pressupostos processuais

1.5.2.1. A disciplina dos incisos IV e VI do art. 267 do CPC. O estudo da fase de saneamento e a não preclusividade de questões implícitas

Grandes processualistas pátrios travaram discussão a respeito da não preclusividade de matérias de ordem pública ao se posicionarem quanto à polêmica atinente à preclusão da decisão saneadora – especialmente no que toca às condições da ação e aos pressupostos processuais (CPC, art. 267, IV e VI, respectivamente).

A grande dúvida prática do tema restringe-se à viabilidade de o julgador, de ofício ou a requerimento da parte, vir a decretar a extinção do processo com base no art. 267, IV ou VI, do CPC (sentença terminativa), se antes, em fase de saneamento, tinha entendido expressamente pela existência das mesmas condições e pressupostos.

De antemão, há de se ter presente que a fase de saneamento do processo, que não necessariamente se concentra num único despacho do juiz (o que se tinha pelo momento ímpar do *despacho saneador*[475]), tem como fundamento reconhecer, sempre que possível e o quanto antes, a existência de matérias preliminares e/ou prejudiciais que possam efetivamente obstar a análise meritória propriamente

---

[474] WAMBIER, Teresa Arruda Alvim. *Nulidades do processo e da sentença*. 4ª ed. São Paulo: RT, 1998, p. 137.

[475] Repare-se que Galeno Lacerda, já na metade do século passado, aventava para a possibilidade de uma "fase de saneamento do processo": "Da análise da atividade saneadora do juiz em seus múltiplos aspectos, resulta a possibilidade de ela manifestar-se através de dois ou mais atos, concluindo até por sentença de carência da ação; e tal a complexidade do objeto do despacho saneador, que o seu desdobramento em vários atos não pode causar surpresa" (LACERDA, Galeno. Do despacho saneador. Porto Alegre: La Salle, 1953, p. 5/55, 139/140 e 179/187). Quanto à história do despacho saneador e do que hoje se prefere reconhecer, estendendo o conceito, de uma verdadeira *fase de saneamento do processo*, indicamos também para aprofundamentos as seguintes obras: FABRICIO, Adroaldo Furtado. "Extinção do processo e mérito da causa" in *Estudos em homenagem ao Prof. Galeno Lacerda*, coordenador Carlos Alberto Alvaro de Oliveira. Porto Alegre: Sergio Antonio Fabris, 1989, p. 15/57; TUCCI, Rogério Lauria. "A nova fase saneadora do processo civil brasileiro" in *Reforma do Código de Processo Civil*, coordenador Min. Sálvio Figueiredo Teixeira. São Paulo: Saraiva, 1996, p. 347/369; ARAGÃO, E. D. Moniz de. "O julgamento conforme o estado do processo" in *Revista dos Tribunais* 502 (1977):11/19; LIEBMAN, Enrico Tullio. *Estudos sobre o processo civil brasileiro*. São Paulo: José Bushatsky, 1976, p. 100/107.

dita, tudo em nome da economia e da celeridade processual.[476] Por outro lado, o saneador provoca a concentração do material de conhecimento neste ato do processo, e habilita o juiz a dirigi-lo com perfeito domínio da causa, o que, sem dúvida, representa para a sentença uma garantia de segurança e de justiça.[477]

Nesse contexto, decorrente especificamente da primeira finalidade sobredita do saneamento, o art. 329 CPC determina que, encerrada a fase postulatória – estabelecido o contraditório e já sendo conhecidos os contornos da causa de pedir e pedido – pode o juiz adequadamente analisar a existência das condições da ação e dos pressupostos processuais, extinguindo o processo sem julgamento de mérito caso não os visualize (isso é claro se não firmar tal convicção antes, já que pode o juiz, como é sabido, declarar a petição inepta antes mesmo de determinar a citação[478]).

Embora reconheçamos que o pronunciamento judicial, quando encerrada a fase postulatória e ainda não iniciada a fase instrutória (art. 331, § 2°, do CPC), possa ser um oportuno momento para se reconhecer a existência dessas preliminares, certo é que o juiz não está obrigado a se manifestar quanto à existência delas nesse exato período, podendo a qualquer tempo posterior as invocar, como diz a lei – e mesmo que não as invoque poderia a parte prejudicada, até em ação rescisória, vir a discutir a suposta grave falta de um desses elementos que deveria ter impedido o pronunciamento do mérito.[479]

Daí a impossibilidade de se falar em reconhecimento da presença das condições e pressupostos em razão do julgador, mesmo diante de requerimento da parte ré em contestação, não ter se manifestado expressamente no saneamento quanto à inexistência delas (*não preclusividade de questões implícitas*).[480]

Mesmo na vigência do CPC/1939, art. 294, em que o juiz estava obrigado a se manifestar no despacho saneador quanto à inexistência das condições e pressupostos, a mais abalizada doutrina já entendia que "seria desatender à finalidade do processo pretender que ele opere preclusão de uma questão que não decidiu".[481] Já, no que toca ao atual modelo de 1973, com ainda mais razão então não há de se falar na hipótese, não só pelo fato de inexistir regra legal semelhante ao do anterior sistema, mas também, e principalmente, pela razão do contemporâneo

---

[476] SILVA, Flávio Pâncaro. "O saneamento do processo" in *Estudos em homenagem ao Prof. Galeno Lacerda*, coordenador Carlos Alberto Alvaro de Oliveira. Porto Alegre: Fabris, 1989, p. 233.

[477] LACERDA, Galeno. Do despacho saneador. Porto Alegre: La Salle, 1953, p. 178.

[478] LIMA, Alcides Mendonça. "Do saneamento do processo" in Estudos em homenagem ao Prof. Galeno Lacerda, coordenador Carlos Alberto Alvaro de Oliveira. Porto Alegre: Sergio Antonio Fabris, 1989, p. 59/71.

[479] ALVIM, Arruda. "Pressupostos processuais e condições da ação" in *Coleção estudos e pareceres direito processual civil*. Vol. 1. São Paulo: RT, 1995, p. 11/28.

[480] LOPES, João Batista. "Breves considerações sobre o instituto da preclusão" in *Revista de Processo* n° 23 (1981): 45/60.

[481] BARBOSA, Antônio Alberto Alves. "Da preclusão processual civil". São Paulo: RT, 1955, p. 210. Da mesma forma, Galeno Lacerda, criticando Liebman, deixou clara sua ressalva: "não se faça do despacho saneador a panacéia preclusiva de todos os males do processo; seria visão exagerada e irreal do seu alcance" (LACERDA, Galeno. *Do despacho saneador*. Porto Alegre: La Salle, 1953, p. 6 e 171/172).

eixo processual-constitucional exigir das decisões judiciais expressa e adequada fundamentação, nos termos do art. 165 do CPC c/c art. 93, IX, da CF/88.

Além da obrigatoriedade da motivação, é preciso Daniel Amorim Assumpção Neves[482] ao frisar que não se pode admitir que o silêncio do juiz seja entendido como decisão favorável à presença na demanda judicial das condições da ação ou pressupostos processuais, já que não há qualquer determinação legal nesse sentido e é certo que na ciência do Direito nunca se admitiu o silêncio como apto a produzir efeitos jurídicos sem expressa previsão legal: "o ditado popular de que 'quem cala consente' nunca foi admitido em sua plenitude pelo direito pátrio".

Em termos jurisprudenciais, embora com algumas vozes em contrário,[483] o tema parece bem encaminhado a partir da Súmula nº 424 do próprio Pretório Excelso, que dispunha: "transita em julgado[484] o despacho saneador de que não houve recurso, excluídas as questões deixadas, explícita ou implicitamente, para a sentença".[485]

Portanto, a questão "implícita" no despacho saneador, não se coadunando com o espírito da atual (e da anterior) legislação processual (como também do texto constitucional), não deve acarretar a incidência do fenômeno preclusivo.

1.5.2.2. As espécies componentes de cada uma das preliminares de mérito

Ainda, propedeuticamente, temos o dever de brevemente externar quais são realmente as matérias processuais que podem ser compreendidas nos macrogrupos "condições da ação" e "pressupostos processuais" – enfatizando, ademais, a abrangência de cada uma dessas grandes esferas, integrantes dos temas prelimina-

---

[482] NEVES, Daniel Amorim Assumpção. *Preclusões para o juiz: preclusão pro iudicato e preclusão judicial no processo civil*. São Paulo: Método, 2004, p. 237/238.

[483] Transcrevemos a útil manifestação de Theotonio Negrão sobre o balanço jurisprudencial, a partir do anunciado verbete, observando-se o atual eixo processual-constitucional: "Da Súmula 424 se tira a conclusão de que tudo quanto não foi expressamente decidido na oportunidade do saneamento do processo fica relegado para apreciação final, por outras palavras: 'No moderno direito processual inexiste saneamento implícito' (RJTJERGS 145/212); não há rejeição implícita de preliminar, mesmo porque, em face do art. 165, dita rejeição deve ser fundamentada (JTA 76/336), sob pena de nulidade (CF 93, IX); e o que é nulo não pode produzir efeito. Contra, entendendo que 'quando o juiz, na oportunidade do saneamento, não se manifestar sobre qualquer das matérias que teria de decidir nessa oportunidade, é porque as rejeitou': RT 635/266" (NEGRÃO, Theotonio. *Código de Processo Civil e legislação processual em vigor*. 36ª ed. São Paulo: Saraiva, 2004, p. 436).

[484] Ressalta-se, por oportuno, a impropriedade terminológica da expressão "transita em julgado", contida na Súmula do STF, já que o melhor seria utilizar a palavra "preclui", tendo em vista as basilares diferenciações, existentes e já investigadas, entre os institutos da preclusão e da coisa julgada.

[485] A respeito, Arruda Alvim, em ensaio específico, teceu oportunas críticas à posição adotada pelo Tribunal de Justiça de Goiás, na Apelação Cível nº 18.417, que entendeu peclusa a análise das condições da ação no saneador, mesmo que na verdade tenha o juízo *a quo* implicitamente abordado a existência das matérias (ALVIM, Arruda. "Pressupostos processuais e condições da ação" in *Coleção estudos e pareceres direito processual civil*. Vol. 1. São Paulo: RT, 1995, p. 11/28).

res a serem analisados pelo diretor do processo antes do ingresso no julgamento do mérito da demanda ("condições de admissibilidade do julgamento da lide"[486]).

De maneira abrangente, no nosso sistema processual, o art. 301, com seus incisos e parágrafos, trata de anunciar os pressupostos processuais e as condições da ação, e principalmente os caracterizar como temas vitais e prejudiciais ao processo conduzido pelo Estado-Juiz. Ali encontra-se regulado expressamente que o réu deve antes de discutir o mérito, alegar tais matérias para fins de preliminar extinção do feito (*defesa peremptória*) ou correção dos rumos da demanda (*defesa dilatória*); nada obstante a importante previsão de que o magistrado poderá conhecer delas de ofício.[487]

Os *pressupostos processuais* são matérias de ordem eminentemente processual que devem estar presentes para se passar ao exame meritório; não ensejam, portanto, perquirição sobre qualquer ponto da relação de direito material afirmada nos autos.[488] São os primeiros requisitos de admissibilidade a serem analisados.[489]

O nosso próprio Código, no art. 267, IV, os diferencia em pressupostos processuais *de existência* e pressupostos processuais *de validade*. No primeiro, estão os consagrados requisitos necessários à instauração do processo: a petição inicial protocolada pelo autor, o encaminhamento desta a um juiz investido de jurisdição, e por fim a citação do réu. No segundo, estão os requisitos fundamentais para se atingir o objetivo do processo (qual seja, o provimento meritório), uma vez estabelecida a relação jurídica processual: a petição inicial apta, a citação válida do réu (esses seriam os pressupostos processuais positivos objetivos); a competência (e aqui se encontra o espaço dos fenômenos da conexão/continência), bem como a imparcialidade do juiz investido de jurisdição, a capacidade de ser parte, a capacidade processual de se fazer presente em juízo em nome próprio ou alheio e a capacidade postulatória delegada em geral ao causídico com instrumento de man-

---

[486] BUZAID, Alfredo. *Do agravo de petição no sistema do código de processo civil*. 2ª ed. São Paulo: Saraiva, 1956, p. 115.

[487] Zanzucchi é um dos clássicos juristas peninsulares que destacaram a diferença entre as condições da ação e dos pressupostos processuais tratando os primeiros como "condizioni di fondatezza della domanda" e os segundos como "i requisiti del processo" (ZANZUCCHI, Marco Tullio. *Diritto processuale civile*. Vol. 1. 4ª ed. Milão: Giuffrè, 1947, p. 59/68). Ainda que seja plenamente possível distinguir com precisão as condições da ação dos pressupostos processuais, constituindo ambos matéria preliminar, existe tendência na doutrina moderna, seguindo o modelo alemão, no sentido de unificação de tratamento. Nesse sentido, consultar: BEDAQUE, José Roberto dos Santos. *Efetividade do processo e técnica processual*. 2ª ed. São Paulo: Malheiros, 2007, p. 162 e 346.

[488] GOMES, Fábio. *Comentários ao código de processo civil*. Vol. 3, arts. 243 a 269. São Paulo: RT, 2000, p. 326.

[489] "Antes do juiz decidir o mérito da pretensão, terá que verificar se coexistem os pressupostos processuais, isto é, se o processo é válido. Decidindo pela invalidade do processo, põe termo a este, sem entrar no exame do direito da ação e, muito menos, da pretensão" (SANTOS, Moacyr Amaral. *Primeiras linhas de direito processual civil*. Vol. 1. 19ª ed. São Paulo: RT, 1997, p. 169); "ao juiz não é dado, efetivamente, entrar numa relação jurídica a que faleçam condições de validez" (CHIOVENDA, Giuseppe. *Instituições de direito processual civil*. Vol. II, notas de Enrico Tullio Liebman. 3ª ed. São Paulo: Saraiva, 1969, p. 356).

dato (esses seriam os pressupostos processuais positivos subjetivos[490]); bem como a litispendência, a coisa julgada, a peremção e a convenção de arbitragem (esses seriam os pressupostos processuais negativos, já que a sua presença justamente impede a prolação de sentença definitiva[491]).

Por sua vez, as *condições da ação* são matérias de ordem eminentemente material que devem estar presentes ao tempo do ingresso com a demanda para que não venha o feito a ser extinto imediatamente pela via da sentença terminativa. Trata-se de investigação preliminar do julgador, sucedida após a verificação da existência dos pressupostos de constituição e desenvolvimento válido e regular do processo.[492]

Fixa-se no sentido de perscrutar se o pleito possui alguma chance, no mérito e em tese, de ser acolhido, daí a razão de ponderar sobre a *legitimidade das partes* (que independe da capacidade processual de se fazer presente em juízo em nome próprio), o *interesse em agir* (entendida como a utilidade e a necessidade/adequação do provimento jurisdicional solicitado), e a *possibilidade jurídica do pedido* (a compreender a viabilidade de direito, mesmo que mínima, da causa de pedir próxima estabelecida, em detalhes, na peça vestibular).[493]

Feita essa análise inicial, identificando-se, respectivamente, a configuração dos pressupostos processuais de existência e de validade, bem como a presença das condições de ação, conclui o Estado-juiz que, à primeira vista, o processo tem condições de prosseguir e culminar com a prolação do provimento jurisdicional. Passará a proceder então à cognição completa da relação material, a fim de aco-

---

[490] Por certo, não há uma perfeita identidade entre os doutrinadores a respeito da classificação dos pressupostos processuais, especialmente quando tratamos da diferenciação entre pressupostos de existência e de validade: Marinoni, *v.g.*, entende que a capacidade postulatória deve ser tratada como pressuposto processual de existência, e não como pressuposto processual de validade positivo subjetivo (MARINONI, Luiz Guilherme. *Teoria geral do processo*. Vol. 1São Paulo: RT, 2006, p. 468/470). No que toca à citação do réu como pressuposto processual de existência, convencemo-nos de que a máxima sofreu sensível abalo com a inovação legal que previu a excepcional possibilidade, já mencionada no trabalho, de o juiz proferir sentença de mérito antes mesmo de determinar a citação do réu.

[491] Boa parte da doutrina (como Teresa Arruda Alvim Wambier, Humberto Theodoro Jr, e Calmon de Passos), no nosso entender, trata, sem razão, de excluir a peremção como pressuposto processual negativo, o que não é feito por Heitor Vitor Mendonça Sica (SICA, Heitor Vitor Mendonça. "Preclusão processual civil". São Paulo: Atlas, 2006, p. 143). Da mesma forma, cite-se José Maria Rosa Tesheiner, que informa rol até mais extensivo dos pressupostos negativos ou objetivos extrínsecos: "São pressupostos extrínsecos o compromisso, a peremção, a litispendência, a coisa julgada, a caução e o depósito prévio das custas" (TESHEINER, José Maria Rosa. *Elementos para uma teoria geral do processo*. São Paulo: Saraiva, 1993, p. 109); mantendo o jurista gaúcho, em obra posterior, o mesmo posicionamento, com exceção feita ao compromisso/convenção de arbitragem (TESHEINER, José Maria Rosa. *Pressupostos processuais e nulidades no processo civil*. São Paulo: Saraiva, 2000, p. 30/31).

[492] CHIOVENDA, Giuseppe. *Instituições de direito processual civil*. Vol. I, notas de Enrico Tullio Liebman. 3ª ed. São Paulo: Saraiva, 1969, p. 66/71.

[493] Sobre as condições da ação, pela objetividade e clareza, merece transcrição a passagem de Frederico Marques: "interesse em agir significa existência da pretensão objetivamente razoável; enquanto que a legitimatio ad causam, a existência da pretensão subjetivamente razoável. A falta de possibilidade jurídica do pedido constitui indício macroscópico da inexistência da pretensão razoável" (MARQUES, José Frederico. *Manual de direito processual civil*. Vol. 1. 2ª ed. Campinas: Millenium, 2000, p. 304/305).

lher ou rejeitar o pedido, pela aguardada via da sentença definitiva, com o exame do mérito propriamente dito.[494]

1.5.2.3. A grande discussão doutrinária: as correntes diversas a respeito da não preclusividade

Tratemos de responder a grande dúvida prática do tema, antes anunciada, deixando consignado que a polêmica pertinente aflige os mais notáveis juristas desde os tempos mais remotos, como sugere a seguinte passagem da obra de Bülow (da segunda metade do século XIX): "Tão logo a falta de um pressuposto processual seja denunciado e confirmado no início do procedimento, este se malogra totalmente. Porém, o que ocorre se esta falta não é notada e o processo chega ao fim? Deve ser declarado sempre inválido, mesmo posteriormente?".[495]

Em tempos mais atuais, e partindo de uma exegese restritiva do teor do art. 267, § 3°, do nosso CPC (*in verbis*: "o juiz conhecerá de ofício, em qualquer tempo ou grau de jurisdição, enquanto não proferida sentença de mérito, da matéria constante nos incisos IV, V e VI"), entendendo que pelo seu texto não resta consignado que o magistrado, após ter apreciado a matéria, poderá apreciá-la novamente, e articulando o dispositivo supratranscrito com o art. 471 ("o juiz não decidirá novamente as questões já decididas"), parte da doutrina pátria[496] – seguindo os ensinamentos de Liebman e Chiovenda – desenvolvem a teoria de que o juiz se pronunciando expressamente sobre a matéria em despacho saneador, não pode reapreciar sua decisão, nada impedindo que o Tribunal quando da apelação, a pedido da parte ou de ofício, declare a ausência de pressuposto processual e condição da ação e extinga o processo sem julgamento de mérito. Agora, no despacho saneador permanecendo silente quanto a essas matérias, poderia sim o julgador, de ofício, para essa corrente, sobre elas se manifestar a qualquer tempo, mesmo assim em uma única e derradeira oportunidade.

De acordo, Renato de Lemos Maneschy[497] registra que as matérias constantes nos itens IV, V e VI do art. 267 do CPC só podem ser objeto de conhecimento pelo juiz, em qualquer tempo ou grau de jurisdição, se não houverem sido expressamente decididas em pronunciamento irrecorrido. No entanto, o aludido jurista, de modo *sui generis*, entende que a devida articulação dos arts. 267, § 3°, 471, 515 e 516, todos do CPC, importa reconhecer que uma vez analisada a matéria

---

[494] BEDAQUE, José Roberto dos Santos. "Pressupostos processuais e condições da ação" in *Revista da Procuradoria Geral do Estado de São Paulo* n° 35 (1991): 183/211.

[495] BÜLOW, Oskar. *Teoria das exceções e dos pressupostos processuais*. 2ª ed. Trad. por Ricardo Rodrigues Gama. Campinas: LZN, 2005, p. 12.

[496] Citem-se Manoel Caetano Ferreira Filho, Barbosa Moreira, Calmon de Passos, Rogério Lauria Tucci, João Batista Lopes e Fábio Gomes. A linha de argumentação dessa corrente, com as passagens pertinentes dos juristas sobreditos pode ser consultada em: FERREIRA FILHO, Manoel Caetano. *A preclusão no direito processual civil*. Curitiba: Juruá, 1991, p. 93/115.

[497] MANESCHY, Renato de Lemos. "Extinção do processo, preclusão" in *Revista Forense* n° 269 (1980): 153/155.

pelo primeiro grau – e restando a decisão irrecorrida – não pode mais ser objeto de julgamento pelo próprio julgador e, inclusive, pela superior instância.

Admitindo também a preclusão da decisão interlocutória, mesmo que se trate de questão de ordem pública, interessante registrar a peculiar opinião de J. Frederico Marques,[498] para o qual se o juiz decidir pela existência das condições da ação e pressupostos processuais, no saneador, de ofício, tal posição não preclui, mesmo que a parte prejudicada não interponha o competente recurso à superior instância. Agora, se o juiz decidir, nas mesmas condições, mas provocado pelo réu, que suscitou as matérias em preliminar na peça contestacional, a decisão judicial precluiria, mesmo que tacitamente ("questão implícita") o magistrado admitisse as condições da ação e os pressupostos processuais.

No entanto, a melhor solução para o problema, no nosso entendimento, parece ser realmente a preconizada por Galeno Lacerda, seguido por outros tantos juristas pátrios.[499] Para o precitado jurista, a premissa para dissolver o imbróglio figura-se na concepção de que o problema da preclusão de decisões no curso do processo é substancialmente diverso do problema das decisões terminativas; enquanto diante destas o magistrado extingue a jurisdição, dando fim à relação processual, diante daquelas ele conserva a função jurisdicional, continuando preso à relação do processo. Assim, se o juiz conserva a jurisdição, para ele não preclui a faculdade de reexaminar a questão julgada, desde que ela escape à disposição da parte, por emanar de norma processual imperativa (*ordem pública*).[500]

Daí se conclui que a preclusão no curso do processo depende, em última análise, da disponibilidade da parte em relação à matéria decidida: caso indisponível, a falta de impugnação torna preclusa, desde já, a matéria para as partes, mas não para o juiz que pode (e deve) rever seu posicionamento, sob pena de decidir com afronta à norma imperativa e contrariando, inclusive sua própria (e atual) convicção.[501]

---

[498] MARQUES, José Frederico. "Instituições de direito processual civil". Campinas: Millenium, 2000. Vol.2, p. 353.

[499] Dentre eles: José Rogério Cruz e Tucci, Arruda Alvim, Moniz de Aragão, Humberto Theodoro Jr., Edson Ribas Malachini, Flávio Pâncaro da Silva. A linha de argumentação dessa corrente, com as passagens pertinentes dos juristas sobreditos pode ser consultada em: CRUZ E TUCCI, José Rogério. "Sobre a eficácia preclusiva da decisão declaratória de saneamento" in *Estudos em homenagem ao Prof. Galeno Lacerda*, coordenador Carlos Alberto Alvaro de Oliveira. Porto Alegre: Sergio Antonio Fabris, 1989.

[500] Interessante que Galeno Lacerda, discorrendo sobre sua teoria, agrupa as condições da ação e os pressupostos processuais naquilo que denominou "requisitos de legitimidade da relação processual", como na seguinte passagem da sua obra: "(...) considerando o caráter público das normas processuais e tendo em vista o poder judicial de direção do processo, pode-se afirmar, em princípio, que verificar a legitimidade da relação processual foge da disposição das partes para pertencer, exclusivamente, à atividade inquisitória do juiz" (LACERDA, Galeno. *Do despacho saneador*. Porto Alegre: La Salle, 1953, p. 57, 106/107, e 161 e ss.).

[501] De acordo, Carlos Alberto Alvaro de Oliveira, já escreveu, em linhas gerais, que a disponibilidade sobre o bem jurídico material objeto do processo "repercute gradativamente nos direitos e deveres processuais das partes, nos efeitos da aquiescência, na natureza da preclusão e da coisa julgada, nos vícios do ato processual e em tantos outros aspectos" (ALVARO DE OLIVEIRA, Carlos Alberto. *Do formalismo no processo civil*. 2ª ed. São Paulo: Saraiva, 2003, p. 117).

O próprio teor do art. 473 do CPC parece vir ao encontro desse entendimento, ao dispor que é (somente) defeso à parte discutir, no curso do processo, as questões já decididas, a cujo respeito se operou à preclusão. Nesse enfoque, em ensaio que tratou de analisar as fundamentais estruturas do Código Buzaid, preleciona Arruda Alvim com correção:

> De acordo com a informação universal a respeito do instituto da preclusão, é defeso à parte, em rigor às partes e ao juiz, também, rediscutir questões preclusas (...) no entanto, a redação do Código restringiu-a unicamente à(s) parte(s), o que se compadece com a sua estrutura, pois há matérias excepcionais que ficam em aberto para o juiz rediscutir e redecidir o que tenha sido decidido e esteja precluso para as partes.[502] [503]

Sob essa perspectiva, a aludida última corrente, com maior correção, interpreta extensivamente o que dispõe o art. 267, § 3°, do CPC, de acordo com o teor do art. 473, privilegiando a visão moderna do processo que confere poderes para ativamente o magistrado guiar o procedimento destituindo-o de formalidades exacerbadas, que prejudicam a celeridade da decisão que põe termo à demanda.[504] Essa atual orientação, acrescenta Leandro Martins Zanitelli, expressa a adoção, pelo direito processual brasileiro – ao menos no que se refere às matérias que não se encontram sob o poder de disposição das partes – de um "modelo de concentração moderado", no qual, ao mesmo tempo em que se reserva determinado momento processual para a atividade de saneamento, permite-se o exame (ou reexame) judicial de certas questões a ela atinentes em etapas posteriores do procedimento.[505]

No que toca ao posicionamento do STF, historicamente vem se consolidando a corrente que prega a não preclusividade para o juiz da matéria constante nos incisos IV e VI do art. 267 do CPC,[506] relativizando-se, assim, o teor do já anunciado verbete n° 424 do próprio Pretório Excelso: cite-se a Ação Cível Ordinária

---

[502] ALVIM, Arruda. "Dogmática jurídica e o novo código de processo civil" in *Revista de Processo* n° 1 (1976): 85/133. Especialmente p. 128/129.

[503] Como já foi aludido nesta obra, a mencionada preclusão para as partes (em matéria de ordem pública), não é absoluta, já que a parte não mais pode recorrer para a superior instância, mas pode sim fazer pedido de reconsideração ao próprio prolator da decisão prejudicial.

[504] Aliás, tratando de visão moderna do processo, temos que o entendimento dessa corrente se coaduna com maior exatidão às lições de Carlos Alberto Alvaro de Oliveira, o qual ao longo de sua tese de doutorado e posteriores ensaios, criticando a aplicação fria das disposições processuais – desencadeadoras de formalismos excessivos – buscou predominantemente alertar para a necessidade de medidas criteriosas, alicerçadas inclusive em ditames constitucionais, as quais se dirigem a evitar que por uma imposição de norma procedimental o juiz (sob o pretexto de ser necessário punir a inércia da parte desidiosa) se encontre exteriorizando posição contrária a sua convicção e sentimento de justiça.

[505] ZANITELLI, Leandro Martins. "Atividade saneadora do juiz" in *Elementos para uma nova teoria geral do processo*. Organizador: Carlos Alberto Alvaro de Oliveira. Porto Alegre: Livraria do advogado, 1997, p. 235/247.

[506] Llewellyn Medina, em ensaio breve sobre o tema, comenta o Mandado de Segurança n° 791, analisado pelo STF, em que se assentou que por ser matéria de ordem pública as condições da ação não estão sujeitas à preclusão e por isso são suscetíveis de serem examinadas em qualquer fase do processo (MEDINA, Llewellyn. "Processo civil – preclusão – mandado de segurança – pressupostos processuais e condições da ação" in *Repertório Autorizado da Jurisprudência do STF* n° 137 (1984): 20/25).

267 (AgRg), onde lê-se o voto do Min. Alfredo Buzaid; além do RE 103949, do RE 92008, do RE 90668-1 e do RE 273791-7/SP.[507] No mesmo sentido, inclina-se a maior corte infraconstitucional também há um bom tempo, conforme decisão, dentre outros, no REsp 60110-0/GO (no qual se faz referência ao paradigmático REsp 24258/RJ[508]).

Somando-se a essas postulações, que se colocam a favor da não preclusividade das matérias elencadas nos incisos IV e VI do art. 267 e alcançam, como visto, as mais altas Cortes pátrias, José Rogério Cruz e Tucci traz mais um fundamento:

> As condições de admissibilidade da ação, dentre elas o interesse de agir, devem coexistir ao ensejo do ajuizamento da demanda e devem, reunidas, subsistir até o momento de prolação da sentença; presentes quando da propositura mas, eventualmente ausentes à época da sentença, não é permitido ao juiz pronunciar-se sobre o objeto material do processo.[509]

Ou seja, mesmo já se pronunciando sobre a presença das condições da ação, diante da importância do tema (de ordem pública) para o processo, o Estado-juiz deve estar atento, ao longo da tramitação do feito, para a verificação da manutenção da presença das condições da ação, sob pena de, em não as encontrando, ter de resolver a demanda com arrimo no art. 267, VI, do CPC.

1.5.2.4. A teoria da asserção e a relativização à regra da não preclusividade para as condições da ação

Tal entendimento traz à tona intrincada questão, a qual não poderíamos nos furtar de minimamente enfrentar neste trabalho, que é o de saber se a análise da existência das condições da ação (matéria preliminar) confunde-se, na verdade, em dado momento procedimental, com a análise do próprio mérito da causa[510] – ratificando-se a premissa, alhures difundida mesmo no direito alienígena, de que

---

[507] Contra: RE 90668-1 (constante na RT 546/247 – j. em 29/06/1983), em que o Min. Mariz de Oliveira cita inclusive a tese aqui exposta por J. Frederico Marques, atentando ainda para o caráter punitivo da determinação da preclusão do juiz (que equivocadamente chama pro judicato): "é induvidosa a responsabilidade exclusiva da apelante, posto que, desde o início da ação desapropriatória, agiu desacertadamente, não sendo admissível que agora queira transferi-la para a Municipalidade de São Paulo ou para o Magistrado daquela demanda".

[508] Contra: REsp 61420-1/SP (j. em 03/05/1993), em que o Min. Assis Toledo, no corpo do julgado, assim explica as razões que entende justificadoras da preclusão para o juiz mesmo de matéria de ordem pública: "a regra do § 3º do art. 267, por uma questão lógica, refere-se, segundo me parece, a hipóteses em que haja omissão ou, no caso de decisão irrecorrida, deve estar endereçada ao órgão jurisdicional de instância superior, não ao próprio juiz ou tribunal que já tenha decidido a questão".

[509] CRUZ e TUCCI, José Rogério. Tempo e processo. São Paulo: RT, 1997, p. 46.

[510] Despertou-nos o interesse de refletirmos e nos posicionarmos quanto ao ponto o ensaio de Corrado Ferri ("Sentenze a contenuto processuale e cosa giudicata" in *Rivista di Diritto Processuale* n° 21 (1966): 419/441), bem como as obras de Galeno Lacerda (*Do despacho saneador*. Porto Alegre: La Salle, 1953, p. 88, 102 e 142) e Cândido Dinamarco (*A instrumentalidade do processo*. 4ª ed. São Paulo: RT, 1994, p. 183/184), em que discutem sobre uma aparente indissolúvel união do direito processual com o direito material, propondo inclusive o último jurista, a necessidade da matéria regulada no art. 267, VI, continuar sendo compreendida dentro da seara estritamente processual – mesmo admitindo ser este um "ponto de estrangulamento", ou seja, de contato entre o plano processual e material.

os pressupostos processuais deveriam existir ao momento de iniciar-se a relação processual; enquanto que especialmente as condições da ação, deveriam se fazer presentes até o momento de ditar-se a sentença.[511]

Parece-nos que no estágio final do processo, já ultrapassado o saneamento e em fase de encerramento, ou de evoluído desenvolvimento da instrução, teríamos discussão quanto às condições da ação que se revelaria distinta da proposta no início da demanda, dada a interação maior do julgador com os detalhes de fato e de direito da causa posta, devidamente estabelecido e aprofundado o contraditório neste estágio mais avançado.

Daí entendermos que o Estado-juiz, neste momento procedimental final, não teria mais liberdade de *ex officio* reconsiderar sua decisão anterior (proferida na fase inaugural do feito, em que reconheceu a existência das condições da ação), vindo agora a simplesmente extinguir o processo pela via da sentença terminativa, em virtude de uma convicção agora firmada pela inexistência de interesse em agir, *v.g*. É que, em face das circunstâncias sobreditas (contato mais intenso com a realidade fático-probatória da demanda), deveria se cogitar aqui em extinção da ação já pelo art. 269, I, e não pelo art. 267, VI, do CPC – nessa hipótese, a maior consequência, prevista na legislação, seria justamente de a sentença proferida ser agora definitiva (e não terminativa), fazendo, portanto, coisa julgada material.

Atento aos resultados da prática forense, e mesmo aos princípios da efetividade/economia processual, Marinoni expõe a sua conclusão sobre a problemática, plenamente acolhida neste trabalho:

> Se a ação se desenvolve até a última fase do processo, chega-se a um momento em que o juiz está apto para reconhecer a existência ou a inexistência do direito material ou para julgar o mérito ou o pedido, de modo que não há racionalidade em sustentar que a sentença, nessa ocasião, pode simplesmente extinguir o processo sem julgamento de mérito (...). É por isso que as condições da ação devem ser auferidas com base na afirmação do autor, ou seja, no início do desenvolvimento do procedimento (...). O que importa é a afirmação do autor, e não a correspondência entre a afirmação e a realidade, que já é problema de mérito.[512]

Ocorre que à luz da teoria da asserção, defendida, dentre outros, por Kazuo Watanabe, as condições da ação (que preferem denominar, em respeito a uma coerência com o conteúdo da teoria, de "condições para o julgamento do mérito da causa"), são tratadas como matéria preliminar ao mérito partindo-se da premissa de que devem ser verificadas pelo juiz *in statu assertionis*, ou seja, de acordo com as alegações feitas pelo autor na petição inicial, as quais deverão ser tidas como verdadeiras a fim de se perquirir, via juízo hipotético, acerca da presença ou ausência dos requisitos do provimento final.[513]

---

[511] ALSINA, Hugo. *Tratado teórico práctico de derecho procesal civil y comercial*. Buenos Aires: Compañia Argentina, 1941. Tomo I, p. 260.

[512] MARINONI, Luiz Guilherme. *Teoria geral do processo*. Vol. 1. São Paulo: RT, 2006, p. 181.

[513] No mesmo compasso de Watanabe, cite-se Barbosa Moreira, Hélio Tornaghi, Elio Falazzari, Crisanto Mandrioli, Machado Guimarães, Botelho de Mesquita e Alexandre Freitas Câmara, por outro lado, outros importantes

Portanto, para efeitos de sua compreensão como efetiva matéria preliminar, a determinar o julgamento do feito sem exame meritório, as condições da ação devem ser analisadas, em tese, na fase inicial do feito ("bastando o pedido e a respectiva causa de pedir" – como destaca Arruda Alvim[514]), sem que a cognição do juiz se aprofunde na situação de direito substancial. Não se pode negar, como bem sustenta Bedaque, que essa análise feita em abstrato esteja próxima do mérito, mas não chega a uma cognição sobre a efetiva ocorrência dos fatos alegados; por isso, complementa o processualista, a cognição do juiz deve limitar-se a uma análise hipotética do afirmado na exordial, sem o exame dos fatos da demanda à luz das provas: "a dilação probatória vai implicar, pois, a análise da relação material deduzida na inicial, que será considerada existente ou não. Isso é mérito".[515]

Liebman mesmo, formulador do trinômio que chamou de condições da ação, assumidas expressamente pelo código processual pátrio, defendeu por fim, após escrever antes em sentido contrário,[516] justamente o entendimento supraexposto, em favor da *teoria da asserção ou prospettazione:*

> Só nesta base (admitindo-se provisoriamente, e em juízo hipotético, que as informações do autor sejam verdadeiras) é que se pode discutir e resolver a questão pura da legitimação ou do interesse. Quer isto dizer que, se da contestação do réu surge a dúvida sobre a veracidade das afirmações feitas pelo autor e é necessário fazer-se uma instrução, já é um problema de mérito.[517]

Nesse sentido, portanto, resta então em boa parte mitigada a concepção de que as condições da ação deveriam subsistir e serem reavaliadas de ofício até o momento de prolação da sentença, já que se inexistentes ao tempo de julgamento

---

juristas, como Calmon de Passos e Ovídio Baptista, tratam indistintamente das condições da ação como questão meritória; o primeiro deles, inclusive, tratou de defender essa tese quando concorreu à Cátedra da Faculdade de Direito da UFBA, no início da década de 60. Conforme leciona Watanabe, para a corrente contrária à teoria da asserção, "as condições da ação devem ser aferidas segundo o que vier a ser comprovado no processo, após o exame das provas, e não apenas tendo-se em consideração a afirmativa feita pelo autor na petição inicial (*in statu assertionis*)"; no entanto, até em sintonia com o sistema estabelecido pelo Código nos artigos 267 e 269, parece mais adequado concluir-se pela "aferição das condições da ação in statu assertionis, conceituando a matéria do art. 267, VI como requisitos para o exame da causa, e não condições para a existência da ação e nem mesmo condições para o seu legítimo exercício" (WATANABE, Kazuo. *Da cognição no processo civil*. Campinas: Bookseller, 2001, p. 76/91 e 148).

[514] ALVIM, Arruda. *Manual de direito processual civil*. Vol. 1. 6ª ed. São Paulo: RT, 1997, p. 394.

[515] BEDAQUE, José Roberto dos Santos. "Pressupostos processuais e condições da ação" in *Revista da Procuradoria Geral do Estado de São Paulo* n° 35 (1991): 183/211.

[516] Conforme expressamente reconhece Ada Pellegrini Grinover, Liebman chegou a admitir, num primeiro momento (antes da promulgação do Decreto-Lei n° 4.565/1942), que a carência da ação é matéria sempre de mérito a ser resolvida pelo julgador em sentença – "se o juiz, quando devia proferir o despacho saneador, vai além e declara a carência da ação, a decisão tem a força de sentença definitiva, caso em que o recurso admissível é o de apelação" (LIEBMAN, Enrico Tullio. *Estudos sobre o processo civil brasileiro*. São Paulo: José Bushatsky, 1976, p. 143.)

[517] Essa manifestação de Liebman ocorreu, conforme informa Kazuo Watanabe, em memorável conferência pronunciada na data de 29 de setembro de 1949 (WATANABE, Kazuo. *Da cognição no processo civil*. Campinas: Bookseller, 2001, p. 81). No mesmo sentir, ulterior manifestação do mestre italiano: LIEBMAN, Enrico Tullio. *Estudos sobre o processo civil brasileiro*. São Paulo: José Bushatsky, 1976, p. 147/153.

final, estar-se-ia autorizado a proferir verdadeiro *decisum* de caráter definitivo, a ser coberto pela *res judicata*.

De qualquer forma, a justificativa de que as condições da ação deveriam estar presentes desde o início até em fases posteriores do processo (daí falar-se em não preclusividade da matéria para o juiz), manter-se-ia vigorosamente válida, desde que fossem rediscutidas tais questões, contempladas pelo destacado art. 267, VI, antes de um maior desenvolvimento da instrução (até o saneador, mais propriamente[518]) – momento processual limite este em que se poderia ainda admitir a aplicação da teoria da asserção, com o encerramento do processo pela via da sentença terminativa, em face da possibilidade persistente de um suposto julgamento em tese da presença das condições da ação.

1.5.2.5. Exceções à regra da não preclusividade também para os pressupostos processuais

Vejamos mais alguns destacáveis aspectos pertinentes à não preclusividade das questões preliminares constantes nos incisos IV e VI do art. 267 do CPC.

Existem exceções à regra geral do § 3º do art. 267 também no que toca especificamente aos pressupostos processuais? Para Moniz de Aragão e Galeno Lacerda, a regra geral da não preclusividade também das decisões referentes aos pressupostos processuais comportaria ressalvas. Cogita-se que alguns temas ligados a essas primeiras preliminares de mérito, como a competência relativa para o juiz ou a suspeição/impedimento arguidos por qualquer das partes ficam expostos aos efeitos da preclusão; o mesmo sucederia com a regularidade formal do processo, subordinada a normas como as dos arts. 244, 245, *caput*, e 249, § 2º, das quais pode resultar sua submissão à preclusão, bem como o juízo arbitral, na forma prevista no inciso IX e § 4º do art. 301 CPC. Tais exceções, contudo, confirmariam a regra geral do § 3º do art. 267 de não ocorrer preclusão em torno das questões processuais.[519]

Num outro extremo, percebe-se que há matéria dos pressupostos processuais que pode ser anomalamente alegada mesmo após o próprio trânsito em julgado da decisão judicial, em meio à fase executória: trata-se de situação relativa à citação não válida (pressuposto processual objetivo). Ocorre que se o réu não citado permanece revel, o feito é todo nulo, e essa nulidade, que já é decretável de ofício ao longo do processo de conhecimento, pode ainda ser arguida como fundamento dos embargos à execução, mesmo diante de sentença definitiva (art. 741, I, do CPC). Tem-se aqui, como bem destaca J. C. Barbosa Moreira, oportunidade em que "o

---

[518] "Insiste-se na importância do momento adequado ao exame das condições da ação. Somente se realizado na inicial ou, na pior da hipótese, até o saneador a categoria revela utilidade para o sistema processual, pois contribui decisivamente para a economia processual" (BEDAQUE, José Roberto dos Santos. *Efetividade do processo e técnica processual*. 2ª ed. São Paulo: Malheiros, 2007, p. 389/390).

[519] ARAGÃO, E. D. Moniz. "Preclusão (processo civil)" in *Estudos em homenagem ao Prof. Galeno Lacerda*, coordenador Carlos Alberto Alvaro de Oliveira. Porto Alegre: Sergio Antonio Fabris, 1989, p. 173/174.

vício escapa à eficácia preclusiva da coisa julgada";[520] assumindo os embargos à execução propostos (atual impugnação) "eficácia rescindente", nas palavras de Araken de Assis.[521]

De qualquer maneira, ainda falando em alegações das preliminares de mérito após o trânsito em julgado da demanda, parece razoável, em geral, que a inexistência dos pressupostos processuais (e mesmo das condições da ação) pode ser discutida eventualmente em ação rescisória, com base na hipótese genérica de violação literal de disposição de lei (art. 485, V, do CPC).[522] Especificamente a existência do pressuposto processual negativo "coisa julgada" e dos pressupostos processuais positivos subjetivos "imparcialidade e competência" podem ser tratados, ao que parece, com maior fundamento, como expressamente autorizam, respectivamente, os incisos II e IV do aludido art. 485.

1.5.2.6. A regra geral do art. 267, § 3°, do CPC nas instâncias extraordinárias, diante da exigência do prequestionamento

Ponto outro de acalentada discussão é a relativa à impossibilidade da alegação da matéria constante no § 3° do art. 267, e de outras eventuais de ordem pública, somente na instância extraordinária (STF, STJ), em face da alegação de ausência do necessário prequestionamento. A partir daí há quem entenda, como José Rogério Cruz e Tucci, que se deve ler no dispositivo comentado que o juiz conhecerá de ofício das condições e dos pressupostos processuais em qualquer tempo, mas tão só nas instâncias ordinárias, ou seja, em primeiro ou segundo grau de jurisdição.[523]

Não nos parece, todavia, que essa seja a melhor solução.

Ocorre que o prequestionamento é exigência tão somente para efeitos de admissibilidade da irresignação excepcional (recurso especial ou extraordinário), em nada, portanto, interferindo na análise de todo o tema vergastado, a ser realizada após a formalidade relativa ao conhecimento do recurso. Assim, tendo sido admitido o recurso excepcional, em face do prequestiomanento da matéria objeto do recurso (superado esse primeiro estágio bem definido), nada impede que ao proferir decisão meritória (segundo estágio) o Ministro relator entenda pela inexistência de uma das condições da ação ou um dos pressupostos processuais, e venha a partir daí a extinguir o feito, sem julgamento de mérito, reformando o jul-

---

[520] BARBORA MOREIRA, J. C. *O novo processo civil brasileiro*. 24ª ed. Rio de Janeiro: Forense, 2006, p. 27; BARBOSA MOREIRA, J. C. *A eficácia preclusiva da coisa julgada material no sistema do processo civil brasileiro*. Primeira série. São Paulo: Saraiva, 1988, p. 97/109.
[521] ASSIS, Araken de. *Manual do processo de execução*. 3ª ed. São Paulo: RT, 1996, p. 1015.
[522] SARTI, Amir José Finocchiaro. "Apelação: efeito devolutivo e preclusão das questões processuais" in *Ajuris* n° 70 (1997): 240/249.
[523] CRUZ E TUCCI, José Rogério. "Sobre a eficácia preclusiva da decisão declaratória de saneamento" in *Estudos em homenagem ao Prof. Galeno Lacerda*, coordenador Carlos Alberto Alvaro de Oliveira. Porto Alegre: Sergio Antonio Fabris, 1989, p. 289.

gado lavrado pelo Tribunal *a quo* em favor da parte recorrente (*efeito translativo* decorrente do art. 516 c/c 515, *caput*, ambos do CPC).

Nesse sentir, Amir Sarti destaca que não se pode conceber que justamente o Tribunal encarregado de zelar pela integridade do ordenamento jurídico federal se veja impedido de aplicar o direito incidente no caso concreto, por omissão ou erro das instâncias inferiores.[524] E mesmo Teresa Arruda Alvim Wambier, que defende a tese contrária no sentido de que "como regra geral, se o recurso tiver passado pelo juízo de admissibilidade, nem por isso as portas estão abertas para o Tribunal examinar a matéria devolvida em sua profundidade",[525] reconhece que há decisões do STJ que autorizam, após a admissibilidade, ser reconhecidos vícios relativos às condições da ação e pressupostos processuais que não teriam sido devolvidos propriamente, porque não impugnados, mas que poderiam ser conhecidos de ofício.

Rodrigo da Cunha Lima Freire, da mesma forma ao encontro do nosso posicionamento, critica especificamente passagem de Nelson Nery em que afirma se operar o efeito translativo tão somente nos recursos ordinários (apelação, agravo, embargos infringentes, embargos de declaração e recurso ordinário constitucional), com exclusão dos recursos excepcionais (recurso extraordinário, recurso especial e embargos de divergência). Enfatiza, com acerto, que:

> (...) as questões de ordem pública, sobre as quais não existe preclusão, podem ser apreciadas pelo tribunal, desde que o recurso – qualquer recurso – seja conhecido, preenchendo todos os requisitos para a sua admissibilidade (cabimento, interesse recursal, legitimidade recursal, tempestividade, regularidade formal, preparo e inexistência de fato impeditivo ou extintivo do poder de recorrer).[526]

Portanto, o reexame *ex officio* das condições da ação ou pressupostos processuais pelo STJ ou STF seria possível no segundo estágio de atuação dessas altas Cortes, superado o momento procedimental de admissibilidade do recurso, razão pela qual não há de se falar em vedação à atuação oficiosa na "terceira instância" em face da exigência do prequestionamento.

Aliás, tal raciocínio aqui deduzido vale, da mesma forma, para se afastar veementemente qualquer afirmação no sentido de que o STJ por ser guardião das normas infraconstitucionais não pode proferir julgamento pela análise e ponderação das normas (regras e princípios) contidas na Lei Maior: o óbice existente à

---

[524] Cita, Amir Sarti, na mesma direção, paradigmas lançados pela 2ª Turma do STJ (REsp nº 36.943, Min. Rel, pádua Ribeiro; e REsp 33.275, Min. Rel. José de Jesus) onde restou confirmado a tese de que "deve o órgão julgador limitar-se ao exame da questão federal colacionada, mas, se ao assim proceder, tiver de julgar o mérito da controvérsia, pode, de ofício, conhecer das matérias atinentes às condições da ação e aos pressupostos processuais" (SARTI, Amir José Finocchiaro. "Apelação: efeito devolutivo e preclusão das questões processuais" in *Ajuris* nº 70 (1997): 240/249).

[525] WAMBIER, Teresa Arruda Alvim. *Omissão judicial e embargos de declaração*. São Paulo: RT, 2005, p. 208/209.

[526] FREIRE, Rodrigo da Cunha Lima. "Ainda sobre a declaração ex officio da falta de um pressuposto processual ou de uma condição da ação em agravo de instrumento". *Jus Navigandi*, Teresina, ano 5, n. 50, abr. 2001. Disponível em: http://jus2.uol.com.br/doutrina/texto.asp?id=2007. Acesso em: 20 out. 2007.

matéria constitucional é tão só para efeitos de admissibilidade do recurso, sendo certo que uma vez conhecida a irresignação, por violação de lei federal, deve o STJ adentrar a fundo no mérito da questão, valendo-se para solver o tema de todo o arcabouço jurídico existente – inclusive as disposições constitucionais.

Nesse contexto, conforme se extrai de estudo de Athos Gusmão Carneiro,[527] deve ser interpretada a Súmula n° 456 do Pretório Excelso a prever que "o Supremo Tribunal Federal, conhecendo do recurso extraordinário, julgará a causa, aplicando o direito à espécie" – sendo tal preceito constante igualmente no regimento interno do STJ, art. 257.[528]

1.5.2.7. A regra geral do art. 267, § 3°, do CPC e os limites do efeito translativo dos recursos diante da vedação à reformatio in peius

Tratamos, por derradeiro, o delicado tema dos *limites ao efeito translativo* no processo recursal. Se, como visto, mesmo em sede recursal excepcional pode o julgador, superada a fase de admissibilidade, vir a enfrentar de ofício as matérias preliminares (pressupostos processuais e condições da ação) a fim de reformar a decisão (de mérito) do Tribunal *a quo* a favor da parte recorrente (efeito translativo decorrente do art. 516 c/c 515, *caput*, ambos do CPC), indaga-se agora se teria o julgador a mesma liberdade no exame dessas matérias não preclusivas (de ordem pública) se a decisão que daí adviria viesse, no outro extremo, a prejudicar a parte recorrente – acarretando verdadeira *reformatio in peius*, diante de preclusão do ato de recorrer produzido perante a parte exclusivamente recorrida.

Pensa-se no seguinte exemplo: a parte autora sai-se vitoriosa, em sede de apelação, reformando a sentença de mérito do primeiro grau, com o reconhecimento de ser devido pelo réu determinada cifra a título de danos morais. Tão só o demandante recorre da decisão ao STJ alegando, em recurso especial, ser irrisória a verba arbitrada, objetivando a consequente majoração razoável da indenização. Superada a fase de admissibilidade, poderia a mais alta Corte infraconstitucional, vir a reconhecer a carência da ação (*v.g.*, ilegitimidade ativa) ou a existência de um pressuposto processual negativo (*v.g.*, perempção), extinguindo a partir daí a demanda sem julgamento de mérito?

---

[527] CARNEIRO, Athos Gusmão. "Requisitos específicos de admissibilidade do recurso especial" in *Aspectos polêmicos e atuais dos recursos cíveis de acordo com a Lei n° 9.756/98*. Coordenação de Teresa Arruda Alvim Wambier e Nelson Nery Jr. São Paulo: RT, 1999, p. 96/126.

[528] Tal enquadramento, aliás, foi devidamente acatado em julgado paradigmático mais recente do STJ, da lavra do Min. Teori Zavascki: REsp n° 869534/SP, Julgado unânime pela 1ª Turma em 27/11/2007 (com votos também do Ministro Francisco Falcão e Denise Arruda), em cuja ementa se lê o seguinte: "(...) Superado o juízo de admissibilidade, o recurso especial comporta efeito devolutivo amplo, já que cumprirá ao Tribunal julgar a causa, aplicando o direito à espécie (Art. 257 do RISTJ; Súmula 456 do STF), para assim proceder cabe ao órgão julgador, se necessário, enfrentar a matéria prevista no art. 267, § 3° e no art. 301, § 4°, do CPC. Em outras palavras, a devolutividade do recurso especial, em seu nível vertical, engloba o efeito translativo, consistente na possibilidade, atribuída ao órgão julgador, de conhecer de ofício as questões de ordem pública ".

Corrente defendida por Alcides de Mendonça Lima[529] e Nelson Nery Jr.,[530] posta-se no sentido de que o Tribunal (seja o Superior Tribunal de Justiça, em recursos excepcionais; seja o Tribunal de Justiça, em sede de recursos ordinários) poderá conhecer de ofício, mesmo que em desfavor do único recorrente, questões de ordem pública.

Também é esse o entendimento acolhido por Maria Lucia L. C. Medeiros que, em estudo do RE n° 100.034/PE, acaba por adotar posição contrária ao julgado:

> Sob tais questões (as de ordem pública), alegáveis pelas partes a qualquer momento, não há preclusão pro judicato, isto é, pode o Juiz singular sobre elas novamente se manifestar mesmo que já tenha se pronunciado anteriormente e mais, pode o Tribunal delas conhecer, reformando a decisão de primeira instância, mesmo que não tenha havido provocação expressa das partes.[531]

No mesmo caminho, o magistério de Teresa Arruda Alvim Wambier:

> Por se tratar de matéria de ordem pública, não há que se falar em reformatio in pejus. Assim, nada obsta que a parte que obteve oitenta, dos cem que pleiteou, ao embargar infringentemente com o escopo de fazer prevalecer o voto vencido que lhe concedia os cem, tenha como resultado do seu recurso a extinção do processo por ser considerada parte ilegítima, por haver coisa julgada, litispendência, enfim, por falta de quaisquer dos pressupostos genéricos de admissibilidade de apreciação do mérito.[532]

Diversamente da tese supraexternada, temos que o respeito à *preclusão* (de questão final ou recursal, e o consequente trânsito em julgado da matéria irrecorrida), bem como ao princípio da *reformatio in peius* – vinculado ao princípio da demanda, impedem seja reconhecível de ofício matéria preliminar sem recurso da parte que se poderia beneficiar desta medida judicial. Trata-se, no nosso entender, de limite intransponível ao efeito translativo do recurso, a inviabilizar a instauração de completa desordem e insegurança no processo.

A solução parece ter sido bem captada por Vicente Greco Filho: se é certo que há decisões irrecorríveis e que, portanto, não precluem no curso do processo, bem como decisões que, por tratarem de ordem pública, podem ser sempre reexaminadas enquanto não transitar em julgado a sentença que provoca a preclusão máxima, cabe ao recurso (da parte a ser beneficiada) manter a decisão em condições de ser modificada.[533]

No caso prático externado linhas acima, seguindo-se o nosso entendimento, o STJ não poderia de ofício, mesmo sendo requerida tal medida em peça avulsa

---

[529] LIMA, Alcides de Mendonça. *Introdução aos recursos cíveis*. 2ª ed. São Paulo: RT, 1976, p. 338/339.

[530] NERY JR., Nelson. *Teoria geral dos recursos*. 6ª ed. São Paulo: RT, 2004, p. 183/186.

[531] MEDEIROS, Maria Lúcia L. C. "Recurso 'ex officio' – 'reformatio in pejus'" in *Revista de Processo* n° 61 (1991): 302/313.

[532] WAMBIER, Teresa Arruda Alvim. *Omissão judicial e embargos de declaração*. São Paulo: RT, 2005, p. 72/73.

[533] GRECO FILHO, Vicente. *Direito processual civil brasileiro*. 2° Vol. São Paulo: Saraiva, 1984, p. 261.

encaminhada pelo réu diretamente ao Ministro-Relator, julgar outra coisa senão o pedido do autor de majoração da verba indenizatória a título de dano moral – permanecendo, no entanto, aberta à parte demandada (no exemplo exclusivamente recorrida em sede de recurso excepcional), a possibilidade de discussão da ausência de uma das condições da ação (*v.g.*, ilegitimidade ativa) ou da existência de um pressuposto processual negativo (*v.g.*, perempção) em posterior ação rescisória.

Essa é a corrente sustentada, dentre outros, por Barbosa Moreira, Dinamarco e Bedaque, ao deixarem claro que a parte não abrangida pela extensão do efeito devolutivo do recurso do autor, ausente irresignação do réu, estaria imune ao julgamento a ser realizado pela superior instância – parte inimpugnada essa do julgamento que passaria a ser coberta imediatamente pela *res judicata*, e só com ação rescisória poderia ser atingida.[534] Atento às lições dos ilustres juristas acima anunciados, Maurício Giannico bem finaliza:

> O capítulo da sentença não impugnado transitada em julgado imediatamente, independente da continuidade do processo em relação à matéria efetivamente impugnada em sede de apelação. Embora a apelação seja por regra recebida do duplo efeito, nem por isso o efeito suspensivo se estende por toda a decisão, no caso de sua impugnação parcial. Portanto, a parte autônoma da decisão de mérito não recorrida transita materialmente em julgado, podendo ser objeto de execução definitiva.[535]

Em linhas jurisprudenciais, percebe-se que o Superior Tribunal de Justiça adota a posição mais conservadora ora defendida – como, *v.g.*, no REsp n° 172263/SP (2ª Seção, j. em 09/06/1999), de que participaram acompanhando o Rel. Min. Ruy Rosado de Aguiar, os Ministros Carlos Alberto Menezes Direito, Nilson Naves, Eduardo Ribeiro, Waldemar Zveiter e César Asfor Rocha, restando como voto vencido o do Min. Ari Pargendler.[536] No entanto, no Tribunal de Justiça gaúcho, a posição contrária a aqui sustentada parece ser a majoritária, conforme encaminhamento adotado no julgamento dos Embargos de Declaração n° 70011098332, pela 15ª Câmara Cível (Des. Rel. Ângelo Maraninchi Giannakos, j. em 06/04/2005), no qual se faz menção a arestos da 6ª e da 10ª Câmaras Cíveis

---

[534] BARBOSA MOREIRA, J. C. "Correlação entre o pedido e a sentença" in Revista de Processo n° 83 (1996): 207/215; DINAMARCO, Cândido Rangel. "Os efeitos dos recursos" in *Aspectos polêmicos e atuais dos recursos cíveis de acordo com a Lei n° 10.352/2001*. Coordenação de Teresa Arruda Alvim Wambier e Nelson Nery Jr. São Paulo: RT, 2002, p. 22/66, especialmente p. 44; BEDAQUE, José Roberto dos Santos. "Os elementos objetivos da demanda examinados à luz do contraditório" in *Causa de pedir e pedido no processo civil*. Coordenadores José Rogério Cruz e Tucci e José Rogério dos Santos Bedaque. São Paulo: RT, 2002, p. 43/50.

[535] GIANNICO, Maurício. *A preclusão no direito processual civil brasileiro*. 2ª ed. São Paulo: Saraiva, 2007, p. 157 e 177/178.

[536] Eis a ementa: "RECURSO. Reformatio *in pejus*. Carência da ação. Julgamento de ofício. Embargos à arrematação. – O Tribunal não pode, de ofício, reconhecer a carência da ação de embargos e extinguir o processo, no recurso de agravo interposto pelo embargante para ampliar o efeito suspensivo concedido aos embargos. – Recurso conhecido e provido".

do mesmo Tribunal[537] – se bem que o 3° Grupo Cível, em mais recente julgado de 05/10/2007, por maioria, entendeu diversamente, em especial observância ao princípio da *reformatio in peius*.[538]

1.5.3. Juízo de admissibilidade recursal: exegese do art. 518 do CPC. Redação da Lei n° 8.950/94 e modificação inócua estabelecida pela Lei n° 11.276/2006

A "construção jurídica" empregada para se estabelecer a não preclusividade para o juiz em relação às matérias de ordem pública, imperativas, que extrapolam a exclusiva alçada da discricionariedade das partes, além dos casos envolvendo as condições da ação e os pressupostos processuais, pode ser visualizada em outras grandes questões do processo, cabendo destaque a cinco delas, que passam agora a ser analisadas em pormenores – iniciando-se pelo *juízo de admissibilidade recursal*.

Em sede recursal (apelação, recurso ordinário e recursos excepcionais), antes de ser proferida qualquer decisão de mérito frente à irresignação interposta, necessário que o Judiciário examine a presença dos requisitos de admissibilidade do recurso – o que se dá por meio de dois diversos órgãos: o Juízo *a quo* pronuncia-se de maneira provisória, e depois, em caso de subida do recurso ao Juízo *ad quem*, nova investigação da admissibilidade é processada pelo Tribunal.

Na já aludida classificação das condições de admissibilidade dos recursos cíveis, externada por Araken de Assis e Barbosa Moreira, fixou-se a presença não só dos requisitos intrínsecos – como o cabimento, legitimidade, interesse de recorrer e inexistência de fato impeditivo ou extintivo; mas também a dos requisitos extrínsecos – como a tempestividade, a regularidade formal e o preparo.[539]

---

[537] Consta na ementa: "EMBARGOS DE DECLARAÇÃO. CAUTELAR DE EXIBIÇÃO DE DOCUMENTOS. BRASIL TELECOM. CARÊNCIA DE AÇÃO. Matéria de ordem pública que pode ser conhecida de ofício e a qualquer tempo, não acarretando 'reformatio in oejus' ou violação ao princípio do 'tantum devolutum quantum apellatim'. Inexistência de omissão, contradição ou obscuridade, por unanimidade, desacolheram os embargos declaratórios".

[538] Trata-se do julgamento dos Embargos Infringentes n° 70021379599, em que o voto vencido fora do Des. Rel. Artur Arnildo Ludwig, e a favor da corrente conservadora por nós acolhida se posicionaram os Desembargadores Osvaldo Stefanello, Léo Lima, Paulo Sérgio Scarparo, e Umberto Guaspari Sudbrack.

[539] Só para não passar em *albis*, necessário referir a novidade da Lei n° 11.276/2006, ao instituir o § 1° no art. 518 do CPC, criando mais um requisito para a admissibilidade recursal: a análise pelo Juízo *a quo* quanto à eventual desconformidade do recurso com Súmula do STJ ou STF. Trata-se de significativa alteração legislativa, já que põe por terra a máxima alhures difundida, até então, pela doutrina de que "não é concedido poder (ao juízo a quo) de apreciar o mérito, atribuição que é de competência exclusiva do Tribunal" (FERREIRA FILHO, Manoel Caetano. *Comentários ao código de processo civil*. Vol. 7, arts. 496 a 565. São Paulo: RT, 2001, p. 151). A respeito, para consulta, teor da palestra proferida pela Ministra Fátima Nancy Andrighi, em 05/04/2006, no seminário "As novas reformas do processo civil" realizado no Instituto Brasileiro de Direito Processual Civil, Brasília: ANDRIGHI, Fátima Nancy. "Lei n° 11.276/06 – Inadmissibilidade da apelação contra sentença que se conforma com súmula do STJ ou STF" Disponível em: http://bdjur.stj.gov.br/dspace/handle/2011/2299. Acesso em 12 de abril de 2008.

Daí por que se diz, como ressalta Vicente Greco Filho[540] e Leonardo Castanhas Mendes,[541] que os requisitos de admissibilidade dos recursos são verdadeira extensão, perante a segunda instância, dos requisitos ou condições da ação, cuja presença condiciona, em primeiro grau, o exercício do ofício judicante, devendo ser reexaminados em fase recursal segundo as peculiaridades dessa etapa do processo; como também se assevera, nas palavras de Barbosa Moreira, que em relação ao recurso há de abrir-se ao órgão judicial – do mesmo modo que se abre quanto ao pedido originário – oportunidade para verificar se estão reunidos os pressupostos do pleno exercício da sua atividade.[542]

Vê-se, assim, com base em fragmentos de destacada doutrina pátria, que é sim viável uma firme aproximação do fenômeno das matérias preliminares de mérito no primeiro grau (condições da ação e pressupostos processuais) com os requisitos de admissibilidade do recurso manejado à superior instância. E, a partir dessa premissa, razoável se concluir, como vem apontando a melhor jurisprudência, que o juízo de admissibilidade recursal, a exemplo das matérias preliminares no primeiro grau, envolve tema de ordem pública, reconhecível de ofício pelo órgão judiciário, a qualquer tempo, desde que conserve este a sua jurisdição.[543]

Não há, portanto, em homenagem à conclusão alcançada no último parágrafo, condições de ser avalizada posição de João Batista Lopes,[544] Teresa Arruda Alvim Wambier,[545] e do próprio citado Barbosa Moreira[546] no sentido de que mesmo após o despacho de recebimento do recurso, caso verifique o magistrado a intempestividade do mesmo (ou a falta de qualquer outro imprescindível requisito), não possa o agente político do Estado voltar atrás na sua decisão em face do impedimento imposto pela "preclusão *pro judicato*". Em oportunas linhas, rebate Araken de Assis: "Nada impede ao juiz, após reputar admissível o recurso, poste-

---

[540] GRECO FILHO, Vicente. *Direito processual civil brasileiro*. 2° Vol. São Paulo: Saraiva, 1984, p. 50 e 254.
[541] MENDES, Leonardo Castanho. "O juízo de admissibilidade recursal e a preclusão" in *Ajufe* n° 63 (2000): 209/218.
[542] BARBORA MOREIRA, J. C. "O juízo de admissibilidade no sistema dos recursos civis". Rio de Janeiro, 1968 (Tese de concurso para a docência livre de Direito Judiciário Civil, apresentada à Congregação da Faculdade de Direito da Universidade do Estado da Guanabara), p. 32; BARBOSA MOREIRA, J. C. *Comentários ao código de processo civil*. Vol. 5, arts. 476 a 565". 12ª ed. Rio de Janeiro: Forense, 2005, p. 290.
[543] Do entendimento jurisprudencial mais abalizado, a respeito do ponto, basta a seguinte definitiva referência do STJ, quando do julgamento do REsp n° 142.633/SP (1ª Turma, Rel. Min. Garcia Vieira, j. em 08/06/1998): "Os pressupostos (intrínsecos e extrínsecos) e, pacificamente, a tempestividade do recurso (especial), constituem requisitos de ordem pública e essencial à respectiva admissibilidade, devendo a sua existência ser verificada de ofício, ainda que não haja manifestação da parte".
[544] LOPES, João Batista. "Breves considerações sobre o instituto da preclusão" in *Revista de Processo* n° 23 (1981): 45/60.
[545] WAMBIER, Teresa Arruda Alvim. *O novo regime do agravo*. 2ª ed. São Paulo: RT, 1996, p. 336/337.
[546] BARBORA MOREIRA, J. C. "O juízo de admissibilidade no sistema dos recursos civis". Rio de Janeiro, 1968 (Tese de concurso para a docência livre de Direito Judiciário Civil, apresentada à Congregação da Faculdade de Direito da Universidade do Estado da Guanabara), p. 133.

riormente alterar sua convicção inicial, estimando-o inadmissível, porém antes do julgamento do mérito e desde que o possibilite seu estágio de processamento".[547]

De fato, mesmo após o Juízo *a quo* julgar pela admissibilidade do recurso, poderia sim voltar atrás em ulterior estágio de processamento, após vista da irresignação à parte contrária (para fins de apresentação de contrarrazões), passando a entender pela necessidade de negativa de seguimento à irresignação. Nesse sentido Dinamarco bem frisa que o "juízo a quo tem o poder de desfazer o juízo positivo depois de oferecidas as contra-razões de apelação",[548] como também Alcides de Mendonça Lima deixa consignado que, se o juiz, oficiosamente ou advertido pela parte interessada, "verifica que não era caso de apelação ou que errou no efeito recebido (se deveria ser no meramente devolutivo e admitiu em ambos, ou vice versa), nada obsta reconsiderar seu despacho, para adotar orientação certa e legal".[549]

A propósito, a redação do art. 518 do CPC, determinada pela Lei n° 8.950/94,[550] indica para a correção do raciocínio supraexposto, *in verbis*: "Interposta a apelação, o juiz, declarando os efeitos em que a recebe, mandará dar vista ao apelado para responder. Parágrafo único: Apresentada a resposta, é facultado ao juiz o reexame dos pressupostos de admissibilidade do recurso". É bem verdade que a Lei n° 11.276/2006 alterou a redação do informado parágrafo único (passando o § 2° a dispor que: "Apresentada a resposta, é facultado ao juiz, em cinco dias, o reexame dos pressupostos de admissibilidade do recurso"); no entanto, a nosso ver, tal alteração não modifica em nada o enquadramento do juízo de admissibilidade recursal como matéria de ordem pública, a ser reanalisada, se for o caso, pelo juiz dentro e mesmo após o prazo novel de cinco dias – já que estamos aqui diante de típico e genuíno prazo impróprio, a não inviabilizar que mesmo depois de superado o irrisório lapso temporal previsto na lei possa o julgador se retratar.

Ainda, há de se dizer, que mesmo havendo grave equívoco no conhecimento do recurso manifestamente inadmissível, e mesmo inexistindo recurso imediato contra essa decisão do Juízo *a quo*, que conhece e processa a irresignação, a instância superior, por força do efeito devolutivo, fará, antes de ingressar no mérito propriamente dito, o seu controle definitivo acerca da possibilidade de conhecimento do recurso – oportunidade em que a manifestação da parte recorrida na bus-

---

[547] ASSIS, Araken de. "Condições de admissibilidade dos recursos cíveis" in *Aspectos polêmicos e atuais dos recursos cíveis de acordo com a Lei n° 9.756/98*. Coordenação de Teresa Arruda Alvim Wambier e Nelson Nery Jr. São Paulo: RT, 1999, p. 13, especialmente.

[548] DINAMARCO, Cândido Rangel. "Os efeitos dos recursos" in *Aspectos polêmicos e atuais dos recursos cíveis de acordo com a Lei n° 10.352/2001*. Coordenação de Teresa Arruda Alvim Wambier e Nelson Nery Jr. São Paulo: RT, 2002, p. 57, especialmente.

[549] LIMA, Alcides de Mendonça. *Introdução aos recursos cíveis*. 2ª ed. São Paulo: RT, 1976, p. 300.

[550] Desenvolve Manoel Ferreira Filho, saudando a inovação legislativa de meados da década de 90, que antes da entrada em vigor da Lei n° 8.950/94, em face da lacuna normativa, os magistrados em geral não reconsideravam a decisão pela qual havia admitido a apelação; por isso muitas vezes eram remetidos aos tribunais recursos que a toda evidência não deveriam ter sido admitidos no juízo recorrido (FERREIRA FILHO, Manoel Caetano. *Comentários ao código de processo civil*. Vol. 7, arts. 496 a 565. São Paulo: RT, 2001, p. 151/152.

ca pelo não conhecimento do recurso pode obter perfeito trânsito. Aliás, mesmo a corrente, capitaneada por Barbosa Moreira, que entende pela impossibilidade de retratação do juízo positivo de admissibilidade recursal proferido pelo magistrado de primeira instância, não discorda que não resta por isso preclusa a reapreciação da matéria pelo órgão competente para julgar o recurso principal.[551]

Visto que pode haver retratação do juízo positivo de admissibilidade recursal, mas desde que o órgão judicial mantenha jurisdição no feito (ou seja, desde que os autos ainda não tenham sido encaminhados para a superior instância), conveniente nos deter, em maiores detalhes, à hipótese de juízo de admissibilidade negativo encaminhado pelo Juízo *a quo*.

Se a parte prejudicada deixa de interpor o competente recurso de agravo de instrumento, dá-se a preclusão (temporal) para ser revertida a gravosa decisão interlocutória, operando-se o consequente trânsito em julgado da demanda. Já interpondo o recurso legal, caberá ao Tribunal se pronunciar provisoriamente sobre a admissibilidade recursal, determinando com o eventual provimento do agravo, a subida dos autos principais (com o recurso) para ulterior julgamento. Foi dito (propositalmente) que caberá à instância superior a pronúncia "provisória" da admissibilidade, já que mesmo tornando-se irrecorrível a decisão do agravo de instrumento, o Tribunal antes de ingressar no mérito do recurso principal, poderá reavaliar aquela decisão, vindo a não conhecer o apelo em face da formação de uma convicção mais recente, quanto à inexistência do já analisado requisito de admissibilidade recursal e/ou de qualquer outro.[552]

No entanto, devemos reconhecer que não há unanimidade de tratamento na matéria, existindo fundamentação em sentido contrário[553] justamente pregando que se o Tribunal já conhece de todos os elementos necessários e pode desde já exercer juízo seguro sobre a questão que motivou a não subida imediata do apelo,

---

[551] BARBORA MOREIRA, J. C. "O juízo de admissibilidade no sistema dos recursos civis". Rio de Janeiro, 1968 (Tese de concurso para a docência livre de Direito Judiciário Civil, apresentada à Congregação da Faculdade de Direito da Universidade do Estado da Guanabara), p. 134; BARBOSA MOREIRA, J. C. Comentários ao código de processo civil. Vol. 5, arts. 476 a 565. 12ª ed. Rio de Janeiro: Forense, 2005, p. 263/266.

[552] A favor do entendimento ora defendido, as precisas linhas de Nelson Nery Jr. discorrendo a respeito de um caso comum no âmbito forense: "De uma sentença houve apelação. O juiz de primeiro grau profere juízo negativo de admissibilidade por entender ser a parte ilegítima para apelar. Desta decisão o então apelante interpõe agravo de instrumento, pretendendo que o tribunal, reformando a decisão negativa do juiz mande processar a apelação. O tribunal, apreciando o agravo, dá-lhe provimento, mandando processar o apelo. Esta decisão sobre o mérito do agravo constitui juízo de admissibilidade positivo provisório do recurso de apelação (...). Nada impede que, ao julgar a apelação, que ele mesmo determinara fosse processada, entenda o tribunal, agora proferindo juízo de admissibilidade definitivo, que falta o requisito da sucumbência ou, mesmo, que o apelante era realmente parte ilegítima como se supunha, não conhecendo do recurso de apelação (...). O tribunal pode agir assim porque os requisitos de admissibilidade constituem matéria de ordem pública, devendo ser examinados *ex officio* pelo juiz originário, provisoriamente, e pelo tribunal destinatário, de modo definitivo, independentemente do pedido do recorrido" (NERY JR., Nelson. *Teoria geral dos recursos*. 6ª ed. São Paulo: RT, 2004, p. 265).

[553] BARBORA MOREIRA, J. C. "O juízo de admissibilidade no sistema dos recursos civis". Rio de Janeiro, 1968 (Tese de concurso para a docência livre de Direito Judiciário Civil, apresentada à Congregação da Faculdade de Direito da Universidade do Estado da Guanabara), p. 141/144.; MENDES, Leonardo Castanho. "O juízo de admissibilidade recursal e a preclusão" in *Ajufe* n° 63 (2000): 209/218, p. 215, especialmente.

então não há cabimento em dizer-se que este juízo, assim exercido, seja, de alguma maneira, provisório.

Por outro lado, mesmo essa corrente contrária concorda, ao menos, que a solução seria outra se o fundamento utilizado para negar agora admissibilidade ao recurso principal fosse diverso daquele que se valeu o mesmo Tribunal para dar provimento ao agravo de instrumento, retificando o juízo de admissibilidade negativo pronunciado pela inferior instância. Em termos práticos isso significa que se o não conhecimento de uma apelação pelo juízo sentenciante se deve à intempestividade do recurso, depois não reconhecida pelo Tribunal que deu provimento ao agravo de instrumento interposto pela parte apelante, para essa corrente dever-se-ia cogitar de preclusão para a instância superior, ao momento de julgar a apelação, quanto ao exame de admissibilidade recursal pertinente a esse requisito (intempestividade), mas não para qualquer outro, como a presença de preparo, por exemplo – hipótese em que o Tribunal antes do julgamento do mérito do recurso poderia julgar pelo não conhecimento da apelação em razão da deserção.

Fica então o registro desse ponto de convergência dos estudiosos na matéria, embora persistamos entendendo pela possibilidade mais ampla da ponderação oficiosa no juízo de admissibilidade recursal. Até porque, aproveitando-se o ensejo, é de se salientar que esse ponto de convergência tem cabimento pleno em matéria substancialmente diversa, estudada no início desta parte da obra, qual seja, a "preclusão de instância" (art. 512 do CPC) – já que se o Juízo *a quo* extingue o feito com base na falta de legitimidade passiva, *v.g.*, e o Tribunal vem a desconstituir a decisão (determinando o prosseguimento do feito em primeiro grau), aqui sim não pode mais o julgador originário julgar extinto o feito pelo mesmo fundamento de carência da ação, mas tranquilamente poderia proferir ulterior sentença terminativa reconhecendo a ausência de outra condição da ação ou pressuposto processual.

1.5.4. Nulidades

1.5.4.1. Regra da não preclusividade para as nulidades absolutas: o art. 245 do CPC

O trato com a problemática das *invalidades* – especialmente com a categoria das nulidades absolutas (a englobar inúmeros vícios processuais ligados aos pressupostos processuais e as condições da ação) – irá nos apontar mais uma importante matéria não preclusiva para o julgador, a ser pronunciada mesmo que de ofício, a qualquer tempo.

Por certo, diante das diretrizes encampadas neste trabalho, não poderemos nos adentrar em minúcias da questão, que pela sua complexidade exigiria estudo aprofundado em seara própria. Remetemos, ainda, o leitor aos avanços iniciais realizados nesta obra, propostos quando da comparação entre as nulidades para com a preclusão, em que em maiores detalhes se expôs serem as nulidades, em geral, sanções processuais sempre decretáveis pelo Estado-juiz (não se operam *ipso iure*), decorrentes da violação de uma prescrição processual que se mostra substancial no feito (caso de atipicidade/inadequação relevante), passíveis de sanação mesmo que se trate de nulidades absolutas (em caso de atipicidade/inadequação irrelevante), e que atuam no plano da validade (plano anterior ao da eficácia/inadmissibilidade, e posterior ao da existência).[554]

A necessidade de progressão do estudo, nesta oportunidade, cinge-se precipuamente em identificar as espécies de nulidade (ou invalidades) que podem ser reconhecidas oficiosamente a qualquer momento procedimental (sendo, portanto, não preclusivas) – nominando as principais delas, a partir das disposições pertinentes do diploma processual.

Distingamos, pois, as nulidades em absolutas e relativas, nos moldes objetivos anunciados pelo CPC no art. 245, *in verbis*: "nulidade dos atos deve ser alegada na primeira oportunidade em que couber à parte falar nos autos, sob pena de preclusão. Parágrafo único: Não se aplica esta disposição às nulidades que o juiz deva decretar de ofício, nem prevalece a preclusão, provando a parte legítimo impedimento".

Há de se explicar, em relevante parêntese, que a classificação das nulidades desenvolvida por Galeno Lacerda, em seu célebre "Despacho Saneador",[555] foi, de fato, muito difundido na doutrina pátria, como reconhecem, dentre outros, Rui Portanova,[556] Arruda Alvim,[557] Daniel Mitidiero[558] e Antônio Janyr Dall'Agnol Jr.[559]

Em laboriosa subdivisão entende Galeno Lacerda que se poderia falar em quatro espécies de invalidades, a saber: nulidade absoluta – vício insanável que viola norma imperativa protetora de interesse público; nulidade relativa – vício sanável que protege interesse da parte, advindo de norma imperativa; anulabilidade – vício sanável que protege interesse da parte, mas a ofensa verificável é de norma dispositiva; e irregularidades – vício de menor gravidade, cujo defeito não provoca sequer a ineficácia do ato ou da relação processual.

No entanto, sem desprestigiar a importância do estudo proposto por Galeno Lacerda, parece-nos suficiente a mera divisão das nulidades em *absolutas* (inte-

---

[554] Em outros termos, estabeleceu-se, por ora, em síntese, que "a nulidade é sanção imponível como conseqüência de vício contido em ato jurídico; o ato processual nulo produz efeitos, se e enquanto não desconstituído, a desconstituição opera *ex tunc*. A decretação da nulidade pode ou não depender de provocação do interessado; pode ou não sujeitar-se a prazo preclusivo, conforme determine a lei" (TESHEINER, José Maria. *Pressupostos processuais e nulidades no processo civil*. São Paulo: Saraiva, 2000, p. 14).
[555] LACERDA, Galeno. *Do despacho saneador*. Porto Alegre: La Salle, 1953, p. 158/161, especialmente.
[556] PORTANOVA, Rui. *Princípios do processo civil*. 6ª ed. Porto Alegre: Livraria do Advogado, 2005, p. 184/197.
[557] ALVIM, Arruda. *Manual de direito processual civil*. Vol. 1. 6ª ed. São Paulo: RT, 1997, p. 436/437.
[558] MITIDIERO, Daniel Francisco. "O problema da invalidade dos atos processuais no direito processual civil brasileiro contemporâneo" in *Visões críticas do processo civil brasileiro*. Coordenação de Guilherme Rizzo Amaral e Márcio Louzada Carpena. Porto Alegre: Livraria do Advogado, 2005, p. 55/74.
[559] DALL'AGNOL JR., Antônio Janyr. "Para um conceito de irregularidade processual" in *Revista de Processo* nº 60 (1990): 15/30.

resse supraparentes) e *relativas* (interesse das partes), notadamente em função da posição adotada pelo Código Buzaid – que entrou em vigor aproximadamente duas décadas depois da publicação da obra de Lacerda.[560] Para tanto, seria o caso de agregar à concepção das "nulidades relativas" o conceito de "anulabilidades", além de desfavorecer a ênfase concedida às "irregularidades" – mantendo na íntegra somente a dimensão e peso concedida às "nulidades absolutas".

Nessa precisa direção, Fábio Gomes assevera expressamente que "não há lugar, dentro da sistemática do Código quanto ao tema, para a inclusão da categoria de anulabilidade ao lado da nulidade relativa".[561] E, em adequada complementação, Teresa Arruda Alvim Wambier sustenta, ao tratar do modelo originário de Galeno Lacerda, que:

(...) na nossa forma de conceber a sistematização dos vícios processuais, a segunda categoria aparece como sinônimo da terceira (nulidades relativas = anulabilidades). São nulidades absolutas vícios ligados aos pressupostos processuais (positivos de existência, positivos de validade, e negativos) e as condições da ação. Todos os outros defeitos, de que pode padecer o processo, serão vícios de forma e serão nulidades relativas ou anulabilidades, caso o sistema positivo não disponha expressamente em sentido inverso.[562]

Acolhida a divisão das nulidades em absolutas e relativas, fecha-se o esquema inicial com uma conceituação mais próxima dessas modalidades – ressalvado, neste trabalho, o efeito prático da distinção, "na possibilidade, ou não, de o juiz, porque presumido o prejuízo, poder reconhecer de ofício a irregularidade e decretar a nulidade do ato".[563]

As últimas, diversamente das primeiras, não podem ser conhecidas de ofício pelo julgador; incidindo o fenômeno preclusivo caso não sejam as nulidades relativas arguidas pelas partes de imediato, na primeira oportunidade em que tiverem se de manifestar nos autos. Daí a razão para José Maria Tesheiner utilizar a expressão "vícios preclusivos" para identificá-las.[564] Humberto Theodoro Jr. explica que são configuradas as nulidades relativas por exclusão: "os atos viciados, que não sejam por violação de pressupostos processuais ou condições da ação, e para os quais não exista cominação expressa de nulidade na lei, são atos processuais relativamente nulos".[565] E especialmente tratando da alegação das nulidades relativas em sede contestatória, sob pena de preclusão (sanatória do vício), diante do

---

[560] THEODORO JR., Humberto. "As nulidades no código de processo civil" in *Revista de Processo* nº 30 (1983): 38/60.

[561] GOMES, Fábio. *Comentários ao código de processo civil*. Vol. 3, arts. 243 a 269. São Paulo: RT, 2000, p. 45.

[562] WAMBIER, Teresa Arruda Alvim. O novo regime do agravo. 2ª ed. São Paulo: RT, 1996, p. 300/301.

[563] BEDAQUE, José Roberto dos Santos. *Efetividade do processo e técnica processual*. 2ª ed. São Paulo: Malheiros, 2007, p. 445. No mesmo sentido, expressamente citado por Bedaque: THEODORO JR., Humberto. "As nulidades no código de processo civil" in *Revista de Processo* nº 30 (1983): 38/60. Especialmente p. 47/48.

[564] TESHEINER, José Maria. *Pressupostos processuais e nulidades no processo civil*. São Paulo: Saraiva, 2000, p. 281.

[565] THEODORO JR., Humberto. "As nulidades no código de processo civil" in *Revista de Processo* nº 30 (1983): 38/60. Especialmente, p. 43.

posterior despacho saneador a ser lavrado pelo Estado-juiz, leciona J. Frederico Marques:

> Quando o juiz não teve de resolver questão alguma daquelas resultantes dos arts. 267 e 301, limitando-se a declarar simpliciter o processo em ordem, inexiste preclusão pro judicato. Poderá registrar-se apenas preclusão temporal, com base no art. 245, para as nulidades relativas que o réu não invocou, com o seu respectivo e conseqüente saneamento.[566]

Por sua vez, as nulidades absolutas, embora devam ser arguidas pela parte na primeira oportunidade que tiverem para se manifestar nos autos, em face de sua gravidade, podem ser invocadas em ulterior momento no feito, mesmo por petição simples, caso não sejam objeto de atividade oficiosa do próprio magistrado, o qual identificando a presença de uma nulidade absoluta insanável deve, de plano, tratar de reconhecê-la. Dentro dessa conjectura, enquadram-se, a contento, as palavras de Teresa Arruda Alvim Wambier: "as nulidades (absolutas) podem ser alegadas pelas partes, a qualquer tempo, e decretadas pelo juiz de ofício, inexistindo, pois, para aquelas e para este, preclusão. São vícios insanáveis, pois que maculam irremediavelmente o processo".[567] Humberto Theodoro Jr. traz em destaque a relevância dos pressupostos processuais e das condições da ação, os quais denomina de "vícios profundos": "não se sujeitam à preclusão, nem deixam de macular o processo só pela errônea conduta do juiz que decide a lide, sem atentar para a inexistência de condições jurídicas para a sentença de mérito".[568]

Não poderíamos deixar de registrar que, em uma das principais obras a respeito do tema escrito no País, Calmon de Passos critica ferozmente a distinção das nulidades em absolutas e relativas, entendendo que não há espaço para se falar nas últimas, supostamente sujeitas ao regime da preclusão processual: "até esta data ainda não consegui identificar uma forma processual que tenha sido estabelecida no exclusivo interesse de uma das partes do processo, daí afirmar que, entre nós, a preclusão não ocorre. A oponibilidade perdura".[569] Como havíamos alertado anteriormente, maiores digressões nessa problemática certamente refogem à área de abrangência desta obra; mesmo assim, inclusive a partir desse esboço de uma teoria de nulidades proposto por Calmon de Passos, fica claro que há uma extensa (senão uma plena) área de atuação oficiosa do magistrado em matéria de nulidades (ou invalidades), ratificando-se assim a extrema importância do tema no macroestudo das não preclusividades concernentes à atividade jurisdicional.

---

[566] MARQUES, José Frederico. *Instituições de direito processual civil*. Vol. 2. Campinas: Millenium, 2000, p. 352.
[567] WAMBIER, Teresa Arruda Alvim. *Nulidades do processo e da sentença*. 4ª ed. São Paulo: RT, 1998, p. 181.
[568] THEODORO JR., Humberto. "As nulidades no código de processo civil" in *Revista de Processo* nº 30 (1983): 38/60. Especialmente, p. 55.
[569] CALMON DE PASSOS, J. J. *Esboço de uma teoria das nulidades aplicada às nulidades processuais*. Rio de Janeiro: Forense, 2005, p. 136.

1.5.4.2. Aplicação das conclusões pretéritas a respeito da viabilidade do exame de questões nas instâncias excepcionais e limites ao efeito translativo

Se o fundamento para excluir a preclusividade do reconhecimento das nulidades absolutas é o mesmo que está em torno das condições da ação e dos pressupostos processuais, isto é, o respeito a normas em que prepondera o interesse público,[570] por certo aqui se aplicam perfeitamente as conclusões a que chegamos para as preliminares do mérito em termos de viabilidade do reexame da questão nas instâncias excepcionais – antes do exame do mérito no recurso especial e extraordinário, superado o requisito do prequestionamento e admissibilidade da irresignação; e em termos de limites ao efeito translativo – não sendo possível o reconhecimento da matéria de ordem pública em desfavor do princípio da *reformatio in peius*.

Nesse cenário, a nulidade absoluta não poderia ser declarada pelo Tribunal *ad quem* se a parte derrotada no Juízo *a quo* deixasse de apresentar apelo. Agora, em caso de a sucumbente recorrer mesmo que seja exclusivamente no mérito, o Tribunal *ad quem* teria o poder-dever de, valendo-se do efeito translativo do recurso, manifestar-se a respeito de qualquer preliminar de ordem pública que pudesse influenciar no julgamento da irresignação (a favor da parte recorrente); e isso independentemente de a matéria preliminar ter sido ou não objeto de ponderação do Juízo *a quo* na decisão final de primeiro grau.

Por tais razões, devemos analisar com cuidado a posição adotada por Vittorio Denti, em ensaio específico sobre a nulidade dos atos do processo civil, em que defende ser a nulidade absoluta reconhecível de ofício no segundo grau tão somente se não houve enfrentamento da matéria pelo primeiro grau – já que, para o jurista italiano, se a questão da nulidade foi objeto da sentença e não passou a parte sucumbente a recorrer de tal preliminar de mérito, estaria vedado, em face do fenômeno preclusivo, o exame do tema para a superior instância.[571]

Mesmo admitindo-se que a temática das nulidades no processo italiano tenha tratamento peculiar, temos como importante o estudo da hipótese suscitada por Denti, já que pela linha pátria mais abalizada entende-se que normalmente o procurador da parte derrotada deveria ter o cuidado, ao interpor a apelação, de recorrer da questão preliminar (de nulidade absoluta) não reconhecida pelo Juízo sentenciante, como também da questão de mérito; mas mesmo que assim não fizesse, vindo a só tratar da questão de fundo, haveria sim a possibilidade de o Juízo *ad quem*, de ofício, enfrentar o tema da nulidade absoluta (de interesse

---

[570] SICA, Heitor Vitor Mendonça. *Preclusão processual civil*. São Paulo: Atlas, 2006, p. 235.

[571] "Necessariamente, quindi, ocorre distinguere tra nullità che hanno formato oggetto di esame e di decisione da parte del giudice (come questioni pregiudiziali attinenti al processo) e nullità no rilevate. Nel primo caso, sia che la questione abbia costituito oggetto di sentenza parziale, sia che la decisione relativa costituica 'parte' della sentenza definitiva, la mancata impugnazione preclude l'esame della nullità da parte del giudice superiore" (DENTI, Vittorio. "Nullità degli atti processuali civili" in *Novissimo Digesto Italiano*, Vol. XI, p. 467/486, p. 480, especialmente).

suprapartes), desconstituindo a sentença, em caso de assumir posição diferente da externada pelo Juízo *a quo*.

1.5.4.3. Exame de quatro principais nulidades (absolutas) não preclusivas

Tratemos, pois, ao encerrar o estudo das nulidades processuais e o fenômeno da não preclusividade de matéria ao órgão judicial, de expormos as principais nulidades absolutas que comportam exame oficioso a qualquer tempo – destacando-se os vícios referentes às citações, às intimações, às sentenças e aos cerceamentos de defesa em matéria probatória (lembrando-se que já foram feitas alusões às invalidades referentes à não participação do *Parquet*, quando se falou da sanabilidade das nulidades absolutas, em confronto à característica peculiar diversa da preclusão).

Em nota às disposições referentes às nulidades absolutas, Theotonio Negrão[572] identifica vícios cominados nos seguintes dispositivos do Código Buzaid: art. 11, parágrafo único (autorização ou outorga necessária do cônjuge, não suprida pelo juiz); art. 13, I (incapacidade processual ou a irregularidade da representação, não suprida pelo autor); art. 84 (falta de intimação do Ministério Público, quando obrigatória); art. 113, § 2º (declaração de incompetência absoluta); art. 214 (nulidade de citação no rito de conhecimento); art. 236, § 1º (nulidade da intimação, na qual constem os nomes das partes e de seus advogados, suficientes para sua identificação); art. 246 (nova referência à nulidade do processo por ausência do *Parquet*, quando deva intervir no feito); art. 247 (menção conjunta às nulidades de citações e às intimações, quando feitas sem observância das prescrições legais); art. 618 (hipóteses de nulidade da execução, se o título executivo extrajudicial não corresponder à obrigação certa, líquida e exigível – art. 586, se o devedor não for regularmente citado, e se instaurada antes de se verificar a condição ou de ocorrido o termo, nos casos do art. 572); e, finalmente, art. 1.105 (ao tratar dos feitos de jurisdição voluntária, regula que serão citados, sob pena de nulidade, todos os interessados, bem como o Ministério Público).

Vê-se do rol de nulidades cominadas (absolutas) sobreditas, que as referências às ausências dos pressupostos processuais são significativas, notadamente no que pertine à falta de citação válida (pressuposto positivo objetivo) – a ser exigido, por expressa disposição do CPC, não só no rito de conhecimento, mas também na execução, e mesmo nos procedimentos de jurisdição voluntária. Não é por acaso, sem dúvida, que Chiovenda teve como umas das suas célebres máximas, a que registra ser o maior vício processual "a falta de comunicação ao réu".[573]

a) Quanto à citação válida do réu/executado: há normativo (art. 214, § 1º, do CPC) prevendo que se o réu comparece em juízo mesmo estando configurado

---

[572] NEGRÃO, Theotonio. *Código de processo civil e legislação processual em vigor*. 36ª ed. São Paulo: Saraiva, 2004, p. 184/197.
[573] CHIOVENDA, Giuseppe. *Instituições de direito processual civil*. Vol. II, notas de Enrico Tullio Liebman. 3ª ed. São Paulo: Saraiva, 1969, p. 323.

vício na citação, não deve ser declarado já que a finalidade foi obtida (comparecimento do demandado ao feito) – aplicando-se assim, à espécie, os princípios gerais da instrumentalidade das formas e do não prejuízo específico à parte (art. 244 c/c 249, § 1°, do CPC).[574] Em sentido oposto, a mais tênue imperfeição é relevante quando o objetivo não foi alcançado.[575]

O nosso diploma processual, de fato, trata a citação com enfoque especialíssimo. Como em alhures oportunidades exposto neste trabalho, as invalidades que cercam o ato de chamar o réu ao processo, angularizando a relação jurídica processual, é tema de destaque e ferrenha defesa mesmo após o trânsito em julgado da demanda. Há possibilidade de o demandado, prejudicado, opor embargos à execução, ou mesmo ingressar com novel processo para declaração de ineficácia da sentença ainda que decorrido o prazo para a propositura de ação rescisória – daí falar-se em caso de "vícios transrescisórios", na circunstância de processo que corre à revelia do demandado por defeito na citação do réu.[576]

A doutrina trata com destaque particular a ocasião das nulidades que envolvem a citação por edital do réu/executado.[577] De fato, este remédio excepcional deve ser utilizado tão somente quando esgotados todos os meios possíveis para a localização da parte demandada, sendo por isso descabido se utilizar do edital em caso de infrutífera notificação do réu/executado na primeira tentativa levada a cabo pelo oficial de justiça – até porque não é raro se dar o equívoco, na célere citação do demandado, por culpa do próprio autor/exequente (a quem compete fornecer o endereço correto e atualizado do *ex adverso*).

b) Quanto à intimação dos atos processuais: a lei reclama a mesma segurança exigida para a citação e de seus defeitos resultam as mesmas consequências, só diferentes em termos de repercussão sobre os atos do processo.[578] Realmente, a regularidade exigida para o chamamento do demandado ao processo na primeira oportunidade deve ser mantida ao longo da tramitação do feito, a fim de que seja proferida decisão final legítima – sendo pressuposto da sentença, o encadeamento válido de todos os anteriores atos do processo (dos quais necessariamente devem ter ciência as partes, para efeitos de defesa e consolidação de suas posições na relação processual estabelecida).

Assim sendo, o vício referente à ausência de intimação da parte processual é também matéria não preclusiva, podendo ser reconhecida de ofício, mesmo em

---

[574] "O comparecimento (do citado) sana todas as nulidades; logo não se pode comparecer para excepcionar a nulidade" (CHIOVENDA, Giuseppe. *Instituições de direito processual civil*. Vol. II, notas de Enrico Tullio Liebman. 3ª ed. São Paulo: Saraiva, 1969, p. 316/317).

[575] CALMON DE PASSOS, J. J. *Esboço de uma teoria das nulidades aplicada às nulidades processuais*. Rio de Janeiro: Forense, 2005, p. 155.

[576] TESHEINER, José Maria. *Pressupostos processuais e nulidades no processo civil*. São Paulo: Saraiva, 2000, p. 284/285.

[577] MEDINA, José Miguel Garcia. "Execução. Nulidade. Inexistência de preclusão" in *Revista de Processo* n° 112 (2003): 187/195.

[578] CALMON DE PASSOS, J. J. *Esboço de uma teoria das nulidades aplicada às nulidades processuais*. Rio de Janeiro: Forense, 2005, p. 156.

segundo grau, dependendo da gravidade/relevância da infração. O tema é interessante, já que, na prática forense, bem se pode verificar a presença de vício na intimação de um importante ato processual no primeiro grau, e mesmo assim a parte prejudicada e sucumbente (diante de prolatada sentença definitiva), pode não vir a expor em razões de apelação a ocorrência na nulidade (em sede de preliminar recursal), vindo tão somente a discutir no apelo o mérito.

A questão foi objeto de estudo específico na Itália por Antonella Parisi, tendo a jurista peninsular apontado conclusão, com que não pactuamos, no sentido de que vício na intimação de ato, em meio à instrução, que venha a trazer prejuízo ao estabelecimento do contraditório entre as partes, não alegada em apelação, determina preclusão ao segundo grau para exame da questão.[579] Também é essa a posição, dentre nós, defendida por José Maria Tesheiner, apresentando o seguinte caso concreto:

> Suponha-se que uma das partes seja intimada da juntada de documento nos autos por intimação nula, nos termos do art. 236, § 1°. Faltou, por exemplo, o nome de seu advogado. Realiza-se a audiência. A parte é vencida e apela, pedindo a reforma da sentença, sem jamais aludir à nulidade daquela intimação. Evidentemente, não poderá o tribunal decretá-la de ofício, ainda que cominada.[580]

Por estarmos claramente diante de vício não preclusivo importante para o deslinde da causa (nulidade absoluta, cominada), não há como avalizarmos este entendimento. Pensamos, portanto, que mesmo de ofício pode, *in casu*, o Tribunal *ad quem* decretar a nulidade da sentença (em face do vício de intimação), remetendo os autos à instância *a quo* para regular processamento da instrução a partir do marco inicial maculado pela nulidade absoluta verificada – no caso concreto apresentado por Tesheiner, da atípica intimação de juntada de documento aos autos, ressalvada a possibilidade de não anulação da audiência, em caso de o seu resultado ser independente do teor do documento juntado (arts. 248 e 249, *caput*, do CPC). Obviamente, foi dito que o Tribunal "poderá" e não "deverá" decretar a nulidade absoluta, já que há de ser feito uma ponderação no caso concreto sobre a gravidade da infração (arts. 244 e 249, § 1°, do CPC), justamente para efeitos de se determinar a relevância da atipicidade, a fixar ou não a invalidade da sentença de mérito proferida.

c) Especificamente quanto às nulidades da sentença: há de se levar em conta ao menos dois macroaspectos: deficiência no relatório e/ou na fundamentação sentencial; como também a presença de julgamento *extra petita, ultra petita e citra/infra petita*.

Depois da citação, provavelmente o mais importante ato do processo no primeiro grau seja a prolação da sentença, em que o julgador, pela via preferencial

---

[579] PARISI, Antonella. "Figure di preclusione al rilievo delle nullità assolute" in *Revista Trimestrale di Diritto e Procedura civile* n° 56 (2002):1397/1421.

[580] TESHEINER, José Maria. *Pressupostos processuais e nulidades no processo civil*. São Paulo: Saraiva, 2000, p. 116.

definitiva ou, subsidiariamente, terminativa, presta a devida e esperada tutela jurisdicional.[581] Trata-se de "ato jurisdicional magno";[582] é a resposta do Estado-juiz ao problema de direito trazido pelos jurisdicionados, ávidos por justiça e paz social. É a sentença, em suma, "a síntese da função jurisdicional".[583]

Daí a importância de a decisão final ser a mais completa possível, seja na apresentação do histórico da demanda (relatório – art. 458, I, do CPC), seja na fundamentação de fato e de direito que encaminhe o julgamento a favor do autor ou do réu (art. 458, II, do CPC), seja na confecção de dispositivo sentencial (art. 458, III, do CPC) que contemple toda a discussão trazida ao judiciário, sem passar a conceder o magistrado coisa além, e/ou coisa diversa da perseguida.

Quando a sentença contemple alguma imperfeição nesses comandos, passível então de ser declarada nula, a fim de novo *decisum* ser produzido.

O problema da fundamentação sentencial é notoriamente mais grave do que as possíveis irregularidades constantes no relatório da decisão, que em geral não vão influir no julgamento da causa, a ponto de por si só representarem motivo suficiente para a interposição de recurso à superior instância. No entanto, a fundamentação é essencial, no nosso Estado Democrático de Direito, para legitimar a decisão final proferida, razão pela qual a matéria pode ser tema de debate até nas instâncias extraordinárias, tendo em vista suposta violação do que dispõem os já nominados arts. 165 do CPC e 93, IX, da CF/88.

Ao mesmo tempo em que não se nega a importância do ativismo judicial no comando da marcha do processo, ressalta-se a importância da motivação das decisões (tanto mais elevada quanto for a importância da medida a ser adotada pelo Estado-juiz), ao lado da presença constante do contraditório e da figura do duplo grau de jurisdição.[584] São com esses (três) elementos essenciais, integrantes de um "sistema de legalidade", corporificador do *due process*, que se combate o arbítrio jurisdicional (desvios decorrentes da necessária conduta ativa do julgador), lavrando-se *decisum* final mais próximo da legitimidade exigida pela sociedade política.[585]

A discussão quanto à *fundamentação completa versus fundamentação suficiente* é conhecida no ambiente forense, tendo a jurisprudência pátria consolidado entendimento, por nós não acolhido, no sentido de que o julgador não está obriga-

---

[581] GONÇALVES, Aroldo Plínio. *Técnica processual e teoria do processo*. Rio de Janeiro: AIDE, 1992, p. 109 e 188.

[582] DINAMARCO, Cândido Rangel. *A instrumentalidade do processo*. 4ª ed. São Paulo: RT, 1994, p. 91 e 195.

[583] WAMBIER, Teresa Arruda Alvim. *Nulidades do processo e da sentença*. 4ª ed. São Paulo: RT, 1998, p. 236.

[584] BARBOSA MOREIRA, J. C. "A motivação das decisões judiciais como garantia inerente ao estado de direito" in *Temas de direito processual*. 2ª série. São Paulo: Saraiva, 1988, p. 83/95.

[585] A questão é bem desenvolvida pela especializada doutrina do processo: DINAMARCO, Cândido Rangel. *A instrumentalidade do processo*. 4ª ed. São Paulo: RT, 1994, p. 200; ALVARO DE OLIVEIRA, Carlos Alberto. *Do formalismo no processo civil*. São Paulo: Saraiva, 2003, 2ª ed, p. 151. Na teoria geral do direito, o ponto também é destacado, sendo pertinentes as colocações em: ENGISCH, Karl. *Introdução ao pensamento jurídico*. Trad. por J. Baptista Machado. 7ª ed. Lisboa: Fundação Calouste Gulbenkian, 1996, p. 254.

do a desenvolver fundamentação plena, mas tão só suficiente para se posicionar a favor dos interesses de uma das partes litigantes.[586]

Há, no entanto, firmes vozes, ao encontro do nosso raciocínio, fixando que a eventual autorização concedida ao juiz para não se manifestar expressamente a respeito de todo o material coletado no feito, entendendo-se que bastaria "uma consideração global e sintética dos elementos conhecidos sobre os quais se funda o seu convencimento", nas palavras de Michele Taruffo, é regra que, por traz de uma aparente razoabilidade, esconde grave equívoco procedimental.[587]

Egas Moniz de Aragão observa, criticamente, que é comum se dizer que na fundamentação da sentença/acórdão o magistrado não precisa examinar todas as questões do processo:

> Isto está absolutamente equivocado (...); é inadmissível supor que o juiz possa escolher, para julgar, apenas algumas das questões que as partes lhe submeterem. Sejam preliminares, prejudiciais, processuais ou de mérito, o juiz tem de examiná-las todas. Se não fizer a sentença estará incompleta.[588]

Nesse sentido ainda, Teresa Arruda Alvim Wambier sustenta, partindo-se da premissa da dificuldade do acesso às superiores instâncias ("fruto de mero juízo de constatação"), que há necessidade de uma "significação jurídica diferenciada para o dever de motivar", especialmente em se tratando de decisão de segundo grau de jurisdição.[589]

Fechando esse parêntese quanto às peculiaridades pertinentes à necessidade de motivação plena/completa, importante ainda se consignar que em caso de ser interposto recurso de apelação em razão de vícios presentes no relatório e/ou na fundamentação sentencial, deve o julgador ter presente especialmente o contido no art. 249, § 2º, do CPC – passando, sempre que possível, a proferir decisão de mérito favorável à parte que se beneficiaria com a decretação da nulidade. Nessas linhas, merece transcrição a convicção de Calmon de Passos:

> O que sustento é a impossibilidade, em face do nosso sistema de nulidades, que louvo sobremodo, de se invalidar a sentença por falta ou deficiência ou impropriedade da fundamentação quando o ad quem verifica a inexistência de prejuízo, dado que entende possível

---

[586] Nesse sentido, dentre outros arestos, seguem-se dois: "O provimento dos embargos de declaração prequestionadores só poderão ser providos no caso de haver omissão, contradição ou obscuridade na decisão recorrida, o que não foi demonstrado do recurso proposto. Salienta-se que o magistrado tem o dever de fundamentar devidamente sua decisão, mas não tem a obrigação de analisar todos os argumentos apresentados pelas partes" (Embargos de Declaração nº 70016937179, Sexta Câmara Cível, Tribunal de Justiça do RS, Relator: Ney Wiedemann Neto, Julgado em 19/10/2006); "Inexiste obrigação do julgador em pronunciar-se sobre cada alegação trazida pelas partes, de forma pontual, bastando que apresente argumentos suficientes às razões de seu convencimento, pretensão de rediscussão da matéria, o que se mostra inviável pela via eleita, já que o recurso ora manejado, originariamente, possui natureza integrativa. Inteligência do art. 535 do CPC" (Embargos de Declaração nº 70022860035, Décima Câmara Cível, Tribunal de Justiça do RS, Relator: Paulo Roberto Lessa Franz, Julgado em 28/02/2008).

[587] TARUFFO, Michele. *La motivazione della sentenza*. Padova: CEDAM, 1975, p. 445 e ss.

[588] ARAGÃO, E. D. Moniz. *Sentença e coisa julgada*. Rio de Janeiro: AIDE, 1992, p. 101/103.

[589] WAMBIER, Teresa Arruda Alvim. *Omissão judicial e embargos de declaração*. São Paulo: RT, 2005, p. 248.

decidir o mérito em favor de que arguiu a nulidade. Nesses termos, a irregularidade que deriva da falta ou deficiência de motivação será sanada com a motivação oferecida no segundo grau.[590]

Já sobre a presença de julgamento destoante do pedido encaminhado pela parte autora, temos a posição de que somente o julgamento *ultra petita* (coisa além do pedido), autoriza o segundo grau a não invalidar o ato, vindo a tão só reduzir (adequar) o comando sentencial ao âmbito do que permitido ser concedido judicialmente, em face do pleito dirigido pela parte demandante.[591]

Por outro lado, proferida sentença *citra/infra petita* (não analisado algum dos pedidos)[592] ou *extra petita* (julgado coisa diversa da pedida),[593] normalmente o acórdão deve se postar para a decretação da nulidade, com o retorno dos autos para novo julgamento pelo primeiro grau, atentando-se para o fenômeno de supressão de instância[594] – a não ser em caso de ser possível a aplicação do anunciado art. 249, § 2°, do CPC.

Em certos casos, porém, ponderam a doutrina[595] e a jurisprudência,[596] que se pode, quando materialmente possível, reduzir a sentença aos limites correspondentes ao pedido, ainda quando se trate de sentença *extra petita*, desde que, além da decisão que desborda os limites do pedido, tenha o magistrado decidido também o pedido propriamente dito.

---

[590] CALMON DE PASSOS, J. J. *Esboço de uma teoria das nulidades aplicada às nulidades processuais*. Rio de Janeiro: Forense, 2005, p. 150.

[591] O Tribunal de Justiça gaúcho, nesse diapasão, já bem se manifestou: "a decisão de primeiro grau foi ultra petita, vício este que não resulta na nulidade do julgado, podendo ser sanado por este Colegiado com a exclusão da parte que excede os limites do pedido, mesmo de ofício" (Apelação Cível n° 70022711873, Quinta Câmara Cível, Relator: Jorge Luiz Lopes do Canto, Julgado em 12/03/2008).

[592] Apelação Cível n° 70023630130, Vigésima Segunda Câmara Cível, Tribunal de Justiça do RS, Relator: Rejane Maria Dias de Castro Bins, Julgado em 31/03/2008.

[593] Apelação Cível n° 70023359284, Décima Sexta Câmara Cível, Tribunal de Justiça do RS, Relator: Ergio Roque Menine, Julgado em 02/04/2008.

[594] Das duas situações (sentença *ultra e extra petita*), bem anota Teresa Arruda Alvim Wambier, a mais grave é a concernente à segunda: "*é que, rigorosamente, a sentença extra petita comporta, sob certo aspecto, a qualificação de sentença inexistente, uma vez que não corresponde a pedido algum. Falta, portanto, pressuposto processual de existência para que aquela sentença seja considerada juridicamente existente*" (WAMBIER, Teresa Arruda Alvim. *Nulidades do processo e da sentença*. 4ª ed.. São Paulo: RT, 1998, p. 240). No âmbito do direito alienígeno, dentre os clássicos juristas peninsulares, Zanzucchi e Satta fazem menção expressa ao art. 112 do CPC italiano, que veda expressamente o julgamento *citra petita e o ultra petita – ne eat iudex ulta petita partium*, a partir da seguinte fórmula: "il giudice deve pronunciare su tutta la domanda e non oltre i limiti di essa" (ZANZUCCHI, Marco Tullio. *Diritto processuale civile*. Vol. 1. 4ª ed. Milão: Giuffrè, 1947, p. 357; SATTA, Salvatore. *Diritto processuale civile*. 2ª ed. Padova: CEDAM, 1950, p. 110).

[595] WAMBIER, Teresa Arruda Alvim. *Nulidades do processo e da sentença*. 4ª ed. São Paulo: RT, 1998, p. 244.

[596] Em *decisum* do Tribunal de Justiça Gaúcho deu-se provimento a recurso do réu para excluir condenação em danos morais do montante indenizatório concedido ao autor, em face da inexistência de pedido nesse sentido – julgamento *extra petita*. *In verbis*: "Acórdão que condenou o réu em importância por dano moral não pleiteada pelo autor na inicial. Julgamento extra petita. Impropriedade, na dicção do art. 460 do CPC, possibilidade de adequação. Exclusão do montante indenizatório não pedido. Efeito infringente ao recurso. Embargos providos. Unânime". (Embargos de Declaração N° 70021819107, Décima Câmara Cível, Tribunal de Justiça do RS, Relator: Jorge Alberto Schreiner Pestana, Julgado em 08/11/2007).

Por óbvio, complemente-se, a sentença que analisando todos os pedidos, mas acaba concedendo coisa menor do que a pedida, é distinta sobremaneira do contexto de classificação das outras modalidades; já que aqui não há de se cogitar de nulidade. Constitui-se, na verdade, essa hipótese em exata matéria de fundo, a ser objeto de recurso de apelação e próprio cerne do julgamento de mérito, superada a verificação de qualquer matéria (preliminar) de nulidade absoluta.

d) Por derradeiro, no que pertine aos cerceamentos de defesa em matéria probatória: façamos, aqui, uma ponte com a próxima matéria não preclusiva a ser trabalhada (o direito probatório), deixando para esse momento oportuno os desenvolvimentos e as análises específicas pertinentes.

Por ora, a lembrança que não poderia deixar de restar firmada se situa na devida compreensão de que o agir do Estado-juiz arbitrariamente limitador do contraditório pleno entre as partes, a partir da inviabilização da produção dos meios probantes requeridos, pode sim responder pela nulidade dos atos posteriores do rito que se seguirem à ilegal atitude comissiva.

O devido processo legal, tendo o contraditório como vital corolário, impõe que as partes tenham garantidas todas as possibilidades, lícitas e legítimas, de convencimento do julgador; sendo nulo o processo em que constatada supressão à parte do amplo direito de provar a sua versão dos fatos (previsão expressa no art. 5º, LIV, LV, e LVI, da CF/88).

Não obstante a falta de vinculação expressa no texto da lei processual a respeito desta nulidade absoluta (vício não cominado pelo CPC), a previsão constitucional supera com tranquilidade a imprecisão do Código, sendo certo que a gravidade imposta pelo cerceamento de defesa é vício tão grave (senão maior) quanto aquele que pode recair sobre a citação, a intimação, e o próprio corpo da sentença.

Bem adverte Calmon de Passos que a temática envolve especialmente a nulidade do processo decorrente do julgamento antecipado da *lide* (art. 330 do CPC).[597] Eis aqui momento processual ímpar, em que o Estado-juiz optando pelo precipitado julgamento da causa, pode sim dar vazão à nulidade da sentença, com a decretação do vício pelo acolhimento de preliminar recursal postada na direção da necessidade de prosseguimento da instrução, para serem oferecidos melhores fundamentos, de fato e de direito, ao enfrentamento do *meritum causae*.[598] No entanto, como já defendido neste trabalho, mesmo não sendo dirigida a preliminar

---

[597] CALMON DE PASSOS, J. J. *Esboço de uma teoria das nulidades aplicada às nulidades processuais*. Rio de Janeiro: Forense, 2005, p. 156/157.

[598] José Maria Tesheiner cita decisão do TJ/SP – Apelação Cível nº 247.458-2, 16ª Câmara Cível, Rel, pereira Calças, j. em 20/12/1994 – em que o Tribunal acolheu a alegação de cerceamento de defesa, porque proferida sentença conforme o estado do processo, dispensada a audiência de instrução e julgamento, não obstante produzida prova pericial. Destaque para o seguinte trecho do julgado: "Sendo a prova pericial realizada em medida cautelar, indispensável a realização de audiência de instrução e julgamento nos autos principais, ensejando às partes a oportunidade de solicitar esclarecimentos dos peritos e debater a causa, a fim de se formar o correto convencimento a respeito dos fatos" (TESHEINER, José Maria. *Pressupostos processuais e nulidades no processo civil*. São Paulo: Saraiva, 2000, p. 222).

recursal, em caso de apelo exclusivo ao ponto de fundo, nada impede o Tribunal de decretar de ofício a nulidade absoluta, desconstituindo a sentença, e remetendo os autos para melhor instrução na origem.

1.5.5. Direito probatório

1.5.5.1. Regra da não preclusividade assentada na relativização do princípio dispositivo (em sentido processual ou impróprio)

Avancemos para a averiguação da não preclusividade, ao magistrado, das matérias referentes ao direito de provar.

O código de processo brasileiro, especialmente no art. 130, articulado com os incisos I e II do art. 125, reconhece a possibilidade de o juiz, não só a requerimento das partes, mas também de ofício, determinar a realização de provas necessárias à melhor instrução do processo. Especificamente quanto às espécies de provas típicas previstas no CPC, destacam-se as referências expressas às provas *ex officio* nos arts. 342 (interrogatório para esclarecimento), 355 (exibição de documento ou coisa), 399 (requisição de documentos às repartições públicas), 418 (inquirição de testemunhas referidas), 437 (nova perícia), e 440 (inspeção judicial).

Está assim, o Código, relativizando o princípio dispositivo em sentido impróprio ou processual e o próprio brocardo latino *mihi factum, dabo tibi ius*, ao passo que admite a necessidade de, no processo moderno, o magistrado ter maior liberdade no impulsionamento do feito, não o deixando à livre intervenção das partes interessadas.

A referida necessidade de intervenção judicial, diga-se de passagem, surge precipuamente da tomada de consciência da insuficiência das partes e seus procuradores, por si só, serem agentes hábeis a conduzir, a contento, o processo em busca da verdade processual e da justiça; cabendo, pois, ao órgão judicial auxiliar nesta senda, tratando de equilibrar o jogo, em face de desigualdades sociais/econômicas/técnicas comumente presentes entre os contendores – conjectura que passou a exigir, em suma, algo mais do que a igualdade formal proporcionada pelo modelo processual liberal.[599] O Estado-juiz, nesse contexto atual, passaria, na verdade, a deixar de ser imparcial, "se assistisse inerte, como um expectador de um duelo, ao massacre de uma das partes, ou seja, se deixasse de interferir para tornar iguais partes que são desiguais".[600]

Tal exigência moderna de suplementação de um modelo de atuação passiva do Estado-juiz na instrução processual orienta então o julgador a buscar a verdade

---

[599] CAPPELLETTI, Mauro. "Problemas de reforma do processo civil nas sociedades contemporâneas" in *O processo Civil Contemporâneo*. Coordenador Luiz Guilherme Marinoni. Curitiba: Juruá, 1994, p. 14; BARBOSA MOREIRA, J. C. "La igualdad de las partes en el proceso civil" in *Temas de Direito Processual* (Quarta Série). São Paulo: Saraiva, 1989, p. 67/81.

[600] WAMBIER, Teresa Arruda Alvim. *O novo regime do agravo*. 2ª ed. São Paulo: RT, 1996, p. 313/314.

independente da preclusão para as partes em matéria de prova – valendo-se de todos os meios probatórios lícitos e legítimos, típicos ou atípicos.[601]

Registre-se ainda que esse fenômeno do ativismo judicial foi sentido nos grandes sistemas processuais modernos, não só no sistema romano-germânico,[602] mas também na *Common Law*: J. A. Jolowicz nos explica que na Inglaterra, a partir de novos paradigmas estabelecidos pela jurisprudência desde meados da década de 80, passou-se a se exigir participação ativa do juiz na composição das provas a formar o *trial*, inclusive mediante oficiosa intervenção no *pre-trial*;[603] e Owen Fiss, ao narrar os avanços do processo americano das últimas décadas, identifica que especialmente o *processo estrutural* (envolvendo demandas coletivas e demandas individuais que podem atingir um número significativo de cidadãos em situação de direito semelhante) introduziu razões para o abandono de uma postura judicial puramente passiva, fazendo com que a confiança exclusiva na iniciativa das partes se tornasse insustentável.[604]

De fato, embora a regra tradicional seja a de que o juiz deva decidir segundo o alegado e provado pelas partes – *iudex secundum allegata et probata partium indicare debet*, o princípio dispositivo, ao longo da evolução do direito processual brasileiro (seguindo o fluxo mundial[605]), sofreu sensíveis restrições, consolidando-

---

[601] Da doutrina clássica italiana, ver: CAPPELLETTI, Mauro. "La testemonianza della parte nel sistema dell'oralità". Milão: Giuffrè, Primeira Parte, 1962, p. 270/286; VERDE, Giovanni. "La prova nel processo civile (profili di teoria generale)" in *Rivista di diritto processuale* n° 1 (1998): 1/25, anno LIII, seconda serie, por aqui, ainda no mesmo diapasão, necessária a transcrição da bem lançada posição de Bedaque: "a preclusão da faculdade de requerer a produção de determinada prova, verificada em relação à parte, não impede o exercício dos poderes probatórios do juiz. Inexiste aqui regra que legitime solução diversa. Nada indica tenha o sistema optado por inibir a iniciativa probatória oficial em razão da perda, pela parte, da faculdade de produzir determinada prova" (BEDAQUE, José Roberto dos Santos. *Poderes instrutórios do juiz*. 3ª ed. São Paulo: RT, 2001, p. 157).

[602] A evolução histórica, até mais antiga, nos mostra o proporcional crescimento dessa escala de ingerência estatal em busca da verdade processual e da solução justa ao caso concreto. Nesse cenário bem destaca Robert Wyness Millar, no sistema romano-germânico, a importância da terceira fase do direito romano (*processo da cognitio*), o ingresso da *Clementina Saepe* no procedimento romano-canônico e a reforma prussiana de 1793/1795: "el principio del impulso del proceso por el Tribunal constituyó el corolario natural del principio de insvestigación judicial que alli adquirió la preponderancia" (MILLAR, Robert Wyness. *Los principios informativos del proceso civil*, trad. por Catalina Grossmann. Buenos Aires, p. 85/91).

[603] JOLOWICZ, J. A. "A reforma do processo civil inglês: uma derrogação ao 'adversary sistem'", Trad. por J. C. Barbosa Moreira, in *Revista de Processo* n° 75 (1994): 64/75.

[604] FISS, Owen. *Um novo processo civil*: estudos norte-americanos sobre jurisdição, constituição e sociedade. Coordenação de trad. por Carlos Alberto de Salles. São Paulo: RT, 2004, p. 50, 74/75, 81, 86/87.

[605] Refletindo sobre as conclusões de diversos relatórios nacionais de processo civil, no final da década de 70, em termos de relativização do princípio dispositivo em prol de uma participação ativa do Estado-juiz, Habscheid conclui que de um modo geral "a responsabilidade pelo desenvolvimento do processo, cada vez mais, lhe tem sido afetada" (HABSCHEID, Walther J. "As bases do direito processual civil". Trad. por Arruda Alvin in *Revista de Processo* n° 11-12 (1978): 117/145. Especialmente p. 144). Salvatore Satta, na Itália, em mais precisas linhas, bem resume o sentimento contemporâneo de interpretação, mais maleável, do princípio dispositivo, em face da possível iniciativa oficiosa na fase instrutória: "Che i fatti allegati debbano essere provati dalle parti, e provati secondo il principio sostanziale di distribuzione dell'onere della prova, non c'è dubbio nessuno. Ma sarebbe un grave errore ritenere che la parte abbia la disponibilità assoluta dei mezzi di prova, e cioè che le risultanze probatorie possano essere acquisite al processo soltanto attraverso i mezzi che la parte propone, escludendo ogni iniziativa ufficiale in proposito. Dipende esclusivamente dalla struttura del processo la misura dei poteri del giudice rispetto alla disposizione dei mezzi di prova, poteri che non sono incompatibili col principio dispositivo del processo medesimo" (SATTA, Salvatore. *Diritto processuale civile*. 2ª ed. Padova: CEDAM, 1950, p. 119).

se que o juiz pode determinar as diligências necessárias à instrução do processo; sendo então absoluto somente no tocante à afirmação dos fatos em que se funda o pedido, no que o juiz depende inteiramente das partes – *iudex secundum allegata partium indicare debet*.[606]

Sucedeu-se, prossigamos, uma superação da concepção tradicional da posição do juiz no processo civil, que até então se limitava à investigação do direito; época em que competia às partes determinar o objeto do processo (*Dispositionsmaxime*), ministrar os fundamentos de fato da sentença, através de afirmações e provas (*Verhandlungsmaxime*), e até mesmo responder pelo chamado impulso processual.[607] O *princípio dispositivo* passou então a ser compreendido sobre dois diversos enfoques: de um lado o direito exclusivo da parte de propor o processo e requerer a tutela jurisdicional em busca dos próprios interesses; e de outro a regra da iniciativa das partes na instrução da causa – esta última acepção sim passando a sofrer alterações substanciais de concepção, à medida que o formato publicístico do processo fez emergir as influências oficiosas decorrentes da aplicação do princípio inquisitório.[608]

Pode-se então dizer que estamos tratando de hipótese em que o Estado-juiz, segundo o contemporâneo enfoque dado ao princípio dispositivo em sentido impróprio ou processual, passa a ter a oportunidade de produzir, mesmo *ex officio*, "meios de prova" (atuações judiciais com as quais as fontes se incorporam definitivamente ao processo); a partir da colaboração das partes, as quais, segundo o princípio dispositivo em sentido próprio ou material, tem a exclusiva autonomia para aportar ao feito os fatos e as "fontes de prova" (elementos com os quais se conta antes do processo).[609] Parece, pois, lógico se afirmar – dada a sutil, mas existente diferença entre *meios e fontes de prova* – que para a realização de determinada diligência instrutória de ofício, o julgador deve levar em conta tão somente dados

---

[606] SANTOS, Moacyr Amaral. *Primeiras linhas de direito processual civil.* 11ª ed. São Paulo: RT, 1987. Vol. 2, p. 78/79.

[607] BAUR, Fritz. "Transformações do processo civil em nosso tempo", Trad. J. C. Barbosa Moreira, in *Revista Brasileira de Direito Processual* n° 7 (1976): 57/68.

[608] LIEBMAN, Enrico Tullio. "Fondamento del principio dispositivo" in *Rivista di Diritto Processuale* n° 15 (1960): 551/565.

[609] A diferença exposta entre "fontes de provas" e "meios de provas" foi objeto de estudo aprofundado por Carnelutti e Melendo, ressaltando o último, em conhecido ensaio, que "el juez no es un buscador de pruebas; es un utilizador de aquellas que las partes hayan encontrado; el administra los medios para que lleguen al proceso las fuentes de las cuales disponen las partes" (MELENDO, Santiago Sentís. "La prueba es libertad" in *Revista dos Tribunais* n° 462 (1974): 11/21). Tratando dos avanços doutrinários propostos pelos dois aludidos processualistas, Mario Alberto Fornaciari complementa o raciocínio contemporâneo a respeito do assunto: "(...) el juez no substituye a los justiciables. Estos deben demonstrar un mínimo de seriedad en su requerimiento de la función jurisdiccional, para ello, aportan las fuentes de prueba y activan los médios para su producción. El juez se integra como tercer personaje, con funciones de director esclarecedor de los hechos" (FORNACIARI, Mario Alberto. "Actividad esclarecedora del juez en el código procesal civil y comercial de la nacion (deber o facultad)" in *Revista de Processo* n° 46 (1987): 90/102).

obtidos no processo,[610] âmbito próprio no qual os meios de prova estão inseridos.[611]

Essa atual concepção de cooperação do Estado-juiz com a atividade probatória originariamente exclusiva das partes, vinculada à exigência contemporânea de o julgador obter suficientes meios hábeis de atingir a verdade processual, impõe, por outro lado, que mantenha o magistrado a necessária imparcialidade que dele se espera (vedado o abuso de autoridade, tão ilegítimo quanto o abuso de liberdade das partes) para que, enfim, possa, em sentença, julgar com responsabilidade e se aproximar, tanto quanto possível, da solução justa no caso concreto.[612]

Tecnicamente mais preciso, segundo Fritz Baur, seria dizer que na instrução a tarefa do juiz, do ponto de vista da pesquisa da verdade processual, é corretiva (se as partes expõem fatos inverídicos) e especialmente supletiva (se lacunosa a exposição e a produção de provas pelas partes, e por isso se faz necessário colher os meios de prova de ofício).[613] Daí por que, agora, na esteira dos ensinamentos de Liebman, não se pode dizer que haja na instrução espaço próprio para aplicação absoluta do princípio inquisitório, ao passo que se admite, nessa seara, uma participação cooperativa do julgador (com as partes litigantes), nunca de forma a ser aceito modelo que relativize completamente o princípio dispositivo (em sentido processual ou impróprio).[614]

---

[610] RIBEIRO, Darci Guimarães. "Tendências modernas da prova" in *Ajuris* n° 65 (1995): 324/349. Especialmente p. 330; BEDAQUE, José Roberto dos Santos. "Poderes instrutórios do juiz". São Paulo: RT, 2001. 3ª ed, p. 154.

[611] Faz-se necessário, nesse diapasão, a reprodução das valiosas palavras de Fabio Marelli: "não é autorizado ao juízo, nem mesmo no âmbito de iniciativa instrutória oficiosa, a liberdade para ir procurar na realidade extraprocessual e introduzir no processo fatos como tema de prova, seja que se trate de fato principal posto a fundamento de exceções releváveis de ofício, seja que se trate de fatos secundários" (MARELLI, Fabio. *La trattazione della causa nel regime delle preclusioni*. Padova: CEDAM, 1996, p. 62/63). O transcrito excerto, aliás, faz-nos retomar os estudos a respeito da abrangência do objeto litigioso do processo, produzidos por Schönke, que meticulosamente diferenciava os fatos, direcionados em jurídicos e simples, colocando ambos na esfera própria da discricionariedade de atuação da parte – e estabelecendo-se como limite para verificação dos efeitos preclusivos da coisa julgada material a inatuação do litigante em termos de exposição dos fatos simples.

[612] Jones Figueiredo Alves nos traz importantes ensinamentos que se coadunam com o exposto: "a *actus trium personarum* – relação jurídica processual – sob o prima *strictu sensu* nos oferece uma noção de unidade em que os sujeitos principais do processo (juiz, autor e réu), em íntima relação contínua, vinculados entre si, com a característica de progressividade, marcham para a resolução do litígio, através do processo, cumprindo uma cooperação mútua para a atuação da lei (...). O grau de participação do juiz na realização do processo (ato de direito público) é estabelecida em medida de equilíbrio que não refletindo a indiferença do espectador também não tolera o arbítrio, ou seja, a tendência publicística do processo condena a passividade do juiz, posto que sujeito do processo, cabendo-lhe não ficar eqüidistante; todavia, limitado é o seu exercício ao ponto-limite de não constituir esse exercício em abuso de autoridade" (ALVES, Jones Figueiredo. *Do poder "ex officio" no processo civil*. Recife: TJ/PE, 1989, p. 12/17).

[613] BAUR, Fritz. "Transformações do processo civil em nosso tempo", Trad. J. C. Barbosa Moreira, in *Revista Brasileira de Direito Processual* n° 7 (1976): 57/68.

[614] Liebman, quando formulou, na década de 60, estudo específico sobre o princípio dispositivo, claramente o fez preocupado que o julgador não se valesse excessivamente do poder oficioso na instrução, sob pena de interferência na imparcialidade que se espera dele como fundamental agente político estatal (LIEBMAN, Enrico Tulio. "Fondamento del principio dispositivo" in *Rivista di Diritto Processuale* n° 15 (1960): 551/565).

Não poderíamos deixar de referir, aqui, pela completude da abordagem, (mais uma) hialina passagem de Galeno Lacerda, em que revela os níveis ideais de cooperação a serem buscados pelos sujeitos do processo ao longo da instrução:

> (A) hipertrofia do órgão jurisdicional, no processo civil, tendente à inquisitoriedade total da prova, contraria os interesses da justiça. Jamais poderá o juiz substituir-se à parte, no afã de demonstrar a verdade de suas pretensões, e é, precisamente desse contraditório amplo, que brotam argumentos e fatos de excepcional importância para a decisão, de outra forma despercebidos pelo julgador. Ele que oriente, investigue, peça esclarecimentos, ordene perícias, examine, verifique – mas só cerceie quando a prova for absolutamente impertinente. Quantas vezes impedir prova não redundará em injustiça da sentença? Mantenha-se aqui o poder dispositivo da parte; permita-se ao advogado, "essa super-sensível antena da justiça", como o apelida (Piero) Calamandrei, o livre exercício de sua arte; tempere-se essa liberdade com uma sadia faculdade inquisitória complementar do juiz – e ter-se-á, sem dúvida, maior segurança na decisão.[615] [616]

Portanto, das lições retiradas da melhor doutrina, extrai-se que em processo atualmente subordinado ao "princípio dispositivo atenuado",[617] em que a atividade probatória deve sim ser exercida pelo juiz (no entanto, não em substituição das partes, mas juntamente com elas[618]), é flagrantemente descabido se falar em preclusão para o juiz.[619]

---

[615] LACERDA, Galeno. *Do despacho saneador*. Porto Alegre: La Salle, 1953, p. 97.

[616] O mencionado jurista peninsular Piero Calamandrei, em interessante estudo que compara o historiador com o magistrado, ressalta que é na fase probatória (em meio à instrução, portanto) o âmbito adequado para se tratar de eventual similitude entre esses profissionais, já que ambos teriam o poder de desenvolver investigação profunda a respeito dos fatos afirmados: "o juiz goza da mesma plenitude de investigação que goza o historiador, e a mesma liberdade na eleição dos procedimentos técnicos mais apropriados a tal fim" (CALAMANDREI, Piero. "El juez y el historiador" in *Estudios sobre el proceso civil*. Trad. por Santiago Sentís Melendo. Buenos Aires: Bibliográfica Argentina, 1945. Especialmente p. 112/113). Tal circunstância, a perfeitamente demonstrar a viabilidade de uma relativização do princípio dispositivo em sentido impróprio ou processual, não se equipara a liberdade de exploração da realidade em termos dos fatos específicos controvertidos (a serem, no processo, expostos pelas partes litigantes, na fase inaugural/postulatória) – em que o julgador não teria a liberdade natural característica do historiador, o que demonstraria, por sua vez, a rigidez que assume o princípio dispositivo em sentido próprio ou material (VESCOVI, Enrique. "Nuevas tendencias del derecho procesal civil con especial referencia al proceso latino-americano" in *Revista de Processo* n° 79 (1995): 20/34).

[617] ARAGÃO, E. D. Moniz. "Preclusão (processo civil)" in *Estudos em homenagem ao Prof. Galeno Lacerda*, coordenador Carlos Alberto Alvaro de Oliveira. Porto Alegre: Sergio Antonio Fabris, 1989, p. 151/152.

[618] DINAMARCO, Cândido Rangel. *A instrumentalidade do processo*. 4ª ed. São Paulo: RT, 1994, p. 54, 129, 155, 164, 175, 233, 234, 249, 250, 287 e 288.

[619] O processo dos sistemas do *Civil Law*, em matéria probatória, é caracterizado por um *work in progress*, uma obra aberta, não existindo preclusões ao exercício dos poderes instrutórios do juiz (CRUZ e TUCCI, José Rogério. *Tempo e processo*. São Paulo: RT, 1997, p. 37). Da mesma forma, Carlos Alberto Alvaro de Oliveira expõe que o entendimento generalizado é no sentido de inexistência da preclusão no tocante à *iniciativa judicial ex officio* para a realização da prova, cuja única finalidade deve consistir em melhor formar a convicção do órgão julgador, matéria de ordem pública concernente à própria atividade jurisdicional (ALVARO DE OLIVEIRA, Carlos Alberto. *Do formalismo no processo civil*. 2ª ed. São Paulo: Saraiva, 2003, p. 152/153). Também do mesmo autor, enfrentando a necessidade de relação próxima das partes, especialmente em matéria probatória, e relativização contemporânea de milenares brocardos latinos como o *narra mihi factum, narro tibi ius* e o *iura novit curia*, consultar: "Poderes do juiz e visão cooperativa do processo" in *Ajuris* n° 90, ano 2003; "A garantia do contraditório" in *Revista da Faculdade de Direito Ritter dos Reis* 1(1998): 7/27; ALVARO DE OLIVEIRA, Carlos Alberto. "O juiz e o princípio do contraditório" in *Revista de Processo* n° 71 (1993): 31/38.

1.5.5.2. Ponderações práticas quanto à reconsideração do despacho que havia indeferido meio de prova. A interpretação (restritiva) do art. 330, I, do CPC e o caráter excepcional da limitação ao direito de provar

Inexistindo, como costurado, preclusão para o juiz determinar as provas que entenda cabíveis, certo é que pode a qualquer tempo, antes de proferir decisão final, vir a reconsiderar um despacho que entendia incabível a produção de determinada prova *(v.g.,* pericial), a fim de que agora se faça.[620] Tal raciocínio, acreditamos, vale inclusive para a hipótese de o magistrado ter indeferido a produção de provas, decidindo, *a priori,* julgar antecipadamente o mérito (art. 330, I, CPC); mas, posteriormente, compulsando os autos conclusos para sentença, decide por bem converter o julgamento em diligência para sanar dúvida quanto à veracidade/extensão de determinados fatos vitais para o deslinde da problemática levada a ele.[621]

Do exposto resultam, a nosso ver, três máximas processuais correlatas, as quais merecem a devida sistematização: 1°) não será possível, ao juiz, conhecer diretamente do pedido se isso não resultar de o processo estar maduro para ser julgado, sendo que qualquer dúvida a esse respeito deve ser solucionada contra o julgamento antecipado da *lide* – exegese restritiva da hipótese consagrada no art. 330, I, do CPC;[622] 2°) uma separação clara do momento da admissibilidade da prova (juízo de pertinência e relevância) com o da sua valoração (próprio da oportunidade derradeira de os autos serem remetidos à conclusão para julgamento),[623] impõe uma não precipitação no encerramento da instrução (como ilegal medida antecipatória de juízo de valor sobre o *meritum causae*[624]), a partir de indeferimento de meios probatórios lícitos requeridos/justificados – sendo, assim,

---

[620] BARBORA MOREIRA, J. C. *O novo processo civil brasileiro.* Rio de Janeiro: Forense, 2006, 24ª ed, p. 57.

[621] ARAGÃO, E. D. Moniz. "Preclusão (processo civil)" in *Estudos em homenagem ao Prof. Galeno Lacerda*, coordenador Carlos Alberto Alvaro de Oliveira. Porto Alegre: Sergio Antonio Fabris, 1989, p. 154; ARAGÃO, E. D. Moniz de. "O julgamento conforme o estado do processo" in *Revista dos Tribunais* 502(1977):11/19.

[622] CAMBI, Eduardo. *A prova civil*: admissibilidade e relevância. São Paulo: RT, 2006, p. 266 e 443/444.

[623] "Los tres momentos del procedimiento probatorio son: (i) la proposición, (ii) el aporte y la producción, y (iii) la valoración. A esta última deberá seguir un cuarto momento, que forma parte de la génesis lógica de la sentencia; y que consiste en la inserción de los resultados de la valoración y de la distribución de la carga de la prueba en el esquema silogístico de la sentencia. Es habitual separar el tercer momento, la valoración (actividad teóricamente unitaria y predominantemente mental, que suele atribuirse, al tribunal) de los dos primeros (...)" (BARRIOS DE ANGELÍS, Dante. *El proceso civil – Código General del proceso.* Montevidéo: IDEA, 1989, p. 217).

[624] Danilo Knijnik adequadamente enfrentou o problema da antecipação ilegal da valoração dos meios probantes já aportados ao feito, com o fito de impedir a produção de outros meios lícitos e legítimos requeridos pelas partes em meio à instrução do feito: "(...) o princípio do livre convencimento nada tem a ver com a admissibilidade da prova. Tal princípio entra em operação somente após o processo de seleção do material que comporá o objeto de seu exercício; daí segue-se que, viciada a etapa preliminar, contamina-se seu resultado, sendo irrealizável a manutenção da valoração judicial exercida livremente, sob bases equivocadas, do que resulta a necessidade de distinguir os planos em questão, para um funcionamento adequado do princípio" (KNIJNIK, Danilo. *A prova nos juízos cível, penal e tributário.* Rio de Janeiro: Forense, 2007, p. 24).

aplicada com restrições a regra do art. 130, *in fine*, do CPC;[625] 3°) quando o processo se encontra concluso para julgamento, e o juiz possui sérias dúvidas quanto à existência/extensão dos fatos que irão influenciar diretamente no resultado do processo, e tendo meios hábeis para tanto, não pode se escusar de tentar maior aproximação da verdade processual, utilizando-se das regras de julgamento do ônus da prova somente em último caso[626] – sendo pertinente uma reflexão mais detida na utilização (restritiva) dos comandos contidos no art. 333 do CPC.

Todos os cuidados supra-anunciados que se deve ter no trato com o material probatório a ser aportado aos autos, a fim de não se inviabilizar (precipitadamente) uma melhor instrução do feito, tem como pano de fundo o que chamaremos de "caráter excepcional da limitação ao direito (constitucionalmente resguardado) de provar".

Na Itália, com boa profundidade, o ponto foi enfrentado por Luigi Paolo Comoglio, o qual justamente tratou de defender posição, por nós perfeitamente acolhida, no sentido de se "privilegiar a capacidade expansiva do direito a prova e o caráter excepcional de suas limitações".[627] Por aqui, a preocupação foi adequadamente encampada por Eduardo Cambi, o qual trabalha com o conceito de *direito prioritário e constitucional à prova*, para efeitos de justificar a sua residual limitação.[628]

O defendido caráter excepcional da limitação ao direito de provar ganha mais um reforço argumentativo, se passarmos a refletir que o próprio sistema já trata de, previamente, dificultar a produção e o acolhimento de meios probantes no processo. De fato, além de ser vedada a utilização de provas ilícitas (nos termos do art. 332 do CPC articulado com o art. 5°, LVI, da CF/88), existem também restrições, de duas ordens, apresentadas pelo próprio código processual, a impor limites no manejo dos meios lícitos ali tipificados: uma determinada pelo próprio

---

[625] Aliás, com absoluta correção, já afirmava Barbosa Moreira que a precipitação cerceia de modo intolerável o exercício do direito de ação ou de defesa (BARBOSA MOREIRA, J. C. "Efetividade do processo e técnica processual" in *Revista Ajuris* (64):149/161).

[626] A concepção é bem sistetizada por Fabio Marelli: "(...) la causa non dovrebbe ritenersi matura per la decisione sulla base della sola regola dell'onere della prova quando sia ancora possibile esperire mezzi istruttori ufficiosi" (MARELLI, Fabio. *La trattazione della causa nel regime delle preclusioni*. Padova: CEDAM, 1996, p. 143/144). Veja-se, também o que revela, por aqui, Bedaque: "Os princípios estabelecidos no art. 333 só devem ser aplicados depois que tudo for feito no sentido de se obter a prova dos fatos. E quando isso ocorre, não importa sua origem, isto é, quem a trouxe para os autos (...). A razão de ser da regra (do art. 333) é, pois, evitar o non liquet" (BEDAQUE, José Roberto dos Santos. *Poderes instrutórios do juiz*. 3ª ed. São Paulo: RT, 2001, p. 118/119), para consulta sobre o tema, ver ainda: MERCADER, Amílcar Angel. *Estúdios de derecho procesal*. La plata: Platense, 1964, p. 235 e ss.; BARBOSA MOREIRA, J. C. *Temas de direito processual*. Segunda série. 2ª ed. São Paulo: Saraiva, 1988, p. 73/81.

[627] COMOGLIO, Luigi Paolo. "Preclusioni istruttorie e diritto alla prova" in *Rivista di Diritto Processuale* n° 53 (1998): 968/995. Especialmente p. 994/995.

[628] Cambi encerra o seu estudo com crítica a constatação bisonha, frequente na prática forense e repudiada pelo STJ no julgamento do REsp 7.267/RS (3ª Turma, Rel. Min. Eduardo Ribeiro). em 20/03/1991): "o juiz não pode impedir a produção de provas, sob o pretexto de julgar antecipadamente o mérito, e rejeitar a pretensão ou a exceção, por falta de provas, quando a parte requereu a realização dessas provas" (CAMBI, Eduardo. *A prova civil*: admissibilidade e relevância. São Paulo: RT, 2006, p. 450).

procedimento, a estabelecer a necessidade de produção das provas em oportuno momento processual, sob pena de preclusão;[629] e a outra corporificada em normas específicas sobre a utilização adequada e racional de cada meio probatório[630] – na prova testemunhal, *v.g.*, tem-se a vedação da sua exclusividade como meio de prova limitado a certo valor do contrato em discussão (art. 401), a restrição de certas pessoas serem ouvidas em juízo (art. 405), a não obrigação de depor (art. 406), e a limitação ao número de pessoas a depor sobre o mesmo fato (art. 414, § 1º); na prova pericial, *v.g.*, a restrição a sua utilização, dependendo da matéria *sub judice* (art. 420 e art. 427), e a possibilidade de o perito ser recusado por impedimento ou suspeição (art. 423); já na prova documental, *v.g.*, a exclusão do dever da parte ou terceiro exibi-lo (art. 363), e a imprescindibilidade da forma: documento público, quando da substância do ato (art. 366).

Ainda discorrendo a respeito do caráter excepcional ao direito de provar, há necessariamente de se externar firme irresignação com o entendimento deveras difundido na jurisprudência, propagador de que o "juiz é o destinatário da prova a ele cabe decidir sobre o necessário à formação do próprio convencimento"[631] – tendo então o diretor do processo, a partir desse entendimento, suficiente liberdade para acolher ou denegar os meios de prova requeridos pelas partes.[632]

Distorcida e contrária aos modernos contornos do devido processo legal essa convicção, ao menos por dois fundamentos: por colocar os atores do processo em posição de manifesta desigualdade, supervalorizando a figura do Estado-juiz, como se os argumentos trazidos pelos meios probantes fossem destinados à convicção tão só do julgador, e não das partes litigantes;[633] e por negar que haja a real

---

[629] Sobre o tema: MELERO, Valentín Silva. "La prueba procesal". *Revista de derecho privado*, Tomo 1, Madrid, p. 71/74, 1963. No Brasil, fazendo referência que, dependendo do meio probante, será concedido à parte interessada em diferente momento processual a oportunidade de produzi-la: LEVENHAGEN, Antônio José de Souza. *Comentários ao código de processo civil*. 4ª ed. São Paulo: Atlas, 1996, p. 89/96. De fato, em regra, pela sistemática do nosso Código, a prova documental é produzida em maior quantidade na fase postulatória (art. 283 e art. 396); a prova pericial é realizada após o saneamento do feito e entregue o laudo antes da audiência de instrução e julgamento (art. 433); e nesta aludida audiência será, por fim, colhida a prova oral (art. 336 c/c art. 452), seguindo-se decisão final (arts. 454/456).

[630] Giuseppe Chiovenda, na Itália, e Ovídio Baptista, mais recentemente no Brasil, chegam a registrar que tais restrições específicas são sequelas do sistema da prova legal (CHIOVENDA, Giuseppe. *Instituições de direito processual civil*. São Paulo: Saraiva, Vol. 3, 1965, p. 93; SILVA, Ovídio Baptista da. *Curso de processo civil*. 6ª ed. São Paulo: RT, 2003, Vol. 1, p. 345/350). Comentam também sobre as gerais limitações ao direito de provar: BARBOSA MOREIRA, J. C. "A constituição e as provas ilicitamente adquiridas" in *Ajuris* nº 68 (1996): 13/27; e CAMEJO FILHO, Walter. "Juízo de admissibilidade e juízo de valoração das provas" in *Prova Cível*, organizador Carlos Alberto Alvaro de Oliveira. Rio de Janeiro: Forense, 1999, p. 01/21.

[631] Excerto extraído da ementa do seguinte julgado do STJ: AgRg no REsp 809788/RS, 3ª Turma, Min. Rel. Humberto Gomes de Barros, j. em 03/12/2007.

[632] Dentre inúmeros julgados do TJ/RS, no mesmo sentir, menciona-se o seguinte: "Agravo de Instrumento, pedido de nova perícia. Art. 437 do CPC. Faculdade do Juiz. Cumpre ao Juiz, destinatário da prova, valorar a necessidade de nova produção de prova. Negado seguimento ao agravo de instrumento" (Agravo de Instrumento nº 70023474026, Vigésima Câmara Cível, Tribunal de Justiça do RS, Relator: Denise Oliveira Cezar, Julgado em 19/03/2008).

[633] A propósito, Carlos Francisco Buttenbender bem sintetiza que a prova "se constitui em instrumento de fundamentação dos argumentos destinados à formação do convencimento do julgador – e também das partes – no sentido de ser aceita esta ou aquela versão dos fatos sobre o qual se assenta a lide. Buscam enfim as provas servir

possibilidade de o juiz de primeiro grau não ser o efetivo "julgador" da demanda, ao passo que o princípio do duplo grau de jurisdição permite que superiores instâncias passem a reavaliar a causa (e o próprio material probatório aportado), sendo daí perfeitamente possível se suceder que aquela prova tida como irrelevante pelo Juízo *a quo* (e por isso indeferida), pudesse auxiliar (quiçá decisivamente) na formação do convencimento do Juízo *ad quem*.[634]

1.5.5.3. Impossibilidade de reconsideração do despacho que havia deferido meio de prova (discussão proposta por Manoel Caetano Ferreira Filho)

Por derradeiro, cabe-nos destacar a seguinte discussão proposta por Manoel Caetano Ferreira Filho.[635] Embora o poder de iniciativa probatória do Estado-juiz inclui o de determinar a produção de prova anteriormente indeferida (mesmo que a parte interessada não tenha agravado – tendo deixado precluir o seu direito de exigir o meio probante), o contrário também poderia ser realizado pelo magistrado? Ou seja, poderia ele indeferir prova que já tenha determinado produzir, com base até na parte final do art. 130 CPC, que prega o indeferimento das diligências inúteis ou meramente protelatórias; e/ou mesmo no regulado pelo art. 125, II, do CPC, a estabelecer como dever do diretor do processo o de velar pela rápida solução do litígio?

A resposta, a partir desses fundamentos, é afirmativa para Eduardo Cambi, o qual alega que seria um contrassenso, se em face de outras provas produzidas, não pudesse o magistrado reconsiderar a decisão anterior autorizadora da realização da prova, que no curso da instrução aos olhos do diretor do processo mostrou-se supérflua ou irrelevante: "assim, a inutilidade ou a desnecessidade da prova também podem ser supervenientes, quando um fato já estiver sido provado por outras provas, devendo-se aplicar, neste caso, o princípio da economia processual".[636]

No entanto, de acordo com a manifestação de Manoel Caetano Ferreira Filho, cremos, *a priori*, que não possui esse poder o juiz, a não ser que excepcionalmente a parte a quem aproveite a prova expressamente concorde com a sua não

---

de elemento basilar de retórica destinada ao convencimento dos atores do processo sobre como teriam se verificado no passado os fatos em discussão no presente" (BUTTENBENDER, Carlos Francisco. *Direito probatório, preclusão e efetividade processual*. Curitiba: Juruá, 2004, p. 75).

[634] Tratando, mesmo que indiretamente, dessa possível hipótese, sensível então a eventual cerceamento de defesa que pudesse se consolidar à parte que teve meio probante indeferido pelo Juízo *a quo*, já se encontra entendimento jurisprudencial que se coloca mais a favor das nossas expectativas: "AGRAVO DE INSTRUMENTO. RESPONSABILIDADE CIVIL. DANO MORAL. DISPARO DE ALARME ANTIFURTO. NECESSIDADE DE PROVA ORAL. Verificado, no caso concreto, que a interpretação dada pelo julgador de primeiro grau possa vir a causar prejuízo à parte agravante é de ser deferida a produção da prova oral. Juiz destinatário da prova como um todo (singular e colegiado). AGRAVO PROVIDO" (Agravo de Instrumento nº 70022637797, Sexta Câmara Cível, Tribunal de Justiça do RS, Relator: Artur Arnildo Ludwig, Julgado em 10/04/2008).

[635] FERREIRA FILHO, Manoel Caetano. *A preclusão no direito processual civil*. Curitiba: Juruá, 1991, p. 91/92.

[636] CAMBI, Eduardo. *A prova civil: admissibilidade e relevância*. São Paulo: RT, 2006, p. 267 e 444.

realização (diante do que Cambi denomina de uma superveniente verificação da inutilidade de sua produção).

Temos, como regra geral, que se a parte exerceu regularmente a faculdade de requerer oportunamente a prova que entendia como necessária para o resguardo dos seus interesses, e teve seu pedido acatado pelo magistrado, o posterior indeferimento da prova implicaria ofensa ao direito de licitamente provar. Além disso, a preclusão tem por finalidade assegurar a estabilidade das situações jurídicas processuais – segurança jurídica, na primeira acepção acolhida nesta obra; e a situação de quem teve a prova admitida seria profundamente alterada com o posterior indeferimento.

Esta também é a posição de Daniel Amorim Assumpção Neves (criticando posição contrária defendida por Vicente Miranda), explicitando que não se pode admitir que o juiz monocrático, que tão somente dá a primeira, e quase nunca definitiva decisão na demanda, possa dar-se por convencido no meio da fase instrutória, encerrando-a prematuramente e decidindo o mérito: "Tal atitude configuraria indubitavelmente nulidade da decisão por flagrante cerceamento de defesa da parte prejudicada". Complementa, o anunciado jurista, que o indeferimento posterior de meio probante já autorizado encontra óbice mesmo se a produção de prova tenha sido determinada oficiosamente: "os efeitos do deferimento pelo juiz de uma prova requerida pela parte e de sua determinação ex officio são os mesmos: trazer para o processo uma prova a ser produzida, não importando, em absoluto, como surgiu o requerimento de sua produção em juízo".[637]

1.5.6. Erro material: extensão do art. 463, I, do CPC. Construção de uma diferenciação para o erro de fato, o erro de direito e o erro de procedimento

A penúltima matéria não preclusiva a ser abordada serão os erros materiais, tratados no art. 463, I, do CPC a partir de duas modalidades: inexatidões materiais e erros de cálculo.[638]

Sérgio Gilberto Porto foi um dos que melhor sistematizou a (conflituosa) conceituação do erro material,[639] fazendo nos seguintes aproximados termos:

---

[637] NEVES, Daniel Amorim Assumpção. *Preclusões para o juiz*: preclusão pro iudicato e preclusão judicial no processo civil. São Paulo: Método, 2004, p. 271 e 267/268.

[638] O mencionado dispositivo do CPC de 1973 não encontra paralelo no anterior sistema de 1939; resultando seu teor do art. 666 do CPC português, *in verbis*: "Proferida a sentença, fica imediatamente esgotado o poder jurisdicional do juiz quanto à matéria da causa. 2. É lícito, porém, ao juiz rectificar erros materiais, suprir nulidades, esclarecer dúvidas existentes na sentença e reformá-la quanto a custas e multas. 3. O disposto nos números anteriores, bem como nos artigos subseqüentes, aplica-se, até onde seja possível, aos próprios despachos".

[639] O jurista italiano Giovanni Torregrossa é um dos que salienta o fato de ser "inexata" a construção do conceito de erro material, e entende que tal circunstância deriva "dalla erroneità del punto di partenza dell'indagine seguita: si sono voluti, cioè, trasportare, adattandoli, nel campo di diritto pubblico i risultati raggiunti dal diritto privato sul tema dell'errore" (TORREGROSSA, Giovanni. "Correzione e integrazione dei provvedimenti del giudice" in *Enciclopédia del diritto* n° X (1962): 717/728. Especialmente p. 718).

A inexatidão material, ou, na linguagem da lei, o erro material passível de retificação, diz respeito àquele equívoco involuntário, completamente desvinculado da vontade do subscritor da decisão e, portanto, perceptível primo ictu oculi da simples leitura da sentença. Assim, por exemplo, o erro de digitação, o erro na data do nascimento de determinada parte, o nome errado do autor ou do réu, a identificação do número do processo (...). Igual tratamento recebe o erro de cálculo, o qual, ultima ratio, se constitui em erro material. Desta forma, a decisão que fixa a condenação em 100 e divide, como forma de implemento, em três parcelas de 30.[640]

O objeto da correção, destaca Moniz de Aragão, há de ser nada mais do que um equívoco, um erro "notório" como dizem as leis alemã e austríaca; "manifesto" como diz o CPC português; "evidente" como diz a lei polonesa. A notoriedade, a evidência, advém de tratar-se de erro que não gera dúvida, "erros de cópia, de referência", como diz a lei chilena, "erro puramente aritmético", como diz o CPC colombiano. Em suma: "inexatidões tais que a seu respeito não pode surgir a mínima hesitação, porque se alguma puder elevar-se, caso não é de correção pela via prevista no inc. I da disposição comentada (art. 463) e sim através de embargos de declaração, ou recurso".[641]

Giovanni Torregrossa, estudando as disposições do CPC italiano a respeito do tema (arts. 287/289), fixa uma coerente distinção entre *erro material* e *erro lógico*. Destaca o processualista que o atributo "material" indicado para caracterizar o erro corrigível em estudo, serve a significar que, mesmo que o equívoco seja evidente e essencial, se for gerado pela adoção de um particular processo lógico do Estado-juiz, não pode ser compreendido na mesma classificação. Exemplifica, a partir daí, que o clássico "dois mais dois é igual a cinco" pode derivar de um notório engano do agente (erro material); ou, diferentemente, até de uma demonstração matemática, mesmo que errônea (sofisma), que apontasse o procedimento técnico adotado para se obter o resultado (erro lógico).[642]

Bem se pode dizer, então, que o erro material (não equiparável ao erro lógico) configura-se um determinado vício na exteriorização (expressão) do julgamento, não no teor do julgamento em si (âmbito de cognição do Estado-juiz), daí a razão pela qual se diz que pode ser auferível numa vista de olhos. É, sem dúvida, regra que deita raízes no direito romano e tem validade universal (tanto é que presente nos mais diversos ordenamentos alienígenas), atendendo a um "princípio" elementar e de razoabilidade, pois "não se compadece com o senso comum a ideia de que, contendo uma sentença ou acórdão lapso manifesto, não possa este ser eliminado".[643] Eis aqui o interesse público que eleva o erro material ao patamar de

---

[640] PORTO, Sérgio Gilberto. *Comentários ao código de processo civil*. Vol. 6 (arts. 444 a 495). São Paulo: RT, 2000, p. 132.

[641] ARAGÃO, E. D. Moniz. *Sentença e coisa julgada*. Rio de Janeiro: AIDE, 1992, p. 144.

[642] TORREGROSSA, Giovanni. "Correzione e integrazione dei provvedimenti del giudice" in *Enciclopédia del diritto* n° X (1962): 717/728. Especialmente p. 718/719.

[643] MATTE, Fabiano Tacachi; ARNECKE, Júnior Eduardo. "Erro material (comentários ao art. 463, I CPC)" extraído do site http://www.tex.pro.br/wwwroot/00/061023erromaterial.php. Acesso em 29 abril 2008.

matéria não preclusiva, destinada a permitir a correção até de decisão acobertada pela preclusão ou mesmo pela coisa julgada, "quando ela contiver erro diretamente verificável e que objetiva e inequivocadamente não tem como corresponder a finalidade da atuação do órgão jurisdicional".[644]

O erro material pode ser objeto de análise judicial a qualquer tempo – seja na fase de conhecimento ou de execução, sem que daí resulte ofensa à coisa julgada; sendo matéria reconhecível de ofício, pode ser retificado pela iniciativa do próprio Estado-juiz ou de qualquer um que tenha interesse na correção, inclusive pelas vias recursais adequadas, como os embargos de declaração (art. 463, II, c/c art. 535, ambos do CPC).[645] Por sua vez, o *erro de cálculo (ou de conta)*, como já pinçado, nada mais é do que uma espécie de erro material, específico da fase de execução, que não se confunde com o *critério de cálculo*, a envolver não mero erro aritmético, mas sim o próprio parâmetro da execução fixada em cognição judicial na fase anterior já transitada em julgado.[646]

Nada obstante o art. 463, I, do CPC tratar tão somente de erros materiais constantes de engano provocado pelo juiz e em exclusiva sede de decisão final de mérito (sentença definitiva), por certo os manifestos equívocos pronunciados pelo julgador em sentenças terminativas, em decisões interlocutórias e até em despachos de mero expediente podem ser retificados a qualquer tempo, mesmo *ex officio*; como também os erros materiais próprios das partes e/ou dos peritos das partes, a redundar especialmente no erro de cálculo (ou de conta) podem ser supridos imediatamente, assim que identificados.[647] É o caso, certamente, de utilizar versão dilatada do dispositivo infraconstitucional, a fim de serem abarcadas situações semelhantes, de lapso manifesto, que exigem reparação dentro do processo, independente do ator causador do equívoco e da circunstância procedimental que deu azo à incorreção.

Uma importante aplicação dos préstimos da noção de erro material pode-se dar quando do estudo do dispositivo sentencial, a fim de bem se cumprir o *decisum*, encontrando-se o processo já em fase de execução. É que pode acontecer que o julgador tenha, na fundamentação da sentença, exposto, *v.g.*, a necessidade da condenação do réu em dois pedidos, e tenha externado no dispositivo, por

---

[644] TALAMINI, Eduardo. "O erro material no processo civil" in *Revista dialética de direito processual* n° 30 (2005): 46/52.

[645] Veja-se, nesse diapasão, julgado do Pretório Excelso decidido em 12/09/1969 – ainda então sob a égide do anterior Código de Processo Civil: "Embargos de declaração – Devem ser conhecidos e recebidos quando houver êrro material evidente da decisão" (RE n° 67.593/MA, 1ª Turma, STF, Rel. Min. Aliomar Baleeiro, publicado na *Revista Trimestral de Jurisprudência* n° 53 (1970): 324/325).

[646] Na mesma direção, citando arestos do STJ (RSTJ 7/349 e RSTJ 655/198), Ada Pellegrini Grinover discorre que somente o erro de conta ou de cálculo, o erro aritmético, pode ser corrigido a qualquer tempo; já os elementos de cálculo, os critérios de cálculo, ficam encobertos pela autoridade da coisa julgada: "a questão sobre o termo 'a quo' da correção monetária (dos honorários de advogado) constitui critério de cálculo, e não mera questão aritmética" (GRINOVER, Ada Pellegrini. "Preclusão. Erro material e erro aritmético" in *O processo – estudo e pareceres*. São Paulo: DPJ, 2005, p. 445/459).

[647] THEODORO JR., Humberto. *Curso de direito processual civil*. Vol. I. 38ª ed. Rio de Janeiro: Forense, 2002, p. 463.

manifesto lapso, somente um deles – a redundar, esta anômala circunstância, que no momento de cumprimento espontâneo do julgado, venha o demandado a efetivamente se negar a adimplir o pedido tão somente externado na fundamentação, sustentando que o dispositivo sentencial transitou em julgado com a fixação da obrigação de acertamento de um só pedido.[648]

Essa seria uma oportuna hipótese, a nosso ver, em que o julgador, a pedido da parte ora exequente, poderia corrigir o erro material, adequando o dispositivo à fundamentação sentencial, por estar-se diante de vício na exteriorização do julgado, perceptível *primo ictu oculi* da simples leitura da sentença. Sobre o tema, reforçando o nosso entendimento no caso enunciado, Vicente Greco Filho defende certo conteúdo dispositivo aos acertamentos contidos na fundamentação, mesmo que não constem na parte final da sentença:

> É de observar-se que a parte dispositiva da sentença, em princípio, deve estar concentrada e resumida no final, mas pode ocorrer que o juiz, ao fazer a fundamentação, pode decidir algum ponto da lide principal, sem depois reproduzir, em resumo, no dispositivo. Tal decisão fará coisa julgada porque, apesar de formalmente não fazer parte do dispositivo, tem conteúdo dispositivo.[649]

Adequadamente exposto o plano de atuação do erro material dentro do processo, bem como sua natureza não preclusiva (que justifica o seu estudo nesta parte de desenvolvimento mais amplo), aproxima-se a oportunidade de procurarmos estabelecer expressamente uma distinção clara sua para os *erros de julgamento (de direito material)* e os *erros de procedimento (de direito processual)*. Diga-se, de antemão, que a problemática foi levemente mencionada, em passagem anterior deste trabalho, ao se tratar do pedido de reconsideração, e a utilização dos aclaratórios. Explicite-se a linha de raciocínio: é que a expressão "manifesto equívoco", não raras vezes utilizada para viabilizar o provimento dos embargos de declaração, com efeitos infringentes, pode na verdade ser tranquilamente utilizada para se corrigir um "erro material", um "erro de julgamento" ou ainda um "erro procedimental", razão pela qual a procura pelo relativo isolamento das matérias encontra sua evidente importância.

Se o erro material consiste em vício na exteriorização do julgamento, por equívoco/omissão de linguagem e/ou vocabulário utilizado pelo Estado-juiz, o erro de julgamento decorre de equívoco na apreciação do conjunto fático-probatório ou das disposições jurídicas, de direito material, a orientar o julgamento do caso *sub judice*, daí ser tecnicamente correto se distinguir duas espécies de erro de

---

[648] Por certo, evitar-se-iam maiores inconvenientes na fase processual de execução, se dentro do lapso temporal de cinco dias da publicação da decisão gravosa contendo lapso manifesto – contradição entre fundamento e comando do *decisum* – a parte prejudicada interpusesse o recurso de embargos de declaração, como no caso que se cita: "EMBARGOS DE DECLARAÇÃO. ERRO MATERIAL. Art. 535, I, do CPC. Incorrendo o acórdão em erro material a evidenciar contradição entre a fundamentação e o comando final, é de se acolher os embargos declaratórios para efetivar a devida correção. Embargos acolhidos" (Embargos de Declaração nº 599242419, Décima Sétima Câmara Cível, Tribunal de Justiça do RS, Relator: Elaine Harzheim Macedo, Julgado em 18/05/1999).

[649] GRECO FILHO, Vicente. *Direito processual civil brasileiro*. 2º Vol. São Paulo: Saraiva, 1984, p. 235.

julgamento (de direito material): erro de fato e erro de direito.[650] Temos que o manifesto equívoco de direito, a abranger as normas de direito material a solucionar a demanda, não pode ser corrigido pelos embargos de declaração, mas sim pela via do recurso próprio submetido à superior instância – a apelação, no caso de a decisão gravosa ser uma sentença; no entanto, manifestos erros de fato poderiam ser excepcionalmente alterados pela apresentação dos aclaratórios, com efeitos infringentes, como vem reconhecendo jurisprudência já transcrita.

De qualquer forma, os erros de julgamento, notadamente os erros de fato, por afetarem diretamente o objeto a ser abrangido pela coisa julgada, devem ser corrigidos pela interposição de recurso dentro do prazo legal,[651] sob pena de preclusão,[652] o que inocorre com os erros materiais, não suscetíveis aos efeitos preclusivos, os quais podem ser corrigidos pela via recursal, como sedimentado, mas também a qualquer tempo, por meio de peça simples lançada pela parte interessada na correção do manifesto equívoco, ou mesmo por iniciativa oficiosa do Estado-juiz, preocupado com o escorreito desenvolvimento e exatidão dos comandos lavrados no feito.[653]

A propósito, Teresa Arruda Alvim Wambier ressaltou que o Superior Tribunal de Justiça, mais recentemente, vem alargando o conceito de "erro manifesto" nos julgamentos de embargos de declaração, para abranger mais do que as hipóteses de erro material – abrindo as portas para imediata retificação de patentes erros de julgamento. Mesmo assim, confirma a jurista paulista a sua posição no sentido de que "nem mesmo o erro de fato, que é um erro material cometido na esfera do exame das provas, pode ser corrigido por meio de embargos de declaração".[654] Com a devida vênia, duplamente equivocada a processualista: primeiro que, como visto, o erro de fato é espécie de erro de julgamento (de direito material), distinto sobremaneira do erro material; segundo que, a partir da melhor jurisprudência,

---

[650] Goldschmidt leciona que toda injustiça, em última análise, é sempre uma aplicação inadequada do Direito, combatível mediante o recurso próprio. Tratando dos erros de julgamento, e de suas subespécies erros de fato e erros de direito, expõe o seguinte: "En efecto, la Ley de Enjuiciamiento Civil art. 1692, n° 7, admite el recurso de casacíon por infracción de ley y de doctrina legal, 'cuando em la apreciacción de las pruebas haya habido error de derecho o el error de hecho, si este último resulta de documentos o actos antéticos que demuestren la equivocación evidente del juzgador'. Una ley de 28 junio 1933 há intercalado uma disposición correspondiente em la lay de Enjuicimiento Criminal – art. 849, n° 2" (GOLDSCHMIDT, James. *Teoria general del proceso*. Trad. Leonardo Prieto Castro. Barcelona: Editorial Labor, 1936, p. 177/178).

[651] Veja o excerto de Moniz de Aragão: "(...) Os erros acaso cometidos no próprio julgamento não estão abrangidos pelo dispositivo em foco (o art. 463, I do CPC); tais vícios ou serão corrigidos através de embargos de declaração, ou através de recurso" (ARAGÃO, E. D. Moniz. "Sentença e coisa julgada". Rio de Janeiro: AIDE, 1992, p. 145).

[652] O erro de fato não corrigido pela interposição de recurso no momento apropriado pode ser excepcionalmente corrigido, após o trânsito em julgado, em face de dispositivo expresso, constante no art. 485, IX, a autorizar a utilização da ação rescisória dentro do prazo legal (de natureza decadencial).

[653] Faz-se questão de explicitar, nesse sentido, orientação de Edson Ribas Malachini: "se houver erro do juiz, será erro do próprio julgamento (só eliminável, pois, mediante recurso); não se tratará de não-coincidência entre o pensamento do julgador e sua expressão – que é a hipótese típica de erro material" (MALACHINI, Edson Ribas. "Inexatidão material e 'erro de cálculo' – conceito, características e relação com a coisa julgada e a preclusão" in *Revista de Processo* n° 113 (2004): 208/245).

[654] WAMBIER, Teresa Arruda Alvim. *Omissão judicial e embargos de declaração*. São Paulo: RT, 2005, p. 100 e 96.

ainda que minoritária, temos que os erros de fato poderiam ser corrigidos pela interposição de aclaratórios, em nome da economia processual e da exigência de completa prestação jurisdicional.

Cabe ainda tratarmos do manifesto equívoco correspondente ao erro de procedimento. Eis aqui hipótese até mais comum na prática forense, em que o julgador se engana na aplicação de dispositivo de direito processual pertinente, daí podendo ser aviados os aclaratórios, com efeitos infringentes, quando for realmente gritante a incorreção. É o caso, *v.g.*, do Desembargador que se nega a admitir pedido de reconsideração quanto à concessão de efeito suspensivo ativo ao agravo de instrumento interposto alegando falta de previsão legal, não obstante o teor do novo art. 527, parágrafo único, a partir da publicação da Lei n° 11.187/2005.[655] À semelhança do erro de julgamento (de direito material: erro de fato ou erro de direito), a não oposição de recurso (seja embargos, seja qualquer outro) impede que haja modificação da matéria decidida pelo juiz com erro de procedimento, mesmo que com flagrante incorreção, ao passo que passaria o *decisum* a ser coberto pelo manto da coisa julgada interna (a preclusão).

Fecha-se, assim, o panorama do estudo dos erros materiais, alertando-se, como exposto, para a possibilidade de a expressão "manifesto equívoco" ser utilizada também para identificar erros de julgamento (notadamente os erros de fato), de natureza de direito material, e os erros de procedimento, de natureza de direito processual, os quais podem ser objetos de discussão via embargos de declaração, com efeitos infringentes (com exceção dos erros de direito, a ser objeto de recurso próprio). E assim sendo, oportuno que quando vislumbrada pelo órgão julgador a chance de o acolhimento dos embargos modificar o julgado, seja oportunizada à parte contrária se manifestar antes de o recurso ser colocado em pauta – uma espécie de contrarrazões de embargos de declaração, em nome da defesa do pleno contraditório.[656] Repise-se, por fim, que somente os erros materiais podem ser corrigidos a qualquer tempo, não se cogitando de admitirmos os erros de fato e de procedimento como situações não sujeitas ao fenômeno preclusivo e até mesmo à autoridade da *res iudicata*.

1.5.7. Prescrição: aplicação do novel art. 219, § 5°, do CPC. Críticas da doutrina à novidade estabelecida pela Lei n° 11.280/2006

Como mais uma recente matéria a se colocar no rol das não preclusivas para o juiz, afigura-se (com maior presença agora) a prescrição, a partir da sua nova regulamentação determinada pela Lei n° 11.280/2006.

---

[655] Eis a ementa do exato exemplo a que se fez referência: "EMBARGOS DE DECLARAÇÃO. EFEITOS INFRINGENTES. EQUÍVOCO NA DECISÃO EMBARGADA. OCORRÊNCIA. Incorre em manifesto equívoco a decisão que entendeu incabível pedido de reconsideração da decisão que converteu o agravo de instrumento em agravo retido, tendo em vista o disposto no art. 527, parágrafo único, do CPC, com a redação conferida pela Lei n.° 11.187/2005" (Embargos de Declaração n° 70022843595, Décima Câmara Cível, Tribunal de Justiça do RS, Relator: Paulo Roberto Lessa Franz, Julgado em 06/02/2008).

[656] USTÁRROZ, Daniel. "Notas sobre os embargos de declaração no código de processo civil brasileiro" in *Revista Jurídica* n° 344 (2006): 55/66. Especialmente p. 65/66.

O art. 219, § 5°, do CPC, na forma determinada pela Lei n° 5.925/73, dispunha que a prescrição poderia ser reconhecida e decretada de ofício caso se tratasse de direitos não patrimoniais. Com o advento do novo Código Civil, as regras de reconhecimento da prescrição *ex officio* tiveram relativa alteração, à medida que passou a poder ser reconhecida pelo julgador tão somente quando aproveitasse incapaz (art. 194); podendo, no entanto, toda e qualquer matéria prescricional ser alegada em qualquer grau de jurisdição, pela parte a quem aproveite (art. 193). Agora, com a chegada da Lei n° 11.280/2006, alterando o § 5° do art. 219 CPC, o juiz pode reconhecer a prescrição, mesmo sem provocação da parte interessada, em qualquer situação – e para que não pairem dúvidas e eventuais conflitos aparentes entre as normas do Código Civil e do Código de Processo Civil, a Lei n° 11.280/2006 revogou expressamente o art. 194 do código civilista, que tratava diretamente da matéria sobre prescrição.

Ocorre que com o teor que tinha o art. 194 do Código Civil, quando da sua entrada em vigor, desde 2003, entendia a jurisprudência[657] e doutrina dominante,[658] articulando aquele dispositivo com o art. 193 do mesmo diploma civilista, que a prescrição poderia ser invocada a qualquer tempo pela parte, mas uma vez rejeitada, em decisão interlocutória, a ausência de recurso tempestivo, determinaria a preclusão, tanto para a parte (que perderia o direito de recorrer), quanto para o juiz e o tribunal (que ficariam impedidos de pronunciá-la, salvo para favorecer absolutamente incapaz).

Assim, tem-se que com a nova disposição legal, aumenta-se o poder de comando/mobilidade judicial, ao passo que o magistrado terá direito de reapreciar a questão prescricional, vindo a declarar a pretensão em juízo extinta com base no art. 269, IV, do CPC, mesmo que já tenha se manifestado anteriormente no processo, *v.g.* no saneador, pela inexistência da prescrição parcial ou total. O mesmo se dará para o Tribunal, em que a qualquer tempo, antes de eventual exame de recurso sobre o mérito, poderá o magistrado revisor, *ex officio*, vir a enfrentar

---

[657] Cite-se dentre outros julgados REsp 37217-8/SP (4ª Turma, j. em 19/10/1993, Rel. Min. Dias Trindade) – em interessante passagem à luz da legislação até então de regência faz a distinção entre considerar as condições da ação e os pressupostos processuais como matéria de ordem pública e não assim a prescrição; REsp 57534/SP (1ª Turma, j. em 15/05/1995, Rel. Min. Cesar Asfor Rocha) – citando inúmeros outros precedentes e bases doutrinárias que forçaram o julgador a modificar seu próprio convencimento quanto à possibilidade de a prescrição ser invocada em outro momento que não a contestação, inclusive em apelação, caso o magistrado ainda não tenha apreciado a questão (no mesmo sentido REsp 12402/DF, 2ª Turma, j. em 27/04/1994, Rel. Min. Américo Luz); REsp 15386/SP (4ª Turma, j, em 06/04/2000, Min. Cesar Asfor Rocha) – em que confirma seu posicionamento no sentido de se, ao proferir despacho saneador, o juiz rejeita o pedido formulado pela ré referente à preclusão da ação, e não havendo recurso desta decisão, opera-se preclusão quanto a tal matéria, por isso mesmo que não pode mais ser reaberta sua discussão em sede apelatória (no mesmo sentido REsp 432950/RN, 6ª Turma, j. em 19/09/2004, Rel. Min. Hamilton Carvalhido).

[658] GOMES JR., Luiz Manoel. "Prescrição – invocação a qualquer tempo art. 193 CC e a preclusão processual" extraído do site: http://www.prgo.mpf.gov.br/informativo/info75/corpo.htm. Acesso em: 20 out. 2007; BARBOSA MOREIRA, J. C. "Aspectos da extinção do processo conforme o art. 329 CPC" in *Estudos em homenagem ao Prof. Galeno Lacerda*, coordenador Carlos Alberto Alvaro de Oliveira. Porto Alegre: Sergio Antonio Fabris, 1989, p. 267/269.

a prejudicial de prescrição – extinguindo o feito, caso vislumbre prescrição do fundo de direito.

E o posicionamento atual do Superior Tribunal de Justiça, levando-se como parâmetro o paradigmático REsp n° 836.083/RS (Rel. Min. José Delgado, 1ª Turma, j. em 03/08/2006), inclina-se exatamente para o sentido de reconhecer a *prescrição como típica matéria de ordem pública*.[659]

São, no entanto, inúmeras as críticas de boa parte da doutrina pátria em relação à atual redação do § 5° do art. 219 CPC. Em linhas gerais, reconhece-se, *ab initio*, que "no afã de cumprir o preceito da efetividade, o legislador subverteu o sistema, dando-lhe inadequado tratamento".[660]

Mais especificamente o descontentamento com a inovação processual recai sobre a viabilidade de o julgador, em matérias de direito patrimonial, vir a decretar a prescrição mesmo que a parte privilegiada (réu) desejasse ter apreciado o mérito da causa – o que o levou a não ter ventilado a matéria prescricional nas oportunidades processuais anteriores (especialmente em matéria preliminar contestacional). Sim, pois haveria um substrato ético (questão moral) que indicaria para o interesse do réu de ver analisado o mérito da causa pelo Poder Judiciário, a fim de ter publicada uma sentença de improcedência (art. 269, I, *versus* art. 269, IV, CPC).

Adroaldo Furtado Fabrício em instigante palestra proferida na Faculdade de Direito da UFGRS em 05/05/2006 alertou para esse ponto, bem como para a desestruturação histórica do instituto (moldada pela jurisprudência e doutrina) e incompatibilidade da malfadada novidade com as regras outras do código civilista ainda vigentes (*v.g.* arts. 191 e 882), as quais justamente mantêm a tradição da prescrição como matéria típica de defesa (exceção)[661] que pode interessar exclusivamente à parte (ré) invocá-la ou não – fato esse que indicaria para uma exegese restritiva do novo § 5° do art. 219 CPC.[662]

---

[659] Senão vejamos os seguintes excertos do julgado: "(...) para ser declarada a prescrição de ofício pelo juiz, basta que se verifique a sua ocorrência, não mais importando se refere-se a direitos patrimoniais ou não (...)"; acrescentando-se que "por ser matéria de ordem pública, a prescrição há de ser declarada de imediato, mesmo que não tenha sido debatida nas instâncias ordinárias".

[660] CIANCI, Mirna. "A prescrição na Lei n° 11.280/2006" in *Revista de Processo* n° 148 (2007): 32/45.

[661] Falando em tradição histórica da prescrição no nosso ordenamento, registrava o magistrado trabalhista Cláudio de Menezes, no início da década de 90, que a prescrição sempre foi enfrentada como matéria de defesa e elencada como questão de mérito, devendo ser invocada pelo réu com a contestação, sob pena de se tornar preclusa a arguição (MENEZES, Cláudio Armando Couce de. "A prescrição e os princípios da eventualidade e da efetividade" in *Repertório IOB de Jurisprudência* n° 40 (1993): 185/186).

[662] Realmente, criticando veementemente a inovação processual, o palestrante chega ao ponto de indicar como única solução devida, para o bem da harmonia do diploma processual com o civilista, a revogação imediata da Lei n° 11.270/2006 no que tange à genérica previsão da prescrição *ex officio* (FABRICIO, Adroaldo Furtado. "Prescrição e sua declaração ex officio pelo juiz (Lei n° 11.280/06)", palestra proferida no Salão Nobre da Faculdade de Direito da UFRGS, em 05/05/2006, na II Jornada de Processo e Constituição – Reformas Processuais – em homenagem ao Ministro do STJ Athos Gusmão Carneiro).

Do mesmo modo, estabelecendo uma linha nítida de diferenciação da prescrição perante a decadência (matéria reconhecidamente de ordem pública), Arruda Alvim em ensaio específico sobre as alterações incrementadas pela Lei n° 11.280/2006 comenta:

> Em relação à modificação do § 5° do art. 219, parece não haver um genuíno interesse público que explique porque a prescrição deveria deixar de ser objeto de exceção. O interessado na prescrição pode não desejar que essa seja decretada, e, esse desejo deve ser respeitado pelo Direito. Diferentemente se passa com a decadência, reconhecidamente matéria de ordem pública, seja quanto à sua existência, seja quanto à atividade oficiosa do seu reconhecimento.[663]

Também criticando a inovação legislativa, Alexandre Freitas Câmara destaca que outros ordenamentos jurídicos persistem vedando categoricamente o reconhecimento *ex officio* da prescrição.[664]

Voltando-se novamente os olhos a nossa estrutura processual, em outra interessante palestra proferida por Adroaldo Furtado Fabrício, desta vez em 04/07/2006,[665] acresceu-se que a decretação da prescrição *ex officio* pelo julgador, especialmente antes de ser estabelecido o contraditório (o que é devidamente permitido pela novel norma), poderia ser uma atitude temerária e contrária à própria efetividade na solução do litígio, à medida que poderiam existir causas suspensivas/extintivas da prescrição ainda não bem delineadas na demanda, diante da forma como proposta na exordial a conjectura fático-jurídica e em face da (in)existência de documentos acostados – em momento procedimental, é bom frisar, em que ainda ausente o pólo passivo.

Tal raciocínio, aliás, bem se coaduna com as ideias já expostas no sentido de que mesmo em matérias de ordem pública, invocáveis de ofício, importante que seja estabelecido o prévio contraditório entre os litigantes, não só para serem prestados melhores esclarecimentos quanto à matéria a ser objeto de imediata ponderação, mas também para se evitar que sejam as partes surpreendidas por decisão relevante envolvendo tema até então não debatido.

De qualquer forma, por ora, em face da atual disciplina do nosso diploma processual civil e do posicionamento adotado pelo Superior Tribunal de Justiça

---

[663] ALVIM, Arruda. "Lei n° 11.280, de 16.02.2006: análise dos arts. 112, 114 e 305 do CPC e do § 5° do art. 219 do CPC" in *Revista de Processo* n° 143 (2007): 13/25.

[664] Assim, por exemplo, o Código Civil italiano, no art. 2.938; o Código Civil francês trata do tema, em seu art. 2.223; o art. 142 do Código de Obrigações da Suíça tem redação análoga; e o Código Civil argentino dispõe sobre o tema em seu art. 3.964. Vale citar, ainda, o Código Civil português, cujo art. 303 estabelece, em maiores linhas, que "o tribunal não pode suprir, de ofício, a prescrição; esta necessita, para ser eficaz, de ser invocada, judicial ou extrajudicialmente, por aquele a quem aproveita, pelo seu representante ou, tratando-se de incapaz, pelo ministério público" (CÂMARA, Alexandre Freitas. "Reconhecimento de ofício da prescrição: uma reforma descabeçada e inócua" Disponível em: http://www.flaviotartuce.adv.br/secoes/artigosf/Camara_presc.doc. Acesso em 18/11/2007).

[665] FABRICIO, Adroaldo Furtado. "Prescrição e decadência" palestra proferida no Salão Nobre da Faculdade de Direito da UFRGS, em 04/07/2006, para o curso de especialização em Direito Civil da UFRGS.

(como no paradigmático *decisum* supraventilado), tem-se que a prescrição passa a se aproximar ainda mais do instituto da decadência, corporificando-se ambas como *matérias prejudiciais do mérito*, contempladas no art. 269, IV, do CPC (objeto, portanto, de sentença definitiva), e que podem ser reconhecíveis de ofício pelo diretor do processo a qualquer tempo.

A sedimentação dessa concepção, ao que parece, ainda está longe de se suceder (ainda mais pelas incompatibilidades evidentes entre a natureza do instituto da prescrição, como posto na codificação civilista, e sua visão como matéria de ordem pública, na forma como engendrada pela novel alteração processual), sendo vital para tanto as posições reiteradas da jurisprudência, especialmente do STJ, que venham a transitar em julgado num futuro próximo.

Sem perdermos de vista essa premissa, mas admitindo o enquadramento proposto ao tema a partir da publicação da Lei n° 11.280/2006, alterando o § 5° do art. 219 do Código Buzaid, há de se cogitar por aqui da aplicabilidade das conclusões a que chegamos para as preliminares do mérito (condições da ação e pressupostos processuais), bem como para as nulidades absolutas, em termos de viabilidade do reexame da questão (de ordem pública) nas instâncias excepcionais – antes do exame do mérito no recurso especial e extraordinário, superado o momento de admissibilidade recursal; e em termos de limites ao efeito translativo – impedindo-se o reconhecimento da matéria de interesse suprapartes quando em confronto com o princípio da *reformatio in peius*.

1.5.8. Observação derradeira quanto às situações (excepcionais) não preclusivas para o magistrado

Retome-se, em derradeira observação do extenso tópico analisado, a importante participação do instituto da preclusão como elemento necessário e integrante do formalismo no âmbito do processo civil – atuante também de maneira acentuada sobre a figura do magistrado (costurando-se, a partir daí, a regra da preclusividade das decisões judiciais). Nessa conjectura, sendo destacadas as situações (excepcionais, de interesse suprapartes) em que não ocorre a preclusão para o Estado-juiz (que como vimos, por questões de terminologia mais técnica, não deve ser confundida com a denominada "preclusão *pro judicato*"), coloca-se em relevo novamente a máxima de que à medida que cresce e se intensifica o poder e o arbítrio do juiz, enfraquece-se o formalismo, correlativo elemento de contenção.[666]

---

[666] ALVARO DE OLIVEIRA, Carlos Alberto. *Do formalismo no processo civil*. 2ª ed. São Paulo: Saraiva, 2003, p. 21.

2. Preclusão de atos das partes (faculdades)

2.1. Introdução: Distinção entre preclusão referente ao ato processual de recorrer e referente aos atos processuais necessários no desenvolvimento das fases do procedimento

No estudo das preclusões que atuam sobre o magistrado (preclusão de questões), fixou-se a regra da preclusividade, que muito bem pode decorrer da omissão da parte prejudicada, diante de decisão gravosa, em interpor o competente recurso no prazo e na forma prevista pelo ordenamento. Revelaram-se também, por outro lado, hipóteses em que a parte não possui mais a viabilidade de ingressar com medida recursal típica, mas pode ter a questão (não preclusiva) revista, em face de mudança de posicionamento incrementada de ofício pelo próprio diretor do processo.

Teríamos aqui uma preclusão de faculdade (da parte) referente ao ato de recorrer – que, na última situação recapitulada, não seria absoluta, já que se o juiz pode reanalisar a decisão judicial incidental a qualquer tempo (não preclusiva), poderia a parte, em tese, apresentar mesmo fora do prazo recursal pedido de reconsideração.

Essa hipótese revela-se importante para que se trate de diferenciar, dentro do mesmo gênero "preclusão de faculdades (das partes)", duas espécies do fenômeno: uma seria justamente essa referente ao ato processual de recorrer, e a outra seria a preclusão de faculdades referentes aos atos processuais necessários no desenvolvimento das fases do procedimento estabelecido por lei.

A aludida primeira espécie decorre de uma decisão judicial gravosa, que impõe uma tomada de atitude específica da parte (interposição de recurso), sob pena de não mais poder agir (*preclusão decorrente de um ato processual de recorrer*). Já a segunda espécie, que tomará nossa especial atenção nesta parte, decorre de previsão legal-processual que impõe uma tomada de atitude da parte em impulsionar o feito da melhor maneira possível, notadamente na fase postulatória, sob pena de ser enclausurada uma etapa e dado início à fase subsequente, ao passo que expirado o prazo de duração da fase procedimental precedente (*preclusão decorrente de um ato processual necessário no desenvolvimento das fases do rito*).

Fica então o expresso registro da possibilidade de diferenciação das espécies; bem como do fato de que quando nos referirmos à "preclusão de faculdades", ao longo desta parte do trabalho, estaremos nos referindo precipuamente à preclusão para as partes referente ao ônus no desenvolvimento das fases do procedimento – hipótese na qual poderá ser analisada, em maiores detalhes, a utilização da técnica da eventualidade.

2.2. A preclusão de faculdades e a utilização da técnica da eventualidade

2.2.1. Necessária distinção entre os institutos

Passamos, nesse estágio, a nos preocupar com o estudo das repercussões da *técnica da eventualidade*, sempre vinculada à preclusão (de faculdades), mas dela distinta, já que a preclusão é fenômeno que ocorre em muitos outros casos não necessariamente à eventualidade relacionada (as antes estudas preclusões de questões, por exemplo) e é aplicável nos sistemas, embora não usuais, em que não se adota a eventualidade[667] – referência a sistemas processuais mais remotos, como o processo romano (mais propriamente o *processo formular*), estruturado em um sistema preclusivo, em que as partes não podiam mais fazer novas alegações após a *litis contestatio*, mas ainda sem a noção de eventualidade.[668]

Tecnicamente, não há de se confundir a eventualidade nem com a própria preclusão de faculdades, embora se deva admitir que é por meio da força da preclusividade que a eventualidade se impõe como limitador da atividade das partes no processo. De qualquer forma, cabe aqui o reforço, no conceito próprio de eventualidade não se faz presente a noção de preclusão, que funciona como vital anexo capaz de garantir a eficácia da técnica[669] – estabelecendo-se entre os institutos uma espécie de relação de causa (descumprimento das disposições concernentes à eventualidade) e efeito (preclusão). E tão vital anexo é que, no sistema de ampla liberdade processual, em que se poderia cogitar da não utilização da preclusão, dos préstimos da eventualidade também, por certo, não se falaria.

---

[667] Celso Agrícola Barbi faz questão de bem diferenciar os fenômenos, embora admita a correção da aproximação, parece, no entanto, criticar a posição de juristas como Eduardo J. Couture e Robert W. Millar, que estabelecem senão uma total, uma quase identidade entre eles (BARBI, Celso Agrícola. "Da preclusão no processo civil", in *Revista Forense*, 158 (1955):59/66). O processualista colombiano Devis Echandía parece ter incidido na mesma imprecisão, ao sugerir que o princípio da eventualidade é também chamado de preclusão (DEVIS ECHANDÍA, Hernando. *Teoria General del proceso*. Buenos Aires: Editorial Universidad, 1984. Tomo I, p. 37). Dentre nós, o equívoco é corriqueiro, sendo constatado, *v.g.*, em passagem de Humberto Theodoro Jr.: "pelo princípio da eventualidade ou da preclusão, cada faculdade processual deve ser exercitada por inteiro dentro da fase adequada (...)" (THEODORO JR., Humberto. "Princípios gerais do direito processual civil" in *Revista de Processo* nº 23 (1981): 173/191); bem como em trecho de Moniz de Aragão, que discorre sobre o fundamento da preclusão, sendo que na verdade o fundamento anunciado seria propriamente o da eventualidade, ou, melhor seria dizer, de um sistema de preclusão aplicado à técnica da eventualidade: "o fundamento último do princípio da preclusão assenta no da isonomia constitucional (de que deflui o do contraditório) e no de lealdade processual, facilmente infringíveis num processo que siga à risca critério oposto e por isso proporcione às partes conduzi-lo a seu talante e a serviço dos seus interesses, o que constituiria campo inigualável para a chicanice e a protelação indefinida dos processos" (ARAGÃO, E. D. Moniz. *Sentença e coisa julgada*. Rio de Janeiro: AIDE, 1992, p. 225).

[668] BARROS TEIXEIRA, Guilherme Freire de. *O princípio da eventualidade no processo civil*. São Paulo: RT, 2005, p. 72.

[669] Desenvolvendo o mesmo raciocínio, tecnicamente correta Tereza Arruda Alvim Wambier: "Para que se obtenham conseqüências práticas significativas do princípio da eventualidade, é necessária a figura da preclusão, a impedir que, se as alegações não forem feitas no momento adequado, não possam ser depois" (WAMBIER, Teresa Arruda Alvim. *O novo regime do agravo*. 2ª ed. São Paulo: RT, 1996, p. 303). Da mesma forma Everaldo de Souza: "(a eventualidade) exerce uma função de índole especificamente processual, cuja observância é assegurada pelo sistema da preclusão" (SOUZA, Everaldo de. "Do princípio da eventualidade no sistema do código de processo civil" in *Revista Forense* nº 251 (1975): 101/112).

Volta-se a relacionar, nesse ponto, a preclusão com o impulso processual, já que se discute aqui o momento em que se devem apresentar os meios de ataque e de defesa (impulsos das partes) e a impossibilidade de modificá-los a partir de uma determinada etapa do processo (preclusão), o que pode variar conforme a cultura do ordenamento processual de uma determinada sociedade em uma determinada época.

2.2.2. Reconhecimento de uma aproximação entre os institutos nos sistemas processuais modernos. Espaço da eventualidade (realce em Wyness Millar) e defesa da utilização da técnica também para além da fase postulatória (eventualidade em sentido lato)

Feito então o registro das diferenciações que, a seguir a boa técnica, devem ser anotadas entre os institutos da eventualidade e da preclusão, não podemos deixar de sublinhar, por outro lado, a firme participação de ambos nos melhores sistemas processuais modernos, sendo procedente a constatação de Calamandrei no sentido de que o sistema da preclusão pode fazer indispensável a adoção da eventualidade, em força do qual "as partes, para não perder a faculdade de fazer valer as deduções de mérito e de rito que podem aparecer antes e depois como úteis a sua defesa, devem propô-las todas elas acumuladamente no termo preclusivo assinalado a tal objeto".[670]

Realmente, a técnica da eventualidade, também denominada "acumulação eventual" ou ainda "técnica de ataque e defesa global" (nas palavras de Robert Wyness Millar), tem como consequência impedir que quaisquer meios de ataque ou defesa, não apresentados especialmente com a inicial, no caso do autor, ou na contestação, no caso do réu, possam ser em momento posterior – destacando o mencionado jurista que decorre da eventualidade se supor que as partes, nas respectivas fases do procedimento, devam apresentar simultaneamente e não consecutivamente todas as alegações e elementos de prova que pertençam a esses períodos.[671]

Mesmo que excludentes, destacam Couture e Zanzucchi, as proposições devem ser apresentadas conjuntamente, a fim de que na eventualidade de uma delas ser rechaçada, possam ser analisadas as seguintes.[672] Assim, cada uma das partes, nas palavras exatas de Carnelutti, da maneira mais completa possível, deve pro-

---

[670] CALAMANDREI, Piero. *Direito processual civil*. Trad. por Luiz Abezia e Sandra Drina Fernandez Barbery. Campinas: Bookseller, 1999, Vol. 1, p. 310/311.

[671] "(...) o principio de eventualidad que se resume mejor en el término de principio de acumulacíon eventual. También cabria denominarlo principio de ataque y defesa global, puesto que supone que las partes, en las respectivas fases, deben presentar simultánea y no consecutivamente todas las alegaciones y elementos de prueba que pertenezcan a estos períodos, sean compatibles no usos com otros, y aun cuando el pronunciamiento en base a uno de estos puntos hiciese innecesaria la consideración de los demás" (MILLAR, Robert Wyness. *Los principios informativos del proceso civil*, trad. por Catalina Grossmann. Buenos Aires, p. 96).

[672] COUTURE, Eduardo J. *Fundamentos del derecho procesal civil*. Buenos Aires: Aniceto López, 1942, p. 97; ZANZUCCHI, Marco Tullio. Diritto processuale civile. Vol. 1Milão: Giuffrè, 1947, p. 78 e 396.

por, desde a fase inicial do processo, um modelo de sentença ao juiz, aconselhando-o sobre a decisão que seria mais justa;[673] passando a assegurar a eventualidade o pleno exercício do contraditório, evitando a possibilidade de uma das partes surpreender o antagonista com a alegação de fatos sobre os quais este não mais poderá se pronunciar (segurança jurídica, na primeira acepção desenvolvida neste trabalho), bem como refreando as manobras protelatórias.[674]

Sem chegar a extremos de habilidade dialética processual (ao se sustentar a apresentação simultânea de proposições claramente colidentes entre si), é evidente, como registra Isidoro Eisner, que em muitos casos se justifica razoavelmente a acumulação de ações ou de defesas, desde a fase inicial do pleito, quando já não se trata de afirmar fatos contraditórios entre si, mas sim de defender distintos enfoques de direito para se firmar múltiplas posturas jurídicas suscetíveis, quaisquer delas, de lograr favorável acolhimento.[675]

Fez-se questão de se frisar a utilização da eventualidade na fase postulatória[676] (*eventualidade em sentido estrito*), sem excluir, no entanto, que se cogite do seu aproveitamento nas demais fases do processo, sempre que a legislação processual imponha o ônus à parte de desenvolver todos os seus argumentos ofensivos ou defensivos em um determinado lapso temporal, inclusive na fase recursal, sob pena de não poder renová-los ulteriormente (espaço específico da preclusão de faculdade da parte referente ao ônus de recorrer) – lembrando-se, ainda nesse mesmo sentido, que se pode cogitar dos préstimos da eventualidade tanto na fase de conhecimento, como na fase executória, tanto em primeira como em segunda instância[677] (*eventualidade em sentido lato*).

Interessante, aliás, em defesa dessa visão alargada do campo de incidência da eventualidade, o sentido da expressão "concentração processual" exteriorizada por Schönke: para além do tradicional entendimento[678] (como princípio tratado com a oralidade e a identidade física do juiz, determinando que na audiência de instrução mais atos processuais possam ser realizados em menor interregno de tempo – na forma consubstanciada no art. 455 do nosso CPC), o jurista alemão o

---

[673] CARNELUTTI, Francesco. *Como se faz um processo*. Trad. por Hiltomar Martins Oliveira. 2ª ed. Belo Horizonte: Líder Cultura Jurídica, 2005, p. 91.

[674] CRUZ e TUCCI, José Rogério. *Tempo e processo*. São Paulo: RT, 1997, p. 39/41; MOREIRA PINTO, Júnior Alexandre. "Sistemas rígidos e flexíveis: a questão da estabilização da demanda" in *Causa de pedir e pedido no processo civil*. Coordenadores José Rogério Cruz e Tucci e José Rogério dos Santos Bedaque. São Paulo: RT, 2002, p. 82/83.

[675] EISNER, Isidoro. "Preclusión" in *Revista Jurídica Argentina La Ley* nº 118 (1965): 1106/1112.

[676] BARROS TEIXEIRA, Guilherme Freire de. *O princípio da eventualidade no processo civil*. São Paulo: RT, 2005, p. 230; WAMBIER, Teresa Arruda Alvim. *Omissão judicial e embargos de declaração*. São Paulo: RT, 2005, p. 122; SANTOS, Moacyr Amaral. *Primeiras linhas de direito processual civil*. Vol. 2. 11ª ed. São Paulo: RT, 1987, p. 207.

[677] SOUZA, Everaldo de. "Do princípio da eventualidade no sistema do código de processo civil" in *Revista Forense* nº 251 (1975): 101/112; PARTANOVA, Rui. *Princípios do processo civil*. 6ª ed. Porto Alegre: Livraria do Advogado, 2005, p. 128/132.

[678] Nesse tradicional sentido, cite-se, para permanecermos no direito germânico: GOLDSCHMIDT, James. *Teoria general del proceso*. Trad. Leonardo Prieto Castro. Barcelona: Editorial Labor, 1936, p. 85.

emprega para significar os atos específicos das partes ao longo de todo o procedimento que, segundo as vigentes disposições de lei, exigiria a "concentração de suas alegações".[679]

Nessa conjectura, tratando também de aproximar a noção de "princípio da preclusão" da de "princípio da eventualidade", Fabio Marelli revela que o modo no qual e em concreto disciplinado o ônus da parte de formular e integrar as próprias deduções pode caracterizar um determinado tipo ou modelo de processo: "em tal senso se pode falar de 'princípio de preclusão' em contraposição àquele de 'liberdade das deduções' e a expressão assume validade bastante próxima daquele de princípio de 'concentração processual'".[680]

2.2.3. Vinculação histórica da eventualidade à preclusão de faculdades envolvendo ambas as partes. Incidência mais severa da técnica para o réu

Desse modo, se atentarmos para a história do processo, como em breves linhas já fizemos na parte inicial deste trabalho, veremos que o instituto da eventualidade (relacionado com o da preclusão de faculdades – *Präklusions-und eventualprinzip*) surgiu na baixa idade média (século XII-XV), especialmente no direito comum alemão, como uma reação à total liberdade que as partes possuíam em face da interferência estatal (*Eventualmaxime*)[681] – resultando na exigência de serem fixados, já na fase introdutória do litígio, todos os pontos sobre os quais deveria ser produzida a prova.[682] A partir dali, passou a ser comumente empregado pelos sistemas processuais, observando-se que a legislação, em países e tempos diferentes, tem tratado de utilizar a técnica para acelerar a resolução da causa levada ao judiciário e garantir a lealdade no agir das partes.[683]

Certamente a concentração dos atos processuais, decorrente da aplicação da regra da eventualidade, como vem sendo reconhecida nos sistemas processuais modernos, pode representar uma efetiva garantia para a efetividade e para a leal-

---

[679] SCHÖNKE, Adolfo. *Derecho procesal civil*. 5ª ed. Trad. por L. Prieto Castro. Barcelona: Bosch, 1950, p. 39.

[680] MARELLI, Fabio. *La trattazione della causa nel regime delle preclusioni*. Padova: CEDAM, 1996, p. 17.

[681] Fixando como marco a baixa idade média, justifica Kemmerich apontando que a eventualidade e a preclusão não eram empregadas com rigor no sistema romano-canônico ou italiano-medieval, ao menos na primeira fase (1100-1260), onde o magistrado poderia julgar a demanda com elementos de direito e inclusive de fato não invocados e/ou não provados pelas partes (KEMMERICH, Clóvis Juarez. *O direito processual na idade média*. Porto Alegre: Sergio Antonio Fabris, 2006, p. 122/125).

[682] CRUZ E TUCCI, José Rogério. "A regra da eventualidade como pressuposto da denominada teoria da substanciação" in *Revista do Advogado* nº 40 (1993): 39/43.

[683] Maiores informações quanto à história do instituto da eventualidade articulado com sistema de preclusões (o que seria matéria para uma dissertação própria), consultar: ALVARO DE OLIVEIRA, Carlos Alberto. *Do formalismo no processo civil*. 2ª ed. São Paulo: Saraiva, 2003, p. 23, 27/29, 41/42, 53/56; BARROS TEIXEIRA, Guilherme Freire de. *O princípio da eventualidade no processo civil*. São Paulo: RT, 2005, p. 75/91; e de MILLAR, Robert Wyness. *Los principios informativos del proceso civil*, trad. por Catalina Grossmann. Buenos Aires, p. 100/111.

dade processual[684] – vedando o arbítrio das partes na regulamentação da marcha do processo.[685] No entanto, pode afigurar-se, por outro lado, um obstáculo ao processo justo, representando um risco de exclusão de alegações e pleitos omitidos pelas partes, razão pela qual não deveria exibir perfil demasiadamente rígido.[686]

De profícuo estudo do fenômeno processual elaborado ainda na primeira metade do século XX, por Luis Echegaray, sobreleva-se, em maior relevo, justamente a pertinente observação de que "as experiências históricas têm comprovado que se são graves os inconvenientes que ocasiona a adoção do princípio da liberdade para as deduções, não são menos sérios os inconvenientes que podem acarretar a rígida aplicação do princípio da preclusão e eventualidade".[687]

Vê-se, portanto, que o instituto da eventualidade, diretamente ligado à preclusão, vincula não só o réu, mas também o autor, importando na possibilidade de proporcionar um ônus processual de gravidade significativa para aquela parte que o descumprir.[688]

Desde já, todavia, há de se apontar que, a nosso juízo, a técnica da eventualidade apresenta-se mais severa para o réu, ao passo que o autor, não apontando determinados fatos jurídicos ou até pedidos na exordial, pode ser compelido a não mais desenvolver o objeto faltante nesse processo, mas tem o direito (a menos no nosso sistema, que adota a teoria da substanciação) de renová-lo em nova demanda contra o mesmo devedor – reportando-nos a extensa exegese, já apresentada, em termos de limites à aplicação do art. 474 do CPC. Por sua vez o réu deve

---

[684] Em contrapartida, no que toca à lealdade processual, registrável a preocupação de Gilberto Domingues da Silva: "a aplicação prática do princípio da eventualidade traz consigo impostergável exigência, dirigida acima de tudo aos advogados dos litigantes: a de não abusar do princípio, abstendo-se de formular pedidos eventuais incongruentes e descabidos, distanciados da coerência e da racionalidade que se deve fazer presente na postulação, na argumentação e no debate" (SILVA, Gilberto Domingues da. "Processo e eventualidade" in *Revista Jurídica* n° 103 (1984): 46/51).

[685] SOUZA, Everaldo de. "Do princípio da eventualidade no sistema do código de processo civil" in *Revista Forense* n° 251 (1975): 101/112.

[686] ALVARO DE OLIVEIRA, Carlos Alberto. *Do formalismo no processo civil*. 2ª ed. São Paulo: Saraiva, 2003, p. 173/174 e 222.

[687] Complementa Echegaray dispondo em maiores linhas sobre os prós e contras da aplicação irrefletida dos sistemas de liberdade e preclusivo, lembrando passagem prévia deste trabalho, em que estudado o fenômeno preclusivo sob o viés de técnica e de princípio: "Dejar la puerta abierta al principio de la libertad, implicaría dejar el campo libre a la táctica dilatoria, sin desconocer que, permitir todas las deducciones, aun las tardías, puede proporcionar al juez nuevos elementos de convicción útiles para la justicia. En un sistema rígido de preclusiones, en cambio, si bien puede correrse el riesgo de sacrificar la justicia por amor a la rapidez, se evita que el proceso pueda demorarse con la tardia alegación de deducciones que se han mantenido en reserva, 'preparando recursos para las sorpresas de última hora'" (ECHEGARAY, Luis Juárez. "La preclusión" in *Estudios de derecho procesal en honor de Hugo Alsina*. Buenos Aires: EDIAR, 1946, p. 355/368).

[688] Sobre a importância do bom advogado se ater aos ditames da técnica da eventualidade, cômica, mas pertinente, a passagem de Calamandrei: "certa vez disse um juiz, que tinha certa fantasia, a um professor de direito processual: – vocês passam a vida ensinando aos estudantes o que é processo; seria melhor, para torná-los bons advogados, ensinar-lhes o que não é processo, por exemplo, o processo não é um palco para histriões, nem uma vitrina para expor mercadorias, nem uma academia de conferencistas, nem um salão de desocupados que trocam frases espirituosas, nem um círculo de jogadores de xadrez, nem uma sala de esgrima...nem um dormitório..." (CALAMANDREI, Pierro. *Eles, os juízes, vistos por nós, os advogados*. 7ª ed. Lisboa: Livraria Clássica Editora, p. 91.)

impugnar especificamente todas as manifestações do autor, trazendo à baila as exceções pertinentes, não se cogitando de apresentá-las em outra demanda, já que o manto da coisa julgada cobrirá o que for decidido nesse processo.

A atenuação do rigor da aplicação da técnica da eventualidade para o réu apresenta-se com as matérias de ordem pública,[689] as quais podem ser alegadas a qualquer tempo e são reconhecíveis até de ofício pelo magistrado – mesmo assim, essa exceção confirma a regra, sendo pertinente a opinião difundida, na doutrina, a revelar que o sistema, por necessidade, impõe um ônus maior ao réu na fase inicial do feito.[690]

2.3. Preclusão de faculdades para o réu

2.3.1. Técnica da eventualidade para a apresentação das matérias de defesa: o teor do art. 300 do CPC

Um dos primeiros, ou até mesmo o primeiro dispositivo do nosso Código de Processo que vem à memória quando falamos na regra da eventualidade é o art. 300, o qual dispõe que: "compete ao réu alegar, na contestação, toda a matéria de defesa, expondo as razões de fato e de direito, com que impugna o pedido do autor e especificando as provas que pretende produzir".

Do teor do dispositivo tem-se claro que o réu deve alegar, nessa primeira peça que encaminha ao processo (contestação), todas as defesas que tiver contra o pedido do autor, ainda que sejam incompatíveis entre si, pois na eventualidade de o juiz não acolher uma delas passa a examinar a outra. E, para aquelas matérias não suscitadas nesta peça terá ocorrido a preclusão, estando o demandado impedido de deduzir qualquer outra matéria de defesa depois da contestação, salvo as hipóteses consagradas no art. 303 do CPC, que englobariam alegações quando: relativas a direito superveniente, competir ao juiz reconhecer de ofício – matéria de ordem pública/imperativa, por expressa autorização legal, puderem ser formuladas em qualquer tempo e juízo.

Importante ainda, nesse contexto, a regra do art. 302, que consagra o *princípio do ônus da impugnação específica*, segundo o qual no processo civil é proibida a contestação genérica/por negação geral (a não ser para o advogado dativo, curador especial e órgão do Ministério Público), devendo o réu, por conseguinte, impugnar um a um os fatos articulados pelo autor na exordial, sob pena de ser revel justamente quanto àqueles fatos que restaram inimpugnados.

No entanto, por certo, a mera impugnação desarticulada dos devidos meios lícitos de prova que lhe dão sustação muito provavelmente não será suficiente para que o réu possa ter chances de se sair vitorioso no pleito – por isso, a contes-

---

[689] BARROS TEIXEIRA, Guilherme Freire de. *O princípio da eventualidade no processo civil*. São Paulo: RT, 2005, p. 230.

[690] SILVA, Gilberto Domingues da. "Processo e eventualidade" in *Revista Jurídica* n° 103 (1984): 46/51; WAMBIER, Teresa Arruda Alvim. *Omissão judicial e embargos de declaração*. São Paulo: RT, 2005, p. 120.

tação deverá ser instruída com os documentos destinados à prova das alegações que fundam a impugnação ao pedido do autor (art. 396 do CPC), pena de preclusão, salvo o disposto no art. 397 (documentos novos).[691]

Ademais, já na peça contestatória, recomendável que seja feita referência, com razoável consistência, a outros meios probantes (prova pericial, prova em audiência) que a parte ré entenda necessário para fazer prova de suas alegações, sob pena de o feito vir a ser julgado, mesmo que prematuramente, de maneira antecipada, nos termos do art. 330, I, do CPC – deixando-se ressalvado aqui o nosso entendimento de que o réu poderia até fazer referências genéricas a meios de prova na contestação, o que deveria obrigatoriamente ser melhor explicitado quando intimado posteriormente para tanto, logo após encerrada a fase postulatória, daí sim sob pena de os meios probantes úteis especificamente requeridos não serem realizados.

Explique-se: temos que o mero ato do juiz determinando a conclusão do feito para julgamento antecipado pode, dependendo da situação, ser considerado despacho de mero expediente, caso em que não houve específico pedido de outras provas pela parte interessada. Por outro lado, havendo indicação de provas pelas partes nas peças iniciais, o despacho que encaminha os autos à conclusão para julgamento deve indicar adequadamente os fundamentos do indeferimento da prova, até para propiciar que a parte insatisfeita ingresse com a competente medida recursal – que, *in casu*, seria o agravo de instrumento ou, remotamente, o agravo retido.

De qualquer forma, sendo normalmente genérica a indicação de provas na peça exordial e contestacional, o mais recomendável a ser feito pelo diretor do processo é expressamente, em todos os processos, e encerrada a fase postulatória, intimar as partes para apresentar e justificar, em detalhes, o interesse na produção de provas, sob pena de julgamento antecipado do processo – hipótese em que as partes não se manifestando, o juiz pode proferir despacho de mero expediente, irrecorrível, mandando preparar e concluir para o julgamento imediato da *lide*.[692]

2.3.2. Continuação. O prazo para contestar no direito comparado e pátrio, a partir de estudo de ensaio de Mario Piu Fuiano

Da juntada do mandado de citação aos autos, prevê o sistema pátrio, no art. 297 do CPC, que é viabilizado ao réu, no prazo máximo de quinze dias, contestar o feito (invocando matérias preliminares e/ou prejudiciais, bem como de mérito diretas e/ou indiretas – as denominadas exceções substanciais, estando as indi-

---

[691] FIGUEIRA JR., Joel Dias. *Comentários ao código de processo civil*. Vol., 4, tomo II, arts. 282 a 331. São Paulo: RT, 2001, p. 214/221.

[692] Para reflexão sobre a problemática: POLICASTRO, Décio; BERTACO, Cristina. "Natureza jurídica do pronunciamento judicial que manda preparar e concluir para o julgamento antecipado da lide – irrecorribilidade – ausência de preclusão" in *Revista de Processo* n° 68 (1992): 143/156; CAMBI, Eduardo. *A prova civil*: admissibilidade e relevância. São Paulo: RT, 2006, p. 444/445.

retas contempladas no art. 326 do CPC), além de reconvir e de propor exceções processuais em apartado, nos termos do art. 304 do CPC (em caso de suspeição, impedimento ou incompetência relativa).

Em função de ser bem delimitado o prazo inicial para apresentação de todas as respostas (simultâneas) pelo réu, o art. 305 do CPC sempre exigiu interpretação mais cuidadosa, já que simplesmente regula que o direito a propor exceções "pode ser exercido em qualquer tempo, ou grau de jurisdição, cabendo à parte oferecer exceção, no prazo de quinze dias, contado do fato que ocasionou a incompetência, o impedimento ou a suspeição". Certo é que essa disposição deve ser conjugada justamente com o nominado art. 297, apontando a melhor jurisprudência que é preclusa a exceção fundada em motivo preexistente que fora trazida aos autos em momento ulterior ao prazo de resposta[693] – aplicando-se então o art. 305 propriamente para as hipóteses de motivo superveniente, contando-se o prazo a partir da ciência do fato pela parte.[694]

No sistema italiano, a doutrina também explora com atenção a ocorrência da preclusão em matérias a serem invocadas pela via alternativa da exceção, especialmente quando se trata de exceção de incompetência territorial, a qual não pode ser desenvolvida a qualquer tempo, como visto no parágrafo anterior, diversamente da incompetência absoluta[695] – matéria esta preliminar, de ordem pública, que pode ser invocada pelo réu a qualquer tempo, não obstante a técnica da eventualidade determinar que o tema deva ser abordado pelo demandado na primeira oportunidade que se manifeste nos autos.

Na Itália, a exceção de incompetência não necessariamente deve vir acompanhada da peça contestatória, existindo prazos limite diversos para o réu apresentar as espécies de respostas; sendo que o primeiro prazo preclusivo a incidir é sobre a reconvenção e o chamamento de terceiros à demanda – o que deve ser feito no primeiro momento de contato do demandado com o processo, denominado *comparsa di risposta*.[696] Mesmo que a parte demandada não tenha visitado o feito na *comparsa di risposta*, tem a oportunidade de comparecer ao processo em até sessenta dias da notificação do ato de citação, quando será realizada a *udienza di comparizione*, em que podem ser aportadas ao feito as matérias contestacionais

---

[693] Suspeição de Impedimento e Incompetência nº 589077700, 6ª Câmara Cível TJ/RS, Des. Rel. Adroaldo Furtado Fabrício, j. em 20/02/1990, publicado na Revista de Jurisprudência do TJ/RS nº 147 (1991): 298/300 – no qual o relator cita inúmeros outros arestos da região sul que bem interpretam o art. 315 à luz dos limites regulados pelo art. 297, ambos do *Codex*. Consta na ementa do julgado: "EXCEÇÃO DE SUSPEIÇÃO. O prazo do art. 305 do CPC é preclusivo, de sorte que, transcorrido sem argüição, a correspondente exceção não pode mais ser validamente oposta, presumindo-se aceito o juiz. Argüição da qual não se conhece".

[694] NEGRÃO, Theotonio. *Código de Processo Civil e legislação processual em vigor*. 36ª ed. São Paulo: Saraiva, 2004, p. 416.

[695] SALETTI, Achille. "Eccezione d'incompetenza territoriale semplice e preclusioni per il convenuto" in *Rivista di Diritto Processuale Civile* nº 54 (1999): 1147/1153.

[696] Zanzucchi explica que no sistema peninsular a *comparsa di risposta*, prevista no art. 167 do CPC, tem natureza preparatória; e é figura distinta da *comparsa conclusionale*, espécie de "memoriais" ou "alegações finais", apresentada após o encerramento de instrução, possuindo esta, portanto, natureza recapitulatória (ZANZUCCHI, Marco Tullio. *Diritto processuale civile*. Vol. 1. 4ª ed. Milão: Giuffrè, 1947, p. 419).

bem como aquelas que devem ser alegadas pela via da exceção processual – sendo que essas (como a exceção de incompetência territorial de que falávamos) podem ser deduzidas (prazo preclusivo final) até vinte dias antes da segunda audiência do processo (a denominada *udienza di trattazione*),[697] enquanto aquelas (a matéria contestacional propriamente dita) podem ser de alguma maneira travadas também nessa segunda audiência (onde se estabeleceu a possibilidade de alteração da causa de pedir e/ou pedido, mesmo sem o consentimento expresso do juiz).

Tal estudo do procedimento italiano, introduzido pela análise da exceção de incompetência territorial, é necessário inclusive para expormos algumas linhas sobre o tempo ideal a ser concedido ao réu para apresentar sua resposta no processo. Mario Piu Fuiano foi um dos juristas italianos a fazer uma análise mais detida do caso, estabelecendo parâmetros com o direito comparado, concluindo que os sessenta dias de prazo para resposta do sistema peninsular é um dos mais longos do mundo, ainda mais que durante esse ínterim, como visto, não há grandes preclusões para o réu. É que os sistemas modernos estabelecem prazo para resposta que, em geral, variam entre um mínimo de oito dias e um máximo de trinta, mesmo existindo mecanismos de preclusividade mais rígidos do que aqueles desenvolvidos pelo código processual italiano.

Nesse contexto, perfeitamente figura-se o ordenamento pátrio, o qual possui prazo razoável para comparecimento do réu, apresentando limites claros e simultâneos para todas as atividades de defesa do demandado, fortalecidos por um sistema preclusivo rígido – sendo possivelmente esse o nosso maior problema (o que seja: a rigidez da aplicação da técnica da eventualidade), e não propriamente o tempo para apresentação de defesa do réu, que não parece ferir o princípio constitucional reclamador de célere tramitação da demanda (contido no art. 5°, LXXXVIII).

Justamente Mario Piu Fuiano prega, à luz do direito comparado, que a excessiva demora para o comparecimento do réu no processo, somado a um sistema de preclusão pouco rígido ("preclusioni all'acqua di rose"), feriria o princípio constitucional que reclama pela célere tramitação do feito ("ragionevole durata del processo" nos termos exatos do art. 111, § 2°, da Constituição italiana). Como modelo mais próximo a ser seguido, o jurista menciona o diploma processual alemão (ZPO), especialmente após as alterações determinadas na década de 70, que trataram de conceder maior celeridade ao processo, estabelecendo regras preclusivas mais nítidas e constantes – nas quais ainda o prazo para comparecimento do

---

[697] Taruffo, apresentando didático estudo sobre a evolução da preclusão no ordenamento italiano, a partir do CPC de 1940, revela que as grandes últimas alterações do sistema, introduzidas pelas Leis n° 238 e n° 534, ambas de 1995, trataram de prever duas audiências iniciais – de comparecimento e tratação, além de uma posterior terceira audiência – própria para instrução do feito (TARUFFO, Michele. "Preclusioni (diritto processuale civile)" in *Enciclopedia del diritto* – Aggiornamento n° 1 (1997): 794/810). Com não menor brilhantismo, recomenda-se a leitura dos estudos de Fabio Marelli, cuja obra fora publicada exatamente um ano após as últimas grandes reformas estruturais do CPC italiano em termos de preclusão: MARELLI, Fabio. *La trattazione della causa nel regime delle preclusioni*. Padova: CEDAM, 1996. Especialmente p. 38/41, no trato das exceções; e p. 56/59 na análise específica da incompetência territorial.

réu ofertar contestação e outras respostas, mesmo no procedimento comum mais longo, não ultrapassa a metade do prazo fixado pelo sistema peninsular.[698]

2.3.3. Disposições gerais sobre o fenômeno da revelia

Feitas essas observações, partamos para a análise do maior ônus, ao réu, decorrente da desconsideração da regra da eventualidade: a *revelia total* resultante da não juntada da contestação e de eventuais outras respostas (exceções e reconvenção), de sua juntada fora do prazo legal ou de sua juntada dentro do prazo, mas sem as formalidades devidas, apresentando pura negação genérica.

Dois são os grandes efeitos da decretação da revelia: um material (art. 319 CPC, fora os casos excepcionais elencados no art. 320 do mesmo *Codex*) – a presunção *juris tantum*[699] da veracidade dos fatos informados pelo autor; e um processual (art. 322 CPC) – contra o revel correm os prazos independentemente de intimação (a partir da publicação de cada ato decisório, conforme novel complementação determinada pela Lei n° 11.280/06[700]), até o momento em que intervém no processo, o que lhe é garantido fazer, mas recebe-o no estado em que se encontra.

Necessário frisar que, mesmo diante da revelia e do não comparecimento posterior do revel, não estará impedido o juiz de apreciar questões, cujo conhecimento lhe compete de ofício – podendo, assim, extinguir o feito sem julgamento de mérito (constatando, *v.g.*, a ausência dos pressupostos processuais ou a carência da ação – art. 267, IV e VI, do CPC) ou extinguir o feito com julgamento de mérito (reconhecendo, *v.g.*, a ocorrência de prescrição ou decadência – art. 269, IV, do CPC), e ainda determinar, *ex officio*, a produção de provas que entender necessárias ao esclarecimento dos fatos, ou intimar o autor para que especifique essas provas ou interrogá-lo, segundo se infere dos já informados arts. 130, 324 e 342, do CPC.

Ademais, é dever do magistrado, presente a revelia, determinar que seja novamente citado o réu, a quem é assegurado o direito de responder no prazo de quinze dias, na hipótese de o demandante objetivar alterar o pedido, ou a causa de pedir. Assim dispõe o art. 321 do CPC, a assegurar a ampla defesa ao demandado, que certamente não poderia ser surpreendido por decisão judicial que abarcasse matéria diferente daquela apresentada na peça exordial[701] – sobre a qual permanecem os efeitos da revelia, em decorrência do ônus previsto na lei processual.

---

[698] FUIANO, Mario Pio. "Durata ragionevole del processo e termini per comparire" in *Rivista Trimestrale di Diritto e Procedura Civile* n° 57 (2003): 241/261.

[699] Reafirmando ser a presunção, *in casu*, relativa e não absoluta, a despeito do teor literal do art. 319, consultar: BARBORA MOREIRA, J. C. *O novo processo civil brasileiro*. 24ª ed. Rio de Janeiro: Forense, 2006, p. 98.

[700] ALVIM, J. E. Carreira. "Revelia e prazo para o revel". *Revista de Doutrina da 4ª Região*, Porto Alegre, n° 13, jul. 2006. Disponível em: http://www.revistadoutrina.trf4.gov.br/artigos/edicao013/Jose_Alvim.htm. Acesso em: 20 out. 2007.

[701] CRUZ E TUCCI, José Rogério. "A regra da eventualidade como pressuposto da denominada teoria da substanciação" in *Revista do Advogado* n° 40 (1993): 39/43; THEODORO JR., Humberto. *Curso de direito processual civil*. Vol. I. 38ª ed. Rio de Janeiro: Forense, p. 332.

Matéria de ordem prática que poderia eventualmente servir para pesquisa de maior profundidade é a da legalidade de ser determinado, pelo juiz, o desentranhamento da contestação apresentada a destempo[702] – o que, não raro, acontece na prática. Além de não haver permissivo legal para tanto, parece-nos equivocada a medida, já que a peça contestacional poderia alertar o juiz em relação a eventuais fatos impossíveis ou improváveis alegados na petição inicial, como também conter matéria de direito (inclusive reconhecível de ofício) não abrangida pelos efeitos da revelia (a qual somente se refere aos fatos articulados pelo demandante na exordial). Não obstante esses argumentos, não parece, ademais, razoável equiparar plenamente a situação, mais grave, do revel que deixa de contestar daquele que a contesta, mas fora do prazo; além disso, se a todo revel a lei permite intervir no processo a qualquer tempo, bastaria ao demandado comparecer posteriormente, recebendo-o no estado em que se encontra, reproduzindo as alegações constantes na peça contestacional em ulterior petição avulsa.

Questão também relevante, já abordada pela doutrina,[703] é a de saber se o revel apresentando-se no feito, quando já encerrada a fase postulatória, pode desenvolver as matérias pela via da exceção, ainda mais, no sistema pátrio, diante do teor do art. 305 do CPC. Como já referido, se o fato de suspeição ou impedimento é anterior ao ajuizamento da ação, deveria ser aportado junto com a peça contestatória (como a exceção de incompetência territorial, a partir da indicação do foro na peça exordial), razão pela qual tais matérias de exceção, como a própria reconvenção, não mais teriam espaço para serem alegadas – sendo certo, no entanto, que, ao menos, a matéria reconvencional poderia ser desenvolvida em demanda autônoma, em que consequentemente se visualizaria inversão nos polos do feito.

2.3.4. Continuação. Revelia e preclusão de provas: exegese e (in)aplicação do art. 330, II, do CPC

De qualquer forma, sem desprestigiar os temas supra-externados referentes à contumácia, a nosso ver, questão realmente de maior interesse, quanto ao ponto, parece ser referente à possibilidade de produzir provas, o revel, a partir do momento em que intervém no processo, já que não sendo regularmente processada sua peça contestatória, há uma presunção de veracidade dos fatos articulados pelo autor, que inclusive determinam o julgamento antecipado do pleito (nos termos do art. 330, II, do CPC).

Se o revel não comparecer ao processo antes do julgamento, nenhum problema haverá referente ao momento em que deve ser prolatada a sentença. Até

---

[702] Sobre o assunto, recomendável as seguintes leituras: ALVIM, J. E. Carreira. "Conseqüências fáticas e jurídicas da revelia. Contestação intempestiva. Impossibilidade de desentranhamento", disponível em: http://jus2.uol.com.br/doutrina/texto.asp?id=2916, Acesso em: 20 out. 2007; DINAMARCO, Cândido Rangel. *Fundamentos do processo civil moderno*. Vol. II. 5ª ed. São Paulo: Malheiros, 2000, p. 947/955.

[703] BETTI, Emilio. "Se il passaggio in giudicato di una sentenza interlocutoria precluda al contumace l'eccezione d'incompetenza territoriale" in *Rivista di Diritto Processuale Civile* n° 4 (1927): 13/28.

porque não se poderia exigir do magistrado, como regra, que viesse a ter a iniciativa probatória frente à inatividade absoluta do réu – notadamente se levarmos em conta, na hipótese, a opção expressa do legislador pelo valor efetividade, em detrimento da segurança jurídica.[704]

Todavia, se se apresentar o revel antes do julgamento, poderia ele requerer as provas necessárias para superar a presunção legal relativa (presunção *juris tantum*) decorrente do art. 319? Ficaria assim excluída, nessa hipótese, a incidência do art. 330, II? Parece-nos que sim. A propósito, inicialmente deve-se fazer menção à posição consolidada do STF sobre o tema, a partir da Súmula n° 231, *in verbis*: "o revel, em processo civil, pode produzir provas desde que compareça em tempo oportuno". Daí resulta, *a priori*, que o magistrado não poderá realmente julgar o processo antecipadamente, sob pena de cerceamento de defesa, o que implicaria nulidade da sentença.

A respeito, Joel Dias Figueira Jr. destaca que o sistema não admite, sob pena de cerceamento de defesa, que o juiz decida o pleito antecipadamente em desfavor da parte que requereu e especificou a necessidade de realização de uma determinada prova, objetivando fazer prova de fato relevante que mudaria o curso do julgamento;[705] e isso mesmo, *in casu*, em que a produção de provas pelo revel limita-se aos fatos afirmados na inicial pelo autor, estando aquele impedido de provar o que, oportunamente deveria ter alegado e não o fez – lembrando-se da regra estatuída nos incisos III e IV do art. 334 do CPC.

Portanto, o efeito material da revelia é consequência extrema e excepcional da inércia do réu, devendo ser aplicado de forma restritiva, sob pena de ofender o princípio constitucional da ampla defesa. É a partir dessa perspectiva que estamos de acordo com a seguinte passagem de Barbosa Moreira:

> Ocorre a revelia quando o réu se abstém de contestar a ação. Nesse caso, em regra, reputam-se verdadeiros os fatos afirmados pelo autor (art. 319), e julga-se antecipadamente a lide (art. 330,II), desde que satisfeitos é claro todos os pressupostos da apreciação do mérito (conforme inciso I, art. 330).[706]

Tal devida exegese se assenta melhor com o entendimento de que a revelia do demandado não é mais do que descuidar-se de uma carga (um ônus); não é uma penalidade, não é "antijurídica", para utilizarmos a expressão de Goldschmidt, o qual sustenta, com acerto, que a própria legislação oferece oportunidade à parte rebelde para reparar a sua anterior omissão[707] – concepção essa que, no nosso sistema, parece, da mesma forma, estar presente, em face da letra da parte final do art. 322 do CPC. Também, tal corrente, se coaduna com a difundida tese de que a

---

[704] BEDAQUE, José Roberto dos Santos. *Poderes instrutórios do juiz*. 3ª ed. São Paulo: RT, 2001, p. 156.
[705] FIGUEIRA JR., Joel Dias. *Comentários ao código de processo civil*. Vol. 4, tomo II, arts. 282 a 331. São Paulo: RT, 2001, p. 456.
[706] BARBORA MOREIRA, J. C. *O novo processo civil brasileiro*. 24ª ed. Rio de Janeiro: Forense, 2006, p. 98.
[707] GOLDSCHMIDT, James. *Teoria general del proceso*. Trad. Leonardo Prieto Castro. Barcelona: Editorial Labor, 1936, p. 89/99.

presunção *juris tantum* (como a que se dá no fenômeno da revelia), ao contrário da presunção *iuris et de iure*, consagra não uma vedação à prova, mas sim uma forma de inversão do ônus probatório, dispensando uma das partes de demonstrar o fato presumindo, atribuindo à outra a possibilidade de produzir prova em contrário, valendo-se, para tanto, de todos os meios lícitos e moralmente legítimos.[708]

Assim, temos como impreciso o entendimento jurisprudencial, no sentido de que o ingresso do revel no processo não eliminaria os efeitos da revelia e também não poderia modificar o estado do processo; ao passo que se se encontrasse em termos de julgamento, não mais se poderia admitir a produção de quaisquer provas.[709] Em boa hora, por isso, o Superior Tribunal de Justiça (REsp 677720/RJ, 3ª Turma, Ministra Nancy Andrighi, DJ de 12/12/2005) confirmando a existência de dificuldades, na hipótese de articulação dos dispositivos de regência, chegou à conclusão de que a revelia determina uma presunção não mais do que relativa (arts. 319 e 334 CPC) quanto aos fatos inimpugnados em contestação, cabendo, portanto, a possibilidade de serem requeridas provas pelo revel desde que oportunamente compareça em juízo[710] – no mesmo paradigmático acórdão, há de se observar, referiu-se que até então havia somente um precedente do STJ discutindo, de forma específica, a matéria: REsp 211851/SP, da relatoria do Min. Sálvio de Figueiredo Teixeira, DJ de 10/08/1999, que, da mesma forma, considerou possível a produção de provas por réu revel que interveio no processo antes de iniciada a fase probatória.[711]

Ainda sobre o tema, temos como incoerente a posição adotada por Cândido Dinamarco[712] que, primeiramente, admite sejam amplamente abertas, em favor do revel, as oportunidades probatórias, caso compareça em tempo útil (sendo facultado ao revel "ingressando no contraditório, inclusive produzir as provas que tiver"), mas depois conclui que "o juiz julgará antecipadamente, sim, mas não desconsiderará a prova documental que ele tiver logrado trazer; essa relativização

---

[708] CAMBI, Eduardo. *A prova civil: admissibilidade e relevância*. São Paulo: RT, 2006, p. 366/375.

[709] Apelação Cível nº 255.528, 1ª Câmara Cível do TJ/SP, Des. Rel. Cardoso Rolim, j. em 26/10/1976, publicado na RT nº 506 (1977): 80/81, com a seguinte ementa: "JULGAMENTO ANTECIPADO DA LIDE – Revelia – Ingresso do réu no processo após o prazo para a defesa – Decisão desde logo proferida pelo magistrado – Não provimento de recurso – Aplicação do art. 330, II do Código de Processo Civil".

[710] Em meio à fundamentação do exemplar *decisum*, destacou a Ministra Relatora, em tom finalizador, o seguinte: "(...) Com a imposição do efeito material da revelia, inverte-se o ônus probatório, cabendo ao réu revel provar que os fatos não se deram da forma descrita na petição inicial. Some-se a estes fundamentos o fato da própria norma, expressamente no art. 322 do CPC, mitigar o rigorismo em relação ao réu revel, permitindo que intervenha em qualquer fase do procedimento, recebendo o processo no estado em que se encontra. Não há, portanto, vedação legal à produção de provas pelo réu, existindo, inclusive, dispositivo que ampara sua intervenção irrestrita no processo. Conclui-se, com isso, que a decretação da revelia e imposição da presunção relativa de veracidade dos fatos narrados na petição inicial não impede que o réu revel exerça seu direito de produção de prova, desde que este intervenha oportunamente no processo".

[711] Consta na ementa do paradigmático aresto, em que se prevê a possibilidade de produção de prova pelo revel: "(...) Comparecendo antes de iniciada a fase probatória, incumbe ao julgador sopesar a sua intervenção e a pertinência da produção das provas, visando a evidenciar a existência dos fatos da causa, não se limitando a julgar procedente o pedido somente como efeito da revelia".

[712] DINAMARCO, Cândido Rangel. *Fundamentos do processo civil moderno*. vol. II. 5ª ed. São Paulo: Malheiros, 2000, p. 953.

do efeito da revelia não prejudica o intuito de aceleração que está à base do instituto".[713]

De fato, entendemos que nessa hipótese de comparecimento oportuno do revel, não poderia se julgar antecipadamente a *lide* – restando excluída, para esse caso, a incidência do art. 330, II, do CPC. Aliás, a aceleração (efetividade processual), não é o único escopo a ser defendido no processo, sendo razoável se concluir que, passando o réu a integrar o feito, preocupações maiores como a efetiva (justa) tutela jurisdicional há de assolar o julgador da causa – como reconhece, em outra passagem, o próprio Dinamarco,[714] apontando com toda correção para a importância de se integralizar, tanto quanto possível, a letra do art. 5º, XXXV, da CF/88 (regulador do acesso efetivo dos cidadãos ao Poder Judiciário).[715]

E no que toca à prova documental, também ousamos tecnicamente discordar da posição de Dinamarco, já que ao revel, *a priori*, fica prejudicado o direito de produzi-la diante da perda do prazo para resposta (art. 300 e 396, ambos do CPC) – ao menos os documentos considerados indispensáveis à articulação da defesa inaugural (conforme orientação já externada pelo Superior Tribunal de Justiça[716]), somente sendo admissível, sob pena de cerceamento de defesa, a juntada de documentos considerados novos (art. 397) ou se demonstrado que, mesmo se a contestação tivesse sido oferecida, estaria impossibilitado de instruir a peça com os determinados documentos, em razão de motivo de força maior.[717]

2.4. Preclusão de faculdades para o autor

2.4.1. Técnica da eventualidade para a apresentação de matérias de ataque: o teor do art. 282 do CPC. Enfoque à rigidez do princípio dispositivo (em sentido material ou próprio), como o grande limitador para a atividade do magistrado

A regra da eventualidade faz-se presente também diante da parte autora, que deverá delimitar, na inicial, a *causa petendi* próxima (fundamentos jurídicos)

---

[713] FIGUEIRA JR., Joel Dias. *Comentários ao código de processo civil*. Vol., 4, tomo II, arts. 282 a 331. São Paulo: RT, 2001, p. 444/460.

[714] DINAMARCO, Cândido Rangel. *Fundamentos do processo civil moderno*. Vol. II. 5ª ed. São Paulo: Malheiros, 2000, p. 950.

[715] A nosso favor, especialmente Eduardo Cambi, é firme no sentido de que "deve-se desmistificar a idéia de que a celeridade deve ser buscada a qualquer preço, sob pena de inviabilizar o exercício de garantias processuais fundamentais", e mais a frente conclui o raciocínio: "percebe-se que a democracia processual exige o equilíbrio entre os poderes do juiz e dos direitos das partes para que, pelo diálogo e pela colaboração mútua, o processo tenha condições de possibilitar a célere, mas também a adequada e justa prestação jurisdicional" (CAMBI, Eduardo. *A prova civil: admissibilidade e relevância*. São Paulo: RT, 2006, p. 440 e 446).

[716] Recurso Especial nº 156.245-RS, julgado em 18/11/1999 pela 4ª Turma do STJ, Rel. Min. Sálvio de Figueiredo Teixeira, em cuja ementa é registrado o seguinte: "Na linha dos precedentes desta Corte, somente os documentos tidos como indispensáveis, porque pressupostos da ação, é que devem acompanhar a inicial e a defesa. A juntada dos demais pode ocorrer em outras fases e até mesmo na via recursal, desde que ouvida a parte contrária e inexistentes o espírito de ocultação premeditada e de surpresa do juízo (...)".

[717] FIGUEIRA JR., Joel Dias. *Comentários ao código de processo civil*. Vol., 4, tomo II, arts. 282 a 331. São Paulo: RT, 2001, p. 386/393.

e remota (fundamentos de fato) bem como o pedido (art. 282 CPC), juntando os documentos que dão sustentação a tudo que alega (art. 283 CPC), sob pena de não mais fazer nesse processo, quando não seja o caso de ser declarada a inépcia da exordial (art. 284, parágrafo único, art. 295, art. 267, I, todos do CPC).

A *causa petendi* e o pedido, no sistema pátrio, somente podem ser modificados sem o consentimento do réu até o momento da citação, correndo às expensas do autor as custas acrescidas em razão dessa iniciativa (art. 294 CPC); e mesmo com o consentimento deste até o saneamento do processo (art. 264 CPC). Sendo possível a modificação, deve-se observar se o réu é ou não revel; se o for, como já dito, após a inovação, ter-se-á de promover nova citação do demandado (art. 321 CPC).

Por sua vez, encerrada a instrução, o juiz deve prolatar sentença nos limites em que foi proposta, não podendo conceder ou deixar de conceder coisa além (julgamento *ultra petita*) ou diversa (julgamento *extra petita*) daquela requerida, constante expressamente em pedido da peça vestibular.[718] Também como lógico corolário do princípio da demanda (ou dispositivo em sentido material ou próprio) é defeso ao diretor do processo alterar a causa de pedir e o pedido ao longo da tramitação do feito (art. 128 c/c 460, ambos do CPC), podendo tão somente determinar a emenda da exordial, antes de determinar a citação, caso entenda pela existência de defeitos e irregularidades capazes de dificultar o exame de mérito (art. 284, *caput*, do CPC).

No entanto, ingressando a fundo no tema e na forma como lidado na prática forense, é de se observar que a jurisprudência já vem excepcionalmente relativizando o teor dos arts. 264, e 128 c/c 460. Mencionemos a hipótese das ações previdenciárias/acidentárias (reguladas pelas Leis 8.212/91, 8.213/91 e pelo Decreto 3.048/99). *In casu*, em razão especial da natureza protetiva da matéria, da alterabilidade dos quadros clínicos incapacitantes e da fungibilidade que revestem essas ações (que conferem forte cunho de ordem pública ao procedimento), permite-se a concessão, em sentença, de benefício diferente do postulado na exordial; e/ou possibilita-se que o próprio demandante venha a aditar o pedido, mesmo ultrapassada a fase de saneamento (após a realização de perícia judicial, *v.g.*), e mesmo sem a concordância da parte adversa (INSS).[719]

Já exceções ao princípio da demanda, mas aqui expressamente previstas em lei, dá-se notadamente com o art. 461, § 4º, do CPC – permitindo a imposição pelo

---

[718] Se o julgador conceder coisa além ou diversa da pedida, como estudado em momento anterior, corre-se o sério risco de ser declarada a nulidade da decisão (matéria não sujeita ao regime preclusivo).

[719] De fato, a concepção de que em sentença de acidente do trabalho declarará o julgador, de acordo com a integralidade do material probatório coligido aos autos, o direito às prestações acidentárias previstas em lei, independentemente do pedido específico formulado na exordial, está devidamente assentado no nosso Tribunal de Justiça e no Superior Tribunal de Justiça – dentre inúmeros outros julgados: TJ/RS – AI nº 70012612826 (10ª Câmara Cível, Rel. Des. Jorge Alberto Schreiner Pestana, j. em 18/08/2005) e AI nº 70015140940 (9ª Câmara Cível, Rel. Des. Tasso Caubi Soares Delabary, j. em 04/05/2006); STJ – REsp nº 197794/SC (6ª Turma, Rel. Min. Fernando Gonçalves, j. em 03/08/2000); e REsp nº 267652/RO (5ª Turma, Rel. Min. Felix Fischer, j. em 18/03/2003).

julgador de multa diária ao réu independentemente do pedido do autor, em obrigação de fazer ou de não fazer (regra essa introduzida no CPC pela Lei n° 8.952/94, tendo já o Código de Defesa do Consumidor dispositivo semelhante: art. 84, § 4°, da Lei n° 8.078/90[720]); e com o art. 7° da Lei n° 8.560/92 – viabilizando a tutela condenatória *ex officio* em pensão alimentícia, na demanda com pedido exclusivamente declaratório de reconhecimento de paternidade.[721]

Também pode suceder, de acordo com a doutrina,[722] que o julgador não se oponha a eventual redução do pedido, mesmo após o saneamento do feito, e sem o consentimento do réu – no caso, *v.g.*, de desistência parcial ou, mais propriamente, de renúncia parcial ao direito postulado; ou até mesmo, embora mais raro, em caso de transação parcial estabelecida entre as partes, na pendência do processo.

De qualquer forma, ressalvadas as relevantes exceções legais e jurisprudenciais ventiladas, ratifica-se que o princípio dispositivo em sentido próprio ou material é o grande limitador para a atividade do magistrado no processo, já que mesmo entendendo o Estado-juiz que a causa poderia abranger uma dimensão maior, não poderá, por regra, determinar *ex officio* essa extensão, que, se não aviada pela parte proponente, somente poderá eventualmente ser trazida ao poder judiciário em posterior nova e distinta demanda.[723]

Agora, o entendimento quanto à inatuação do magistrado diante de alteração da causa de pedir e pedido não chega ao ponto de vetar que o julgador decida a *lide* com fundamento jurídico não suscitado pelo demandante, ou com fundamento de lei diverso daquele que a parte autora entendia cabível[724] – tendo-se ainda que as não invocações de dispositivos legais aplicáveis à espécie, pelas partes e/ou pelo próprio julgador, não possuem o condão de reabrir a discussão em outro processo, ou em ação rescisória do mesmo.[725]

---

[720] MARINONI, Luiz Guilherme. *Teoria geral do processo*. Vol. 1. São Paulo: RT, 2006, p. 374.

[721] BEDAQUE, José Roberto dos Santos. "Os elementos objetivos da demanda examinados à luz do contraditório" in *Causa de pedir e pedido no processo civil*. Coordenadores José Rogério Cruz e Tucci e José Rogério dos Santos Bedaque. São Paulo: RT, 2002, p. 31.

[722] BARBORA MOREIRA, J. C. *O novo processo civil brasileiro*. 24ª ed. Rio de Janeiro: Forense, 2006, p. 12/13.

[723] Impedindo essa participação mais ativa do juiz no processo, conforme estudado ao se discorrer a respeito da prova como matéria não preclusiva ao julgador, afigura-se em relevo a necessidade de preservação de sua indispensável imparcialidade, que veda a intervenção do julgador com o fito de suprir, em certa medida, as falhas de atuação dos litigantes.

[724] A temática abordada encontra maior desenvolvimento na parte precedente da obra que tratou da eficácia preclusiva da coisa julgada – especificamente na compreensão do "objeto litigioso do processo".

[725] A questão envolvendo a ação rescisória cinge-se a possibilidade viabilizada pelo art. 485, V, do CPC de se anular a decisão transitada em julgado pelo fundamento da literal violação de dispositivo legal. No caso, não se admite pensar em dispositivos legais outros não aplicados pelo julgador, mesmo que mais tarde, em decisões de matérias semelhantes, passe a autoridade judicial a invocar aqueles dispositivos (não invocados até então) como nova e mais ajustada forma de dirimir o conflito. O respeito à decisão transitada em julgado, quando o tema ainda não estava pacificado (tanto é que teria, na hipótese, ocorrido alteração do entendimento da jurisprudência), há de falar mais alto no caso, como sedimentado pela Súmula n° 343 do STF, *in verbis*: "não cabe ação rescisória por ofensa a literal dispositivo de lei, quando a decisão rescindenda se tiver baseado em texto legal de interpretação controvertida nos tribunais" (REsp n° 905.202-RJ, julgado em 02/10/2007 pela 3ª Turma do STJ, Rel. Min. Humberto Gomes de Barros).

De qualquer modo, encerrando o raciocínio, se o julgador passa a acreditar na possibilidade de ser aplicada, para o caso concreto, norma ou fundamento jurídico diverso daquele discutido entre as partes, caberia ao mesmo antes de decidir, dar vista aos debatedores para que tenham conhecimento dos novos rumos que podem ser imprimidos ao litígio, evitando-se a surpresa de uma decisão que analise a matéria sob um prisma inimaginado[726] – em homenagem à garantia do devido processo legal e, ao seu corolário, o contraditório.[727]

2.4.2. Regras da eventualidade e preclusão para o autor como pressuposto da teoria da substanciação (contribuição de Cruz e Tucci). Situação excepcional de aplicação do art. 462 e do art. 517 do CPC

Em recapitulação, no nosso atual mecanismo processual, diante do teor do art. 282, III, e do art. 264, parágrafo único, ambos do CPC, o que realmente o juiz não pode fazer é considerar fatos outros que não os apontados na inicial (e aportados incidentalmente, quando permitido pela legislação de regência), como fundamento do pedido, o que sobremaneira indica a adoção da teoria da substanciação pelo direito brasileiro.

De novo, há de se acrescentar, por ora, que a regra da eventualidade, articulada com um sistema de preclusões, constitui, nas palavras de Cruz e Tucci, verdadeiro *pressuposto da teoria da substanciação* (preocupada com os fatos jurídicos destacados, um a um)[728] – sendo certo que a credibilidade da oposta teoria da individuação somente teria razão de ser à luz de um sistema flexível de apresentação dos fatos, os quais, nesse sistema, poderiam com maior liberdade ser complementados ou alterados em momento ulterior da demanda (importando

---

[726] Na Alemanha, acenava Wolfgang Grunsky ao tratar da novela simplificadora de 1977, o inciso 3º do § 278 da ZPO passou a deixar expresso que se a decisão pudesse se fundar em aspecto da causa claramente esquecido pelas partes ou considerado relevante pelo juiz, somente poderia ser prolatada se fosse ofertada às partes ocasião prévia para manifestarem as suas opiniões sobre o ponto (GRUNSKY, Wolfgang. "L'accelerazione e la concentrazione del procedimento dopo la novella che semplifica il processo civile in germania". Trad. por Celso E. Balbi in *Rivista di Diritto* nº 1 (1978): 366/385). Valem aqui, relevante destacar, as observações desenvolvidas neste trabalho para matérias de ordem pública (não preclusivas para o diretor do processo) – as quais poderiam ser invocadas de ofício pelo julgador, e mesmo assim não se poderia deixar de cogitar da indispensável preliminar e plena participação das partes.

[727] "A liberdade concedida ao julgador na eleição da norma a aplicar, independentemente de sua invocação pela parte interessada, consubstanciada no brocardo *iura novit curia*, não dispensa a prévia ouvida das partes sobre os novos rumos a serem imprimidos ao litígio, em homenagem, ainda aqui, ao princípio do contraditório. A hipótese não é pouco comum porque são freqüentes os empecilhos enfrentados pelo aplicador do direito, nem sempre de fácil solução, dificuldade geralmente agravada pela posição necessariamente parcializada do litigante, a contribuir para empecer visão clara a respeito dos rumos futuros do processo" (ALVARO DE OLIVEIRA, Carlos Alberto. "Poderes do juiz e visão cooperativa do processo" in *Ajuris* nº 90 (2003): 55/83).

[728] "(...) A regra da eventualidade, impondo um sistema rígido de preclusões, constitui, em última análise, pressuposto da teoria da substanciação, ao exigir a exposição simultânea, na petição inicial, dos fatos que fazem emergir a pretensão do demandante (*causa petendi remota*) e do enquadramento da situação concreta, narrada *in status assertionis*, à previsão abstrata, contida no ordenamento de direito positivo, e do qual decorre a juridicidade daquela (causa petendi próxima)" (CRUZ E TUCCI, José Rogério. "A regra da eventualidade como pressuposto da denominada teoria da substanciação" in *Revista do Advogado* nº 40 (1993): 39/43).

aqui a relação jurídica havida, e não propriamente o peso de determinados fatos específicos firmados entre os litigantes).[729]

Mas, se os fatos jurídicos da causa devem ser apresentados ou modificados dentro da fase postulatória, nos limites sobreditos, o sistema pátrio prevê expressamente que os fatos jurídicos supervenientes (constitutivos, modificativos ou extintivos do direito, ocorridos contemporaneamente, após a propositura da ação), podem ser trazidos ao imediato conhecimento do julgador, o qual pode tomá-los em consideração mesmo de ofício (art. 462 CPC). Daí por que ser expresso o Código, no art. 303, I, ao admitir que o fato superveniente possa ser alegado pelo réu em momento posterior à apresentação da peça contestacional. Correta, pois, grande parcela da jurisprudência ao entender que a regra do art. 462 não se limita apenas ao juízo originário, mas também ao Tribunal, se o fato é superveniente à sentença;[730] sendo que entre a doutrina mais abalizada também parece não haver resistência a esse entendimento.[731]

Situação outra, todavia, é a regulada pelo art. 517, ao dispor que "as questões de fato, não propostas no juízo inferior, poderão ser suscitadas na apelação, se a parte provar que deixou de fazê-lo por motivo de força maior". É que aqui as questões fáticas que podem ser suscitadas, *a priori*, não são necessariamente contemporâneas, e, em respeito ao princípio do duplo grau de jurisdição, não podem trazer inovação à causa de pedir,[732] "ainda que para tal haja concordância do *ex adverso*".[733] Trata-se então de fatos secundários pretéritos, os quais ainda só podem ser levados em consideração pelo julgador se a parte fizer digna prova da impossibilidade de trazê-los aos autos em momento anterior, quando o feito mantinha-se em primeiro grau de jurisdição – ou porque os desconhecia (fato velho, de conhecimento novo) ou porque a parte estava impedida de suscitá-lo (fato velho, de conhecimento velho).[734] Por derradeiro, a hipótese regulada no art. 517

---

[729] MOREIRA PINTO, Júnior Alexandre. "Sistemas rígidos e flexíveis: a questão da estabilização da demanda" in Causa de pedir e pedido no processo civil. Coordenadores José Rogério Cruz e Tucci e José Rogério dos Santos Bedaque. São Paulo: RT, 2002, p. 64; BEDAQUE, José Roberto dos Santos. "Os elementos objetivos da demanda examinados à luz do contraditório" in *Causa de pedir e pedido no processo civil*. Coordenadores José Rogério Cruz e Tucci e José Rogério dos Santos Bedaque. São Paulo: RT, 2002, p. 29 e 34; CRUZ E TUCCI, José Rogério. *A causa petendi no processo civil*. São Paulo: RT, 1993, p. 92/101.

[730] "FATO SUPERVENIENTE. Apelação. Embargos de declaração.O fato novo ocorrido depois da apelação, mas levado ao conhecimento do Tribunal por tempestivos embargos declaratórios, versando sobre o desaparecimento de condição da ação, pode ser considerado pela Câmara. Art. 462 do CPC. Recurso conhecido e provido". (REsp n° 434.797/MS, Rel. Min. Ruy Rosado, j. em 26/11/2002).

[731] ARAGÃO, E. D. Moniz. *Sentença e coisa julgada*. Rio de Janeiro: AIDE, 1992, p. 134/136; ALVARO DE OLIVEIRA, Carlos Alberto. "Do formalismo no processo civil". 2ª ed. São Paulo: Saraiva, 2003, p. 181/182.

[732] SOUZA, Everaldo de. "Do princípio da eventualidade no sistema do código de processo civil" in *Revista Forense* n° 251 (1975): 101/112.

[733] Apelação Cível n° 379716, Rel. Juiz Castilho Barbosa, 6ª Câmara Cível do 1° Tribunal de Alçada de São Paulo, j. em 26/04/1988, publicado na RT n° 630 (1988): 119/121.

[734] FERREIRA FILHO, Manoel Caetano. *Comentários ao código de processo civil*. Vol. 7, arts. 496 a 565. São Paulo: RT, 2001, p. 149.

não está sujeita ao conhecimento de ofício pelo julgador, como ocorre na espécie do art. 462.[735]

Tudo isso releva para a real dificuldade de utilização do art. 517 na prática, verificando-se, nos feitos em geral, forte aplicação do art. 264 (*caput* e parágrafo único), com a ressalva contida no art. 462.[736] Por trás dessa articulação de dispositivos processuais, que dificultam a apresentação de novos fatos à demanda após a fase inicial, está justamente o prestígio conferido pelo sistema à aplicação de rígidas regras de eventualidade, articulado aos mecanismos preclusivos inerentes – a estabelecer, em última análise, os devidos contornos da adotada teoria da substanciação.[737]

2.4.3. Fixação e estabilização do pedido e da causa de pedir no direito processual comparado e pátrio

A estabilização do processo, mediante a inalteração da causa de pedir e pedido, possui duplo fundamento: um particular, com efeitos privados, consiste na realização prática do princípio da lealdade processual, o qual não consiste apenas na fidelidade à verdade, mas compreende a colocação clara e precisa dos fatos e dos fundamentos jurídicos por ambas as partes, de modo a não se surpreender, nem um nem outro, com alegações novas de fatos ou indicação de provas imprevistas. O outro fundamento da estabilização do processo é o do interesse público na boa administração da justiça, que deve responder de maneira certa e definitiva à provocação consistente no pedido do autor.[738]

Um sistema legislativo que permitisse livremente a alteração dos elementos da ação geraria instabilidade na prestação jurisdicional e, consequentemente, nas relações jurídicas em geral. O juiz deve decidir sobre o que foi expressamente pedido, nos limites da *causa petendi*; sendo que se o autor tiver outro pedido, ou até deseje expor outro fato jurídico principal, que o faça em processo distinto. Essa máxima do processo civil, compara Vicente Grego Filho, não encontra fiel parâmetro no processo penal pátrio, cujo sistema prevê a possibilidade de adequação

---

[735] ALVARO DE OLIVEIRA, Carlos Alberto. *Do formalismo no processo civil*. 2ª ed. São Paulo: Saraiva, 2003, p. 182.

[736] Nesse exato sentido, confrontando o art. 517 com o art. 462, ambos do CPC, Ferreira Filho comenta que ao fato que ocorreu depois das alegações finais não incide o art. 517, mas sim o regime definido no art. 462, podendo a parte livremente alegá-lo na apelação, sendo dada a oportunidade de prová-lo. E, no ponto que mais interessa aqui, observa: "claro que tem a parte o ônus de provar que o fato aconteceu depois da sentença, o que é bem mais simples do que provar justa causa" (FERREIRA FILHO, Manoel Caetano. *Comentários ao código de processo civil*. Vol. 7, arts. 496 a 565. São Paulo: RT, 2001, p. 146/147).

[737] O jurista uruguaio Enrique Vescovi, em ensaio específico sobre o tema da modificação da demanda, comenta a rigidez dos modelos preclusivos na América Latina, no qual se destaca o sistema uruguaio por ser ainda mais severo. Mesmo assim, em geral, a concepção disposta no art. 462 do nosso CPC é bem conhecida em todo o continente, permitindo-se os códigos processuais dos países do Mercosul a modificação da demanda alegando fatos novos, desde que reste inalterada a pretensão (VESCOVI, Enrique. "La modificación de la demanda" in *Revista de Processo* nº 30 (1983): 206/212).

[738] Maiores detalhes na tese de doutorado da USP de CARVALHO, Milton Paulo de. *Do pedido no processo civil*. Porto Alegre: Sergio Antonio Fabris, 1992, p. 121/129.

do pedido à verdade real (CPP, arts. 383 e 384); justificando-se nesse campo uma maior liberdade porque o processo criminal deve esgotar a atividade jurisdicional sobre todo fato da natureza (melhor composto durante a instrução), e não apenas sobre o que foi pedido formalmente (na oportunidade preambular), de modo que, no âmbito especificamente penal, se faz indispensável "a existência de mecanismo de adequação do objeto do processo ao fato"[739] – desde que, completemos, seja resguardado o direito ao amplo contraditório a partir do momento processual oportunizador da emenda.[740]

Mas voltando-nos à realidade do nosso processo civil, como asseverou Carlos Alberto Alvaro de Oliveira,[741] a experiência histórica da Itália (a partir da chamada "contra-reforma" de 1950, determinada pela Lei n° 581, que modificava o CPC italiano de 1940) não recomenda a adoção de um sistema extremamente liberal, em que até em fase recursal poderiam as partes propor novas exceções e novos meios de prova, o que foi tema de extrema crítica pelos operadores de direito daquele país[742] e modificação posterior, via Lei n° 353, da década de 90 – a qual, *grosso modo*, tratou de, com base nos resultados práticos obtidos, em duas décadas de vigência da Lei trabalhista n° 533/1973, restabelecer o sistema preclusivo moderado de deduções que vigia na década de 40 (art. 183 do código processual italiano).[743] No nosso sistema, por sua vez, tamanha liberdade nunca

---

[739] GRECO FILHO, Vicente. *Direito processual civil brasileiro*. 2° Vol. São Paulo: Saraiva, 1984, p. 57.

[740] É o que prega também Fernando da Costa Tourinho Filho, ao explicitar, em maiores linhas, o procedimento penal que é desenvolvido na hipótese de emenda do feito em meio à instrução: "Se, porventura, o juiz reconhecer a nova definição jurídica do fato, que importe aplicação de pena mais grave, em conseqüência de prova existente nos autos de circunstância elementar, não contida explícita ou implicitamente na denúncia (art. 29), deverá o juiz determinar a abertura de vista dos autos ao órgão do Ministério Público, para aditar a denúncia. Feito o aditamento, abrir-se-á o prazo de 3 dias, a fim de que a defesa fale e, se quiser, ofereça prova, arrolando, no máximo, 3 testemunhas" (TOURINHO FILHO, Fernando da Costa. *Manual de processo penal*. 4ª ed. São Paulo: Saraiva, 2002, p. 665).

[741] ALVARO DE OLIVEIRA, Carlos Alberto. *Do formalismo no processo civil*. 2ª ed. São Paulo: Saraiva, 2003, p. 174/175.

[742] "Il movimento è di tale portata che, a pochi anni dall'entrata in vigore del codice, conduce a quella 'novella'che, a dispetto del nome, attua una vera e propria 'contrariforma' (...). Come ben è stato rilevato, con la 'novella' del '50, il processo civile, abbandonata anche la formula di compromesso all'inizio adottata, non presenta veramente più nulla di chiovendiano (...). In considerazione di cio, non si può non salutare con saddisfazione l'avvento di una riforma, che segna un deciso superamento del sistema introdotto con la legge del 1950" (TESORIERE, Giovanni. Contributo allo studio delle preclusioni nel processo civile. Padova: CEDAM, 1983, p. 119, 122 e 168); "Il pendant di questa eliminazione delle preclusioni si ritrova nella disciplina dell'appello, poiché in nuovo art. 345 ammette la proposizione di nuove eccezioni e la deduzione di nuove prove nel giudizio di secondo grado (...) Le conseguenze che ne discendono sono ovvie: il giudice si trova nella peggior situazione possibile per l'esercizio dei suoi poteri di direzione formale e materiale del processo; le parti conducono il procedimento a loro arbitrio; le complicazioni sono numerose, le perdite di tempo si moltiplicano e la durata del processo diventa scandalosa" (TARUFFO, Michele. "Preclusioni (diritto processuale civile)" in *Enciclopedia del diritto* – Aggiornamento n° 1 (1997): 794/810).

[743] Calamandrei comentando o CPC italiano de 1940 reconhece que o sistema adota o regime das "preclusões elásticas de deduções", mas acentua que há limites: "(...) a liberdade das partes de modificar ou completar suas deduções não se prolonga de uma maneira incondicionada durante toda a fase de instrução, senão que está sujeita, já no curso desta, a uma série de preclusões que, a partir da primeira audiência até o encerramento da fase de instrução, vão sendo cada vez mais rigorosas" (CALAMANDREI, Piero. *Direito processual civil*. Vol. 1. Trad. por Luiz Abezia e Sandra Drina Fernandez Barbery. Campinas: Bookseller, 1999, p. 308). Luiso, por sua vez, destaca que a legislação italiana da década de 90 é um pouco menos rígida, em termos preclusivos, em compa-

foi viabilizada, impondo o já destacado art. 517 do CPC severas limitações para a apresentação de fatos pretéritos ao segundo grau (com semelhante redação o sistema brasileiro anterior: art. 824, § 1°, do CPC de 1939).

Mesmo sendo reconhecida a importância da estabilização da demanda, permanece em aberto a discussão quanto à rigidez do sistema brasileiro no tocante à absoluta inalteração da causa de pedir e pedido após o saneamento do processo, mesmo que as partes estejam de acordo e haja o consentimento do julgador.

A prática no direito comparado, contrabalançando o rigorismo formal com o princípio da economia processual, e a própria concepção de um moderno processo cooperativo, indica no sentido de ser viável a relativização dessa inflexível estabilização no Brasil, em limites moderados, respeitando-se a situação cultural da nossa sociedade.

Típico exemplo dessa orientação é representado pela alteração na legislação processual italiana, na década de 90, admitindo-se que em audiência ambas as partes possam precisar, e sob a autorização do juiz, alterar as demandas, as exceções e as conclusões formuladas – Lei 353. Certo que houve, pela doutrina daquele país (pelas linhas de Michele Taruffo e Eduardo Grasso, por exemplo),[744] algumas críticas quanto à suposta rigidez do sistema, razão pela qual foram introduzidas alterações em meados da década de 90 (Leis 238 e 534, ambas de 1995), propiciando que até a *udienza di trattazione* (oral) pudessem as partes alterar a causa de pedir e pedido, sem modificação dos elementos objetivos centrais da demanda, mas agora independente da opinião do magistrado.

O juiz, com as últimas alterações legais realizadas, somente poderia intervir e autorizar, em caráter excepcional, aditamentos no feito, no caso de pedido das partes que se desse após a *udienza di trattazione* (oral) e antes da realização de uma última (a terceira) audiência no feito (a *udienza istruttoria*) – especificamente, o art. 183, § 5°, do CPC italiano possibilita que, a requerimento de uma ou ambas as partes, o juiz fixe prazo peremptório não superior a trinta dias da *udienza di trattazione* para formulação por escrito, de esclarecimentos e modificações do pedido, das exceções e conclusões já deduzidas.[745]

Em linhas gerais, então, pelo que se visualiza na legislação italiana, há substancial liberdade para a modificação e/ou precisão da causa de pedir e pedido (*emendatio libelli*) em um lapso temporal, importante do procedimento, que se estabelece a partir da *udienza di trattazione* (oral) e vai até as cercanias da *udienza*

---

ração ao diploma trabalhista, o qual serviu de paradigma para reforma do modelo processual de 1950 – "Nella fase di trattazione introdotta dalla riforma è stata abbandonata la versione 'rigida' del principio di preclusione propria del rito del lavoro, separando la fase in cui si acquisiscono al processo i fatti controversi (art. 183 CPC) da quella dedicata all'acquisizione delle istanze istruttorie e dei documenti (art. 184 CPC)" (LUISO, Francesco Paolo. *Diritto processuale civile*. Vol. II. Milão: Giuffrè, 2000, p. 30/32).

[744] TARUFFO, Michele. "Le preclusioni nella riforma del processo civile" in Rivista di Diritto Processuale Civile n° 68 (1992): 296/310; GRASSO, Eduardo. "Interpretazione della preclusione e nuovo processo civile in primo grado" in *Rivista di Diritto Processuale Civile* n° 69 (1993): 639/655.

[745] TARUFFO, Michele. "Preclusioni (diritto processuale civile)" in *Enciclopedia del diritto* – Aggiornamento n° 1 (1997): 794/810.

istruttoria[746] – sendo certo que as mudanças previstas seriam tão só aquelas que resultassem do próprio contraditório firmado pelas partes, e incentivado pelo Estado-juiz; daí decorrendo que a aludida liberdade dos litigantes não chega ao ponto de autorizar a apresentação de novos pedidos e exceções (independentes do produto da dialética processual travada), o que entraria no campo da vedada *mutatio libelli*.[747]

Comparado com o sistema pátrio, vê-se, com facilidade, que mesmo o modelo de preclusão na linha mais rígida adotada pela Itália, sem as alterações flexibilizadoras de 1995, segue padrão notoriamente mais maleável que o aqui vigente – restabelecendo a Lei n° 353, de 1990, o princípio da preclusão elástica de deduções consagrada no Código Processual italiano de 1940[748] (que havia sido rompida pela "contra-reforma de 1950"), o qual, nos seus generosos contornos, é inegavelmente desconhecido da cultura brasileira – especialmente no que pertine à hipótese de alteração da causa de pedir e pedido pós-encerramento da fase postulatória.

A seu turno, na Alemanha, o grande passo para a relativização da estabilização inflexível da demanda deu-se com a novela de 1924, a qual permitia ao juiz concordar com a modificação da demanda, se a julgasse conveniente, mesmo sem o consentimento do demandado, e inclusive na instância recursal – onde, no entanto, a admissibilidade de modificação da demanda era fortemente restringida.[749]

A majoração do espaço da *Eventualmaxime*, diminuindo-se a grande liberdade das partes na alteração da causa de pedir e pedido, inclusive em segundo grau de jurisdição, deu-se com a publicação da novela simplificadora de 1977, mas, mesmo após essa recente inovação do código processual germânico (ZPO), as partes continuaram gozando de autonomia na fase preliminar (antes da realização da audiência una de instrução), quando poderiam rever suas postulações já aportadas ao feito.

Pelo sistema estabelecido com a novela de 1977, alterando os §§ 272-278 da ZPO (o assim conhecido "modelo de Stuttgart"), objetivou-se encerrar a discussão do processo em uma única audiência (que seria a de instrução);[750] no entanto,

---

[746] TARZIA, Giuseppe. "O novo processo civil de cognição na Itália". Trad. por Clayton Maranhão in *Revista de Processo* n° 79 (1995): 51/64.

[747] MARELLI, Fabio. La *trattazione della causa nel regime delle preclusioni*. Padova: CEDAM, 1996, p. 31/47.

[748] ZANZUCCHI, Marco Tullio. *Diritto processuale civile*. Vol. 1. 4ª ed. Milão: Giuffrè, 1947, p. 390, 396/397.

[749] "Existindo modificación de la demanda solamente es admisible si el demandado muestra su conformidad, o el Tribunal la estima conveniente (ZPO, § 264). Este precepto también es aplicable a la instancia de apelación. En las causas matrimoniales cabe siempre la modificación de la demanda (§ 614) (...) La admisibilidad de la modificación de la demanda en apelación está fuertemente restringida (§§ 529, 532)" (SCHÖNKE, Adolfo. Derecho procesal civil. Trad. por L. Prieto Castro. 5ª ed. Barcelona: Bosch, 1950, p. 174).

[750] BAUR, Fritz. "Transformações do processo civil em nosso tempo", Trad. J. C. Barbosa Moreira, in *Revista Brasileira de Direito Processual* n° 7 (1976): 57/68.

previu-se a necessidade de uma fase preliminar (permitindo-se ajustes da causa de pedir e pedido), a qual, dependendo da complexidade da matéria envolvida, pode se dar em uma audiência preliminar ou, nos casos mais difíceis, por alegações escritas.[751]

Aliás, observando-se as características do sistema processual inglês, até se pode cogitar de uma comparação com o aludido sistema continental alemão,[752] já que na *Common Law* também na fase inicial do feito (*pre-trial*), tem as partes maior liberdade de agir ("preclusão temperada"), em meio aos trabalhos de preparação da causa para a realização da audiência una de instrução (*trial*).[753]

No tocante à preclusão dirigida ao poder das partes no sistema francês, ainda prevalece, em boa medida, um regime de liberdade – provavelmente o maior entre os mais conhecidos modelos processuais europeus, tendo sido mantido, ao longo dos anos, um procedimento com ligeiros indícios do princípio da eventualidade e desvinculado de formas rígidas uma vez que prescinde das defesas dilatórias e formais.[754] Nesse sentido, o art. 72 do novo *Code de Procédure Civile*, de 1975, prevê que a parte demandada possa opor defesas de mérito em qualquer etapa do processo; e os arts. 563/564 regulam, de maneira similar ao sistema processual italiano de 1950, uma maior liberdade dos litigantes em sede recursal, onde ainda poderiam propor novas alegações de fato e apresentar novas provas, mesmo que vedada em regra, pelo art. 567, a *mutatio libelli*.[755]

Em Portugal, profundas reformas em 1995 e 1996 (Decreto Lei n° 329-A e Decreto-Lei n° 180, alterando o CPC editado em 1961), passaram a autorizar a alteração ou ampliação do pedido na réplica (art. 502), podendo, além disso, o autor, em qualquer altura, reduzir o pedido ou ampliá-lo até o encerramento da discussão de primeiro grau de jurisdição se a ampliação consistir em desenvolvimento ou consequência do pedido primitivo (art. 273, § 2°). Por outro lado, havendo acordo entre as partes, por regra, o pedido e a causa de pedir podem ser alterados ou ampliados em qualquer fase do processo, mesmo em segunda instância (art. 272).[756]

Orientação semelhante parece ser adotada na legislação processual espanhola, onde se admite réplica e tréplica, quando as partes fixarão os pontos de fato e de direito objeto da *lide*, podendo modificar ou acrescer os que tenham consig-

---

[751] GRUNSKY, Wolfgang. "L'accelerazione e la concentrazione del procedimento dopo la novella che semplifica il processo civile in germania". Trad. por Celso E. Balbi in *Rivista di Diritto* n° 1 (1978): 366/385.

[752] Interessante que já nos idos da década de 50, José de Moura Rocha indicava para similitudes entre o sistema processual inglês e o sistema alemão, exemplificando que talvez devido à influência germânica, há um uso definido da preclusão como princípio também na *Common Law* inglesa (ROCHA, José de Moura. *Da preclusão e da atividade processual das partes*. Recife: Mousinho, 1959, p. 107).

[753] JOLOWICZ, J. A. "A reforma do processo civil inglês: uma derrogação ao 'adversary sistem'", Trad. por J. C. Barbosa Moreira, in *Revista de Processo* n° 75 (1994): 64/75.

[754] ROCHA, José de Moura. *Da preclusão e da atividade processual das partes*. Recife: Mousinho, 1959, p. 96/102.

[755] SICA, Heitor Vitor Mendonça. *Preclusão processual civil*. São Paulo: Atlas, 2006, p. 53.

[756] ALVARO DE OLIVEIRA, Carlos Alberto. "Poderes do juiz e visão cooperativa do processo" in *Ajuris* n° 90 (2003): 55/83.

nado na demanda e na contestação, mas de modo a não alterar o que constitui o objeto principal do pleito. O momento final para as modificações desejadas pelas partes dá-se na audiência prévia (art. 426 da *Nova Ley de Enjuiciamiento Civil – LEC*, introduzida pela Lei nº 1/2000); e não concordando uma das partes com o pedido de modificação apontado pela outra, cabe ao juiz decidir sobre a viabilidade do aditamento.[757]

Além das supra-analisadas codificações, muitas outras legislações processuais europeias, especial referência à austríaca (pela importante *reforma de Franz Klein*, nos idos de 1895),[758] adotam o que notável parcela da doutrina alienígena denomina de "sistema de preclusão elástica de deduções" (menção principal à Calamandrei) ou "sistema de preclusão temperada" (menção principal à Habscheid), vedando-se por um lado a não aplicação das regras da eventualidade (típica de um sistema processual de liberdade total, incompatível com o atual momento do processo civil); mas por outro lado, prevendo ocasiões processuais, mormente em meio à fase postulatória, para as partes alterarem e/ou completarem (*rectius*: precisarem) a causa de pedir ou pedido (viabilização à *emendatio libelli*) – sem em geral se permitir que as partes possam a seu bel prazer impor modificações significativas aos elementos objetivos já estabelecidos anteriormente na demanda (vedação à *mutatio libelli*).[759]

Estamos diante então de uma verdadeira tradição do direito continental-europeu, como comenta Paolo Biavati, em que, embora haja naturais restrições implementadas pelos sistemas processuais, sensível é que "as preclusões são menos rígidas e além disso o espaço de defesa das partes é consideravelmente amplo".[760]

---

[757] BARROS TEIXEIRA, Guilherme Freire de. *O princípio da eventualidade no processo civil*. São Paulo: RT, 2005, p. 139/150.

[758] A ordenança processual austríaca, como também, dentre outras, a da Suíça, autoriza o juiz a permitir a modificação da demanda se não é de temer um retardamento relevante e um agravamento no desenvolvimento do processo – possibilitando a introdução tardia dos fatos constitutivos, desde que esta inserção extraordinária não prejudique a parte contrária (MOREIRA PINTO, Júnior Alexandre. "Sistemas rígidos e flexíveis: a questão da estabilização da demanda" in *Causa de pedir e pedido no processo civil*. Coordenadores José Rogério Cruz e Tucci e José Rogério dos Santos Bedaque. São Paulo: RT, 2002, p. 69). Especificamente a aludida *reforma de Franz Klein*, na Áustria, deu um grande passo na matéria ainda no século XIX (já que em vigor depois de 1898), tendo sido firmada expressamente no código processual a possibilidade de mudança do pedido depois da citação, independentemente do consentimento do demandado, atribuindo-se ao juiz a valoração discricional de sua admissibilidade com amparo em considerações de economia processual (ALVARO DE OLIVEIRA, Carlos Alberto. *Do formalismo no processo civil*. 2ª ed. São Paulo: Saraiva, 2003, p. 49/51).

[759] "La possibilità di variare le difese e di introdurre nuovi elementi nel processo, rispetto a quelli iniziali, è limitata alla precisazione (chiarimento) o modificazione (emendatio, non mutatio) di domande, eccezioni e conclusioni già proposte (...). La mutatio libelli, vietata, sussiste quando la parte immuti l'oggetto della pretesa ovvero introduca nel processo, attraverso la immutazione dei fatti giuridici posti a fondamento dell'azione, un tema di indagine e, quindi, di decisione, completamente nuovo perché fondato su presupposti totalmente diversi da quelli prospettati nell'atto introduttivo del giudizio e tali da disorientare la difesa predisposta dalla controparte e da alterare, pertanto, il regolare svolgimento del contraddittorio" (TESORIERE, Giovanni. *Contributo allo studio delle preclusioni nel processo civile*. Padova: CEDAM, 1983, p. 116 e 120/121).

[760] BIAVATI, Paolo. "Iniziativa delle parti e processo a preclusioni" in *Rivista Trimestrale di Diritto e Procedura Civile* nº 50 (1996): 477/512.

2.4.4. Continuação. Modelo de alteração (legislativa) da rigidez da estabilização da demanda contida no art. 264 do CPC. Reflexões quanto à posição de Carlos Alberto Alvaro de Oliveira

Assim, conquanto a fixação e estabilização do pedido e da causa de pedir constituam, nos sistemas processuais modernos, limites formais intransponíveis para o órgão judicial, recomendável para o processo brasileiro, conforme destacada lição de Carlos Alberto Alvaro de Oliveira,[761] que se abra a possibilidade de *modificação da demanda na primeira audiência de debates,* depois de esclarecidos os fatos da causa em diálogo mantido pelo órgão judicial com as partes, se entendido conveniente pelo juiz e até independente de anuência do adversário.

Ao menos deve ser permitido até esse marco, como também desenvolve Guilherme Freire de Barros Teixeira, a retificação e/ou a complementação de alegações e pedidos formulados, mesmo que se preveja, como muitos dos ordenamentos estrangeiros (mais claramente, na Itália e Espanha), a impossibilidade de alteração substancial da *causa petendi* e do pedido.[762]

É o que realmente sugere a experiência estrangeira, figurando-se deveras severa a aplicação da regra da eventualidade no direito pátrio – acarretando, não raras vezes, prejuízos à economia processual bem como a um aprofundamento dos temas controvertidos na demanda (deixando-se de atingir, por sua vez, decisão judicial de maior justeza/legitimidade). Se historicamente, como registra José de Moura Rocha,[763] o processo brasileiro não acompanhou todo um movimento que se seguiu no campo científico processual da Europa, especificamente para efeitos do nosso estudo na adoção de um *sistema preclusivo temperado para as atividades das partes,* tem-se que chega realmente o momento de se pensar em alguns ajustes.

Objetivamente, valendo-se das atuais disposições do nosso Código Processual, o exato marco limite em que se poderia prolongar a modificação da causa de pedir e de pedido no direito pátrio deveria corresponder à audiência prevista no art. 331 do CPC. É de se observar que na prática por muitos magistrados essa audiência preliminar, em que oportunizada a tentativa de conciliação entre as par-

---

[761] ALVARO DE OLIVEIRA, Carlos Alberto. "Do formalismo no processo civil". São Paulo: Saraiva, 2003, 2ª ed, p. 53, 56, 141/145, 171/177; ALVARO DE OLIVEIRA, Carlos Alberto. "Poderes do juiz e visão cooperativa do processo" in *Ajuris* nº 90 (2003): 55/83.

[762] BARROS TEIXEIRA, Guilherme Freire de. "O princípio da eventualidade no processo civil". São Paulo: RT, 2005, p. 317/322. De maneira um pouco contraditória o jurista chega a cogitar da viabilidade, no sistema brasileiro, de modificação dos elementos objetivos da demanda, desde que respeitado o contraditório – ponto com o qual não pactuamos; mas posteriormente, parece recuar no seu pensamento, seguindo a linha tradicional europeia, que justamente prevê, como já estudado, a possibilidade real de alteração da *causa petendi* e pedido na audiência pós encerramento fase postulatória, sem, porém, haver alteração substancial dos elementos objetivos da demanda, permitindo-se então tão somente a *emendatio libelli* (vedada a *mutatio libelli*).

[763] ROCHA, José de Moura. *Da preclusão e da atividade processual das partes.* Recife: Mousinho, 1959, p. 117.

tes e o efetivo saneamento do feito, nem sempre é realizada[764] – embora o sistema a tenha como obrigatória, importante inclusive para as demandas que contenham direitos indisponíveis (não em razão propriamente da tentativa de conciliação, mas sim em face da necessidade de saneamento e organização da instrução processual[765]); ou quando realizada é, em muitas ocasiões, de uma profundidade pífia, pouco contribuindo para um melhor entendimento dos elementos controvertidos, a ponto de realmente antecipar de maneira eficaz o final do embate.[766]

Tal aspecto tem relação com a cultura pátria de não prestigiar com o devido entusiasmo a oralidade no processo – demonstrado na própria exposição de motivos do nosso atual código processual (Capítulo IV, Seção II, item n° 13), onde se procurou apresentar alguns supostos inconvenientes da oralidade para o trâmite do processo e as dificuldades de aplicá-lo, à semelhança dos modelos europeus, em um país com as dimensões territoriais do Brasil.

De fato, em breve histórico da aplicação da oralidade no país, Heitor Vitor Mendonça Sica registra que mesmo o CPC de 1939 (que se proclamava instituidor de um processo oral e foi, como visto, atenuado no ponto, pelo CPC de 1973, como expresso na exposição de motivos) trazia inúmeros dispositivos que forçavam a predominância da escrita e o alongamento do processo em diversas fases – isso sem falar que, na prática judiciária, as normas que determinavam a realização de atos oralmente eram sistematicamente inobservados.[767] Aliás, tal costume de inobservância persiste até os dias atuais, sendo prova da correção da assertiva a já tradicional e abusiva conversão das razões orais por memoriais, mesmo nas causas de complexidade mínima – transformando a exceção prevista no § 3° do art. 454 do CPC, em verdadeira regra.

Ainda, de acordo, vê-se que o art. 331 do CPC, estabelecido pela Lei n° 8.952/1994 e festejado nos primeiros anos da sua vigência como um novo e firme marco em busca da oralidade no processo,[768] foi pela Lei n° 10.444/2002 substancialmente modificado, com a introdução do § 3°, abrindo-se expressamente a possibilidade de o juiz decidir pela não realização de audiência, mesmo que o litígio envolva bem passível de transação, quando as circunstâncias da causa supostamente evidenciarem ser improvável sua obtenção. Trata-se, sem dúvida, de mais um obstáculo acrescido pelo legislador para ser realizada a audiência preliminar, representando, a ulterior alteração do aludido dispositivo infraconstitucional, a criação de um perigoso (passível de excessos) utensílio disponibili-

---

[764] GOMES, Fábio. *Comentários ao código de processo civil*. Vol. 3, arts. 243 a 269. São Paulo: RT, 2000, p. 178/180.

[765] BUTTENBENDER, Carlos Francisco. *Direito probatório, preclusão e efetividade processual*. Curitiba: Juruá, 2004, p. 147/150.

[766] A propósito, a prática do foro revela-nos que, não excepcionalmente, quando oportunizada a audiência e sendo insatisfatória a tentativa de conciliação, o julgador saneia o processo em gabinete, deixando de expor e discutir claramente com as partes os rumos a serem seguidos na demanda.

[767] SICA, Heitor Vitor Mendonça. *Preclusão processual civil*. São Paulo: Atlas, 2006, p. 291.

[768] WAMBIER, Luiz Rodrigues. "A nova audiência preliminar (art. 331 do CPC)" in Revista de Processo n° 80 (1995): 30/36.

zado aos magistrados que entendem como desnecessário tal ato processual e/ou simplesmente são avessos à oralidade e a um contato mais próximo com as partes e procuradores.[769]

Essa tendência brasileira, com acuidade capta Joel Dias Figueira Jr., parece equivocadamente ir de encontro às experiências alienígenas, já suficientemente expostas, onde mais concretamente se persegue a oralidade no processo (cogitando-se de até três audiências, no sistema italiano) e, especialmente, é valorizada a função da audiência preliminar.[770]

Inclusive por essa razão, a possibilidade de alteração da causa de pedir e pedido na audiência preliminar prevista no art. 331 do CPC determinaria um novo e forte prestígio a esse momento processual, incentivando a oralidade e a consequente maior colaboração das partes no feito. Agregando à audiência preliminar esse importante e necessário ingrediente, razoável flexibilizador da regra da eventualidade, estar-se-ia despertando, em maior escala, o interesse das partes, e do próprio diretor do processo, na realização dessa inicial audiência – com todas as suas etapas (inclusive a tentativa de conciliação amigável); sendo essa uma válida tentativa na resolução mais célere dos litígios, muitos dos quais acabam se perdendo no labirinto das provas e das exclusivas manifestações escritas.

A mitigação sugerida, a ser incrementada pela via legislativa, estimularia, portanto, o desejável diálogo entre o órgão judicial e os debatedores, em momento ainda inicial do feito, de atual pouca utilidade e interesse; quebrando-se ao mesmo tempo um formalismo excessivo, pela utilização inflexível da regra da eventualidade, que pode e deve ser atenuada, à luz inclusive das transcritas experiências estrangeiras. Realmente, como pinçado acima, pensamos que a flexibilização da eventualidade não pode simplesmente ser determinada no caso concreto pelo arbítrio do julgador, de acordo com o seu entendimento, supostamente sempre em busca da justiça e da efetividade do processo, como parece sugerir Rui Portanova.[771] Impõe-se aqui, de fato, expressa e pontual modificação legislativa.

Ocorre que a aplicação das regras da eventualidade, articuladas com o sistema de preclusões, envolve diretamente o direito constitucional da ampla defesa e assim a própria segurança jurídica (na primeira acepção desenvolvida nesta obra)

---

[769] NEVES, Daniel Amorim Assumpção. *Preclusões para o juiz: preclusão pro iudicato e preclusão judicial no processo civil*. São Paulo: Método, 2004, p. 229.

[770] Sobre o ponto, o autor destaca "que as audiências preliminares são reconhecidas e prestigiadas universalmente pelo processo civil contemporâneo nos principais sistemas instrumentais de *civil law* e *common law*, em face de sua magnitude dirigida à resolução do conflito instaurado e para o salutar desenvolvimento do processo, por se tratar de ato multifacetado (conciliação e saneamento)" (FIGUEIRA JR., Joel Dias. *Comentários ao código de processo civil*. Vol. 4, tomo II, arts. 282 a 331. São Paulo: RT, 2001, p. 463).

[771] Eis a passagem do jurista gaúcho, a merecer análise com as devidas ressalvas: "Também aqui não cabe uma interpretação dogmática e desapegada da dimensão valorativa do direito. Sempre haverá, por exemplo, possibilidade de acolher-se e incentivar acordo entre as partes para adaptação e ampliação dos limites da ação. Inviável o acordo, não se há de perder de vista que o processo se legitima através do princípio do contraditório. Logo, atendida a bilateralidade da audiência, está aberto o campo para – desprezados formalismos inúteis – a busca da efetividade do processo" (PORTANOVA, Rui. *Princípios do processo civil*. 6ª ed. Porto Alegre: Livraria do Advogado, 2005, p. 118).

– a implicar a necessidade de conhecimento, pelos cidadãos (partes), das "regras do jogo" em momento anterior à primeira participação no processo (a qual atualmente é irremediavelmente a mais importante). Daí o risco de se deixar ao arbítrio do julgador, diante de cada caso concreto, possibilidades de relativizações da eventualidade, pertencendo à esfera da técnica, ratifique-se, a garantia de direitos fundamentais dos contendores, na formação de suas estratégias de ataque e defesa. Portanto, embora a jurisprudência já registre casos (excepcionalíssimos) de sua utilização, "esse abrandamento do rigor da regra da *Eventualmaxime*, em face da regra do art. 264 do CPC, pressupõe alteração legislativa".[772]

Por fim, outro risco o qual não se poderia cogitar de correr é viabilizar alterações nos rumos da demanda por iniciativa do magistrado, como sugerido por Júnior Alexandre Moreira Pinto, ao sustentar que "até um determinado momento, como por exemplo, antes do início da instrução, devem as partes e até mesmo o juiz, ter liberdade para trazer ao processo fatos novos, que vão surgindo de acordo com as alegações propostas".[773] Discorda-se do jurista no ponto de admitir a alteração da causa de pedir pelo próprio julgador, precipuamente porque tal posicionamento se coloca de maneira indevida contra o tão destacado princípio dispositivo (em sentido próprio ou material, que merece não mais do que pontualíssimas limitações, sob pena de ingerência na imparcialidade do magistrado) e contra a própria teoria da substanciação, fortemente sistematizada no direito processual civil pátrio ao longo da história (em nível maior, inclusive, do que nos modelos continental-europeus).

Tem-se, portanto, que posição mais conservadora no tópico também há de vingar, devendo a pensada novel alteração legislativa permitir que se suceda modificação da causa de pedir e pedido, na audiência preliminar prevista no art. 331 do CPC, desde que proposta fundamentadamente por uma das partes (nunca pelo julgador), cabendo daí ao magistrado acolhê-la ou não (a partir de razoável justificativa), mesmo sem a concordância da parte contrária.

---

[772] BARROS TEIXEIRA, Guilherme Freire de. *O princípio da eventualidade no processo civil*. São Paulo: RT, 2005, p. 317/322.
[773] MOREIRA PINTO, Júnior Alexandre. "Sistemas rígidos e flexíveis: a questão da estabilização da demanda" in *Causa de pedir e pedido no processo civil*. Coordenadores José Rogério Cruz e Tucci e José Rogério dos Santos Bedaque. São Paulo: RT, 2002, p. 84.

Capítulo 5

Perspectiva de aprofundamento a partir dos elementos sedimentados: possibilidade de construção de um modelo constitucional de aplicação reduzida da preclusão processual

1. Da importância teórica e prática da sedimentação de conceitos e diferenciações apontadas. Da compreensão do instituto na Teoria Geral do Processo a sua firme acomodação na perspectiva de um Direito Processual Constitucional

A devida compreensão do fenômeno preclusivo, a ser obtida a partir de entendimento do contexto do contemporâneo sistema processual em que inserido, como também a partir da assimilação da bagagem moldadora de suas peculiares características (que o tornam figura ímpar e distinta de outros institutos de direito material e processual), é importante, sem dúvida, tanto do ponto de vista teórico como prático.

Poder-se-ia, quem sabe, melhor dizer que, sem toda essa devida estruturação do instituto (robusta concepção teórica), seria temerária a sua utilização na prática forense, dada a possibilidade de inúmeros equívocos e imprecisões, que tenderiam a comprometer a completa e decisiva prestação jurisdicional. E, como foi visto ao longo da obra, tal circunstância (da plena estruturação da preclusão) não pode, realmente, ser desprezada, tendo em conta a sensível dissonância, em vários pontos da matéria, que atinge mesmo a doutrina especializada, e a jurisprudência do mais alto escalão – citem-se, a propósito, respectivamente, as hesitações quanto à aplicação das hipóteses de matérias não sujeitas à preclusão; e aos posicionamentos quanto aos casos de incidência da preclusão consumativa.

Há de se reconhecer, no entanto (em defesa de algumas indefinições dos tribunais pátrios), que alguns dos tópicos trabalhados suscitam realmente dúvidas tormentosas, que ainda precisam ser superadas com um maior confronto de ideias – como a utilização do pedido de reconsideração; a situação anômala das liminares frente à incidência da preclusão; e a distinção dos erros materiais, dos erros de fato, de direito e de procedimento, inclusive para fins de utilização dos embargos declaratórios.

De qualquer modo, estamos convictos de que um avanço na sedimentação de conceitos e diferenciações só se dá com o debate sério/profundo dos temas, o que se tentou nessa seara, dentro das nossas possibilidades e limitações. E talvez a maior importância da discussão teórica e prática do instituto, detidamente no nível da *Teoria Geral do Processo*, constitua na cogitação de sua utilização (reduzida) no sistema processual, dando-se ênfase à macroconcepção do fenômeno dentro da estrutura de um *Direito Processual Constitucional* – com seus princípios e valores a darem luz e nova vida aos comandos legais contidos no Código.

A partir da segurança obtida na conformação da microestrutura jurídico--dogmática, dando a cada instituto o seu devido espaço, e forjando os adequados pontos em que os mesmos se articulam e se complementam (objeto estrito, próprio da *Teoria Geral do Processo*), passa-se a se sentir a necessidade de trilhar caminhos mais densos e completos, fornecendo especial enfoque à exegese e aplicação dos dispositivos infraconstitucionais a partir da carga axiológica e principiológica (carregada em fatores não só jurídicos, mas também sociais e políticos) contida na Lei Fundamental (objeto lato, da alçada do *Direito Processual Constitucional*).[774]

---

[774] Dinamarco nos brinda com a seguinte passagem, devidamente de acordo com o que denominamos de uma "necessidade de trilhar caminhos mais densos e completos": "O empenho em operacionalizar o sistema, buscando extrair dele todo o proveito que ele seja potencialmente apto a proporcionar, sem deixar resíduos de insatisfação por eliminar e sem se satisfazer com soluções que não sejam jurídica e socialmente legítimas, constitui o motivo central dos estudos mais avançados, na ciência processual da atualidade". Mais adiante, em tom conclusivo e mais próximo da realidade discutida, assevera: "(...) o processualista moderno já tem a consciência da necessidade de abandonar a visão exclusivamente interna do direito processual em seus institutos, princípios e normas, o que se vê de modo notável na obra dos processual-constitucionalistas" (DINAMARCO, Cândido Rangel. *A instrumentalidade do processo*. 4ª ed. São Paulo: RT, 1994, p. 266/268 e 310). Também aqui relevante a transcrição de passagem contida em ensaio de Carlos Alberto Alvaro de Oliveira, onde alerta que não obstante a regulação legal do processo, pode ocorrer defasagem em relação às necessidades sociais: "(...) O emprego de determinadas técnicas, previstas em lei, pode se revelar insatisfatório em termos de justiça, efetividade, segurança, igualdade e outras determinantes axiológicas e deontológicas de caráter constitucional" (ALVARO DE OLIVEIRA, Carlos Alberto. "Os direitos fundamentais à efetividade e à segurança em perspectiva dinâmica" in *Ajuris* n° 35 (2008): 57/71. Especialmente p. 57). Em termos de explicitação da devida "alçada do Direito Processual Constitucional", importante o seguinte trecho, contido em trabalho mais recente: "(...) à estrita ótica de um 'devido processo legal', correspondente a uma compreensão puramente liberal e garantística do fenômeno jurídico, contrapõe-se a visão dinâmica em que todos os institutos e categorias jurídicas são relidos à luz da Constituição e na qual o processo civil é materialmente informado pelos direitos fundamentais" (ALVARO DE OLIVEIRA, Carlos Alberto. *Teoria e prática da tutela jurisdicional*. Rio de Janeiro: Forense, 2008, p. 131). Não há mais como, portanto, entender-se o sistema processual desvinculado da Lei Fundamental, encontrando-nos em um estágio, como lecionam Bedaque, Barrios de Angelis, e Andolina, em que "o processo é incessantemente chamado a questionar-se acerca do seu próprio grau de jurisdicionalidade e a adequar-se ao 'modelo' previsto pela Constituição" (BEDAQUE, José Roberto dos Santos. "Os elementos objetivos da demanda examinados à luz do contraditório" in *Causa de pedir e pedido no processo civil*. Coordenadores José Rogério Cruz e Tucci e José Rogério dos Santos Bedaque. São Paulo: RT, 2002, p. 18; BARRIOS DE ANGELÍS, Dante. *El proceso civil – Código General del proceso*. Montevidéu: IDEA, 1989, p. 33; ANDOLINA, Ítalo Augusto. "O papel do processo na atuação do ordenamento constitucional e transnacional" in *Revista de Processo* n° 87 (1997): 63/69).

2. A defesa de um modelo de utilização reduzida da preclusão (como técnica) no sistema processual-constitucional, tanto pela via doutrinária/jurisprudencial quanto pela via legislativa

É a Constituição que trata de fixar os essenciais valores da sociedade em que inserida, cabendo aos ordenamentos infraconstitucionais se pautarem pelas diretrizes gerais contidas na Carta Magna.

Ao retratar posição da jurisprudência americana, a partir de meados da década de 50, Owen Fiss revela que se iniciou uma conscientização jurídica no sentido de que a função do juiz não é falar pela minoria ou aumentar sua expressividade, mas dotar os valores constitucionais de significado, o que é feito por meio do trabalho com o texto constitucional, história e ideais sociais: "Ele (o juiz) procura o que é verdadeiro, correto ou justo, não se tornando um participante nos interesses das políticas do grupo. A função do juiz é conferir significado completo e aplicação aos valores constitucionais".[775]

Especificamente no que toca a nossa área de investigação dentro do sistema continental, já na década de 70, em relatório geral apresentado ao Congresso Internacional de Direito Processual, Habscheid ilustrava, como uma das principais conclusões de uma nova fase, que "o direito processual civil não pode e não deve ser considerado de forma isolada, mas, na verdade, englobado em tais ideais e concepções, que se expressam na ordem constitucional".[776] Não podemos deixar de registrar que em período ainda mais remoto, da metade do século XX, já se destacavam estudos de Liebman e Couture, a fazerem a devida ponte entre o direito constitucional e o processo civil – tendo o jurista italiano manifestado expressamente o seu apreço pelas contribuições do processualista uruguaio: "o trato mais originário da obra de Couture é indubitavelmente constituído da atenção dada à conjugação dos institutos do processo aos seus pressupostos político-constitucionais".[777]

Mais próximo aos nossos dias, prega-se com rigor renovado a concepção de *Processo Justo,* com aparição inclusive no ordenamento transnacional (dada a postulação do novel modelo pelas Cartas Internacionais e Transnacionais[778]) – tudo a dar a devida compreensão da forte vinculação da esfera procedimental-for-

---

[775] FISS, Owen. *Um novo processo civil: estudos norte-americanos sobre jurisdição, constituição e sociedade.* Coordenação de trad. por Carlos Alberto de Salles. São Paulo: RT, 2004, p. 36.

[776] HABSCHEID, Walther J. "Oggeto del processo nel diritto processuale civile tedesco". Trad. por Angela Loaldi in *Rivista di Diritto Processuale Civile* n° 35 (1980): 454/464. Especialmente p. 118.

[777] LIEBMAN, Enrico Tullio. "Diritto costituzionale e processo civile" in *Rivista di diritto processuale,* Vol. VII, parte I, 1952: 327/332. Referência do jurista italiano a seguinte obra do uruguaio: COUTURE, Eduardo J. *Fundamentos del derecho procesal civil.* Buenos Aires: Aniceto López, 1942.

[778] ANDOLINA, Ítalo Augusto. "O papel do processo na atuação do ordenamento constitucional e transnacional" in *Revista de Processo* n° 87 (1997): 63/69.

mal ao patamar do direito material-constitucional, destacando-se, nas palavras de Humberto Theodoro Jr.,[779] dentre os estudos das últimas décadas, aqueles desenvolvidos por Comoglio e Andolina, na Itália, e, por aqui, as lições de Dinamarco, Grinover, Bedaque e Alvaro de Oliveira.

Mais de acordo com as bases teóricas lançadas pelo último jurista nominado, tem-se que a compreensão aperfeiçoada do fenômeno processual indica ser imprescindível, para a aplicação das normas processuais, a análise da compatibilidade dos dispositivos infraconstitucionais com os princípios e principalmente com os *complexos valorativos* consagrados na Constituição.[780] Em outros termos: uma visão limitada de interpretação e aplicação das técnicas adotadas pelas regras contidas no diploma processual ("círculo da legalidade"),[781] passa a ser expandida para uma visão mais ampla e rica, em que se relaciona intimamente o *Codex* com os preceitos contidos na Lei Fundamental ("círculo da juridicidade").[782]

Tais valores constitucionais podem topicamente estar em aparente conflito – como se sucede, notadamente, quando se apresentam em lados opostos a força da efetividade e da segurança jurídica.[783] Em assim sendo, a partir de uma adequada ponderação dos valores se obterá a melhor solução na aplicação do direito, devendo o intérprete, no entanto, ter o cuidado de não vulnerar o núcleo duro de qualquer dos lados.[784]

Nessa estrutura, a concepção do "formalismo-valorativo", capitaneada por Carlos Alberto Alvaro de Oliveira, trata de reconhecer central importância aos *complexos valorativos* com assento constitucional (destaque não só a importância da *efetividade*, como prega a corrente do instrumentalismo representada por Cândido Dinamarco, mas também a relevância da *segurança jurídica*), o que determina, na prática, que se agregue carga axiológica densa aos preceitos legais,

---

[779] THEODORO JR., Humberto. "Constituição e processo: desafios constitucionais da reforma do processo no Brasil" palestra proferida no Salão Nobre da Faculdade de Direito da UFRGS, em 15/05/2008, na IV Jornada de Processo e Constituição – em homenagem ao Prof. Cândido Rangel Dinamarco.

[780] A expressão "complexo valorativo" é utilizada no sentido empregado por Rizzo Amaral, em obra que desenvolve os problemas contemporâneos do procedimento executivo reconhecendo a existência de duas concepções distintas de processo: o "instrumentalismo" e o "formalismo-valorativo" (AMARAL, Guilherme Rizzo. *Cumprimento e execução da sentença sob a ótica do formalismo-valorativo*. Porto Alegre: Livraria do advogado, 2008, Especialmente p. 48).

[781] Consultar, a respeito, crítica de Carlos Alberto Alvaro de Oliveira em torno da aplicação das técnicas processuais que colocam em flagrante risco as normas constitucionais que visam à realização do *Processo Justo* (ALVARO DE OLIVEIRA, Carlos Alberto. *Teoria e prática da tutela jurisdicional*. Rio de Janeiro: Forense, 2008. Especialmente p. 80, 91/92 e 129/136).

[782] Mitidiero destaca a diferença entre o "círculo da juridicidade" e o "ciclo da legalidade", referindo que a devida exegese a ser feita do art. 126 do CPC aponta para a submissão do juiz brasileiro ao sistema (mais amplo) da juridicidade (MITIDIERO, Daniel Francisco. *Colaboração no processo civil*. São Paulo: RT, 2009, p. 58/59).

[783] ALVARO DE OLIVEIRA, Carlos Alberto. *Teoria e prática da tutela jurisdicional*. Rio de Janeiro: Forense, 2008, p. 2.

[784] A advertência pode ser observada em abalizada doutrina alienígena, ao tratar do que entende por "atritos entre os princípios supremos de todo e qualquer Direito, designadamente os princípios da justiça, da oportunidade prática e da segurança jurídica" (ENGISCH, Karl. *Introdução ao pensamento jurídico*. Trad. por J. Baptista Machado. 7ª ed. Lisboa: Fundação Calouste Gulbenkian, 1996, p. 319).

sendo reconhecida essa carga como realmente inerente ao formalismo processual (forjando-se de modo latente "a incorporação, no âmbito do direito processual civil, do modo de pensar constitucional"[785]) – advindo daí a consequência de que o intérprete, no enfrentamento do caso concreto, simplesmente não possa negá-los ou deixar de considerá-los em face de suas convicções pessoais.[786]

Pois bem. Dentre os princípios processuais contidos na Constituição cabível destaque, por ora, em razão do modelo que se buscará construir, à segurança jurídica na segunda acepção vazada nesta obra – a se dirigir ao encontro do valor justiça e paz social, embora se contraponha, *a priori*, aos interesses da efetividade no processo (e a própria segurança jurídica de primeira acepção).[787] Nessa esfera, retomemos, a segurança se posta não como ordem previsível constante expressamente no ordenamento jurídico, mas como elemento que traduz a perspectiva de cognição exauriente[788] para fins de se obter decisão mais próxima da aceitável/tolerável pelos jurisdicionados – o que pressupõe a compreensão de que uma duração razoável do processo se faz necessária.[789]

Quando discutimos a concepção da preclusão como princípio processual, fizemos questão de frisar que nessa dimensão o instituto se liga à efetividade, e à segurança jurídica em uma primeira acepção,[790] a significar uma previsibilidade/inalterabilidade do rito, auxiliando que a marcha procedimental se dê sem maiores

---

[785] "O relacionamento entre o direito processual e o direito constitucional evoluiu sensivelmente, para além da tutela jurisdicional do processo (constitucionalização das normas jurídicas fundamentais de processo) e a jurisdição constitucional importa observar a incorporação, no âmbito do direito processual civil, do modo de pensar constitucional, com inequívoco destaque para o incremento teórico propiciado pela nova teoria das normas e para o processo civil encarado na perspectiva dos direitos fundamentais" (MITIDIERO, Daniel Francisco. *Colaboração no processo civil*. São Paulo: RT, 2009, p. 42).

[786] "A grande contribuição da idéia do formalismo-valorativo vem do reconhecimento expresso dos valores a ponderar (efetividade e segurança) e do seu permanente conflito, assim como na afirmação do processo como fenômeno cultural. O processo deixa de ser mero instrumento ou técnica, passando a exibir também um conteúdo axiológico que nenhum intérprete pode negar ou deixar de considerar na aplicação das normas processuais ao caso concreto" (AMARAL, Guilherme Rizzo. *Cumprimento e execução da sentença sob a ótica do formalismo-valorativo*. Porto Alegre: Livraria do advogado. 2008, p. 46).

[787] Em ensaio: Alvaro de Oliveira ratifica estarem no sistema constitucional os quatro valores/princípios mais importantes para o processo: *efetividade, segurança jurídica, paz social e justiça* (ALVARO DE OLIVEIRA, Carlos Alberto. "O formalismo-valorativo no confronto com o formalismo excessivo" in *Revista de Processo* nº 137 (2006):7/31).

[788] A propósito, pertinentes as palavras de Teori Zavascki, que admite o que denominaríamos de "direito fundamental à segurança jurídica em sua segunda acepção": "É direito fundamental do litigante demandado (como é também do litigante demandante) o direito à chamada cognição exauriente, assim entendida a que submete as soluções definitivas dos conflitos a procedimentos prévios nos quais se ensejam aos litigantes o contraditório, a ampla defesa e a interposição de recursos" (ZAVASCKI. Teori Albino. *Antecipação de tutela*. São Paulo: Saraiva, 1997, p. 64/65).

[789] Presente a advertência de Gelsi Bidart: "o processo, em si, requer um lapso de certa prolongação para atuar-se, que não pode realizar-se em um instante único" (GELSI BIDART, Adolfo. "El tiempo y el proceso" in *Revista de Processo* nº 23 (1981): 100/121. Especialmente p. 110). Do mesmo jurista uruguaio, também interessante, em sentido convergente: GELSI BIDART, Adolfo. "Del tiempo procesal y su manejo" in *Revista de Processo* nº 93 (1995): 191/196. Especialmente p. 191.

[790] Foi efetuado registro importante, nessa anterior passagem do trabalho (Parte III), referente à pluralidade de significados que a expressão "segurança jurídica" comporta, sendo daí destacados dois grandes sentidos. O primeiro teve maior espaço de desenvolvimento naquela oportunidade, sendo deixado para o momento final, de

percalços (surpresas), de modo a diminuir a distância temporal entre o ingresso com a demanda e o seu trânsito em julgado. Por outro lado, a efetividade do processo, inclusive com o acolhimento literal das preclusões dispostas pelo sistema, pode representar, e não raro ocorre, um prejuízo significativo a um maior debate da temática controvertida, prejudicando que a melhor (a mais justa) decisão venha a transitar em julgado.

Nesta sede que se apresenta a segurança jurídica de segunda geração, ligada aos corolários do devido processo legal (cabendo maior destaque ao contraditório e a ampla defesa – na qual se insere a garantia ao direito à prova), a representar a exigência de uma certeza (maior) do direito a ser confirmado ou negado em sentença; ou previsibilidade (tanto maior quanto possível) da decisão judicial final a ser tomada. Com essa segurança jurídica, conformada a partir de um conteúdo básico a dar corpo ao rito (cláusula do *due process*), não há a pretensão de se estabelecer uma previsibilidade absoluta e matemática do futuro resultado a ser contido na sentença,[791] mas sim se busca aumentar as chances de as partes receberem o que é seu por direito, reduzindo, por outro lado, a possibilidade de ocorrência de atos arbitrários do órgão julgador (sem qualquer controle seguro pela parte eventualmente lesada).

Em termos de aplicação do *complexo valorativo segurança*, Rizzo Amaral confere especial ênfase à primeira acepção por nós trabalhada (o que entende como sinônimo de previsibilidade, não surpresa, respeito à lei, confiança legítima, clareza e conhecimento das regras jurídicas), embora reconheça, mesmo que de maneira embaralhada com os outros elementos, aquilo que entendemos como essa outra grande acepção da segurança jurídica – essencial, frise-se, para o raciocínio que se desenvolve nesta última parte. Nesse diapasão registra expressamente que "também a pesquisa sobre os fatos e, assim, a busca da verdade (ainda que relativa) surge como importante elemento da segurança jurídica".[792]

Ainda nesse (segundo) sentido de segurança – o que confirma a possibilidade de sua análise dentro de um compartimento próprio – destaca com perspicácia Rizzo Amaral a importância do "conjunto probatório" para o processo, o qual não poderia assumir papel secundário, cedendo demasiado espaço para a argumentação (*rectius*: retórica) e para a aparente coerência interna da decisão judicial.[793]

---

construção de um modelo relativizador da técnica preclusiva, maior aprofundamento das repercussões atinentes ao aproveitamento da segurança jurídica em segunda acepção.

[791] A nossa segunda acepção de segurança jurídica não se opõe assim ao correto posicionamento de Ovídio Baptista a respeito das meras expectativas de direito ou de obrigações que podem almejar as partes quando se dirigem ao Poder Judiciário. Segundo o aludido jurista, "perante o processo não pode haver nada evidente e indiscutível, uma vez que a previsibilidade absoluta e matemática do futuro resultado contido na sentença, eliminaria, por si só, o próprio julgamento, que implica, quanto à pessoa do julgador, num decidir-se entre duas alternativas possíveis" (SILVA, Ovídio Baptista da. *Curso de processo civil*. Vol. 1. 6ª ed. São Paulo: RT, 2003, p. 19).

[792] AMARAL, Guilherme Rizzo. *Cumprimento e execução da sentença sob a ótica do formalismo-valorativo*. Porto Alegre: Livraria do advogado. 2008, p. 59.

[793] AMARAL, Guilherme Rizzo. *Cumprimento e execução da sentença sob a ótica do formalismo-valorativo*. Porto Alegre: Livraria do advogado. 2008, p. 74.

Em semelhante contexto, louva-se a abordagem de Mitidiero – muito próxima da linha, já exposta, de Cambi – ao ressaltar que se impõe contemporaneamente a ideia de processo cooperativo e de "direito fundamental à prova no processo civil".[794]

De fato, os elementos integrantes da cláusula constitucional do devido processo, os quais autorizarão a estruturação de um robusto "conjunto probatório", são, inclusive por isso, vitais para se chegar a uma decisão justa ao caso concreto, conferindo legitimidade à sentença estatal a ser pronunciada.[795] Se a existência de um procedimento, por si só, é importante para trazer previsibilidade à demanda (*garantia formal* – a almejar e a conferir organização e disciplina ao feito), também são as garantias inerentes ao devido processo legal, verdadeiros direitos fundamentais das partes no processo,[796] a integrarem o procedimento (*garantia material* – a almejar e a conferir paz social e justiça no feito). Isto porque é cediço contemporaneamente que não basta se chegar a uma decisão judicial, transitada em julgado, que ponha termo ao problema jurídico levado ao Estado; é necessário que tal decisão convença e estabilize satisfatoriamente as relações conflituosas, de acordo com o direito material bem como os valores e princípios constitucionalmente reconhecidos.[797] Assim, imprescindível que seja adotado um conjunto de medidas processuais para que se atinja decisão minimamente aceitável, não se tolhendo essas medidas em face de uma sumariedade de rito (a estabelecer uma efetividade perniciosa).

Daí já se pode deduzir abstratamente que quanto maior possibilidade se concede no processo, mesmo contra o estrito teor do texto processual, para o estabelecimento do contraditório/ampla defesa (*v.g.*, aumentando-se as oportunidades do direito a provar), maior segurança se terá no que toca à certeza do direito (invocado ou defendido) e por consequência à previsibilidade da decisão judicial a ser tomada em sentença; mas, por outro lado, por maior lapso temporal se desenrolará a demanda, sendo possível se verificar daí uma relativização do rito (nos exatos

---

[794] MITIDIERO, Daniel Francisco. *Colaboração no processo civil*. São Paulo: RT, 2009, especialmente p. 127 e 133.

[795] SANTIAGO DANTAS, F. C. de. "Igualdade perante a lei e due process of law" in *Revista Forense* n° 116 (1948): 357/367.

[796] Sob esse viés o direito processual assumiria uma verdadeira feição de *direito constitucional aplicado* (ALVARO DE OLIVEIRA, Carlos Alberto. "Os direitos fundamentais à efetividade e à segurança em perspectiva dinâmica" in AJURIS n° 35 (2008): 57/71; ALVARO DE OLIVEIRA, Carlos Alberto. "O processo civil na perspectiva dos direitos fundamentais" in *Revista da Ajuris* (87):37/49). Na doutrina estrangeira o ponto é expressamente enfrentado em: CANOTILHO, José Joaquim Gomes. "Tópicos de um curso de mestrado sobre direitos fundamentais, procedimento, processo e organização" in *Boletim da faculdade de direito de Coimbra*, 1990; e WALTER, Gerhard. "I diritti fondamentali nel processo civile tedesco". Trad. por Remo Caponi in *Rivista di diritto processuale* n° 56 (2001): 733/747.

[797] A complexidade da análise já era brilhantemente analisada por Galeno Lacerda antes mesmo da publicação da nossa última Constituição. Guardemos, ao menos, uma passagem em que bem se pode compreender a necessária relação a ser feita entre os dispositivos do código processual e os preceitos constitucionais: "os obstáculos e protelações resultam muito menos dos defeitos do texto do que da falta de percepção, por quem o aplica ou interpreta, da esplêndida abrangência de princípios basilares, consagrados em preceitos norteadores" (LACERDA, Galeno. "O código e o formalismo processual" in *Ajuris* n° 28 (1983): 7/14).

termos em que previsto em lei), e por consequência da técnica da preclusão bem como da segurança jurídica na primeira acepção vazada.

Eis aqui a linha originária para se iniciar um raciocínio tendente a analisar quais os dispositivos que contemplem a preclusão, no código processual, que poderiam não ser seguidos à risca a fim de se obter maior possibilidade de se chegar a resultado final justo (priorizando a garantida da segurança jurídica na segunda acepção) – sem, todavia, se abrir mão completamente da segurança ordenadora do rito.

Se em um extremo desaconselhável encontra-se a aplicação impensada das disposições preclusivas contidas no código processual (mesmo que em confronto explícito com bens maiores a serem tutelados, de acordo com o diploma constitucional); no outro, não menos nefasto, apresenta-se a liberal e subjetiva flexibilização das disposições preclusivas, a relembrar um modelo ("do juiz criador livre do direito"[798]) que nega o instituto em estudo como princípio processual (peça componente do "formalismo-valorativo"). A busca de um meio-termo (de um balanceamento, nas palavras de Fabio Marelli, das "exigências contrapostas" de *segurança* – na primeira acepção – e *justiça*[799]), eis a questão a ser mais bem investigada, nessa tentativa de visualização efetiva do processo como direito constitucional aplicado.

Um parêntese, de reforço, aqui se faz necessário para um posterior avanço. Ao cogitarmos de uma aplicação reduzida da preclusão, como assentada na letra fria do CPC, por certo estamos discutindo a sua utilização como técnica processual (a merecer ajustes), e não simplesmente defendendo a sua inaplicabilidade total, negando a importância do instituto como princípio do processo. Todo um estudo desenvolvido nesta obra se postou justamente a reconhecer a necessidade da preclusão nos sistemas processuais, no direito civil e penal – chegando-se à conclusão de que estamos diante de princípio componente da *Teoria Geral do Processo*. Eis aí a razão pela qual um avanço na problemática parte da premissa de sua indispensabilidade ao direito processual (preclusão como princípio), embora se admita a possibilidade de discutirmos os momentos em que uma aplicação reduzida de seus préstimos pode se fazer importante no feito, sem desconfigurar a sua disciplina (preclusão como técnica, em aplicação minorada).

A lógica do raciocínio que se desvenda, como se pode perceber, aplica-se com maior correção aos processos cuja matéria não seja exclusivamente de direi-

---

[798] Vale a pena a transcrição do trecho em que a expressão é mencionada em Picardi: "A reflexão sobre a função do juiz registra, hoje, alguns pontos de convergência. Certamente perderam atualidade, admitindo que tenham existido, o modelo de legislação sem jurisdição, o ideal do juiz 'bouche de la loi', do juiz funcionário do príncipe e mero executor da sua lei. Mas a nossa época, fértil de mitos e também de desmistificações, não acredita nem mesmo no modelo do juiz criador livre do direito, próprio da 'libre recherche scientifique' francesa e da 'Freirechtbewegung' alemã" (PICARDI, Nicola. "A vocação do nosso tempo para a jurisdição" in *Jurisdição e processo*. Organizador e revisor técnico da trad. por Carlos Alberto Alvaro de Oliveira. Rio de Janeiro: Forense, 2008, p. 12/13).

[799] MARELLI, Fabio. *La trattazione della causa nel regime delle preclusioni*. Padova: CEDAM, 1996, p. 22/23.

to, nos quais o julgamento não se dá de maneira antecipada, finda a fase postulatória, de acordo com exegese ao contrario do que dispõe o art. 330 do CPC. De fato, pensamos que tal enfoque relativizador da aplicação alargada da preclusão (como posto pelo ordenamento), a partir de leitura mais atenta da Lei Processual pela Constituição, é capaz de ser realizado pela doutrina e jurisprudência, a fim, ao menos, de se garantir maior eficácia ao direito à prova, alargando-se a fase instrutória, superando-se em algumas circunstâncias as disposições preclusivas que antecipam o encerramento do debate para o julgamento da demanda (inclusive evitando-se que o Estado-juiz utilize excessivamente as regras de ônus da prova, diante de contexto fático-probatório que o impede de decidir criteriosamente a favor ou contra uma das partes litigantes).

Trata-se então de *um modelo de mitigação da preclusão referente aos atos processuais necessários no desenvolvimento de fase do procedimento*, especificamente instrutória; não se confundindo com a preclusão referente ao ato processual de recorrer – como diferenciado quando do estudo da preclusão de atos das partes (faculdades). Eis aqui um momento decisivo do processo em que o sistema das preclusões acaba sobremaneira por favorecer a *forma* em detrimento da *substância*;[800] momento do rito em que o Estado-juiz está justamente formando a sua convicção a respeito do objeto controvertido e da consequente melhor solução a ser dada à problemática.

Em termos, aqui defendidos, do estabelecimento de um caráter excepcional à limitação ao direito de provar, reduzindo-se a incidência do fenômeno preclusivo, Grinover já apresentou ensaio em que sustenta, com base em jurisprudência pertinente, que as preclusões em matéria de produção de provas devem ser encaradas *cum grano salis*, atentando-se para que o rigor excessivo das disposições processuais não obste a efetivação da prova, quando as circunstâncias processuais estejam indicando a sua conveniência.[801] Bedaque,[802] fazendo expressa e reiterada menção aos ensinamentos de Comoglio, com ainda maior ênfase, defende que as regras sobre preclusão em matéria probatória devem ser interpretadas restritivamente, a partir de uma compatibilização das normas processuais sobre preclusão com a garantia constitucional ao devido processo legal, em que se inclui, evidentemente, o direito à prova.[803]

---

[800] BEDAQUE, José Roberto dos Santos. *Efetividade do processo e técnica processual*. 2ª ed. São Paulo: Malheiros, 2007, p. 99/100.

[801] GRINOVER, Ada Pellegrini. *As garantias constitucionais do direito de ação*. São Paulo: RT, 1973, p. 170/171.

[802] BEDAQUE, José Roberto dos Santos. *Poderes instrutórios do juiz*. 3ª ed. São Paulo: RT, 2001, p. 17/19.

[803] Senão vejamos as exatas palavras de Comoglio sobre a necessária e irreversível interação entre Processo e Constituição, notadamente no que pertine à utilização da sistemática preclusiva: "Nella prospettiva generale delle garanzie che rafforzano il 'giusto processo', il rapporto dialettico tra il principio di libertà e il principio di preclusione, dal quale trae origine il modello prevalentemente 'dispositivo' del processo di cognizione voluto dal legislatore del 1942, ha reso al tempo ineludibile la necessità di coordinare il sistema di preclusioni-decadenze, proprio della disciplina positiva, con i principi costituzionali del processo" (COMOGLIO, Luigi Paolo. "Preclusioni istruttorie e diritto alla prova" in *Rivista di Diritto Processuale* n° 53 (1998): 968/995. Especialmente p. 977).

Embora, neste trabalho, como alertado na introdução, não seja o espaço devido para um avanço profundo e definitivo (*rectius*: espaço para a construção de uma verdadeira tese), onde se passe a discutir, em ricos detalhes, um modelo suficiente que trate da viabilidade de *relativizações das preclusões de faculdades em resguardo ao direito constitucional à prova*, não poderíamos deixar de concluir esta obra apontando decisivamente para a possibilidade desse estudo, a exigir atitude mais ousada da doutrina e da jurisprudência em ver muito além da literalidade do contexto normativo do código processual, a fim de se atingir decisão final mais justa e de maior abrangência de pacificação social.

Critica-se fortemente, assim, em defesa da presença incisiva do fator constitucional, a opinião defendida por Manoel Caetano Ferreira Filho no sentido de ser desaconselhada qualquer espécie de relativização da preclusão, já que "inexiste no código qualquer regra que autorize a atenuação, muito menos a eliminação das preclusões em matéria probatória".[804]

É que, como bem sintetiza Plauto Faraco de Azevedo, uma Constituição democrática é justamente a fonte inesgotável de argumentos que podem ser utilizados com o sentido de democratizar o Direito, inclusive, se for o caso, para o fim de negar aplicação à lei que viole valor protegido pela Lei Fundamental. Deve, pois, continua o jurista, "ser mantida a ordem jurídica, atento ao valor da segurança jurídica (na primeira acepção), sem, no entanto, confundi-la com a manutenção cega e indiscriminada do *status quo*".[805]

Chega-se, a partir daí, e sem perdermos de vista as comentadas diretrizes do "formalismo-valorativo", a se concluir que o *status quo* deve ser mantido se há suficiente correspondência da disciplina infraconstitucional com o modelo constitucional proposto, sendo despropositada uma interpretação literal-sistemática da codificação processual levando-se em conta tão somente as suas próprias normas, como se fosse um arcabouço jurídico fechado e completo.[806]

Por outro lado, relembrando o extremo oposto ao dogmatismo exagerado, a autorização livre e desregrada para a relativização de todo e qualquer dispositivo regente de prazos preclusivos não pode ser admitida sem quaisquer ressalvas.[807] Nesse sentido, todo o cuidado deve ser tomado ao se levar em consideração palavras como a de Rui Portanova, que, ao defender linha "menos dogmatizada"

---

[804] FERREIRA FILHO, Manoel Caetano. *A preclusão no direito processual civil*. Curitiba: Juruá, 1991, p. 90.

[805] AZEVEDO, Plauto Faraco de. "O poder judiciário e a justiça social" in *Ajuris* n° 63 (1995): 5/16.

[806] Como paradigma mais antigo do posicionamento por nós ratificado, pode-se citar a Apelação Cível n° 49-60, julgada em 21/06/1960 pela 1ª Turma do Tribunal de Justiça do Paraná, Rel. Desembargador Jairo Campos em que se justifica, na própria ementa, que regra processual pertinente à preclusão em matéria probatória não deve ser interpretada e aplicada com demasiado rigor, em obediência apenas a literalidade do texto (contido no Código Processual), "mas tendo presente o princípio de que o processo visa acima de tudo à pesquisa da verdade e ao fornecimento de elementos que possibilitem ao juiz melhor distribuição de justiça" (Jurisprudência extraída da *Revista Forense* n° 197 (1962): 230/231).

[807] "(...) Cumpre advertir que a transformação do texto principial em norma e, com muito maior razão, o afastamento da regra não podem ser efetivados de forma arbitrária pelo órgão judicial" (ALVARO DE OLIVEIRA, Carlos Alberto. *Teoria e prática da tutela jurisdicional*. Rio de Janeiro: Forense, 2008, p. 132).

da aplicação da preclusão, alude que "o intérprete deve ter a mentalidade sempre aberta para, na concretude de cada caso, concluir se a peculiaridade exige que se considere a preclusão ou não".[808] Em linhas mais comedidas, vale aqui, em tom recapitulatório, a lição de propedêutico esboço proposto por Galeno Lacerda:

> Se o excesso de preclusões é condenável, porque desumaniza o processo, porque o transforma em máquina de expedir despachos, não é possível, entretanto, bani-las totalmente do direito processual (...). Solução certa, portanto, será a que subordinar a preclusão à natureza da questão versada. Desta forma, dosar-se-ão as necessidades de economia e certeza com os preceitos de justiça, dentro de um esquema imposto pelas exigências da realidade.[809]

Por derradeiro, deve-se deixar consignado que se se aventa então a possibilidade, racional e comedida, de redução da preclusão, como técnica processual, pela via doutrinária/jurisprudencial (notadamente em defesa do direito prioritário à prova), também pela via legislativa há espaço para a manobra.

Nessa seara encaixa-se, como visto, a revisão da rigidez na modificação da causa de pedir e pedido – *viabilizando-se o aditamento do feito em momento posterior ao do saneamento*, marco previsto no nosso CPC, no art. 264. Temos aqui circunstância peculiar, relacionada ao direito de defesa das partes (a atingir o núcleo duro da segurança jurídica em primeira acepção – previsibilidade do rito) que impede a simples alteração de marcos pelo julgador em meio ao feito, sem autorização do legislador.

Daí a necessidade de o tema ser discutido na via legislativa, adequando-se o sistema processual pátrio aos avanços, nesse aspecto, que vêm se notando, nas codificações alienígenas – estabelecedoras de um modelo de preclusões elásticas.

3. Continuação. Os efeitos da preclusão são realmente tão intensos na garantia da efetividade do processo? Os reais fatores (extrajurídicos) antiefetividade e a crítica pertinente à onda reformista

Um último elemento de argumentação precisa ser exteriorizado em defesa da legitimidade de um modelo de aplicação reduzida da preclusão, pela via doutrinária/jurisprudencial.

O fundamento para a aplicação rígida dos préstimos da preclusão situa-se na exigência do processo célere, que caminhe de maneira rápida em direção à decisão final – como determinado expressamente pela CF/88, com o acréscimo do inciso LXXVIII no art. 5°. Uma relativização das disposições processuais disci-

---
[808] PORTANOVA, Rui. *Princípios do processo civil*. 6ª ed. Porto Alegre: Livraria do Advogado, 2005, p. 178.
[809] LACERDA, Galeno. *Do despacho saneador*. Porto Alegre: La Salle, 1953, p. 156/157.

plinadoras da preclusão, com o fito de reduzir sua esfera de atuação, supostamente se postaria em desfavor da celeridade do rito, aumentando o tempo do processo, maculando-se, mesmo que indiretamente, o novel comando constitucional.

Daí a razão pela qual entendemos que só se poderia persistir na convicção da utilização de um modelo redutor do âmbito de incidência da preclusão, ao menos em defesa do direito probatório, caso se concluísse que a demora na tramitação do processo decorresse, em muito maior escala, *de pontos outros que nada tem a ver com a preclusão*, e com a própria estrutura processual prevista no Código.

E é exatamente isso que se sucede.

Deixemos, por isso, claro nesse momento que uma relativização da preclusão (aumentando-se o espaço da segurança jurídica na segunda acepção deduzida, e por consequência firmando-se certa menor preocupação com a efetividade do processo), não chega a trazer sérios prejuízos à celeridade do rito garantida agora no texto constitucional, caso estivermos dispostos a analisar com seriedade quais as reais razões pelas quais a solução final dos litígios não se dá de maneira ágil, não obstante as constantes reformas processuais que se vêm introduzindo com esse objetivo.

Eis aqui a oportunidade de se atacar os reais fatores antiefetividade, como também o local para se criticar a onda reformista legislativa, incrementada nos últimos anos, que acredita poder tornar o processo mais célere, tão somente a partir da modificação da letra do Código Processual.

Em largas linhas, pensamos que o eventual desrespeito literal aos prazos preclusivos, a ser estruturado em modelo racional e razoável que indique para uma aplicação reduzida (sem, no entanto, macular a sua imagem de figura indispensável ao processo moderno), não será a razão principal para que o célere desfecho do feito não venha a se suceder. Ou seja, o problema da efetividade está, antes, em outras searas.

Sem o objetivo de esgotar a matéria, há de se deixar registrado que a prática forense realmente nos revela que "os prazos mortos" são um dos grandes, senão o maior, responsável pela angustiante paralisia dos feitos, em qualquer grau de jurisdição[810] – estando eles diretamente relacionados com a falta de verbas orçamentárias para o judiciário, bem como a má administração daquelas repassadas dentro mesmo desse poder estatal,[811] daí resultando uma relação inversamente

---

[810] BARBOSA MOREIRA, J. C. "A justiça no limiar do novo século" in Revista Forense (319):69/75; THEODORO JR., Humberto. "A onda reformista do direito positivo e suas implicações com o princípio da segurança jurídica" in *Revista Magister de direito civil e processual civil* n° 11(2006):5/32.

[811] Embora reconheçamos que a qualidade dos operadores do direito no País prejudica também a celeridade dos feitos, em face de uma recorrente inadequada aplicação da técnica processual (BARBOSA MOREIRA, J. C. "Efetividade do processo e técnica processual" in *Ajuris* (64): 149/161), tem-se que os problemas institucional-ideológicos colocam-se como efetivo grande entrave para a efetividade/celeridade do processo – dos quais são consequência os "prazos mortos", já que pouco adianta termos um código processual de alto padrão técnico-jurídico se não há interesse político de que haja um Judiciário forte e com mecanismos suficientes para a pronta atuação. A propósito do tema, consultar: ALVARO DE OLIVEIRA, Carlos Alberto. "Procedimento e ideologia no direito brasileiro atual" in Ajuris (33):79/85; DIAS, Rogério Correia. "A demora da prestação jurisdicional"

proporcional entre o número de juízes e serventuários admitidos e o número de demandas que inundam os foros.[812]

Embora se possa discutir a existência de alguns fatores que redundam em aumento significativo das demandas judiciais, como a excessiva belicosidade do cidadão brasileiro (notadamente, do gaúcho[813]), e até a inaceitável posição da Administração Direta e Indireta do Estado (o exemplo mais claro seria o INSS), que é o maior descumpridor das normas pelo Estado mesmo estabelecidas, certo é que o poder estatal, conhecedor dessa realidade, deveria estar mais interessado e (consequentemente) mais bem preparado para cumprir com os ditames constitucionais estabelecidos no art. 5°, XXXV e LXXVIII – de apreciar satisfatoriamente, e de maneira célere, qualquer lesão ou ameaça de direito.

Por certo, a crise da celeridade no processo não é fenômeno exclusivo do Brasil, asseverando, Owen Fiss, ao encontro do nosso raciocínio, que a *crise do overload do judiciário* é fenômeno mundial e que encontra suas raízes em problemas internos da estrutura estatal montada, não se podendo colocar como foco central da paralisia dos feitos a belicosidade crescente do cidadão (e o consequente aumento das demandas judiciais) – sendo mais adequado, diante do atual estágio da sociedade moderna (avançado e complexo), que tenhamos esse elemento mais como premissa, do contemporâneo momento cultural, do que propriamente como ponto a ser severamente combatido e reduzido: "o crescente volume de casos é, em si, resultado de desenvolvimentos mais amplos que não podemos reverter".[814]

Na Europa, destaca o jurista alemão Fritz Baur que, em geral, foi reconhecida a necessidade de promover primeiro, antes das reformas nos códigos, levantamentos exatos segundo princípios estatísticos, de economia de empresa e popular, sociológicos, para se identificar quais as reais razões da lentidão do judiciário – extraindo-se daí que a dificuldade está em esfera superior àquela a ser resolvida pela exclusiva recomposição dos elementos da ciência do direito processual.[815] No mesmo sentido, na Itália, Tarzia, Balbi e Tesoriere enfatizam que as recentes pesquisas a respeito da excessiva demora do processo civil têm demonstrado que

---

in RT n° 789 (2001): 48/61; BEDAQUE, José Roberto dos Santos. "A posição do juiz: tendências atuais" in *Revista Forense* n° 349 (2000): 85/99; BOTELHO DE MESQUITA, José Inácio. "As novas tendências do direito processual: uma contribuição para o seu exame" in *Revista Forense* n° 361 (2002): 47/72.

[812] Os dados apresentados pelo Jornal Zero Hora, em setembro de 2006, são reveladores: em uma década, no rincão, o volume de ações no judiciário cresceu 90%, enquanto o número de servidores aumentou 22% e o de juízes, 27% (ZERO HORA, circulação de 03/09/2006, ano 43, n° 14.982, p. 48/49).

[813] Recentíssimo balanço dos números de processos, iniciados e terminados, no Rio Grande do Sul, em 2008, aponta que o estoque de feitos cresceu 9,7% – tendo sido ajuizados um total de 2.716.967 processos, número bem superior ao de 1.090.455 referentes ao ano de 1999 (ZERO HORA, circulação de 10/02/2009, ano 45, n° 15.868, p. 08).

[814] FISS, Owen. *Um novo processo civil*: estudos norte-americanos sobre jurisdição, constituição e sociedade. Coordenação de trad. por Carlos Alberto de Salles. São Paulo: RT, 2004, p. 190.

[815] "Torna-se cada vez mais claro que a ciência do direito processual civil deve servir-se da colaboração de outras aludidas ciências, para proceder a uma análise completa da realidade e poder formular propostas bem fundadas de reforma" (BAUR, Fritz. "Transformações do processo civil em nosso tempo", Trad. J. C. Barbosa Moreira, in *Revista Brasileira de Direito Processual* n° 7 (1976): 57/68. Especialmente p. 67).

as mais gritantes deficiências são estranhas ao "código de rito", passando antes pela "qualidade humana e material" dos operadores do Direito.[816]

Ainda no país peninsular, dentre os clássicos, Carnelutti comprova que o tema é recorrente, trazendo-nos bela e íntegra reflexão:

> Os interessados, ou seja, entre os técnicos do processo, juízes, advogados e partes, têm a consciência de que o mecanismo funciona mal. Esta consciência aflora ocasionalmente nos ambientes legislativos, mas quase nunca parece que houve outra coisa a fazer a não ser modificar as leis processuais, sobre as quais costuma-se colocar a responsabilidade do mau serviço judiciário, para empregar uma palavra que já entrou no uso corrente. Também ouvimos falar em reformas urgentes no código de processo penal e no código de processo civil, e todos parecem acreditar não apenas que com estas reformas o Estado tenha cumprido o seu dever, como também que dessas reformas surgirão, Deus sabe como, melhorias na administração da Justiça. Tenho o dever de desenganar o público, a quem me dirijo, dissuadindo-o de cultivar estas que não seriam esperanças, mas verdadeiras ilusões. Certamente, nossas leis não são perfeitas, mas, em primeiro lugar, são bastante menos más do que se diz; em segundo lugar, se bem que fossem muito melhores, as coisas não andariam melhor, pois o defeito está, muito mais do que nas leis, nos homens e nas coisas.[817]

Vê-se, por esses dados seguros, que se o verdadeiro problema, obstaculizador da efetividade do processo, é antes *político/administrativo* do que *técnico/jurídico*, não se obterão melhorias significativas em termos de agilização da prestação jurisdicional com reformas processuais tópicas, que ao se preocuparem exclusivamente com a celeridade, acabam, não raro, por prejudicar as garantias dos jurisdicionados (como o devido contraditório, *v.g.*, com a apresentação da contestação, tornada dispensável em face da possibilidade de julgamento sumário prevista no art. 285-A introduzido pela Lei n° 11.277/2006), quando não literalmente desmontam institutos históricos (como a prescrição, a partir da estudada reforma do art. 219 pela Lei n° 11.280/2006).

Por isso tudo, vemos com significativas ressalvas as ponderações de parcela da doutrina mais recente (Maurício Giannico[818] e Carlos Francisco Buttenbender[819]) que trata de exclusivamente venerar a onda reformista, iniciada em meados da década de 90, como se realmente se trate de um "esforço magnífico" para o melhor aperfeiçoamento possível do nosso sistema processual. Por certo, distorcido o enfoque. Senão vejamos, dentro da doutrina pátria e agora ao encontro das

---

[816] TARZIA, Giuseppe. "O novo processo civil de cognição na Itália". Trad. por Clayton Maranhão in Revista de Processo n° 79 (1995): 51/64. Especialmente p. 63; BALBI, Celso Edoardo. "La decadenza nel processo di cognizione". Milão: Giuffrè, 1983, p. 08; TESORIERE, Giovanni. *Contributo allo studio delle preclusioni nel processo civile*. Padova: CEDAM, 1983, p. 168.

[817] CARNELUTTI, Francesco. "Como se faz um processo". Trad. por Hiltomar Martins Oliveira. Belo Horizonte: Líder Cultura Jurídica, 2005, 2ª ed, p. 119/120.

[818] GIANNICO, Maurício. *A preclusão no direito processual civil brasileiro*. 2ª ed. São Paulo: Saraiva, 2007, p. 14/15.

[819] BUTTENBENDER, Carlos Francisco. *Direito probatório, preclusão e efetividade processual*. Curitiba: Juruá, 2004, p. 132/133.

nossas convicções, as oportunas passagens críticas de Dierle José Coelho Nunes, notadamente em face da onda reformista:

> (...) os estudiosos da "ciência" processual buscam uma melhoria na aplicação da tutela tentando fazê-la cada vez mais rápida e menos segura (...). Faz-se mister, neste novo panorama de análise, a colocação de dúvidas e críticas acerca das alterações (reformas pontuais) empreendidas em nosso sistema processual a partir de 1992, com o fim de adequar a atividade judicante ao modelo processual constitucional (...). A busca do aumento de poderes judiciais, empreendidas pelos movimentos reformistas do CPC Brasileiro, desde 1992, não passa de uma tentativa destorcida de resolução dos problemas da demora do processo, implementando uma aplicação de tutela célere, porém, em muitas vezes, com nítida quebra do direito de defesa, da isonomia e do contraditório.[820]

Ademais, interessante apontar que ao tempo do início das reformas, em 1992, ressalvava Aroldo Plínio Gonçalves que a onda reformista voltada para a economia e a celeridade do processo não deveria ser incompatível com as garantias das partes, "e a garantia constitucional do contraditório não permite que seja ele violado em nome do rápido andamento do processo".[821]

Portanto, estando a problemática envolvendo a efetividade do processo, em grande medida, em esfera muito distante da alçada dos efeitos da preclusão (e do próprio código processual, analisado no seu conjunto interno de comandos), não há dúvida que eventual modelo estabilizador de uma diminuição dos seus préstimos (em favor da justiça e da segurança jurídica em segunda acepção – repercutindo diretamente na valorização do direito probatório), não pode ser barrado com o falacioso discurso de defesa da celeridade do processo, a exigir cumprimento literal das disposições instrumentais, as quais dotam o instituto de dimensão (indevidamente) lata.

---

[820] NUNES, Dierle José Coelho. "Preclusão como fator de estruturação do procedimento" in *Estudos continuados de teoria do processo*. Vol. IV. Porto Alegre: Síntese, 2004, p. 198, 184, 182.

[821] GONÇALVES, Aroldo Plínio. *Técnica processual e teoria do processo*. Rio de Janeiro: AIDE, 1992, p. 124/125.

Capítulo 6

Conclusões

Extraído o *desenvolvimento inicial* (Parte II) – em que se procurou uma preliminar aproximação do instituto da preclusão com os demais macrotemas que com ele se amalgamam na composição contemporânea dos contornos do direito processual (destacada a evolução do pensamento científico, dentre outros, em Bülow, Goldschmidt, e Fazzalari) –, bem como o *desenvolvimento final* (Parte V) – em que, já numa espécie de antecipado tópico conclusivo, propôs-se raciocínio, mais ousado, de firme compatibilização da preclusão formatada no código processual (própria do rito de conhecimento), com o modelo constitucional (e sua múltipla carga valorativa e principiológica), a fim de se permitir uma aplicação do fenômeno em limites mais reduzidos (como técnica), ao menos em defesa do direito probatório (com vista a uma maior legitimidade/justiça da decisão judicial a ser alcançada a partir de um maior desenvolvimento da fase instrutória) –, o objetivo, neste momento de apresentação das últimas linhas, cinge-se em *recapitular, concisamente, as ideias principais expostas no corpo da obra* (Partes III e IV), as quais autorizam qualificá-la como condensado trabalho de *sedimentação dogmática*, em que se buscou mais ampla e adequada compreensão do instituto da preclusão na dinâmica do processo civil.

Vejamos, então, nesse contexto, os centrais pontos debatidos, espaçados em quarenta tópicos:

– A *origem latina* do termo "preclusão" articulada à concepção do vocábulo "processo" indica que o fenômeno em estudo deve orientar-se no sentido de garantir a irreversibilidade do procedimento, que tem de ir para a frente, não podendo tornar ao que já se passou.

– O grande sistematizador da preclusão, como *instituto de direito processual*, foi o jurista italiano Chiovenda, já no início do século XX; inspirado, para tanto, em obra de 1879 do alemão Bülow. No Brasil, tudo indica que foi Aureliano de Gusmão, em 1922, o primeiro a tratar expressamente da preclusão processual.

– Mesmo sendo recente o mais profundo estudo do instituto, e ainda mais recente a sua aparição nos códigos processuais, *a preclusão constitui-se como um dos mais antigos temas do processo* – mencionando Chiovenda que o nome "preclusão", por ele difundido, decorre da expressão *poena praeclusi*, própria do remoto direito comum.

– No estudo do instituto, desde a sistematização proposta por Chiovenda, a *preclusão de faculdades (das partes)* ganha inicialmente dimensão de relevo, frente à *preclusão de questões (do Estado-juiz)*, representando o fenômeno a maior limitação para a atuação dos litigantes no processo. De qualquer forma, não são integralmente pertinentes as críticas de D'Onofrio e Attardi em torno do âmbito de aplicação do instituto, já que a preclusão de questões consta sim na definição geral desenvolvida pelo citado primeiro mestre peninsular.

– Em sendo impreciso relacionar-se o instituto processual exclusivamente com as atividades das partes, não haveria espaço para a utilização isolada da expressão "preclusão *pro judicato*", a retratar supostamente fenômeno autônomo, vinculado com a atividade do Estado-juiz. Até porque a expressão originariamente foi cunhada por Redenti para explicar acontecimento processual outro (*a eficácia preclusiva panprocessual do título executivo extrajudicial não embargado*); como também porque em latim, a expressão significa "preclusão como se tivesse sido julgado" – o que melhor se adequaria com a hipótese de outra situação processual, qual seja, a da eficácia preclusiva da coisa julgada material.

– A preclusão pode ser compreendida como *técnica*, cujo fito principal consiste em emprestar maior eficiência ao processo, sem informalizá-lo, restringindo os poderes dos atores processuais; ganhando, assim, destaque especial, diante dos sistemas em que a oralidade não se impõe de maneira decisiva, como é o caso do direito processual pátrio.

– Como *princípio*, o instituto passa a ser concebido no seu complexo, como parte indispensável da estrutura de qualquer processo, seja o eminentemente escrito ou o oral, seja o processo mais moderno ou de origens mais antigas, seja o processo civil ou o penal.

– Guarneri, ao sustentar a *forte presença de normas preclusivas nos regimes totalitários*, por certo tratava da preclusão na sua dimensão como técnica – utilizada em dimensão excessiva pelo Estado de não Direito; não chegando ao ponto, portanto, de negar a importância do instituto para os sistemas processuais (como princípio), razão pela qual não procede a crítica lançada por Moniz de Aragão.

– Na aplicação do princípio da preclusão, articulada a uma concepção de procedimento, atuam diretamente as forças da *efetividade* e da *segurança jurídica* (em uma primeira acepção vazada), no sentido de disciplina e ordem (previsibilidade/inalterabilidade) do rito – figurando-se, nesses contornos, o instituto, como formalidade indispensável ao processo moderno (fenômeno inerente ao "formalismo-valorativo").

– A preclusão mantém características peculiares que verdadeiramente a distinguem de outros grandes institutos, não se confundindo com fenômenos próprios do direito substantivo ou material, como a *decadência e a prescrição*. Especialmente mais confundida com a decadência, o instituto processual teve, de fato, historicamente, pela doutrina e legislação italiana, reconhecida uma identidade ontológica com o fenômeno de direito material; sendo mais recentemente, *v.g.*, com Fabio Marelli, criticada acertadamente a falta de zelo técnico na equiparação.

– Também com a *perempção*, fenômeno processual outro, a preclusão se distancia – correspondendo a primeira à extinção da relação processual, com eficácia para fora do processo, e, ao contrário, a preclusão significaria a continuação dessa relação, seu ordenamento, com eficácia restritiva aos contornos do processo. Já no que pertine às diferenciações para a *nulidade (ou invalidade)*, tem-se como peculiaridades próprias da preclusão o fato de que claramente não é sanção processual ("ônus" versus "vício"); atuando, em geral, *ipso iure* (independentemente de manifestação judicial); bem como desenvolvendo-se estritamente no plano da eficácia (inadmissibilidade).

– Em termos de diferenciações, a mais importante, sem dúvida, fixa-se no *isolamento da preclusão para com a coisa julgada*, situação essa que deu origem à construção inovadora de Chiovenda. Na nomenclatura tradicional, sedimentada em Liebman, tem-se que a coisa julgada material somente atua sobre as sentenças definitivas, e pressupõe a existência da coisa julgada formal, que, por sua vez, representa a impossibilidade de a decisão final, seja qual for, ser discutida novamente nos autos em que proferida. A seu turno, a preclusão apresenta-se especialmente no curso do processo (quando determinadas questões são incidentalmente decididas e eliminadas), mas também se apresenta no momento final (quando não caiba mais recurso de uma decisão judicial).

– Como se percebe das concepções firmadas pela doutrina clássica, denunciam com acerto Ugo Rocco e Agricola Barbi, é inútil o conceito de "coisa julgada formal", já que decorre da incidência, no processo, de uma *preclusão de questão final* (espaço próprio encontrado para utilização da expressão "preclusão recursal"); não abrangendo o termo embargado, no entanto, todas as preclusões possíveis de questões incidentais decididas pelo julgador (ou seja, preclusão das decisões interlocutórias).

– Amalgamando os modelos propostos por Giovanni Pugliese e Galeno Lacerda, compatível e completo quadro dos níveis de autoridade da coisa julgada (nas palavras do primeiro), ou dos níveis de eficácia do julgado (no entender do segundo), poderia ser assim formado: 1°) *preclusão de instância* – imperatividade que justifica a execução provisória; 2°) *preclusão em sentido próprio* – a cobrir decisão judicial não passível de qualquer recurso; 3°) *coisa julgada material* – definitividade, que justifica a execução definitiva da decisão final e de mérito.

– Mais recentemente, no seu próprio país, a teoria de Chiovenda, fulcrada nas diferenciações principais entre a coisa julgada material e a preclusão, voltou a sofrer críticas; sustentando-se na mesma direção, dentre outros, Tesoriere, Betti e Ferri, que as prenúncias preparatórias poderiam também, eventualmente, ser idôneas a adquirir a autoridade da coisa julgada (*eficácia pan-processual de decisões interlocutórias*). Tal situação, impensada no nosso sistema processual, é, ao menos, tipificada pelos arts. 310 e 382 do código italiano (a tratar das hipóteses de julgamento sobre competência e jurisdição).

– A semelhança mais importante na aplicação da coisa julgada material e preclusão situa-se em reconhecer o objeto abrangido pelos seus efeitos, qual seja, a questão decidida, contida no dispositivo do *decisum* (aplicação do art. 469, I, do CPC). Descabe se falar, portanto, em "preclusão de motivos", ainda mais quando a decisão incidental é de natureza precária (como a que concede liminar, em tutela antecipada de mérito ou cautelar), hipótese em que sequer o objeto central da discussão (a parte dispositiva da decisão interlocutória) seria imutável.

– *Há resistência diferenciada da coisa julgada material e da preclusão frente à lei nova, mesmo a interpretativa*, conforme estudo de Chermont de Miranda – sendo fixado que somente a segunda poderia ser desconstituída a partir de uma inovação legal que viesse a modificar o teor dos normativos sobre os quais se assentou a decisão judicial tomada. No entanto, restou também fundamentado que tão somente em matéria de ordem pública, pela sua gravidade/repercussão supra-partes, poder-se-ia admitir a viabilidade de o magistrado proferir nova decisão interlocutória, diferente da primeira (já preclusa), em face da posterior modificação do texto da lei – como se dá, *v.g.*, com a competência absoluta.

– *Há atuação diferenciada da coisa julgada material e da preclusão na fase de execução*. Se não se pode dizer que a coisa julgada não atua em absoluto no feito executivo (hipótese de decisão meritória nos embargos à execução, hoje denominados de impugnação, a redundar na possibilidade de cognição plenária na execução de título extrajudicial e cognição sumária na execução de título judicial), ao menos se tem a convicção de que o fenômeno, de natureza não estritamente processual (que irradia efeitos para fora do processo), é presenciado com uma intensidade muito menor que àquela verificada para a preclusão.

– A hipótese que realmente aproxima de maneira menos estanque os institutos da preclusão e da coisa julgada é aquela que prevê uma eficácia (excepcional) do fenômeno preclusivo, que transcenderia os limites do processo em que foi proferida sentença coberta pela *res judicata* (art. 474 do CPC – dispositivo central para a fixação dos limites objetivos da coisa julgada). Aqui, compactuamos com a teoria que confere *limites restritivos à eficácia preclusiva da coisa julgada material*, capitaneada por Barbosa Moreira, entendendo – à luz da denominada "teoria da substanciação", da adequada ponderação a respeito do que realmente deva ser abrangido pelo "objeto litigioso do processo", e dos ensinamentos de Schönke sobre a presença dos "fatos jurídicos" sob os quais gravitam os respectivos "fatos simples" – que os fatos jurídicos não aportados ao feito pela parte proponente, podem ser em uma outra futura demanda; restando sepultada, na demanda originária, a discussão atinente aos fatos simples (apresentados ou não no feito pelo autor) que circunscrevem os fatos jurídicos efetivamente externados nesta contenda.

– Nem a preclusão nem a coisa julgada material atuam, em geral, sobre os *despachos de mero expediente* (art. 504 do CPC); já que tais atos, em princípio, não sendo gravosos, podem, em tese, ser revistos ou revogados, a qualquer tempo.

– A classificação tripartida das preclusões de Chiovenda, em *temporal, lógica e consumativa*, é ainda a mais coerente; sendo, todavia, devido se acatar visão mais ampla da espécie consumativa (a abarcar as situações em que o ato processual é praticado/consumado mesmo que de maneira inválida/imperfeita); deixando-se, assim, de ver na preclusão cunhada de "ordinatória", na forma exposta por Riccio, uma real e autêntica (quarta) modalidade.

– A mais usual das modalidades, a preclusão temporal consiste na perda do direito de praticar determinado ato processual pelo decurso de prazo fixado para o seu exercício, independentemente, por regra, de manifestação judicial. Prevista especialmente no art. 183 do CPC, somente em situações excepcionalíssimas vem sendo admitida a figura da "justa causa" – como em hipótese de moléstia do advogado, e da informação equivocada/imprecisa prestada pela rede de computadores operada pelo próprio Poder Judiciário. Espécie estritamente dirigida às partes, a partir dela se projeta a diferenciação dos prazos em "preclusivos" ("peremptórios" ou "próprios") e "não preclusivos" ("dilatórios" ou "impróprios"), tendo sido desenvolvido, à luz da contribuição de Edoardo Balbi, que *se pode falar na mais pura acepção dos últimos tão somente para a figura do juiz*, já que para as partes pode haver espaço para decretação judicial que reconheça a preclusão. De qualquer forma, o fato de o magistrado não estar vinculado a prazos, não impede que os jurisdicionados reclamem do Estado-juiz a sua responsabilidade pela demora na tramitação da demanda – sendo previstas (tipificadas) determinadas medidas para mais rigoroso controle.

– A preclusão lógica é a que extingue a possibilidade de praticar-se determinado ato, pela realização de outro (posterior) ato com ele incompatível; *não havendo, pois, de ser feita relação direta da modalidade com o princípio da eventualidade*, a tratar de incompatibilidade de atos realizados simultaneamente na mesma peça. Prevista especialmente no art. 503 do CPC, figura-se como decorrência natural de sedimentação de uma presunção de desinteresse recursal – tendo sido defendido, por isso, que a remessa oficial, por não possuir natureza recursal, deve ter regular trâmite, mesmo que a Fazenda Pública haja desistido ou renunciado a sua voluntária irresignação. Ainda mereceram destaque, na esfera recursal, as hipóteses de desistência do recurso principal e posterior apresentação de recurso adesivo, os casos de desistência ou renúncia recursal envolvendo litisconsórcio unitário e Ministério Público; e, fora do âmbito recursal, as situações de preclusão lógica para as partes esculpida no art. 177 e 304 do CPC (referentes à exceção de incompetência) e prevista no art. 62 e ss. (referente à nomeação à autoria). Defendeu-se, ainda a possibilidade de se pensar em uma preclusão lógica para o Estado-juiz, sob a perspectiva da ocorrência de tumulto ao procedimento, a partir de decisões incompatíveis de impulsionamento – a desafiar recursos como o agravo de instrumento, os embargos de declaração, ou mesmo a correição parcial.

– A última modalidade estudada, a preclusão consumativa, origina-se do fato de já ter sido praticado um ato processual, com êxito ou não, descabendo a possibilidade de, em momento ulterior, tornar a realizá-lo. Poder-se-ia aqui sim se falar em uma aproximação da espécie com o princípio da eventualidade; como também de uma *relação mais íntima das espécies consumativa e lógica*, sendo possível se conceber a segunda na esfera de abrangência da primeira. Prevista especialmente nos arts. 471 e 473 do CPC, a modalidade vincula de maneira mais frequente no processo, tanto as partes, como o julgador. Notadamente em matéria de recursos e seus efeitos perante as partes, foram elencados sete momentos processuais polêmicos em que é discutida a sua aplicação, tendo-se fundamentadamente mantida a opção por tese mais conservadora (a favor de sua aplicação) nas hipóteses de preparo do recurso, apresentação de razões recursais, utilização do recurso adesivo, e emenda da peça dos embargos à execução – atual impugnação; e consentido com modelo mais ousado (desapegado sobremaneira de formalismos perniciosos) nas hipóteses de assinatura do procurador e apresentação do instrumento de mandato, das peças componentes do recurso de agravo de instrumento, e encaminhamento do recurso via fax.

– Em específica investigação das preclusões de atos do Estado-juiz (questões), grifa-se a *regra geral da preclusividade das decisões judiciais tomadas*, as quais não podem ser modificadas pelo prolator, a não ser em caso de matérias de ordem pública – sendo que, nessa situação, como sugere Vittorio Denti, é de bom alvitre oportunizar, o julgador, o estabelecimento de um contraditório prévio entre as partes. Quanto à incidência do fenômeno entre as instâncias julgadoras, a sistematização fixada envolve a possibilidade de "preclusão de instância" (em que só o Tribunal pode modificar a decisão, em face da interposição de recurso com efeito devolutivo), de "preclusão hierárquica" (em que a instância inferior, prosseguindo no comando do feito, não pode contrariar decisão incidental já tomada pelo Tribunal, desde que não alterada situação fática e/ou probatória), e de "preclusão de questões atingindo o juízo superior" (em que o Tribunal, ao apreciar o recurso, não pode tratar de matérias outras já solucionadas na origem, e que se tornaram irrecorríveis).

– *A situação anômala das liminares* autoriza se estabelecer, como regra geral (seja para a tutela antecipada de mérito, seja para a tutela cautelar), a viabilidade de o julgador reformar ordem judicial, por ele já proferida, e tornada imutável no feito (preclusa), desde que haja pedido expresso (sendo então vedada a revogação de ofício); demonstrando, para tanto, a parte interessada, em peça fundamentada, a efetiva alteração do quadro fático e/ou probatório.

– Ainda em conformidade com a regra da preclusividade, sustentamos, em descompasso com a doutrina majoritária (ainda excessivamente presa a uma visão formalista, limitadora de uma mais completa/satisfatória tutela jurisdicional), a *possibilidade criteriosa de utilização do atípico pedido de reconsideração* (o qual – reconhece-se – não interrompe, nem suspende, prazo recursal); podendo ser apreciada pelo magistrado a irresignação desde que apresentado o pedido dentro do limite de prazo do recurso tipificado em lei, e desde que pudesse aquele fazer as vias deste – mantendo o prolator da decisão gravosa a função jurisdicional.

– Tratando da *regra excepcional da não preclusividade das decisões judiciais*, onde poderia o julgador, mesmo de ofício, reapreciar medida já tomada, observa-se, como enfatiza Teresa Arruda Alvim Wambier, que nem todas as matérias apreciáveis *ex officio* são necessariamente matérias de ordem pública, já que a lei processual, eventualmente, pode estabelecer que determinados temas de ordem privada sejam também apreciáveis oficiosamente.

– A mais debatida situação em que se cogita a aplicação da regra da não preclusividade envolve os "pressupostos processuais e condições da ação", sendo nessa sequência analisadas, no feito, matérias de ordem eminentemente processuais e substanciais, em investigação preliminar do julgador, antes de debater o mérito propriamente dito (*lide*). A regra excepcional, contudo, não comporta tratamento absolutamente linear: relativização para as *condições* se dá com o exame do tema em momento de prolação da decisão final, quando a sentença já deve ter natureza definitiva, cabendo julgamento puramente terminativo quando verificada, na fase postulatória, a presença das *condições* pelo juiz *in statu assertionis*; bem como para os *pressupostos*, cogitando-se da preclusividade no que toca ao juízo arbitral, regularidade formal do processo, competência relativa, e situações envolvendo suspeição ou impedimento arguidos pela parte. Sendo assentado a impertinência de se falar em *não preclusividade de questões implícitas*, a resolução da grande dúvida prática (desencadeada pelo teor do art. 267, § 3°, do CPC), é melhor enfrentada pela corrente capitaneada por Galeno Lacerda, a qual aponta para a possibilidade de o Estado-juiz reanalisar oficiosamente os temas contidos nos incisos IV e VI do art. 267 e que escapam à jurisdição das partes, mesmo que em fase de saneamento tivesse entendido expressamente pela existência dos mesmos pressupostos ou condições, desde que conserve o magistrado a função jurisdicional.

– É viável uma firme aproximação do fenômeno das matérias preliminares de mérito no primeiro grau (condições da ação e pressupostos processuais) com os requisitos de admissibilidade do recurso manejado à superior instância julgadora; concluindo-se, a partir daí, que o *juízo de admissibilidade recursal*, a exemplo das matérias preliminares no primeiro grau, envolve tema de ordem pública, reconhecível de ofício pelo órgão judiciário, a qualquer tempo, desde que conserve este a sua jurisdição – sendo inócua a limitação temporal estabelecida pela Lei n° 11.276/2006, alterando o teor do art. 518 do CPC. Especificamente no que tange ao enquadramento do fenômeno no Tribunal, tem-se que o órgão judicante, antes de ingressar no mérito do recurso principal, poderá reavaliar decisão anterior incidental sua (proferida em sede de agravo), vindo a não conhecer o recurso de apelação em face da formação de uma convicção mais recente, quanto à inexistência do já analisado requisito de admissibilidade recursal e/ou de qualquer outro.

– As *nulidades absolutas* (art. 245 do CPC), embora devam ser arguidas pela parte na primeira oportunidade que tiverem para se manifestar nos autos, em face de sua gravidade para o processo, podem ser invocadas em ulterior momento no feito, mesmo por petição simples, caso não sejam objeto de atividade oficiosa do próprio magistrado. São, portanto, enquadráveis como mais uma matéria não preclusiva ao Estado-juiz, sendo dado especial destaque aos vícios referentes às citações, às intimações, às sentenças (em suas deficiências de relatório, de fundamentação, ou na presença de julgamento *extra petita, ultra petita,e citra/infra petita*), e aos cerceamentos de defesa em matéria probatória.

– No *direito probatório* também vige a regra da não preclusividade das questões, assentada na relativização do princípio dispositivo em sentido processual ou impróprio, o qual, por sua vez, desenvolveu-se a partir de exigência moderna de suplementação de um modelo de atuação passiva do Estado-juiz na instrução processual. Nesses contornos, enfatiza-se a possibilidade de o julgador reconsiderar decisão que havia negado meio de prova, mesmo que haja a necessidade de reabrir a instrução do feito – estabelecidas as premissas da interpretação restritiva do art. 330, I, do CPC e do caráter residual da limitação ao direito (constitucionalmente resguardado) de provar. Por outro lado, atendendo à propositura de Manoel Caetano Ferreira Filho, concluiu-se pela impossibilidade de reconsideração do despacho que já havia deferido meio de prova, a não ser que excepcionalmente a parte, a quem aproveite a prova antes deferida, expressamente concorde com a sua não realização.

– O *erro material* (do qual é espécie o erro de cálculo) configura-se, nos termos do art. 463, I, do CPC, um determinado vício na exteriorização (expressão) do julgamento, não no teor do julgamento em si (*erro lógico*, âmbito de cognição do Estado-juiz), daí por que se diz que pode ser auferível numa vista de olhos, e modificado a qualquer tempo, mesmo após o trânsito em julgado da demanda. Tido como "manifesto equívoco", é passível de retificação pela via dos embargos de declaração; meio recursal esse que, no entender de abalizada, mas ainda minoritária jurisprudência, também poderia ser utilizado, com efeitos infringentes, para colmatar outros evidentes erros de julgamento: notadamente os denominados "erros de fato", de natureza de direito material, e os "erros de procedimento", de natureza de direito processual.

– Como última matéria elencada no trabalho como não preclusiva, destacou-se a *prescrição*, a partir da novel e criticada, por boa parte da doutrina, alteração do art. 219 do CPC, estabelecida pela Lei n° 11.280/2006. Ao menos por ora, em face da atual disciplina do nosso diploma processual civil e do posicionamento adotado pelo Superior Tribunal de Justiça, tem-se que a prescrição passa a se aproximar ainda mais do instituto da decadência, corporificando-se ambas como matérias prejudiciais do mérito, contempladas no art. 269, IV, do CPC, e que podem ser reconhecíveis de ofício pelo julgador a qualquer tempo.

– Sendo semelhante, na prática, os aspectos que envolvem a exclusão da preclusividade, mais propriamente, nas condições da ação/pressupostos processuais, nulidades absolutas e prescrição, aplicam-se destacadamente a esses temas as conclusões lançadas referentes à *viabilidade do reexame da questão nas instâncias excepcionais* – antes do exame do mérito no recurso especial e extraordinário, superado o requisito do prequestionamento e admissibilidade da irresignação; e em termos de *limites ao efeito translativo* – não sendo possível o reconhecimento da matéria de ordem pública em desfavor do princípio da *reformatio in peius*.

– Ingressando na específica investigação das preclusões de atos das partes (faculdades), precipuamente *referente ao ônus no desenvolvimento das fases do procedimento* (espécie que não se confunde com a preclusão à parte referente ao ato processual de recorrer), concluiu-se pela aproximação, histórica, do instituto com a técnica da eventualidade, a qual se estrutura, nas palavras de Wyness Millar, com o mote de impedir que quaisquer meios de ataque e defesa não apresentados no momento oportuno, possam ser desencadeados ulteriormente; desenvolvendo-se na fase postulatória – sentido estrito, mas também fora dela, como na seara recursal – sentido lato. A aludida aproximação, no entanto, não é absoluta, já que no conceito próprio de eventualidade não se faz presente a noção de preclusão, que funciona como vital anexo capaz de garantir a eficácia da técnica; sendo também destacado que há incidência, ao menos nos sistemas que adotam a teoria da substanciação, da técnica da eventualidade de maneira mais severa para o réu.

– *A técnica da eventualidade (articulada a um sistema de preclusão) para a apresentação de matérias de defesa*, nos termos do art. 300 do CPC, impõe, por regra, que o réu alegue na primeira peça que encaminha ao processo (contestação), todas as defesas que tiver contra o pedido do autor, ainda que sejam incompatíveis entre si, pois na eventualidade de o juiz não acolher uma delas passa a examinar a outra. O ordenamento pátrio possui prazo razoável para comparecimento do réu (quinze dias), apresentando limites claros e simultâneos para todas as atividades de defesa do demandado, fortalecidos por um sistema preclusivo rígido – fato que é bem diverso dos sistemas alienígenas, notadamente do italiano, o qual, segundo estudo de Mario Piu Fuiano, possui prazo muito maior para comparecimento do réu (sessenta dias), em meio ao qual não se operam grandes preclusões, embora autorizadas algumas atividades defensivas.

– A *revelia* consiste, seguramente, no maior ônus que possa trazer a implicação da regra da eventualidade para o réu; daí a nossa preocupação em desenvolver detalhes especiais vinculados ao fenômeno, dando ênfase à matéria que circunscreve a preclusão de provas, a partir da exegese e (in)aplicação do art. 330, II, do CPC. Nesse contexto, firmado foi que na hipótese de comparecimento oportuno do revel, antes de o Estado-juiz dar por encerrada a instrução, não poderia se julgar antecipadamente a demanda – restando excluída, para esse caso, a incidência do invocado dispositivo infraconstitucional; sob pena de configuração de cerceamento de defesa, o que implicaria nulidade da sentença.

– *A regra da eventualidade se faz presente também diante da parte autora*, que deverá delimitar, na inicial, a *causa petendi* bem como o pedido (art. 282 CPC); não podendo o magistrado julgar em descompasso com os parâmetros fixados na peça vestibular, em nome da quase inflexível aplicação do princípio dispositivo em sentido material ou próprio – que, realmente, é o grande limitador para a atividade do magistrado no processo. Mesmo assim, ao Estado-juiz é assegurada a prerrogativa de se valer do brocardo *iura novit curia*, a fim de julgar a *quaestio* com fundamentos legais e mesmo fundamentos jurídicos não aportados expressamente pelas partes, se assim entender como oportuno para plenamente dirimir o litígio. No que tange ao aproveitamento dos fatos jurídicos, viu-se que por trás de uma verdadeira articulação de dispositivos processuais que dificultam a apresentação de novos fatos à demanda após a fase inicial (em cujo contexto se inserem os arts. 462 e 517, ambos do CPC), está justamente o prestígio conferido pelo nosso sistema à aplicação de rígidas regras de eventualidade, articulado aos mecanismos preclusivos inerentes – a estabelecer, em última análise, os devidos contornos da adotada teoria da substanciação (contribuição de Cruz e Tucci).

– Por derradeiro, constatou-se que no direito pátrio, em face do teor do art. 264 do CPC, as partes não possuem a possibilidade de modificação da demanda, após o saneamento do feito; revelando, no entanto, a prática no direito comparado (contrabalançando o rigorismo formal com o princípio da economia processual, e a própria concepção de um moderno processo cooperativo), a *viabilidade de relativização dessa inflexível estabilização do pedido e da causa de pedir no Brasil*, em limites moderados, respeitando-se a situação cultural da nossa sociedade. Assim, recomendável para o processo pátrio, conforme destacada lição de Carlos Alberto Alvaro de Oliveira, que, a partir de alteração legislativa, se abra a possibilidade de a parte interessada – nunca o julgador – requerer a modificação da demanda na primeira audiência de debates (a atual famigerada audiência preliminar prevista no art. 331 do CPC), depois de esclarecidos os fatos da causa em diálogo mantido pelo órgão judicial com os litigantes, se entendido conveniente pelo Estado-juiz e até independente de anuência do adversário.

Referências bibliográficas

ALCALÁ-ZAMORA Y CASTILLO, Niceto. "Proceso, autocomposición y autodefensa". México: Textos universitários UNAM, 1970.

ALLORIO, Enrico. "Critica della teoria del giudicato implicito" in *Rivista de diritto processuale civile*, Vol. XV, Parte II, 1938: 245/256.

ALSINA, Hugo. "Tratado teórico práctico de derecho procesal civil y comercial". Tomo I. Buenos Aires: Compañia Argentina, 1941.

ALVARO DE OLIVEIRA, Carlos Alberto. "A garantia do contraditório" in *Revista da Faculdade de Direito Ritter dos Reis* 1(1998): 7/27.

———. "Direito material, processo e tutela jurisdicional" in *Polêmica sobre a ação* – a tutela jurisdicional na perspectiva das relações entre direito e processo. Porto Alegre: Livraria do Advogado, 2006. p. 285/319.

———. *Do formalismo no processo civil*. 2ª ed. São Paulo: Saraiva, 2003.

———. "Efetividade e processo de conhecimento" Disponível em: http://www6.ufrgs.br/ppgd/doutrina/oliveir2.htm; Acesso em: 20 out. 2007.

———. "Notas sobre o conceito e a função normativa da nulidade" in *Estudos em homenagem ao Prof. Galeano Lacerda*, coordenador Carlos Alberto Alvaro de Oliveira, Porto Alegre, Fabris, 1989.

———. "O formalismo-valorativo no confronto com o formalismo excessivo" in *Revista de Processo* n° 137 (2006):7/31.

———. "O juiz e o princípio do contraditório" in *Revista de Processo* n° 71 (1993): 31/38.

———. "Os direitos fundamentais à efetividade e à segurança em perspectiva dinâmica" in *AJURIS* n° 35 (2008): 57/71.

———. "Poderes do juiz e visão cooperativa do processo" in *Ajuris* n° 90 (2003): 55/83.

———. "Problemas atuais da livre apreciação da prova" disponível em: http://www6.ufrgs.br/ppgd/doutrina/oliveir3.htm; Acesso em: 20 out. 2007.

———. "Procedimento e ideologia no direito brasileiro atual" in *Ajuris* n° 33 (1985): 79/85.

———. *Teoria e prática da tutela jurisdicional*. Rio de Janeiro: Forense, 2008.

ALVES, Jones Figueiredo. *Do poder ex officio no processo civil*. Recife: TJ/PE, 1989.

ALVIM, Arruda. "Dogmática jurídica e o novo código de processo civil" in *Revista de Processo* n° 1 (1976): 85/133.

———. "Lei n° 11.280, de 16.02.2006: análise dos arts. 112, 114 e 305 do CPC e do § 5° do art. 219 do CPC" in *Revista de Processo* n° 143 (2007): 13/25.

———. *Manual de direito processual civil*. São Paulo: RT, 1997, 6ª ed. Vol. 1.

———. "Pressupostos processuais e condições da ação" in *Coleção estudos e pareceres direito processual civil* – Vol. 1. São Paulo: RT, 1995.

ALVIM, J. E. Carreira. "Conseqüências fáticas e jurídicas da revelia. Contestação intempestiva. Impossibilidade de desentranhamento". Jus Navigandi, Teresina, ano 6, n. 56, abr. 2002. Disponível em: http://jus2.uol.com.br/doutrina/texto.asp?id=2916. Acesso em: 20 out. 2007.

———. "Revelia e prazo para o revel". *Revista de Doutrina da 4ª Região*, Porto Alegre, n° 13 , jul. 2006. Disponível em:http://www.revistadoutrina.trf4.gov.br/artigos/edicao013/Jose_Alvim.htm. Acesso em: 20 out. 2007.

AMARAL, Guilherme Rizzo. *Cumprimento e execução da sentença sob a ótica do formalismo-valorativo*. Porto Alegre: Livraria do advogado. 2008.

ANDOLINA, Ítalo Augusto. "O papel do processo na atuação do ordenamento constitucional e transnacional" in *Revista de Processo* n° 87 (1997): 63/69.

ANDRIGHI, Fátima Nancy. "Lei n° 11.276/06 – Inadmissibilidade da apelação contra sentença que se conforma com súmula do STJ ou STF". Disponível em http://bdjur.stj.gov.br/dspace/handle/2011/2299. Acesso em 12 de abril de 2008.

ANDRIOLLI, Virgilio. "Preclusione (diritto processuale civile)" in *Novíssimo Digesto Italiano*, XIII. Napoli: Utet, 1966. p. 567/570.

ARAGÃO, E. D. Moniz de. "O julgamento conforme o estado do processo" in RT 502 (1977):11/19.

——. "Preclusão (processo civil)" in *Estudos em homenagem ao Prof. Galeno Lacerda*, coordenador Carlos Alberto Alvaro de Oliveira, Porto Alegre, Fabris, 1989.

——. "Revisão 'ex officio' de sentenças contrárias à fazenda pública" in *Ajuris* n° 10 (1977): 147/156.

——. *Sentença e coisa julgada*. Rio de Janeiro: AIDE, 1992.

——. "Procedimento: formalismo e burocracia" in *Revista Forense* n° 358 (2001): 49/58.

ARAGÃO, Paulo Cezar. "Recurso adesivo". São Paulo: Saraiva, 1974.

ASSIS, Araken de. "Condições de admissibilidade dos recursos cíveis" in *Aspectos polêmicos e atuais dos recursos cíveis de acordo com a Lei n° 9.756/98*. Coordenação de Teresa Arruda Alvim Wambier e Nelson Nery Jr. São Paulo: RT, 1999.

——. *Manual do processo de execução*. 3ª ed. São Paulo: RT, 1996.

——. "Reflexões sobre a eficácia preclusiva da coisa julgada" in *Ajuris* n° 44 (1988): 25/44.

ATTARDI, Aldo. "Preclusione (principio di)" in *Enciclopédia del diritto* n° 34 (1985): 893/910.

AZEVEDO, Plauto Faraco de. "O poder judiciário e a justiça social" in *Ajuris* n° 63 (1995): 5/16.

BALBI, Celso Edoardo. *La decadenza nel processo di cognizione*. Milão: Giuffrè, 1983.

BARBI, Celso Agrícola. "Da preclusão no processo civil", in *Revista Forense*, 158 (1955): 59/66.

BARBOSA, Rui. *A constituição e os atos inconstitucionais do congresso e do executivo ante a justiça federal*. 2ª ed. Rio de Janeiro: Atlântida.

BARBOSA, Antônio Alberto Alves. *Da preclusão processual civil*. São Paulo: RT, 1955.

BARBOSA MOREIRA, J. C. "A constituição e as provas ilicitamente adquiridas" in *Ajuris* n° 68 (1996): 13/27.

——. "A eficácia preclusiva da coisa julgada material no sistema do processo civil brasileiro" in *Temas de direito processual*. São Paulo: Saraiva, 1997.

——. "A justiça no limiar do novo século" in *Revista Forense* (319):69/75.

——. "A motivação das decisões judiciais como garantia inerente ao estado de direito" in *Temas de direito processual*. 2ª série. São Paulo: Saraiva, 1988.

——. "Aspectos da extinção do processo conforme o art. 329 CPC" in *Estudos em homenagem ao Prof. Galeno Lacerda*, coordenador Carlos Alberto Alvaro de Oliveira, Porto Alegre, Fabris, 1989.

——.*Comentários ao código de processo civil* – vol., 5, arts. 476 a 565. 12ª ed. Rio de Janeiro: Forense, 2005.

——. "Correlação entre o pedido e a sentença" in *Revista de Processo* n° 83 (1996): 207/215.

——. "Efetividade do processo e técnica processual" in *Ajuris* (64): 149/161.

——. "Julgamento e ônus da prova" in *Temas de direito processual*, Segunda série. 2ª ed . São Paulo: Saraiva, 1989.

——. "La igualdad de las partes em el proceso civil" in *Temas de direito processual*, Quarta série. São Paulo: Saraiva, 1989.

——. *O novo processo civil brasileiro*. 24ª ed. Rio de Janeiro: Forense, 2006.

——. *O juízo de admissibilidade no sistema dos recursos civis*. Rio de Janeiro, 1968 (Tese de concurso para a docência livre de Direito Judiciário Civil, apresentada à Congregação da Faculdade de Direito da Universidade do Estado da Guanabara).

——. "Sobre prazos peremptórios e dilatórios" in *Temas de direito processual*, Segunda série. 2ª ed. São Paulo: Saraiva, 1989.

BARRIOS DE ANGELÍS, Dante. *El proceso civil – Código General del proceso*. Montevidéu: IDEA, 1989.

BARROS TEIXEIRA, Guilherme Freire de. *O princípio da eventualidade no processo civil*. São Paulo: RT, 2005.

BAUR, Fritz. "Da importância da dicção 'iura novit curia'", Trad. Arruda Alvim, in *Revista de Processo* n° 3 (1976): 169/177.

———. "Transformações do processo civil em nosso tempo", Trad. J. C. Barbosa Moreira, in *Revista Brasileira de Direito Processual* n° 7 (1976): 57/68.

BEDAQUE, José Roberto dos Santos. "A posição do juiz: tendências atuais" in *Revista Forense* n° 349 (2000): 85/99.

———. *Efetividade do processo e técnica processual*. 2ª ed. São Paulo: Malheiros, 2007.

———. "Nulidade processual e instrumentalidade do processo" in *Revista de Processo* n° 60 (1990): 31/43.

———. "Os elementos objetivos da demanda examinados à luz do contraditório" in *Causa de pedir e pedido no processo civil*. Coordenadores José Rogério Cruz e Tucci e José Rogério dos Santos Bedaque. São Paulo: RT, 2002.

———. *Poderes instrutórios do juiz*. 3ª ed. São Paulo: RT, 2001.

———. "Pressupostos processuais e condições da ação" in *Revista da Procuradoria Geral do Estado de São Paulo* n° 35 (1991): 183/211.

BENEVIDES, Fernando Pinheiro de Sá e. "O objeto do pedido de reconsideração". Jus Navigandi, Teresina, ano 8, n. 316, 19 maio 2004. Disponível em: http://jus2.uol.com.br/doutrina/texto.asp?id=5206. Acesso em: 20 out. 2007.

BETTI, Emilio. "Se il passaggio in giudicato di una sentenza interlocutoria precluda al contumace l'eccezione d'incompetenza territoriale" in *Rivista di Diritto Processuale Civile* n° 4 (1927): 13/28.

BOTELHO DE MESQUITA, José Inácio. "A 'causa petendi' nas ações reivindicatórias" in *Ajuris* n° 20 (1980): 166/180.

———. "As novas tendências do direito processual: uma contribuição para o seu exame" in *Revista Forense* n° 361 (2002): 47/72.

BIAVATI, Paolo. "Iniziativa delle parti e processo a preclusioni" in *Rivista Trimestrale di Diritto e Procedura Civile* n° 50 (1996): 477/512.

BÜLOW, Oskar. *Teoria das exceções e dos pressupostos processuais*. 2ª ed. Trad. de Ricardo Rodrigues Gama. Campinas: LZN, 2005.

BUTTENBENDER, Carlos Francisco. *Direito probatório, preclusão e efetividade processual*. Curitiba: Juruá, 2004.

BUZAID, Alfredo. *Da apelação "ex officio" no sistema do código do processo civil*. São Paulo: Saraiva, 1951.

———.*Do agravo de petição no sistema do código de processo civil*. São Paulo: Saraiva, 1956. 2ª ed.

———. "Inafastabilidade do controle jurisdicional" in *Estudos e pareceres de direito processual civil*. Notas de Ada Pellegrini Grinover e Flávio Luiz Yarshell. São Paulo: RT, 2002. p. 309/319.

———. "Linhas fundamentais do sistema do código de processo civil brasileiro" in *Estudos e pareceres de direito processual civil*. Notas de Ada Pellegrini Grinover e Flávio Luiz Yarshell. São Paulo: RT, 2002. p. 31/48.

CALAMANDREI, Piero. *Direito processual civil*. Trad. de Luiz Abezia e Sandra Drina Fernandez Barbery. Vol. 1. Campinas: Bookseller, 1999.

———. "El juez y el historiador" in *Estudios sobre el proceso civil*. Trad. de Santiago Sentís Melendo. Buenos Aires: Bibliográfica Argentina, 1945.

———. *Eles, os juízes, vistos por nós, os advogados*. 7ª ed. Trad. de Ary dos Santos. Lisboa: Livraria Clássica Editora.

CALMON DE PASSOS, J. J. *Esboço de uma teoria das nulidades aplicada às nulidades processuais*. Rio de Janeiro: Forense, 2005.

———. "Função social do processo" in *Revista de direito processual civil* n° 07 (1998): 35/45.

CAMBI, Eduardo. *A prova civil*: admissibilidade e relevância. São Paulo: RT, 2006.

CAMEJO FILHO, Wagner. "Juízo de admissibilidade e juízo de valoração das provas" in *Prova Cível*, organizador Carlos Alberto Alvaro de Oliveira. Rio de Janeiro: Forense, 1999.

CÂMARA, Alexandre Freitas. "Reconhecimento de ofício da prescrição: uma reforma descabeçada e inócua". Disponível em http://www.flaviotartuce.adv.br/secoes/artigosf/Camara_presc.doc. Acesso em 18/11/2007.

CAMPOS, Paulo Cerqueira. "A preclusividade de poderes do juiz como uma das formas de se conferir efetividade ao atual processo civil brasileiro" in *Revista do curso de direito da Universidade Federal de Uberlândia* n° 25 (1996): 255/289.

CANOTILHO, José Joaquim Gomes. "Tópicos de um curso de mestrado sobre direitos fundamentais, procedimento, processo e organização" in *Boletim da faculdade de direito de Coimbra*, 1990.

CAPPELLETTI, Mauro. *Juízes irresponsáveis*. Trad. de Carlos Alberto Alvaro de Oliveira. Porto Alegre: Sergio Antonio Fabris,1989.

——. *La testemonianza della parte nel sistema dell'oralità*. Milão: Giuffrè, Primeira Parte, 1962.
——. "Problemas de reforma do processo civil nas sociedades contemporâneas" in *O processo Civil Contemporâneo*, Coordenador Luiz Guilherme Marinoni. Curitiba: Juruá, 1994.
CARNEIRO, Athos Gusmão. *Da antecipação de tutela no processo civil*. Rio de Janeiro: Forense, 1998.
——. *O novo recurso de agravo e outros estudos*. Rio de Janeiro: Forense, 1996.
——. "Requisitos específicos de admissibilidade do recurso especial" in *Aspectos polêmicos e atuais dos recursos cíveis de acordo com a Lei nº 9.756/98*. Coordenação de Teresa Arruda Alvim Wambier e Nelson Nery Jr. São Paulo: RT, 1999.
CARNELUTTI, Francesco. *Como se faz um processo*. Trad. de Hiltomar Martins Oliveira. 2ª ed. Belo Horizonte: Líder Cultura Jurídica, 2005.
——. *Lezioni di diritto processuale civile*, vol. 4. Padova: CEDAM, 1933.
CARVALHO, Milton Paulo de. *Do pedido no processo civil*. Porto Alegre: Fabris, 1992.
CHERMONT DE MIRANDA, Vicente. "Preclusão e coisa julgada" in *RF* nº 85 (1941): 419/420.
CHIOVENDA, Giuseppe. "Cosa giudicata e competenza" in *Saggi di diritto processuale civile*. Vol. 2. Milão, Giuffrè, 1993. Reimpressão. p. 411/423.
——. "Cosa giudicata e preclusione" in *Rivista Italiana per le scienze giuridiche* nº 11 (1933): 3/53.
——. *Instituições de direito processual civil*. São Paulo: Saraiva, 1969, Vol. I, 3ª ed., notas de Enrico Tullio Liebman.
——. ——. São Paulo: Saraiva, 1969, Vol. II, 3ª ed., notas de Enrico Tullio Liebman.
——. ——. São Paulo: Saraiva, 1969, Vol. III, 3ª ed., notas de Enrico Tullio Liebman.
——. *La accion em el sistema de los derechos*. Trad. de Santiago Sentís Melendo. Chile: Edeval, 1992.
——. "Sulla cosa giudicata" in *Saggi di diritto processuale civile*. Vol. 2. Milão, Giuffrè, 1993. Reimpressão. p. 399/409.
CIANCI, Mirna. "A prescrição na Lei nº 11.280/2006" in *Revista de Processo* nº 148 (2007): 32/45.
COMOGLIO, Luigi Paolo. "Preclusioni istruttorie e diritto alla prova" in *Rivista di Diritto Processuale* nº 53 (1998): 968/995.
COUTO E SILVA, Clóvis V. do. "Para uma história dos conceitos no direito civil e no direito processual civil" in *Boletim da Faculdade de Direito de Coimbra*, 1983, 1/64.
COUTURE, Eduardo J. *Fundamentos del derecho procesal civil*. Buenos Aires: Aniceto López, 1942.
——. *Introdução ao estudo do processo civil*. 3ª ed. Trad. de Mozart Victor Russomano. Rio de Janeiro: José Konfino.
CRUZ E TUCCI, José Rogério. *A causa petendi no processo civil*. São Paulo: RT, 1993.
——. "A regra da eventualidade como pressuposto da denominada teoria da substanciação" in *Revista do Advogado* nº 40 (1993): 39/43.
——. *Tempo e processo*. São Paulo: RT, 1997.
——. "Sobre a eficácia preclusiva da decisão declaratória de saneamento" in *Estudos em homenagem ao Prof. Galeno Lacerda*, coordenador Carlos Alberto Alvaro de Oliveira, Porto Alegre, Fabris, 1989.
CUNHA, Alcides Munhoz da. *Comentários ao código de processo civil – Do processo cautelar*. Vol. 11. São Paulo: RT, 2001.
D'ONOFRIO, Paolo. "Legge interpretativa e preclusione" in *Rivista di Diritto Processuale Civile* nº 10 (1933): 233/239.
——. "Sul concetto di preclusione" in *Studi di diritto processuale in onore di Giuseppe Chiovenda*. Padova: CEDAM, 1927.
DALL'AGNOL JR., Antônio Janyr. "Para um conceito de irregularidade processual" in *Revista de Processo* nº 60 (1990): 15/30.
DENTI, Vittorio. "Nullità degli atti processuali civili" in *Novissimo Digesto Italiano*, Vol. XI. p. 467/486.
——. "Questioni rilevabili d'ufficio e contradittorio" in *Rivista di Diritto Processuale* nº 23 (1968): 217/231.
DEVIS ECHANDÍA, Hernando. *Teoria General del proceso*. Tomo I Buenos Aires: Editorial Universidad, 1984..
——. ——. Tomo II. Buenos Aires: Editorial Universidad, 1985.
DIAS, Rogério Correia. "A demora da prestação jurisdicional" in *RT* nº 789 (2001): 48/61.

DIDIER JÚNIOR, Fredie Souza. "Cognição, construção de procedimentos e coisa julgada: os regimes de formação da coisa julgada no direito processual civil brasileiro". *Jus Navigandi*, Teresina, ano 6, n. 58, ago. 2002. Disponível em: http://jus2.uol.com.br/doutrina/texto.asp?id=3202. Acesso em: 20 out. 2007.

——. "Inovações na antecipação dos efeitos da tutela e a resolução parcial de mérito" in *Gênesis – Revista de Direito Processual Civil* n° 26 (2002): 711/734.

DINAMARCO, Cândido Rangel. *A instrumentalidade do processo*. 4ª ed. São Paulo: RT, 1994.

——. *Fundamentos do processo civil moderno*. vol. I. 5ª ed. São Paulo: Malheiros, 2000.

——. ——. vol. II. São Paulo: Malheiros, 2000, 5ª ed.

——. "Os efeitos dos recursos" in *Aspectos polêmicos e atuais dos recursos cíveis de acordo com a Lei n° 10.352/2001*. Coordenação de Teresa Arruda Alvim Wambier e Nelson Nery Jr. São Paulo: RT, 2002.

DONNINI, Rogério. "Pedido de reconsideração" in *Revista de Processo* n° 80 (1995): 236/244.

DONOSO, Denis. "Nulidades processuais no âmbito recursal. Breves comentários sobre o novo § 4° do art. 515 do CPC". *Jus Navigandi*, Teresina, ano 11, n. 1233, 16 nov. 2006. Disponível em: http://jus2.uol.com.br/doutrina/texto.asp?id=9168. Acesso em: 20 out. 2007.

ECHEGARAY, Luis Juárez. "La preclusión" in *Estudios de derecho procesal en honor de Hugo Alsina*. Buenos Aires: EDIAR, 1946.

EISNER, Isidoro. "Preclusión" in *Revista Juridica Argentina La Ley* n° 118 (1965): 1106/1112.

ENGISCH, Karl. *Introdução ao pensamento jurídico*. Trad. de J. Baptista Machado. 7ª ed. Lisboa: Fundação Calouste Gulbenkian, 1996.

FABRICIO, Adroaldo Furtado. "Extinção do processo e mérito da causa" in *Estudos em homenagem ao Prof. Galeno Lacerda*, coordenador Carlos Alberto Alvaro de Oliveira, Porto Alegre: Fabris, 1989.

——. "Prescrição e sua declaração *ex officio* pelo juiz (Lei n° 11.280/06)", palestra proferida no Salão Nobre da Faculdade de Direito da UFRGS, em 05/05/2006, na II Jornada de Processo e Constituição – Reformas Processuais – em homenagem ao Ministro do STJ Athos Gusmão Carneiro.

——. "Prescrição e decadência" palestra proferida no Salão Nobre da Faculdade de Direito da UFRGS, em 04/07/2006, para o curso de especialização em Direito Civil da UFRGS.

FAZZALARI, Elio. "Procedimento e processo (teoria generale)" in *Enciclopedia del diritto*, n° 35 (1986): 819/835.

——. "Valori permanenti del processo" in *Rivista di diritto processuale*, n° 44 (1989): 1/11.

FERRAZ, Cristina. *Prazos no processo de conhecimento*: preclusão, prescrição, decadência, peremção, coisa julgada material e formal. São Paulo: RT, 2001.

FERREIRA, Gecivaldo Vasconcelos. O pedido de reconsideração no processo civil . Jus Navigandi, Teresina, ano 9, n. 745, 19 jul. 2005. Disponível em: http://jus2.uol.com.br/doutrina/texto.asp?id=7022. Acesso em: 20 out. 2007.

FERREIRA FILHO, Manoel Caetano. *A preclusão no direito processual civil*. Curitiba: Juruá, 1991.

——. *Comentários ao código de processo civil* – volume 7, arts. 496 a 565. São Paulo: RT, 2001.

FERRI, Corrado. "Sentenze a contenuto processuale e cosa giudicata"in *Revista di Diritto Processuale* n° 21 (1966): 419/441.

FIGUEIRA JR., Joel Dias. *Comentários ao código de processo civil* – vol., 4, tomo II, arts. 282 a 331. São Paulo: RT, 2001.

FISS, Owen. *Um novo processo civil: estudos norte-americanos sobre jurisdição, constituição e sociedade*. Coordenação de trad. de Carlos Alberto de Salles. São Paulo: RT, 2004.

FONTES, Renata Barbosa. "Preclusão pro judicato" in *Revista da Procuradoria Geral do INSS*, 1997: 24/28.

FORNACIARI, Mario Alberto. "Actividad esclarecedora del juez en el código procesal civil y comercial de la nacion (deber o facultad)" in *Revista de Processo* n° 46 (1987): 90/102.

FREIRE, Rodrigo da Cunha Lima. "Ainda sobre a declaração *ex officio* da falta de um pressuposto processual ou de uma condição da ação em agravo de instrumento". *Jus Navigandi*, Teresina, ano 5, n. 50, abr. 2001. Disponível em: http://jus2.uol.com.br/doutrina/texto.asp?id=2007. Acesso em: 20 out. 2007.

FREITAS, Elmano Cavalcanti de. "Da preclusão" in *Revista Forense* n° 240 (1972): 22/35.

FUIANO, Mario Pio. "Durata ragionevole del processo e termini per comparire" in *Rivista Trimestrale di Diritto e Procedura Civile* n° 57 (2003): 241/261.

GARBAGNATI, Edoardo. "Preclusione 'pro iudicato' e titolo ingiuntivo" in *Studi in onore di Enrico Redenti*. Milão: Giuffrè, 1951, p. 467/483.

GARCIA MÁYNEZ, Eduardo. *Introduccion al estudio del derecho*. México: Porrua, 1955.

GASTAL, Alexandre Fernandes. "A coisa julgada: sua natureza e suas funções" in *Eficácia e coisa julgada*. Organizador: Carlos Alberto Alvaro de Oliveira. Rio de Janeiro: Forense, 2006. p. 187/204.

GELSI BIDART, Adolfo. "Del tiempo procesal y su manejo" in *Revista de Processo* n° 93 (1995): 191/196.

———. "El tiempo y el proceso" in *Revista de Processo* n° 23 (1981): 100/121.

GIANNICO, Maurício. *A preclusão no direito processual civil brasileiro*. São Paulo: Saraiva, 2007, 2ª ed.

GOLDSCHMIDT, James. *Teoria general del proceso*. Trad. Leonardo Prieto Castro. Barcelona: Editorial Labor, 1936.

GOMES, Celeste Leite dos Santos Pereira. "Princípio da oficiosidade e preclusão" in *Justitia* n° 61 (1999): 228/244.

GOMES, Fábio. *Comentários ao código de processo civil* – vol. 3, arts. 243 a 269. São Paulo: RT, 2000.

GOMES, Luiz Flávio; BIANCHINI, Alice. "Preclusão: efeitos da preclusão pro judicato no processo penal" in *Revista Síntese de direito penal e processo penal* n° 16 (2002): 17/18.

GOMES JR., Luiz Manoel. "Prescrição – invocação a qualquer tempo art. 193 CC e a preclusão processual". Disponível em: http://www.prgo.mpf.gov.br/informativo/info75/corpo.htm. Acesso em: 20 out. 2007.

GONÇALVES, Aroldo Plínio. *Técnica processual e teoria do processo*. Rio de Janeiro: AIDE, 1992.

GRASSO, Eduardo. "Interpretazione della preclusione e nuovo processo civile in primo grado" in *Rivista di Diritto Processuale Civile* n° 69 (1993): 639/655.

GRECO FILHO, Vicente. *Direito processual civil brasileiro*. São Paulo: Saraiva, 1984, 2° Volume.

GRINOVER, Ada Pellegrini. *As garantias constitucionais do direito de ação*. São Paulo: RT, 1973.

———. "Interesse da União. Preclusão. A preclusão e o órgão judicial" in *A Marcha do Processo*. Rio de Janeiro: Forense Universitária, 2000.

———. "Preclusão. Erro material e erro aritmético" in *O processo – estudo e pareceres*. São Paulo: DPJ, 2005.

———; CINTRA, Antônio Carlos de Araújo; DINAMARCO, Cândido Rangel. *Teoria geral do processo*. 17ª ed. São Paulo: Malheiros, 2001.

GRUNSKY, Wolfgang. "L'accelerazione e la concentrazione del procedimento dopo la novella che semplifica il processo civile in germania". Trad. de Celso E. Balbi in *Rivista di Diritto* n° 1 (1978): 366/385.

GUARNERI, Giuseppe. "Preclusione (diritto processuale penale)" in *Novíssimo Digesto Italiano*, XIII. Napoli: Utet, p. 571/577.

GUIMARÃES, Luiz Machado. "Preclusão, coisa julgada e efeito preclusivo" in *Estudos de direito processual civil*. Rio de Janeiro: Jurídica e universitária, 1969.

GUSMÃO, Manoel Aurelino de. *Coisa julgada no cível, no crime e no direito internacional*. 2ª ed. São Paulo: Saraiva, 1922.

HABSCHEID, Walter J. *As bases do direito processual civil*. Trad. de Arruda Alvin in Revista de Processo n° 11-12 (1978): 117/145.

———. *Oggeto del processo nel diritto processuale civile tedesco*. Trad. de Angela Loaldi in Rivista de Diritto Processuale Civile n° 35 (1980): 454/464.

JOLOWICZ, J. A. "A reforma do processo civil inglês: uma derrogação ao 'adversary sistem'", Trad. de J. C. Barbosa Moreira, in *Revista de Processo* n° 75 (1994): 64/75.

KEMMERICH, Clóvis Juarez. *O direito processual na idade média*. Porto Alegre: Sergio Antonio Fabris, 2006.

KNIJNIK, Danilo. *A prova nos juízos cível, penal e tributário*. Rio de Janeiro: Forense, 2007.

———. *O recurso especial e a revisão da questão de fato pelo Superior Tribunal de Justiça*. Rio de Janeiro: Forense, 2005.

LACERDA, Galeno. *Do despacho saneador*. Porto Alegre: La Salle, 1953.

———. "O código e o formalismo processual" in *Ajuris* n° 28 (1983): 7/14.

———. *O novo direito processual civil e os feitos pendentes*. Rio de Janeiro: Forense, 1974.

LEVENHAGEN, Antônio José de Souza. *Comentários ao código de processo civil*. 4ª ed. São Paulo: Atlas, 1996.

LIEBMAN, Enrico Tullio. "Diritto costituzionale e processo civile" in *Rivista di diritto processuale*, Vol. VII, parte I, 1952: 327/332.

———. "Effetti della sentenza e cosa giudicata" in *Rivista di diritto processuale*, n° 1, 1979: 1/10.

———. *Eficácia e autoridade da sentença*. Trad. de Alfredo Buzaid e Benvindo Aires. Notas de Ada Pellegrini Grinover. 2ª ed. Rio de Janeiro: Forense, 1981.

——. *Estudos sobre o processo civil brasileiro*. São Paulo: José Bushatsky, 1976.
——. "Fondamento del principio dispositivo" in *Rivista di Diritto Processuale* n° 15 (1960): 551/565.
——. *Manual de direito processual civil*. Vol. 3. Tocantins: Intelectus, 2003,
LIMA, Alcides de Mendonça. "Do saneamento do processo" in *Estudos em homenagem ao Prof. Galeano Lacerda*, coordenador Carlos Alberto Alvaro de Oliveira, Porto Alegre, Fabris, 1989.
——. *Introdução aos recursos cíveis*. 2ª ed. São Paulo: RT, 1976.
LOPES, João Batista. "Breves considerações sobre o instituto da preclusão" in *Revista de Processo* n° 23 (1981): 45/60.
——. "Os poderes do juiz e o aprimoramento da prestação jurisdicional" in *Revista de Processo* n° 35 (1984): 24/67.
——. "Preparo do recurso e preclusão consumativa" in *Repertório IOB de Jurisprudência* n° 11 (1996): 193/194.
LUISO, Francesco Paolo. *Diritto processuale civile*. Vol. II. Milão: Giuffrè, 2000.
MALACHINI, Edson Ribas. "Inexatidão material e 'erro de cálculo' – conceito, características e relação com a coisa julgada e a preclusão" in *Revista de Processo* n° 113 (2004): 208/245.
MANDRIOLI, Crisanto. "Riflessioni in tema de 'petitum' e di 'causa petendi'" in *Rivista di Diritto Processuale* n° 39 (1984): 465/480.
MANESCHY, Renato de Lemos. "Extinção do processo. Preclusão" in *Revista Forense* n° 269 (1980): 153/155.
MARCATO, Antônio Carlos. "Preclusões: limitação ao contraditório?" in *Revista de Direito Processual Civil* n° 17 (1980): 105/114.
MARELLI, Fabio. *La trattazione della causa nel regime delle preclusioni*. Padova: CEDAM, 1996.
MARINONI, Luiz Guilherme. *A antecipação da tutela na reforma do processo civil*. 2ª ed. São Paulo: Malheiros, 1996.
——. *Teoria geral do processo*. Vol. 1. São Paulo: RT, 2006,
MARINONI, Tereza Cristina. "Sobre o pedido de reconsideração (sucedâneo de recurso?)" in *Revista de Processo* n° 62 (1991): 299/306.
MARQUES, José Frederico. *Manual de direito processual civil*. 2ª ed. Vol. 1. Campinas: Millenium, 2000.
——. *Instituições de direito processual civil*. Campinas: Millenium, 2000. Vol.2.
MARTINS-COSTA, Judith. "A resignificação do princípio da segurança jurídica na relação entre o Estado e os cidadãos" in *Revista CEJUR* n° 27 (2004): 110/120.
MARTINS DE OLIVEIRA, João. *A preclusão na dinâmica do processo penal*. Belo Horizonte, 1955.
MATTE, Fabiano Tacachi; ARNECKE, Júnior Eduardo. "Erro material (comentários ao art. 463, I CPC)". Disponível em: http://www.tex.pro.br/wwwroot/00/061023erromaterial.php. Acesso em 29 abril 2008.
MEDEIROS, Maria Lúcia L. C. "Recurso 'ex officio' – 'reformatio in pejus'" in *Revista de Processo* n° 61 (1991): 302/313.
MEDINA, José Miguel Garcia. "Execução. Nulidade. Inexistência de preclusão" in *Revista de Processo* n° 112 (2003): 187/195.
MEDINA, Llewellyn. "Processo civil – preclusão – mandado de segurança – pressupostos processuais e condições da ação" in *Repertório Autorizado da Jurisprudência do STF* n° 137 (1984): 20/25.
MELENDO, Santiago Sentís. "La prueba es libertad" in *RT* n° 462 (1974): 11/21.
MELERO, Valentin Silva. "La prueba procesal". Madrid: *Revista de derecho privado*, Tomo 1, 1963.
MENDES, Leonardo Castanho. "O juízo de admissibilidade recursal e a preclusão" in *AJUFE* n° 63 (2000): 209/218.
MENEZES, Cláudio Armando Couce de. "A prescrição e os princípios da eventualidade e da efetividade" in *Repertório IOB de Jurisprudência* n° 40 (1993): 185/186.
MERCADER, Amílcar Angel. *Estúdios de derecho procesal*. La plata: Platense, 1964.
MILLAR, Robert Wyness. *Los principios informativos del proceso civil*, trad. de Catalina Grossmann. Buenos Aires.
MINOLI, Eugenio. *L'acquiescenza nel processo civile*. Milão: Francesco Vallardi, 1942.
MITIDIERO, Daniel Francisco. *Colaboração no processo civil*. São Paulo: RT, 2009.

———. "O problema da invalidade dos atos processuais no direito processual civil brasileiro contemporâneo" in *Visões críticas do processo civil brasileiro*. Coordenação de Guilherme Rizzo Amaral e Márcio Louzada Carpena. Porto Alegre: Livraria do Advogado. 2005.

MONTESANO, Luigi. "Sentenze endoprocessuali nei giudizi civili di merito" in *Rivista di Diritto Processuale* n° 26 (1971): 17/35.

MOREIRA PINTO, Júnior Alexandre. "Sistemas rígidos e flexíveis: a questão da estabilização da demanda" in *Causa de pedir e pedido no processo civil*. Coordenadores José Rogério Cruz e Tucci e José Rogério dos Santos Bedaque. São Paulo: RT, 2002.

NEGRÃO, Theotonio. *Código de Processo Civil e legislação processual em vigor*. 36ª ed. São Paulo: Saraiva, 2004.

NERY, Rosa Maria Andrade. "Preparo e preclusão consumativa", in *Reforma do Código de Processo Civil*, coordenador Min. Sálvio Figueiredo Teixeira. São Paulo: Saraiva, 1996.

———. *Teoria geral dos recursos*. 6ª ed. São Paulo: RT, 2004.

———; NERY, Rosa Maria de Andrade. *Código de processo civil comentado e legislação extravagante*. 9ª ed. São Paulo: RT, 2006.

NEVES, Daniel Amorim Assumpção. *Preclusões para o juiz: preclusão pro iudicato e preclusão judicial no processo civil*. São Paulo: Método, 2004.

NORONHA, Carlos Silveira. *Sentença civil*: perfil histórico-dogmático. São Paulo: RT, 1995.

NUNES, Dierle José Coelho. "Preclusão como fator de estruturação do procedimento" in *Estudos continuados de teoria do processo* – vol. IV. Porto Alegre: Síntese, 2004.

OLIVEIRA, Lauro Laertes de. "Da preclusão consumativa do preparo das custas recursais" in *Ajuris* n° 66 (1996): 258/260.

PARISI, Antonella. "Figure di preclusione al rilievo delle nullità assolute" in *Revista Trimestrale di Diritto e Procedura civile* n° 56 (2002):1397/1421.

PESSOA, Flávia Moreira Guimarães. "Pedido de reconsideração e preclusão pro judicato no processo civil" in *Revista IOB Direito Civil e Direito Processual* n° 42 (2006): 103/109.

PESSOA FILHO, Miguel Thomaz. "Da preclusão no direito processual penal" in *Revista da Associação dos Magistrados do Paraná* n° 28 (1982): 49/66

PICARDI, Nicola. *Jurisdição e processo*. Organizador e revisor técnico da trad.: Carlos Alberto Alvaro de Oliveira. Rio de Janeiro: Forense, 2008.

PODETTI, J. Ramiro. "Preclusión y perención" in *Revista de Derecho Procesal*, ano V, 1947: 363/375.

POLICASTRO, Décio; BERTACO, Cristina. "Natureza jurídica do pronunciamento judicial que manda preparar e concluir para o julgamento antecipado da lide – irrecorribilidade – ausência de preclusão" in *Revista de Processo* n° 68 (1992): 143/156.

PONTES DE MIRANDA, Francisco Cavalcanti. *Comentários ao código de processo civil*. Tomo V. 3ª ed. Rio de Janeiro: Forense, 1997.

———. *Tratado das ações* – Tomo I. Campinas: Bookseller, 1998. Atualizado por Vilson Rodrigues Alves.

PORTANOVA, Rui. *Princípios do processo civil*. Porto Alegre: Livraria do Advogado, 2005, 6ª ed.

PORTO, Sérgio Gilberto. "Classificação de ações, sentença e coisa julgada". Disponível em: http://www.professorademir.com.br/arquivo_doutrina/miolodoutrinaclassificacao.htm. Acesso em: 20 out. 2007.

———. *Comentários ao código de processo civil* – Vol. 6 (arts. 444 a 495). São Paulo: RT, 2000.

PRUDENTE, Antônio Souza. "Poder judiciário e segurança jurídica" in *Revista de informação legislativa* n° 115 (1992): 571/580.

PUGLIESE, Giovanni. "Giudicato civile (diritto vigente)" in *Enciclopedia del diritto*, n° 18 (1969): 785/893.

REDENTI, Enrico. *Diritto Processuale Civile*. Vol. 1. Milão: Giuffrè, 1947.

———. *Diritto Processuale Civile*. Vol. 2, Tomo 1. Milão: Giuffrè, 1949.

RIBEIRO, Darci Guimarães. "Tendências modernas da prova" in *Ajuris* n° 65 (1995): 324/349.

RICCIO, Stefano. *La preclusione processuale penale*. Milão: Giuffrè, 1951.

ROCCO, Alfredo. *La sentencia civil*. Trad. de Mariano Ovejero. México: Stylo.

ROCCO, Ugo. *L'autorità della cosa giudicata e i suoi limiti soggettivi*. Roma: Athenaeum, 1917.

ROCHA, José de Moura. *Da preclusão e da atividade processual das partes*. Recife: Mousinho, 1959.

ROSENBERG, Leo. *Tratado de derecho procesal civil*. Tomo I. Trad. de Ângela Romera Vera. Buenos Aires: Europa-America.

──. ──. Tomo II.Trad. de Ângela Romera Vera. Buenos Aires: Europa-America.
SALAMANCA, Andrés Bordali. "Justicia privada: análisis crítico de las vias alternativas a la jurisdicción" palestra proferida no Salão Nobre da Faculdade de Direito da UFRGS, em 30/08/2007, no 1° Congresso Latino-americano de Direito Processual Civil.
SALETTI, Achille. "Eccezione d'incompetenza territoriale semplice e preclusioni per il convenuto" in *Rivista di Diritto Processuale Civile* n° 54 (1999): 1147/1153.
SANCHES, Sydney. "Objeto do processo e objeto litigioso" in *Ajuris* n° 16 (1979): 146/156.
SANTIAGO DANTAS, F. C. de. "Igualdade perante a lei e due process of law" in *Revista Forense* n° 116 (1948): 357/367.
SANTOS, Moacyr Amaral. *Primeiras linhas de direito processual civil.* Vol. 1. 19ª ed. São Paulo: RT, 1997.
──. *Primeiras linhas de direito processual civil.* Vol. 2. 11ª ed. São Paulo: RT, 1987.
SARTI, Amir José Finocchiaro. "Apelação: efeito devolutivo e preclusão das questões processuais" in *Ajuris* n° 70 (1997): 240/249.
SATTA, Salvatore. *Diritto processuale civile.* 2ª ed. Padova: CEDAM, 1950.
SCHIMA, Hans. "Compiti e limiti di uma teoria generale dei procedimenti". Trad. de Tito Carnacini in *Rivista trimestrale di diritto e procedura civile,* n° 7 (1953): 757/772.
SCHÖNKE, Adolfo. *Derecho procesal civil.* Trad. de L. Prieto Castro. Barcelona: Bosch, 1950. 5ª ed.
SICA, Heitor Vitor Mendonça. *Preclusão processual civil.* São Paulo: Atlas, 2006.
SILVA, Flávio Pâncaro. "O saneamento do processo" in *Estudos em homenagem ao Prof. Galeno Lacerda,* coordenador Carlos Alberto Alvaro de Oliveira, Porto Alegre: Fabris, 1989.
SILVA, Gilberto Domingues da. "Processo e eventualidade" in *Revista Jurídica* n° 103 (1984): 46/51.
SILVA, Ovídio Baptista da. *Curso de processo civil.* Vol. 1. 6ª ed. São Paulo: RT, 2003.
──. "Limites objetivos da coisa julgada no atual direito brasileiro" in *Sentença e coisa julgada.* 4ª ed. Rio de Janeiro: Forense, 2003.
──. *Teoria geral do processo civil.* São Paulo: RT, 1997.
SOUZA, Everaldo de. "Do princípio da eventualidade no sistema do código de processo civil" in *Revista Forense* n° 251 (1975): 101/112.
TALAMINI, Eduardo. "O erro material no processo civil" in *Revista dialética de direito processual* n° 30 (2005): 46/52.
──. *Tutela monitória.* 2ª ed. São Paulo: RT, 2001.
TARUFFO, Michele. *La motivazione della sentenza.* Padova: CEDAM, 1975.
──. "Le preclusioni nella riforma del processo civile" in *Rivista di Diritto Processuale Civile* n° 68 (1992): 296/310.
──. "Preclusioni (diritto processuale civile)" in *Enciclopedia del diritto – Aggiornamento* n° 1 (1997): 794/810.
TARZIA, Giuseppe. "O contraditório no processo executivo". Trad. de Tereza Arruda Alvim Wambier in *Revista de Processo* n° 28 (1982): 55/95.
──. *O novo processo civil de cognição na Itália.* Trad. de Clayton Maranhão in Revista de Processo n° 79 (1995): 51/64.
TESHEINER, José Maria Rosa. *Elementos para uma teoria geral do processo.* São Paulo: Saraiva, 1993.
──. *Pressupostos processuais e nulidades no processo civil.* São Paulo: Saraiva, 2000.
TESORIERE, Giovanni. *Contributo allo studio delle preclusioni nel processo civile.* Padova: CEDAM, 1983.
THEODORO JR., Humberto. "A preclusão no processo civil" in *Revista Jurídica* n° 273 (2000): 5/23.
──. "A onda reformista do direito positivo e suas implicações com o princípio da segurança jurídica" in *Revista Magister de direito civil e processual civil* n° 11 (2006):5/32.
──. "As nulidades no código de processo civil" in *Revista de Processo* n° 30 (1983): 38/60.
──. "Constituição e processo: desafios constitucionais da reforma do processo no Brasil" palestra proferida no Salão Nobre da Faculdade de Direito da UFRGS, em 15/05/2008, na IV Jornada de Processo e Constituição – em homenagem ao Prof. Cândido Rangel Dinamarco.
──. *Curso de direito processual civil.* Vol. I. 38ª ed. Rio de Janeiro: Forense, 2002.
──. ──. Vol. II. 33ª ed. Rio de Janeiro: Forense, 2002.
──. "Da inexistência de coisa julgada ou preclusão pro iudicato no processo de execução" in *Revista da Faculdade de Direito Milton Campos* n° 1 (1994): 95/108.

——. "Princípios gerais do direito processual civil" in *Revista de Processo* n° 23 (1981): 173/191.

TOMEI, Giovanni. "Cosa giudicata o preclusione nei processi sommari ed esecutivi" in *Rivista Trimestrale di diritto e procedura civile* n° 34 (1994): 827/861.

TORNAGHI, Hélio. *Comentários ao código de processo civil* – volume II. São Paulo: RT, 1975.

TORREGROSSA, Giovanni. "Correzione e integrazione dei provvedimenti del giudice" in *Enciclopédia del diritto* n° X (1962): 717/728.

TOURINHO FILHO, Fernando da Costa. *Manual de processo penal*. 4ª ed. São Paulo: Saraiva, 2002.

TUCCI, Rogério Lauria. "A nova fase saneadora do processo civil brasileiro" in *Reforma do Código de Processo Civil*, coordenador Min. Sálvio Figueiredo Teixeira. São Paulo: Saraiva, 1996.

——. *Do julgamento conforme o estado do processo*. São Paulo: Saraiva, 1975.

——. "Juiz natural. Competência recursal. Preclusão pro iudicato. Violação de literal disposição de lei e ação rescisória" in *RT* n° 838 (2005): 133/148.

USTÁRROZ, Daniel. "Notas sobre os embargos de declaração no código de processo civil brasileiro" in *Revista Jurídica* n° 344 (2006): 55/66.

VASCONCELOS, Antônio Vital Ramos de. "O pedido de reconsideração e a preclusividade das decisões judiciais" in *Revista Ajuris* n° 40 (1987):165.

VERDE, Giovanni. "La prova nel processo civile (profili di teoria generale)" in *Rivista di diritto processuale* n° 1 (1998): 1/25, anno LIII, seconda serie.

VESCOVI, Enrique. "La modificación de la demanda" in *Revista de Processo* n° 30 (1983): 206/212.

——. "Nuevas tendências del derecho procesal civil con especial referencia al proceso latino-americano" in *Revista de Processo* n° 79 (1995): 20/34.

WALTER, Gerhard. "I diritti fondamentali nel processo civile tedesco". Trad. de Remo Caponi in *Rivista di diritto processuale* n° 56 (2001): 733/747.

WAMBIER, Luiz Rodrigues. "A nova audiência preliminar (art. 331 do CPC)" in *Revista de Processo* n° 80 (1995): 30/36.

——. *Curso avançado de direito processual civil*. 8ª ed. São Paulo: RT, 2006.

WAMBIER, Teresa Arruda Alvim. *Nulidades do processo e da sentença*. 4ª ed. São Paulo: RT, 1998.

——. *O novo regime do agravo*. 2ª ed. São Paulo: RT, 1996.

——. *Omissão judicial e embargos de declaração*. São Paulo: RT, 2005.

WATANABE, Kazuo. *Da cognição no processo civil*. 2ª ed. Campinas: Bookseller, 2000.

ZANITELLI, Leandro Martins. "Atividade saneadora do juiz" in *Elementos para uma nova teoria geral do processo*. Organizador: Carlos Alberto Alvaro de Oliveira. Porto Alegre: Livraria do advogado, 1997.

ZANZUCCHI, Marco Tullio. *Diritto processuale civile*. Vol. 1. 4ª ed. Milão: Giuffrè, 1947.

ZAVASCKI. Teori Albino. *Antecipação de tutela*. São Paulo: Saraiva, 1997.

Impressão:
Evangraf
Rua Waldomiro Schapke, 77 - P. Alegre, RS
Fone: (51) 3336.2466 - Fax: (51) 3336.0422
E-mail: evangraf.adm@terra.com.br